中华传统文化国粹
经典文库

名家导读版

古文观止

[清] 吴楚材 吴调侯 ◎ 编
牛倩 ◎ 导读

中国民族文化出版社
北京

图书在版编目（CIP）数据

古文观止 /（清）吴楚材，（清）吴调侯编；牛倩导读. -- 北京：中国民族文化出版社有限公司，2024.12
（中华传统文化国粹经典文库：名家导读版）
ISBN 978-7-5122-1712-6

Ⅰ.①古… Ⅱ.①吴… ②吴… ③牛… Ⅲ.①《古文观止》 Ⅳ.① H194.1

中国国家版本馆 CIP 数据核字（2023）第 126154 号

古文观止
GUWEN GUANZHI

编　　者　［清］吴楚材　吴调侯
导 读 者　牛　倩
责任编辑　李路艳
责任校对　李文学
出 版 者　中国民族文化出版社　地址：北京市东城区和平里北街 14 号
　　　　　　邮编：100013 联系电话：010-84250639 64211754（传真）
印　　装　三河市祥达印刷包装有限公司
开　　本　710 mm × 1000 mm　16 开
印　　张　28
字　　数　462 千
版　　次　2024 年 12 月第 1 版
印　　次　2024 年 12 月第 1 次印刷
标准书号　ISBN 978-7-5122-1712-6
定　　价　39.80 元

版权所有　侵权必究

中华传统文化国粹经典文库

品文化经典　通古今智慧

李继勇

策划人、出版人、北京书香文雅图书文化有限公司董事长。专业从事图书策划，儿童文学、儿童阅读推广，国内文化交流等。已成功策划"儿童文学光荣榜"系列、"爱阅读课程化丛书"系列、"文学百年·名家散文典藏"系列、"科幻文学群星榜"系列、"绘本里的世界"系列、"童诗百年"系列等多种类型出版物。

于润琦

中国现代文学馆研究员、中国作家协会会员。总主编《插图本百年中国文学史》（3卷），主编《清末民初小说书系》（10卷）、《海派作家作品精选》（16册），校、注古典小说《型世言》《金屋梦》《中国古典文学海外珍稀本文库》30余种，参与编选《明、清、民国时期珍稀老北京话历史文献整理与研究》（30册）、《中国现代文学百家》（116册），以及《北京的门礅》《老北京的门楼》北京民俗著述多种。

（按姓名音序排列）

◎薄克礼
文学博士，天津城建大学教授。攻文史，好四书。

◎陈鹏程
历史学博士，天津师范大学文学院副教授。

◎陈世旭
当代作家，曾任中国作家协会主席团委员、江西省文联主席兼作家协会主席。

◎陈喜儒
作家，著名翻译家，曾任中国作家协会外联部副主任、中国外国文学学会日本文学研究分会会长。

◎冯蒸
首都师范大学文学院教授，博士生导师，北京国际汉字研究会理事、副会长。

◎官铎
管子思想理论和应用资深研究学者。

◎关四平
哈尔滨师范大学文学院教授，博士生导师。主要从事中国古代小说及戏曲等研究。

◎韩小蕙
著名作家，中国作家协会会员，中国散文学会副会长，南开大学文学院兼职教授。

◎侯忠义
北京大学教授，曾任北京大学图书馆古籍整理研究室主任。主要从事先秦两汉文学史、文言小说研究。

◎李海涛
天津师范大学历史文化学院教授，天津市孙子兵法研究会荣誉会长。

◎李瑞兰
天津师范大学历史文化学院教授，曾任中国先秦史学会理事。

◎李树果
资深《易经》研究者，中国散文诗学会理事，《中华时报》记者。

◎李硕儒
作家，著名编剧。合著长篇历史小说《大风歌》获重庆市"五个一工程"奖。

◎廉玉麟
天津中医药大学第一附属医院主任医师，教授。

◎林海清
天津师范大学国际教育交流学院副教授，天津市红楼梦研究会副秘书长兼理事，中国三国演义学会、中国水浒学会会员。

◎林 骅
天津师范大学文学院教授，曾任古典文献研究所所长，天津市红楼梦研究会顾问。

◎马文大
首都图书馆研究馆员、北京地方文献中心主任，北京史研究会副会长。

◎孟昭连
南开大学文学院中国语言文学系教授，中国东方文化研究会理事。

◎宁稼雨
南开大学英才教授、博士生导师，2017年度国家社科基金重大项目"全汉魏晋南北朝小说辑校笺证"首席专家。

◎宁宗一
南开大学学术委员会委员、中国武侠文学学会名誉会长、中国儒林外史学会副会长。

◎牛 倩
天津大学国际教育学院副教授，硕士研究生导师。

◎欧阳健
福建师范大学文学院教授，曾任《明清小说研究》杂志主编。

◎潘务正
安徽师范大学文学院教授，教育部人文社会科学重点研究基地安徽师范大学中国诗学研究中心副主任，中国韵文学会赋学专业委员会（中国辞赋学会）副会长。

◎乔卉林
中国城乡金融报社记者。其作品曾多次获得奖项。

◎尚学峰
又名尚学锋。文学博士，北京师范大学文学院教授。

◎邵永海
北京大学中文系教授。主要从事汉语史方面的教学和研究工作。

◎石定果
北京语言大学人文学院教授，汉语言文字学博士。著有《说文会意字研究》等多部作品。

◎石 厉
原名武硕旺。著名诗人，文艺理论家。《诗刊》编委，《中华辞赋》杂志总编辑，中华诗词学会副会长。

◎石 麟
湖北师范大学文学院教授。中国水浒学会会长。

◎孙立仁
曾任《中国老年报》社长，发表多篇小说、诗歌、散文、报告文学等。当代篆刻家。

◎孙钦善
北京大学中文系教授，全国高等院校古籍整理研究工作委员会委员，中华炎黄文化研究会理事。

◎田秉锷
江苏省文艺评论家协会顾问，徐州市孔子学会顾问，江苏师范大学客座教授。

◎王建新
中国历史文献研究会理事，中原传媒集团出版部副主任。

◎王 蒙
著名作家、学者，文化部原部长。茅盾文学奖获得者。多年来致力于传统文化研究。2019年获"人民艺术家"国家荣誉称号。

◎王晓华
民国史专家，中国第二历史档案馆研究馆员。中央广播电视总台、北京电视台、湖北卫视等多个栏目主讲嘉宾。

◎吴 波
湖南农业大学教授、党委委员、副校长，中国儒林外史学会副会长，湖南省古代文学学会副会长。

◎武道房
安徽师范大学中国诗学研究中心教授。

◎徐 刚
诗人，作家。曾获鲁迅文学奖、郭沫若散文奖、中国报告文学终身成就奖等。

◎俞 前
中国作家协会会员，苏州市吴江区南社研究会会长，苏州南社文化研究院副院长。

◎查洪德
文学博士，南开大学中国语言文学系教授，博士生导师。内蒙古元代文学学会会长。主要从事元明清文学与文献研究。

◎张秋升
曲阜师范大学历史文化学院教授，主要研究儒家史学理论。

◎张世林
新世界出版社编审，著有《大师的侧影》等著述。

◎张弦生
中州古籍出版社编审、副总编辑。

◎郑铁生
天津外国语大学教授，原中国三国演义学会常务副会长兼秘书长，曾任中国红楼梦学会学术委员会委员、北京曹雪芹学会副会长。

◎周传家
北京联合大学应用文理学院教授，中国昆剧古琴研究会副会长，中国戏剧文学学会顾问，中国戏曲学会常务理事。

◎卓 然
原名王坤元，笔名卓然。作家，诗人。著有中短篇小说集《我记忆中的河》、散文集《天下黄河》等作品。

名家导读

三代之世，学在王官，孔子杏坛授徒，始教平民，堪谓私塾教育之滥觞。历代塾师虽水平参差，但在中国漫长的历史长河中，确对文化传承起过重要作用，尤其留下了一些优秀的塾学教材，流传至今，成为经典。《古文观止》正是这样一部书。

一、成书与题解

《古文观止》成书于清代，由吴楚材与吴调侯二位文士编选，经吴兴祚①审订，于康熙三十四年（1695年）付梓刊行。吴兴祚在《古文观止序》中清楚地说明刊行此书旨在"正蒙养而裨后学"，即希望对当时的学塾孩童以及其他读书人学习古文有所助益。

书名中"古文"一词，切勿狭隘地理解为先秦散文或中唐古文运动兴起后与骈文、韵文相对的"古文"。因为这部书中的文章是散、韵兼收的，实应做广义的理解。笔者以为训释为"古代的文章"更为准确、妥当。

"观止"一词，源出《左传·襄公二十九年》。

吴公子札来聘……请观于周乐。……见舞《韶箾》者，曰："德至矣哉！大矣！如天之无不帱也，如地之无不载也。虽甚盛德，其蔑以加于此矣。观止矣！若有他乐，吾不敢请已。"

---

① 吴兴祚，字伯成，号留邨，正红旗人，官至两广总督。审订《古文观止》，为之作序，并命刊行。《古文观止序》如是说："二子寄余《古文观止》一编。阅其选，简而该，评注详而不繁，其审音辨字，无不精切而确当。披阅数过，觉向时之所阙如者，今则釐然以喜矣。以此正蒙养而裨后学，厥功岂浅鲜哉。亟命付诸梨枣，而为数语，以弁其首。"

由此可知，"观止"的意思是所见事物尽善尽美，无以复加。以此命编，充分体现出二吴精审的选篇标准与深度自信。以编者的学力与眼光来看，凡入选的篇章或记叙重要史事，或抒发人物情志，或描摹风光节物，无不以雅驯、精粹的文字展现着一个时代至善至美的古文风貌。虽然编者仕履无考，但凝结着二人心血的《古文观止》不负初衷。该书受众之广泛，可谓家弦户诵；影响之深远，历久不衰。迄今，该书仍为古文初学者的必读教材。

二、体例与内容

《古文观止》的体例以朝代为经，以作家为纬，撷选自先秦至明末的古文二百廿二篇。历代作品选篇的分布情况，统计如下。

《古文观止》历代作品选篇分布表

编号	分类	出处／作者	编号	分类	出处／作者
01	周文（56篇）	《左传》（34篇）	04	宋文（51篇）	柳宗元（11篇）
		《国语》（11篇）			王禹偁（2篇）
		《公羊传》（3篇）			李格非（1篇）
		《穀梁传》（2篇）			范仲淹（2篇）
		《檀弓》（6篇）			司马光（1篇）
02	秦文（17篇）	《国策》（14篇）			钱公辅（1篇）
		秦文（1篇）			李觏（1篇）
		《楚辞》（2篇）			欧阳修（13篇）
03	汉文（31篇）	《史记》（14篇）			苏洵（4篇）
		司马迁（1篇）			苏轼（17篇）
		西汉文（12篇）			苏辙（3篇）
		东汉文（2篇）			曾巩（2篇）
		后汉文（2篇）			王安石（4篇）

续表

编号	分类	出处/作者	编号	分类	出处/作者
04	六朝文（6篇）	周密（1篇）	07	明文（18篇）	宋濂（2篇）
		王羲之（1篇）			刘基（2篇）
		陶渊明（3篇）			方孝孺（2篇）
		孔稚圭（1篇）			王鏊（1篇）
05	唐文（43篇）	魏徵（1篇）			王守仁（3篇）
		骆宾王（1篇）			唐顺之（1篇）
		王勃（1篇）			宗臣（1篇）
		李白（2篇）			归有光（2篇）
		李华（1篇）			茅坤（1篇）
		刘禹锡（1篇）			王世贞（1篇）
		杜牧（1篇）			袁宏道（1篇）
		韩愈（24篇）			张溥（1篇）

此表清晰地呈现出编者对《古文观止》体例的安排与选篇的倾向，以散文为主，兼顾骈文与韵文，大致勾勒出古文发展演进的历史脉络，对周秦史传与"唐宋八大家"的作品尤为看重。

《古文观止》的文体兼收并蓄，涵盖策论、序跋、记赞、墓志、祭文、书札、游记、小品等体式。题材广泛，内容充实。风格多样，情真意切。略举几例说明如下。

"周文"与"秦文"部分的选篇以《左传》《国策》与《国语》为多，其中保存着不少当时的外交辞令，千载之下令人管窥诸侯争霸、谋臣策士纵横捭阖的春秋战国时代。如《郑庄公戒饬守臣》记载的是鲁隐公十一年（公元前712年），郑、齐、鲁三国联合攻打弱小的许国，许国很快沦陷。齐、鲁两国决计将许国让给郑国，这正符合郑庄公的心意。郑庄公遂令许大夫百里侍奉许庄公的弟弟许叔主持许国国政，另派郑大夫公孙获监督其行权。郑庄公对百里与公孙获的告诫词明理晰，展示了他的深远谋略。《阴饴甥对秦伯》记载的是鲁僖公十五年（公元前645

年）秦国与晋国在韩原交战，曾经伤害过秦国的晋国战败，晋惠公丧师被俘。晋惠公之臣阴饴甥奉使求和，与秦穆公谈判，他不卑不亢，软硬兼施。他假借晋国舆论申明政治态度，以"小人"主张报仇的观点表达晋国顽强不屈的斗志，以"君子"主张报德的观点迫其就范，释放晋惠公归国，言谈之间充满政治智慧。《李斯谏逐客书》是秦国下达"逐客令"后，李斯向秦王嬴政陈述政见所呈上的奏章。此文不仅是规矩谨严的公文范例，而且也是一篇优秀的、对现实政治产生重要影响的政论文。文章理足词胜，雄辩滔滔，最终打动秦王收回逐客成命，并恢复了李斯的官职。

"汉文"部分的选篇主要出自"前四史"中的《史记》《汉书》与《后汉书》。主要文体涉及：本纪中的赞，如《五帝本纪赞》《项羽本纪赞》《孔子世家赞》；世家、列传等的序，如《外戚世家序》《酷吏列传序》《游侠列传序》《货殖列传序》；列传与自序，如《伯夷列传》《管晏列传》《屈原列传》《滑稽列传》《太史公自序》；帝王诏书、策论、疏、谏、书、表等，如《高帝求贤诏》《文帝议佐百姓诏》《过秦论》《治安策》《论贵粟疏》《上书谏猎》《答苏武书》《诫兄子严敦书》《前出师表》等。

"六朝文""唐文""宋文"与"明文"四部分除应用文体外，许多写景状物、抒情言志的散文与韵文名篇皆脍炙人口。如"六朝文"中所录《兰亭集序》，记述的是东晋穆帝永和九年（353年）三月初三，王羲之与谢安、孙绰等四十一名军政高官，在山阴（今浙江绍兴）兰亭聚会，饮酒赋诗之事。事后，将所作诗篇汇集成编，王羲之为此集所作的序文即《兰亭集序》。该文不仅成为文学之经典，此手稿亦是书法之杰作。序中叙写了兰亭山水之秀美、聚会之欢愉，同时也表达出作者对人生无常之感慨。"六朝文"收录六篇，其中三篇都是陶渊明文，占了半数，足见编者之偏好。此三篇文章分别是《归去来兮辞》《桃花源记》《五柳先生传》，均已进入中小学教材，无烦赘述。

"唐文"与"宋文"中虽以收录"唐宋八大家"的文章为主，但也保留了其他不少珍贵的美文和历史文献。如《谏太宗十思疏》是魏征于贞观十一年（637年）写给唐太宗李世民的一篇非常有名的奏疏（古代臣子向君王进言的一种文体），也是一篇在历史上确实产生重要影响的文献。"十思"就是奏章的主要内容，即提出十条值得深思的情况，意在劝谏太宗"居安思危，戒奢以俭"。太宗读罢深有感悟，亲自写诏书答复，称赞了魏征的直谏精神，并将此奏章常置于案头以为镜鉴。再如王勃的《滕王阁序》是一篇精彩的骈文，一改六朝以来流于纤丽绮靡、空洞无物之弊，而做到了内容与形式兼长并美。李白的《春夜宴桃李园序》短章小制，生动地记述了作者与众兄弟春夜饮宴赋诗的欢愉之情，但开篇也写下了"夫天地者，万物之逆旅。光阴者，百代之过客。而浮生若梦，为欢几何？古人秉烛夜游，良有以也"的感慨。全文音韵铿锵，洒脱自然。杜牧的《阿房宫赋》继承汉赋讽喻之传统，假借秦朝统治者骄奢亡国之教训，来警示晚唐君主切勿重蹈覆辙。文章辞采典雅，华美而不虚浮，工整而不堆砌，铺叙景象、夸饰细节善用比喻，夹叙夹议，行文骈散结合，错落有致，勾勒出一幅宏伟瑰丽的画卷。

"宋文"中，范仲淹的《岳阳楼记》、欧阳修的《五代史伶官传序》《丰乐亭记》《秋声赋》与苏轼的《前赤壁赋》，不仅是经典美文，而且也是当前公认的、最无争议的两大传统吟诵流派（唐文治吟诵调与叶嘉莹吟诵调）的代表性吟文范例选篇，都有原声音频资料留存。其中欧阳修的上述三篇文章是研究唐文治吟诵调式的经典范例。

"明文"部分则选录多家作品，亦各有特色，囿于篇幅，不复赘言。

就总体而言，《古文观止》篇幅长短相间，卷帙适中。编者或从文字入手，或从篇章句法入手，夹评夹批的注释，或自成一家之言，或杂取众家之说，简明扼要，颇具参考价值。凡此皆成为该书流传至今的重要因素。

《古文观止》的局限性亦十分明显。其一，先秦诸子散文、两汉辞赋均未收录，六朝选篇数量过少，辽、金、元文章亦付阙如。其二，所收名家作品并非悉为其代表作，而某些名篇却未选录。其三，因版本之故，正文文字也有错漏，以期更为精审的校勘注本加以修正。

三、学习《古文观止》的现实意义

第一,《古文观止》的选篇是学习古代汉语的范例。无论是语言的驾驭,还是篇章的安排,都足具代表性地展现了文言写作的风采。《古文观止》中的许多篇目已入选统编教材,如源出《左传》的《烛之武退秦师》、晋陶渊明的《桃花源记》、唐刘禹锡的《陋室铭》、柳宗元的《捕蛇者说》、宋范仲淹的《岳阳楼记》、欧阳修的《醉翁亭记》、王安石的《游褒禅山记》等等,皆脍炙人口,其他未选篇目无疑是最佳的课外阅读资料,对提高文言阅读素养非常有益。

第二,《古文观止》是应对各层级语文考试文言文阅读题的必备材料。近年来,随着推广优秀传统文化的国策愈加深入地体现在各层级语文考试中,"国学热"不断升温,语文试卷中的文言文测试比重日益增大。将《古文观止》作为日常阅读素材,作为拓展文言阅读训练的材料,就应试而言,也实在很有必要。

第三,学习《古文观止》有助于现代文写作。众所周知,现代文写作是试卷中占分比例最大的语文考试项目,既是重点,又是难点。学生存在的主要问题,通常表现在以下三个方面:一是思想贫乏,面对题目,茫然无感,无话可谈,更谈不上立意有何创建、谋篇有何巧思;二是语料贫乏,搜肠刮肚也词句寥寥,语法欠规范,行文缺乏逻辑;三是例证贫乏,语言空洞,缺乏事例或理据的必要支持。造成这三个问题的根本原因在于平时积累不够。文史综合素养的提高,不是短时间内可以实现的,唯有日积月累地深思精研与广泛阅读相结合,别无他法。通过《古文观止》的学习,可有效提高驾驭语言的能力,积累典故,启发思考,对提高现代文写作能力有直接的帮助。

第四,学习《古文观止》,不仅可以了解传统文化,而且可以提高分析问题的能力。古人遇到的事情,可能在现代社会的不同情境下出现。事情未必全然一样,道理却大同小异。虽然古人处世的方法和态度可资借鉴,有些未必适用于现代社会,需要具体问题具体分析,但《古文观止》中记载着如此众多的事件,实在为今人提供了加强思辨、启迪智慧的案例。

四、学习《古文观止》应具备的知识结构与正确的学习方法

以学习《古文观止》为例，学好文言文，平时应注意从以下几方面完善知识结构。

第一，加强音韵学、中国古代文体学与传统吟诵的学习。音韵学是学习诗词格律与读准诗文字音的基础，是不可或缺的基础知识。文体学是分析诗文韵律格局的基础，可以寻绎出同类文体的韵律规律。传统吟诵有助于感知古诗文声韵的风貌。关于传统吟诵，当前教学的关注点多在吟诵调式的学习。按照正确的韵律节奏准确地读诵，使之辅助古诗文的研习与创作，才是学习传统吟诵的意义。

第二，加强文字学与训诂学的学习。这两项是准确解释字义的基础。只有充分了解汉语字词的本义、引申义、假借义甚至意象义，才能洞悉古诗文内蕴深厚的言外之意，了解古人的思维模式与表达方法。

第三，加强中国古代史与中国古代文学史的学习。这两项是准确理解作品时代背景与作家写作主旨的基础。优秀作品不可避免地携带着时代的底色，流露着作家的个性。因此，了解历史背景与作家生平有助于我们了解作品的创作动机与作意。

学习古代汉语不仅要有乐于探索的精神与持之以恒的毅力，更要有正确的学习方法。

首先，走出"只背不讲"的误区。常言道："书读百遍，其义自见。"强调多读多背的重要性，固然有道理，但背书是以理解为前提的。曾有从小习读经书的孩子，一味地死记硬背，全然不知内容的含义，若干年的时间白白浪费，诚望读者引以为戒。读书和背书的确重要，但却是比较基础的层次，而讲书则是检验是否理解文义的有效方法。只有把知识内化于心，用自己的语言准确、清楚地讲解出来，才是真正理解了文章的内涵。

其次，加强严谨规范的语内翻译训练。这里所讲的语内翻译训练主要是指将古代汉语翻译为现代汉语的学术训练。要求做到释义准确，逻辑清晰。通过对《古文观止》中优秀的文言文进行逐字训释、逐句翻译、逐篇解析，最终达到熟练背诵、精准讲解的程度，是迅速增长古代汉语"功力"的有效

方法。文言语感的养成与知识的积累不可一蹴而就，只有长年累月地潜心研究作品，才能够通过量的积累实现质的飞跃，在古典诗文的浩瀚海洋中自由遨游。

最后，要以《古文观止》选篇为线索，有的放矢地拓展文言文阅读范畴。《古文观止》的选篇不少是经史典籍中的节录，可以据此按图索骥回溯原典，阅读原文，做到知其然，亦知其所以然。诚愿在校生与广大国学爱好者从这些令人叹为观止的古文篇章中汲取营养，以典雅隽永的汉语创作出同样经受得住时间与历史检验的传世篇章。

牛 倩

2020年2月8日于天津大学北洋园

卷一　周文 / 001
　　郑伯克段于鄢 / 002
　　周郑交质 / 010
　　郑庄公戒饬守臣 / 013
　　季梁谏追楚师 / 018
　　曹刿论战 / 022
　　子鱼论战 / 026
　　烛之武退秦师 / 029

卷二　周文 / 034
　　齐国佐不辱命 / 035
　　吕相绝秦 / 039
　　子产告范宣子轻币 / 046
　　子产论政宽猛 / 049

卷三　周文 / 053
　　祭公谏征犬戎 / 054
　　召公谏厉王止谤 / 059
　　吴子使札来聘 / 063
　　虞师晋师灭夏阳 / 067

卷四　秦文 / 072
　　苏秦以连横说秦 / 073
　　范雎说秦王 / 082
　　邹忌讽齐王纳谏 / 087
　　唐雎不辱使命 / 090

　　卜居 / 094
　　宋玉对楚王问 / 098

卷五　汉文 / 102
　　五帝本纪赞 / 103
　　项羽本纪赞 / 105
　　孔子世家赞 / 107
　　管晏列传 / 109
　　屈原列传 / 116
　　酷吏列传序 / 126
　　游侠列传序 / 129
　　太史公自序 / 135
　　报任安书 / 142

卷六　汉文 / 156
　　过秦论上 / 157
　　治安策一 / 164
　　上书谏猎 / 174
　　答苏武书 / 177
　　前出师表 / 186
　　后出师表 / 191

卷七　六朝唐文 / 198
　　陈情表 / 199
　　兰亭集序 / 204
　　桃花源记 / 208

五柳先生传 / 211
谏太宗十思疏 / 213
为徐敬业讨武曌檄 / 216
滕王阁序 / 222
与韩荆州书 / 232
吊古战场文 / 238
阿房宫赋 / 244
原道 / 249
原毁 / 256
杂说一 / 260
杂说四 / 262

卷八　唐文 / 264
师说 / 265
进学解 / 269
讳辩 / 276
送孟东野序 / 280
送李愿归盘谷序 / 285
送董邵南序 / 289
祭十二郎文 / 292
祭鳄鱼文 / 299
柳子厚墓志铭 / 302

卷九　唐宋文 / 311
捕蛇者说 / 312
种树郭橐驼传 / 316
小石城山记 / 320
严先生祠堂记 / 322
岳阳楼记 / 325

卷十　宋文 / 329
五代史宦者传论 / 330
醉翁亭记 / 333
管仲论 / 336
张益州画像记 / 341
范增论 / 347
留侯论 / 351
贾谊论 / 356
晁错论 / 361

卷十一　宋文 / 365
超然台记 / 366
石钟山记 / 371
前赤壁赋 / 375
后赤壁赋 / 380
六国论 / 384
上枢密韩太尉书 / 388
赠黎安二生序 / 392
读孟尝君传 / 395

卷十二　明文 / 397
送天台陈庭学序 / 398
阅江楼记 / 402
司马季主论卜 / 407
豫让论 / 410
信陵君救赵论 / 415
沧浪亭记 / 420
徐文长传 / 423

◎ 卷一 周文 ◎

郑伯克段于鄢

《左传·隐公元年》

〔题解〕

《左传》，西汉时称《左氏春秋》，东汉以后改称《春秋左氏传》，简称《左传》，相传是春秋末年鲁国的史官左丘明所著，是我国历史上最早的叙事详细的编年体史书。《左传》记录了从鲁隐公元年（公元前722年）到鲁哀公二十七年（公元前468年）周王朝及各诸侯国的政治、军事、外交、经济和文化等方面的重大历史事件。它不仅是一部珍贵的历史文献，也是一部文学名著，对研究先秦历史及对后世散文的发展，都意义非凡。

春秋时期，诸侯国之间互相征伐，战争频仍，父子、兄弟相残的事件也时有发生。《郑伯克段于鄢》就是发生在鲁隐公元年（公元前722年）的一个兄弟之间手足相残的历史事件。郑庄公的母亲姜氏偏爱小儿子共叔段。郑庄公登上君位后，共叔段想争夺君位。郑庄公一再纵容母亲和弟弟。共叔段的野心越来越大，最后与姜氏一起起兵谋反，兵败后逃往共国。作者通过细腻的笔触让我们看到了郑国统治集团内部令人心惊的矛盾冲突和权力斗争。

〔原文〕

初，郑武公娶于申①，曰武姜②，生庄公及共叔段③。庄公寤生④，惊姜氏，故名曰寤生，遂恶之。爱共叔段，欲立之，亟请于武公，公弗许。

【字词注解】

①郑武公：郑国的第二代君主，姓姬，名掘突，一作滑突。郑，国名，位于今河南新郑一带。申：国名，姜姓，位于今河南南阳一带。

②武姜：申国国君的女儿，郑武公的夫人，以丈夫郑武公的谥号"武"和自己的姓氏"姜"合而为名。

③庄公：郑国第三代君主，公元前743年—前701年在位。共（gōng）叔段：郑庄公的弟弟，名段，共取自他最后逃往共国，叔是排行，所以被称为共叔段。

④寤（wù）生：逆生，指难产。

【精彩解说】

从前，郑武公娶了一位申国的女子，名叫武姜，她生下两个儿子，分别是庄公和共叔段。生庄公的时候难产，婴儿是脚先出来的，姜氏被吓到了，因此给他起名为"寤生"，非常厌弃他。武姜偏爱共叔段，想让他成为世子，她多次向武公请求，但武公始终没有答应。

原文

及庄公即位⑤，为之请制⑥。公曰："制，岩邑也⑦，虢叔死焉⑧。他邑唯命。"请京，使居之，谓之京城大叔⑨。

【字词注解】

⑤及：到。

⑥请制：请求以制为领地。制，是郑国的一个地方，在今河南荥（xíng）阳西北。

⑦岩邑：险要的城邑。

⑧虢（guó）叔：东虢的国君。东虢在今河南成皋县。

⑨大（tài）：同"太"。

【精彩解说】

到庄公继位，武姜就请求庄公把共叔段分封到制邑去。庄公说："制邑是个地势险要的地方，虢叔就死在了那里。若是分封其他城邑，我一定会按照您的吩咐办。"又请求将共叔段分封到京邑，庄公同意让共叔段住在那里，段被称为京城太叔。

祭仲曰⑩："都城过百雉⑪，国之害也。先王之制：大都不过参国之一，中五之一，小九之一⑫。今京不度⑬，非制也，君将不堪⑭。"公曰："姜氏欲之，焉辟害⑮？"对曰："姜氏何厌之有⑯！不如早为之所⑰，无使滋蔓⑱，蔓，难图也。蔓草犹不可除，况君之宠弟乎！"公曰："多行不义必自毙⑲。子姑待之⑳。"

——【字词注解】

⑩ 祭（zhài）仲：郑国的大夫。

⑪ 雉（zhì）：古代城墙的量度单位，一雉是长三丈、高一丈。

⑫ 大都不过参国之一，中五之一，小九之一：大城邑的城墙不得超过国都的三分之一，中等城邑的城墙不得超过国都城墙的五分之一，小城邑的城墙不得超过国都城墙的九分之一。

⑬ 不度：不符合法度。

⑭ 不堪：这里是控制不住的意思。

⑮ 辟：通"避"，躲避。

⑯ 厌：满足。

⑰ 所：适宜、适当的处所或位置。

⑱ 滋蔓：滋长蔓延。

⑲ 毙：倒下。

⑳ 姑：暂且。

——【精彩解说】

大夫祭仲向庄公进言道："城邑的城墙如果超过一百雉，那就会是国家的祸害。先王的制度规定：国内大城邑的城墙不得超过国都的三分之一，中等城邑的城墙不得超过国都的五分之一，小城邑的城墙不得超过国都的九分之一。现在京邑太大了，违背了法度，不符合先王定下的制度，这样下去您会没法控制的。"庄公说："姜氏想要这样，我如何能躲避这种祸害呢？"祭仲回答道："姜氏哪有满足的时候！不如早做处理，不要让祸患不断蔓延；祸患一旦蔓延就难办了。蔓延滋长的野草尚且不易铲除干净，何况是您那受到宠爱的弟弟呢？"庄公说："不义的事做多了，一定会自己垮台。你等着瞧吧！"

原文

既而大叔命西鄙、北鄙贰于己㉑。公子吕曰㉒："国不堪贰，君将若之何㉓？欲与大叔，臣请事之，若弗与，则请除之，无生民心㉔。"公曰："无庸㉕，将自及㉖。"

【字词注解】

㉑贰于己：指一方面听从庄公的命令，一方面听从自己的命令。

㉒公子吕：字子封，郑国大夫。

㉓若之何：拿它怎么办。之，这里指的是共叔段令西部和北部的边邑两属的情况。

㉔生：使动用法，使产生。

㉕庸：用。

㉖自及：为害自身。

【精彩解说】

过了不久，太叔让郑国西部和北部的边邑既听命庄公又听命自己。大夫公子吕进言："一个国家不能有两个国君，现在您打算怎么处理这样的局面呢？如果您打算把郑国交给太叔，那么我现在就请求前去侍奉他；如果您不打算给，就请您铲除他，不要让百姓生出二心。"庄公说："不用除掉他，他会自取灭亡的。"

【原文】

　　大叔又收贰以为己邑，至于廪延㉗。子封曰："可矣！厚将得众。"公曰："不义不昵㉘，厚将崩。"

● 【字词注解】

㉗廪（lǐn）延：郑国城邑名，在今河南延津北。

㉘昵（nì）：亲近。

● 【精彩解说】

　　太叔又把之前两边听命的西部和北部的边邑收为自己统辖的地方，一直扩展到廪延。子封说："可以行动了！他的实力越发雄厚，他将得到更多老百姓的拥护。"庄公说："他做的是不义之事，百姓不可能拥护他。纵然实力变得雄厚，也终会垮台的。"

【原文】

　　大叔完聚㉙，缮甲兵，具卒乘㉚，将袭郑，夫人将启之㉛。公闻其期，曰："可矣！"命子封帅车二百乘以伐京。京叛大叔段。段入于鄢㉜。公伐诸鄢。五月辛丑㉝，大叔出奔共㉞。

● 【字词注解】

㉙完聚：指加固城郭，聚积粮草。

㉚缮甲兵，具卒乘：修整盔甲、兵器，补充士兵、战车。

㉛启之：开门做内应。

㉜鄢（yān）：郑国邑名，在今河南鄢陵北。

㉝五月辛丑：指周历的五月二十三日。

㉞出奔共：逃至共。

太叔加固城墙，囤积粮食，修整盔甲、武器，补充兵员、战车，即将偷袭郑国国都，武姜打算为他打开城门。庄公打听到了太叔偷袭的时间后，说道："可以行动了！"于是命令子封率领二百辆战车，讨伐京邑。京邑的百姓都背叛了共叔段，于是他逃到了鄢邑。庄公又去讨伐鄢邑。五月二十三日，太叔逃亡到了共国。

原文

　　书曰㉟："郑伯克段于鄢。"段不弟㊱，故不言"弟"。如二君，故曰"克"。称"郑伯"，讥失教也，谓之郑志。不言"出奔"，难之也。

字词注解

㉟ 书：指《春秋》。
㊱ 弟：通"悌"，指敬爱顺从兄长。

精彩解说

　　《春秋》中记载："郑伯克段于鄢。"共叔段没有恪守做弟弟的本分，所以不称他为"弟"。兄弟俩如同两国君主一般争斗，所以说"克"。称呼庄公为"郑伯"，是讥讽他有失教弟之道，说这正是郑庄公的本意。不说共叔段自己逃亡外地，是史官谴责郑伯逼走共叔段的意思。

原文

　　遂置姜氏于城颍而誓之曰㊲："不及黄泉，无相见也！"既而悔之。

字词注解

㊲ 城颍：郑国城邑名，在今河南临颍西北。

【精彩解说】

于是，庄公把武姜安置到城颍，而且发誓说："不到黄泉，绝不再相见！"可是不久之后，庄公就后悔了。

原文

颍考叔为颍谷封人㊳，闻之，有献于公。公赐之食，食舍肉，公问之，对曰："小人有母，皆尝小人之食矣，未尝君之羹㊴，请以遗之㊵。"公曰："尔有母遗，繄我独无㊶！"颍考叔曰："敢问何谓也㊷？"公语之故，且告之悔。对曰："君何患焉！若阙地及泉㊸，隧而相见㊹，其谁曰不然？"公从之。公入而赋："大隧之中，其乐也融融。"姜出而赋："大隧之外，其乐也泄泄㊺。"遂为母子如初。

【字词注解】

㊳颍谷：指郑国边邑，在今河南登封西。封人：指镇守边疆的地方官。

㊴羹：带汁的肉食。

㊵遗（wèi）：给予，赠予。

㊶繄（yī）：句首语气助词。

㊷敢：副词，大胆、冒昧的意思，用在句首，表示谦恭，多数情况下和"问""请"等字连用。何谓：宾语前置，"谓何"。在古代汉语中，如果用疑问代词做宾语，经常使用这种格式。

㊸阙（jué）：通"掘"，挖掘。

㊹隧：这里用作动词，是挖隧道的意思。

㊺泄泄：和乐自得的样子。

【精彩解说】

颍考叔是郑国边邑颍谷的地方官员，他听说这件事后，便向庄公进献贡品。庄公赏赐给他食物，他在吃饭的时候，将肉都留起来。庄公问其中的缘故，他说："小人家中有老母，我吃的东西她都已经尝过，但没有吃过君王赏赐的肉羹，请让我把它带回去给母亲吧。"庄公说："你有母亲可以孝敬,唉!唯独我没有啊!"颍考叔说:"请恕小人斗胆问一句,您为什么这样说呢?"庄公把其中的缘故告诉了他,并且说出了自己的悔意。颍考叔说:"您有什么可忧愁的?如果挖一条隧道直到挖出泉水,在隧道中相见,谁又能说出什么不是来呢?"庄公听从了颍考叔的话。庄公走进隧道见武姜,吟咏说:"身在隧道中,多么快乐、和睦啊!"姜氏走出隧道,也吟咏说:"身在隧道外,多么舒畅、快乐啊!"于是,他们恢复了从前融洽的关系。

原文

君子曰㊻:"颍考叔,纯孝也。爱其母,施及庄公。《诗》曰㊼:'孝子不匮,永锡尔类㊽。'其是之谓乎!"

【字词注解】

㊻君子:指有道德、有修养的人。是作者的假托,借此发表评论。

㊼《诗》:指《诗经》。

㊽孝子不匮,永锡尔类:指孝子的孝心历久不衰,永远可以用孝心感化你的同类。

【精彩解说】

君子说:"颍考叔是纯正的孝子啊!他非常孝顺自己的母亲,并且将孝道延及到庄公身上。《诗经》说:'孝子的孝心历久不衰,永远可以用孝心感化你的同类。'说的大概就是这种情况吧!"

周郑交质

《左传·隐公三年》

〔题解〕

自东周建立之后,周王室日益衰微,而郑国这个诸侯国却日益强大。周平王感受到了来自郑国的压力,他不想郑国独大,便想分权给西虢国来制衡郑国。此举引发了郑庄公的不满。为了消除猜疑,鲁隐公三年(公元前720年),周、郑之间发生了交换质子的事件。这一事件,将"礼"与"信"破坏殆尽,致使周郑交恶。这篇文章真实地反映了春秋时期实力强大的诸侯国敢于公然挑衅周王室的权威,而周天子已无力掌控诸侯国的历史面貌。

原文

郑武公、庄公为平王卿士①,王贰于虢②,郑伯怨王。王曰:"无之。"故周、郑交质,王子狐为质于郑③,郑公子忽为质于周④。

【字词注解】

①平王卿士:周平王的执政大臣。

②贰:两属。这里指周平王打算分一部分权力给虢公,以免郑庄公独大,以维持诸侯国之间的平衡。

③王子狐:周平王的儿子。

④郑公子忽:郑庄公的儿子。

【精彩解说】

郑武公和郑庄公两父子先后任周朝的执政大臣,周平王想把一部分权力分给西虢公,引起了郑庄公的不满。周平王说:"没有这样的事。" 为了免除猜疑,周王室与郑国交换人质,周平王的儿子狐到郑国去做人质,郑庄公的儿子忽到周王室做人质。

原文

王崩,周人将畀虢公政⑤。四月,郑祭足帅师取温之麦⑥。秋,又取成周之禾⑦。周、郑交恶。

【字词注解】

⑤畀(bì):给予,授予。

⑥祭足:郑国大夫,即《郑伯克段于鄢》篇中的祭仲。帅师:率领军队。温:周王室属地,在今河南温县。

⑦成周:周之东都,在今河南洛阳东郊。

【精彩解说】

周平王死后,周王室打算将政权交给虢公。四月,郑国的祭足率领军队收割了温地的麦子。秋季,又收割了成周的谷子。周王室和郑国之间关系恶化。

原文

君子曰:"信不由中⑧,质无益也。明恕而行⑨,要之以礼⑩,虽无有质,谁能间之?苟有明信,涧、溪、沼、沚之毛⑪,蘋、蘩、蕴藻之菜⑫,筐、筥、锜、釜之器⑬,潢污、行潦之水⑭,可荐于鬼神,可羞于王公⑮,而况君子结二国之信,行之以礼,又焉用质?《风》有《采蘩》《采蘋》⑯,《雅》有《行苇》《泂酌》⑰,昭忠信也。"

【字词注解】

⑧信：信任，信用。中：同"衷"，内心。

⑨明恕而行：指行事要设身处地，互相体谅。恕，宽恕，体谅。

⑩要（yāo）之以礼：用礼仪约束。要，约束。礼，特指奴隶社会和封建社会贵族等级制度下的社会规范和道德规范。

⑪沚（zhǐ）：小洲，即水中的小块陆地。毛：本指草，此处泛指植物。

⑫蘋（pín）：四叶菜，也叫田字草。蘩（fán）：白蒿。蕴藻：一种水藻。

⑬筐、筥（jǔ）：都是盛物的竹器，方者为筐，圆者为筥。锜（qí）：古代有三足的锅。釜（fǔ）：古代无足的锅。

⑭潢（huáng）污：积水不流。行（xíng）潦（lǎo）：沟里的水。

⑮羞：此为进献之意。

⑯《风》：指《诗经》中的《国风》。《采蘩》《采蘋》：均为《国风·召南》中的诗篇，都是写女子采野菜以供祭祀用的场景。

⑰《雅》：分《大雅》和《小雅》，这里指《大雅》。《行苇》《泂酌》：均为《大雅·生民之什》中的诗篇。前者是宴会上的祝酒诗，颂扬敬老尊贤，和睦相亲；后者写要真诚地对待民众。

【精彩解说】

君子说："诚信不发自内心，交换人质也没有任何用处。行事要设身处地、互相体谅，用礼来约束自己，即便没有人质，又有谁能离间他们呢？如果讲诚信，山涧小溪里的草，蘋、蘩、蕴藻之类的野菜，筐、筥、锜、釜等普通器具，低洼处的积水，也可以供奉给鬼神，进献给王公，更何况君子建立两国间的信任，按礼行事，又哪里用得着人质呢？《诗经·国风》有《采蘩》《采蘋》，《大雅》有《行苇》《泂酌》，都是昭示忠诚信义的诗篇。"

郑庄公戒饬守臣

《左传·隐公十一年》

〔题解〕

　　春秋时期，诸侯国之间割据混战、以强凌弱的现象经常出现，本文便真实地反映了这种情况。鲁隐公十一年（公元前712年）七月，鲁、齐和郑三国联合攻打许国。攻破许国后，在齐国国君和鲁国国君的推让下，许地被郑国接管。本文的主要内容便是郑庄公对留守许地的臣子发表的戒饬之辞。郑庄公能正确估计形势，深谋远虑，虽处处为自己打算，但又说得委婉，用语灵活，留有余地。由此不难看出，郑庄公精明能干，眼光长远。

原文

　　秋七月，公会齐侯、郑伯伐许①。庚辰②，傅于许③。颍考叔取郑伯之旗蝥弧以先登④，子都自下射之⑤，颠⑥。瑕叔盈又以蝥弧登⑦，周麾而呼曰⑧："君登矣！"郑师毕登⑨。壬午⑩，遂入许。许庄公奔卫⑪。

【字词注解】

　　①公：指鲁隐公。齐侯：指齐僖公，姜姓，吕氏，开国君主是周文王的辅政大臣吕尚，其故地在今山东北部。因齐国是侯爵，故称齐侯。郑伯：指郑庄公。许：许国，初都在今河南许昌。

②庚辰：周历这一年的七月初一。

③傅：靠近，逼近。

④颍考叔：郑国大夫，其人其事参见《郑伯克段于鄢》。蝥（máo）弧：郑伯用的旗帜名。

⑤子都：即公孙阏（è），郑国大夫。射之：指射颍考叔。此前五月十四日，郑伯准备攻打许国的时候，在太庙分发武器，子都和颍考叔争夺兵车，子都没有夺到，便怀恨在心，此时子都挟嫌报复，故"射之"。

⑥颠：跌倒，坠落。

⑦瑕叔盈：郑国大夫。

⑧麾（huī）：指挥。这里是挥舞旗帜的意思。

⑨毕登：指全部登上城去。毕，全部。

⑩壬午：七月初三。

⑪许庄公：许国国君。卫：卫国。

【精彩解说】

秋季七月，鲁隐公联合齐僖公、郑庄公攻打许国。初一，大军逼近许城。颍考叔取来郑庄公的蝥弧旗抢先登城，子都从下面用箭射他，他摔了下来。瑕叔盈又取过蝥弧旗登上城去，向四面挥动着大喊："国君登上城了！"郑国的军队全部登了上去。初三，郑庄公进入许城。许庄公逃到卫国。

原文

齐侯以许让公，公曰："君谓许不共⑫，故从君讨之。许既伏其罪矣，虽君有命，寡人弗敢与闻⑬。"乃与郑人。

【字词注解】

⑫共（gōng）：通"恭"，恭顺。

⑬寡人：寡德之人，古代君主的谦称。与闻：参与。这里指接受许国领地。

【精彩解说】

齐侯要把许地让给鲁隐公,鲁隐公说:"您说许国不恭顺,所以我才跟随您来讨伐它。现在许国既然已经服罪,虽然您有这样的指示,但寡人不敢接受。"于是就把许地给了郑庄公。

原文

郑伯使许大夫百里奉许叔以居许东偏⑭,曰:"天祸许国,鬼神实不逞于许君⑮,而假手于我寡人。寡人唯是一二父兄不能共亿⑯,其敢以许自为功乎?寡人有弟,不能和协,而使糊其口于四方⑰,其况能久有许乎?吾子其奉许叔以抚柔此民也,吾将使获也佐吾子⑱。若寡人得没于地,天其以礼悔祸于许,无宁兹许公复奉其社稷⑲,唯我郑国之有请谒焉,如旧昏媾⑳,其能降以相从也。无滋他族实逼处此,以与我郑国争此土也。吾子孙其覆亡之不暇,而况能禋祀许乎㉑?寡人之使吾子处此,不惟许国之为,亦聊以固吾圉也㉒。"

【字词注解】

⑭许叔:许庄公的弟弟。偏:僻远。这里指边远的地方,与下文"西偏"之"偏"义同。

⑮不逞:不满意。逞,快意。

⑯一二父兄:一两个父老兄弟。亿:安宁,安定。

⑰"寡人有弟"三句:事详见《郑伯克段于鄢》。糊,以粥维持生活。

⑱获:即公孙获,郑国大夫。佐:辅佐,协助。吾子:表示尊敬的第二人称代词。

⑲社稷:社指土神,稷指谷神。古代君主都祭土神和谷神,因此以社稷代指国家。

⑳昏媾(gòu):结成婚姻关系。这里指有婚姻关系的亲戚。昏,同"婚"。

㉑禋(yīn)祀:祭祀天神的仪式。

㉒圉(yǔ):边境。

── •【精彩解说】

　　郑庄公派许国大夫百里侍奉许庄公的弟弟许叔住在许城东部的偏远处,说:"上天降祸给许国,鬼神也确实对许国国君不满,特借寡人的手来惩罚他。只是寡人连一两个父老兄弟都不能安然相处,难道还敢把代天攻破许国作为自己的功绩吗?寡人有个弟弟,也不能和睦相处,使他四处求食以勉强维持生计,还怎么能长久地占领许国呢?您要侍奉好许叔,协助许叔安抚这里的人民,我还打算派公孙获来协助您。如果寡人能够善终,上天也许会依礼撤回加在许国的祸害,那时寡人宁愿让许公重新治理他的国家,要是我们郑国对许国有什么请求的话,就像对待亲戚一样,许国大概还会诚心同意的。不要便宜其他国家,让它们逼近甚至占据这里,来和我们郑国争夺这块领土。我的子孙挽救危亡都来不及,更何况祭祀许国的祖先呢?寡人之所以让您留在这里,不仅仅是为了许国,也是为了借以巩固我国边境啊。"

原文

　　乃使公孙获处许西偏,曰:"凡而器用财贿[23],无置于许。我死,乃亟去之[24]。吾先君新邑于此[25],王室而既卑矣,周之子孙日失其序。夫许,大岳之胤也[26]。天而既厌周德矣,吾其能与许争乎?"

── •【字词注解】

[23] 而:第二人称代词,你(们),你(们)的。财贿:财物,财货。泛指动产。

[24] 亟(jí)去:赶快离开。亟,急速,赶快。

[25] 先君:称已去世的君主。新邑于此:郑武公伐灭虢、桧两个小国后在这里营建新城。此处指建立新郑的时间不久。

[26] 大(tài)岳:即太岳,传说许为尧时四岳的后裔。胤(yìn):子嗣,后代。

【精彩解说】

郑伯于是派公孙获驻扎在许城西部偏远处,说:"凡是你的器用财物,都不要放在许城。我一死,就赶快离开这里。我的先君在这里新建城邑,可王室已经衰微,周王朝的子孙不断丢弃自己所继承的功业。而许国,是四岳的后裔,上天既然已经厌弃了周王室,我哪里还能和许国相争呢?"

原文

君子谓郑庄公"于是乎有礼㉗。礼,经国家,定社稷,序人民,利后嗣者也。许无刑而伐之㉘,服而舍之,度德而处之㉙,量力而行之㉚,相时而动,无累后人,可谓知礼矣"。

【字词注解】

㉗ 于是:在这件事情上。指郑伯攻破许国后处理善后问题这件事。
㉘ 无刑:指没有合乎礼的社会规范和行为准则。刑,法,典范。
㉙ 度(duó):揣度,估量。
㉚ 量力:衡量自己的力量。量,估计,衡量。

【精彩解说】

君子认为郑庄公"在这件事情上合乎礼。礼能治理国家,安定社稷,让人民有秩序地生活,是有利于子孙后代的。许国没有社会规范而对它进行讨伐,服罪了就宽恕它,估量自己的德行而对它加以处置,衡量自己的实力来行事,看准了时机再行动,不连累后人,郑伯这样做可以说是懂得礼了"。

季梁谏追楚师

《左传·桓公六年》

〔题解〕

桓公六年（公元前706年）的春天，楚国进攻随国，随国派使者前来议和。为了麻痹对方，楚武王听从了部下斗伯比的计策，故意让军队显出疲态。但随国大夫季梁是一位拥有远见卓识的政治家，他看穿了楚军的伪装。他阻止了随君追击楚军的举动，指出这是诱敌上当的诡计，劝随君先修政和民，外联诸侯。随君接受了季梁的劝谏，楚国一时间也不敢轻举妄动。

楚武王侵随①，使薳章求成焉②，军于瑕以待之③。随人使少师董成④。

——【字词注解】

①楚武王：即熊通，楚国国君，公元前740—前690年在位。据《史记》记载，楚武王曾两次通过随国国君向周天子请求尊楚封号，周天子均未同意，于是在他在位的第三十七年（公元前704年）自立为武王。随：西周初分封的一个姬姓诸侯国，其故地在今湖北随州。

②薳（wěi）章：楚国大夫。求成：求和。

③军于瑕：把军队驻扎在瑕。瑕，随国地名，在今湖北随州市境。

④少师：周官职名，与少傅、少保并称"三少"或"三孤"，其地位低于公而高于卿。董成：主持和谈。董，掌管，主持。

【精彩解说】

楚武王进攻随国，派䓕章求和，把军队驻扎在瑕地等待随国议和使者。随国派少师主持和谈。

原文

斗伯比言于楚子曰⑤："吾不得志于汉东也⑥，我则使然。我张吾三军⑦，而被吾甲兵⑧，以武临之，彼则惧而协以谋我，故难间也。汉东之国，随为大。随张⑨，必弃小国。小国离，楚之利也。少师侈，请羸师以张之⑩。"熊率且比曰⑪："季梁在，何益？"斗伯比曰："以为后图，少师得其君。"王毁军而纳少师。

【字词注解】

⑤斗伯比：楚国大夫。楚子：指楚武王，因楚国为子爵，故称。

⑥汉东：指汉水以东的小国。

⑦张（zhāng）：扩展，扩大。三军：楚国军队的三军为中军、左军和右军。这里也可泛指军队。

⑧被（pī）：同"披"，穿着。这里是配备、装备的意思。甲兵：泛指武器装备。甲，铠甲。兵，武器，兵器。

⑨张（zhàng）：膨胀，自大。后文"请羸师以张之"的"张"同义。

⑩羸（léi）师：让军队做出疲弱的样子。羸，疲弱。

⑪熊率（lǜ）且（jū）比：楚国大夫。

【精彩解说】

斗伯比对楚王说："我们在汉水以东不能得志，是我们自己造成的。我们扩大军队,加强我军的武器装备,以武力逼近他国,他们就会害怕而联合起来对付我们,所以就难以离间他们而各个击破了。在汉水以东的国家中,随国是大国。随国骄傲自大了,必然抛弃小国。小国离开它,对楚国来说倒是好事啊。少师为人十分骄傲,请让我们的军队装出疲弱的样子以使他自满。"熊率且比说:"随国有季梁在,这样做有什么好处呢?"斗伯比说:"这是为以后打算,少师迟早会得到他们国君的信任。"于是楚王就故意把军队搞得不成样子来接待少师。

原文

少师归,请追楚师,随侯将许之。季梁止之曰:"天方授楚,楚之羸,其诱我也,君何急焉?臣闻小之能敌大也,小道大淫⑫。所谓道,忠于民而信于神也。上思利民,忠也;祝史正辞⑬,信也。今民馁而君逞欲,祝史矫举以祭⑭,臣不知其可也。"公曰:"吾牲牷肥腯⑮,粢盛丰备⑯,何则不信?"对曰:"夫民,神之主也,是以圣王先成民而后致力于神。故奉牲以告曰'博硕肥腯',谓民力之普存也,谓其畜之硕大蕃滋也,谓其不疾瘯蠡也⑰,谓其备腯咸有也。奉盛以告曰'洁粢丰盛',谓其三时不害而民和年丰也⑱。奉酒醴以告曰'嘉栗旨酒'⑲,谓其上下皆有嘉德而无违心也。所谓馨香,无谗慝也⑳。故务其三时,修其五教㉑,亲其九族㉒,以致其禋祀。于是乎民和而神降之福,故动则有成。今民各有心,而鬼神乏主,君虽独丰,其何福之有?君姑修政而亲兄弟之国,庶免于难。"随侯惧而修政,楚不敢伐。

【字词注解】

⑫小道大淫:指小国有道而大国张狂无度。淫,过度,过分。

⑬祝史:掌管祭祀的官员。正辞:诚实的语言,公正的议论。这里指祝史诚实不欺地进行祝祷。

⑭矫举:诈称功德。这里指不按真实情况进行祝祷。

⑮牲牷(quán):用作祭祀的牛、羊、猪毛色纯正,肢体完整。

⑯粢(zī)盛:盛在祭器中供祭祀用的谷物。

⑰瘯（cù）蠡（luǒ）：牲畜所患的皮肤病。
⑱三时：指春、夏、秋三季。
⑲醴（lǐ）：甜酒。嘉：善，美。栗：虔敬。
⑳谗：诬陷人的坏话。慝（tè）：邪恶，恶念。
㉑五教：指古代的五种伦理道德，即父义、母慈、兄友、弟恭和子孝。
㉒九族：其说法不一，常见的说法有两种：一种说法是，从自身算起，上自高祖、曾祖、祖父、父亲，下至儿子、孙子、曾孙、玄孙；另一种说法是，父族四代、母族三代、妻族两代。这里泛指家族。

【精彩解说】

　　少师回去，请求追击楚军，随侯准备答应。季梁劝止说："上天正在给楚国助力，楚国军队显得疲弱，是故意引诱我们，国君您何必急着去追呢？臣下听说小国之所以能够抵抗大国，是因为小国有道而大国过于张狂。所谓道，就是忠于百姓而取信于神。做国君的想着利民，这就是忠；祝史的祭辞诚实不欺，这就是信。现在百姓饥饿而国君却放纵私欲，祝史编造功德进行祭祷，臣不知道怎么可能做得到成功。"随侯说："我祭祀用的牲口毛色纯，肢体全，又很肥壮，祭器里的黍稷也都丰盛完备，为什么不能取得神的信任呢？"季梁回答说："百姓，是神的主人，因此圣明的君主总是首先安定百姓而后才致力于神。所以，奉献祭牲时祝祷说'牲口又大又肥壮'，这是说百姓的财力普遍丰足，是说他们的牲畜肥大而且繁殖很快，是说他们的牲畜没有染上疾病，是说他们准备的各种肥壮的祭牲应有尽有。在奉献装满祭器的黍稷时祝祷说'洁净的粮食丰盛齐备'，这是说春、夏、秋三季没有灾害，百姓和悦，年成丰收。奉献甜酒时祝祷说'这是又好又清的美酒'，这是说上上下下都有美德而没有违心的事情。所谓祭品芳香远闻，就是没有谗言邪念。所以要致力于春、夏、秋三季的农事，修明父义、母慈、兄友、弟恭、子孝这五种伦理关系，亲爱自己的家族，并以此来进行祭祀。这样，百姓和睦，神就会降福给他们，一切行动都会成功。现在百姓各怀异心，而鬼神没有主宰，君侯即便独自有丰盛的祭品，又怎能求得鬼神降福呢？国君您还是姑且修明政事，亲近兄弟国家，这也许还能免于祸难。"随侯听了感到忧惧，开始修明政事，而楚国也就不敢攻打随国了。

曹刿论战

《左传·庄公十年》

〔题解〕

鲁庄公十年（公元前684年），齐桓公以鲁国曾武力支持他的兄弟公子纠与他争夺君位为由，派兵攻打鲁国，双方在鲁国的长勺展开了一场激战。当时齐强鲁弱，战争形势不利于鲁国。但是，战前曹刿对鲁国的情况进行了精准的分析，在战争中曹刿又抓住了最佳的进攻时机，齐军溃败后，曹刿又谨慎地判断出适宜的追击时机，所以鲁国反而打败了齐国，创造了以弱胜强的战绩。本文虽讲长勺之战，但重点不在于记叙战斗情况，而是放在了曹刿"论"战略、战术上，提出了取信于民是战争胜利的保障的道理，展现出了曹刿高超的战争理论与作战策略。

原文

十年春，齐师伐我①，公将战，曹刿请见②。其乡人曰③："肉食者谋之④，又何间焉⑤？"刿曰："肉食者鄙⑥，未能远谋。"遂入见。

——【字词注解】

①齐师：齐国的军队。我：指鲁国。因《左传》采用鲁国国君在位年记事，故称鲁国为"我"。下文的"公"指鲁庄公。

②曹刿（guì）：鲁国人，有智有勇。他除了参加本文所记述的齐鲁长勺

之战，还曾在鲁庄公十三年（公元前681年）齐鲁两国国君柯地会盟时，持剑挟持齐桓公，迫使他归还侵占的鲁国领土。请见：请求进见。见，指臣下拜见君主或下级拜见上级。

③乡人：同一个乡的人。春秋时期诸侯国国都及其近郊设"乡"这样的行政区划，跟后来的"乡村"之"乡"不同。

④肉食者：指有权位的大人物。

⑤间（jiàn）：参与。

⑥鄙：浅陋。

【精彩解说】

鲁庄公十年春季，齐国的军队攻打鲁国，庄公准备迎战，曹刿请求进见庄公。他的同乡人说："那些为官者在谋划，你又去掺和什么呢？"曹刿说："那些为官者见识短浅，不能深谋远虑。"于是入宫进见庄公。

原文

问："何以战⑦？"公曰："衣食所安⑧，弗敢专也⑨，必以分人。"对曰："小惠未遍，民弗从也。"公曰："牺牲玉帛⑩，弗敢加也⑪，必以信⑫。"对曰："小信未孚⑬，神弗福也。"公曰："小大之狱⑭，虽不能察，必以情⑮。"对曰："忠之属也⑯，可以一战⑰。战，则请从。"

【字词注解】

⑦何以：指依靠、凭借什么。

⑧所安：指安身立命的东西。

⑨专：指专有、独享。

⑩牺牲：指祭祀用的牲畜，一般用牛、羊、猪。玉：玉器。帛：丝绸之类的纺织品。

⑪加：指虚报、谎报。

⑫信：诚实，诚信，言语真实。

⑬孚（fú）：信服，信任。

⑭狱：诉讼案件。

⑮情：实情。

⑯忠之属：指尽心竭力服务百姓一类的事情。忠，尽心竭力。属，类。

⑰可以：可以凭借。

──●【精彩解说】

曹刿问庄公："依靠什么作战？"庄公说："衣服、食物这些安身立命的东西，我不敢独自享受，一定分给别人。"曹刿回答说："小恩小惠不能遍及各处，百姓是不会跟从您的。"庄公说："祭祀用的牲畜和玉帛，不敢谎报，祝史的祭祷一定诚实不欺。"曹刿回答说："小信小诚不足以感动神灵，神灵是不会降福的。"庄公说："大大小小的诉讼案件，虽说不能一一明察，但一定根据实际情况处理。"曹刿回答说："这才是尽心竭力服务百姓一类的事情，可以凭借这一点打一仗。作战时，请让我一起去。"

> **原文**
>
> 公与之乘⑱，战于长勺⑲。公将鼓之⑳，刿曰："未可。"齐人三鼓，刿曰："可矣！"齐师败绩㉑，公将驰之㉒，刿曰："未可。"下，视其辙㉓，登，轼而望之㉔，曰："可矣！"遂逐齐师。

──●【字词注解】

⑱乘（chéng）：乘车。

⑲长勺：鲁国地名，其故地在今山东济南莱芜区东北。

⑳鼓之：指击鼓发起对齐军的反攻。古代发动进攻时以击鼓为号。鼓，擂鼓，用作动词。下文的"三鼓"，指三次击鼓进攻。

㉑败绩：（军队）溃败，大败。

㉒驰之：指驱赶兵车追击齐军。驰，赶车马快跑。

㉓视：仔细地看。辙：车辙，车轮轧过后留下的痕迹。

㉔轼（shì）：古代车厢前面用作扶手的横木。这里用作动词，是扶着车前横木的意思。

【精彩解说】

庄公与曹刿同乘一辆兵车,与齐军在长勺作战。庄公准备击鼓发起对齐军的反攻,曹刿说:"还不行。"齐军三次擂鼓,曹刿说:"可以反攻了!"齐军大败,庄公准备驱赶兵车追击齐军,曹刿说:"还不行。"曹刿下车,仔细察看齐军兵车的车辙,登上自己所乘的兵车,扶着车前用作扶手的横木眺望齐军,说:"可以追击了!"于是驱车追击齐军。

原文

既克㉕,公问其故,对曰:"夫战㉖,勇气也。一鼓作气㉗,再而衰,三而竭。彼竭我盈,故克之。夫大国,难测也,惧有伏焉㉘。吾视其辙乱,望其旗靡㉙,故逐之。"

【字词注解】

㉕既克:指已经战胜齐军。既,已经。克,战胜。
㉖夫:句首语气词,用以提起下文,表示要发表议论和看法等。
㉗作气:指使士气振作起来。作,这里用作使动词。
㉘惧:恐怕。有伏:有埋伏。
㉙靡(mǐ):倒下。

【精彩解说】

打败齐军以后,庄公问他能够战胜齐军的原因,曹刿回答说:"作战,靠的是勇气。擂第一通鼓振作士气,擂第二通鼓士气就有所衰减,擂第三通鼓齐军的士气就枯竭了。他们的士气已经丧失殆尽,而我军的士气却正充盈旺盛,所以能战胜他们。大国军队的战术难以捉摸,恐怕他们有埋伏。我看到他们的车辙已很凌乱,望到他们的战旗倒下了,所以这才追击他们。"

子鱼论战

《左传·僖公二十二年》

[题解]

　　公元前638年,宋、楚两国为争夺霸权,爆发了泓水之战。战争开始时,形势对宋军有利,可宋襄公不顾大臣子鱼的反对,死抱住"君子不重伤,不禽二毛"等迂腐教条不放,以致贻误战机,惨遭失败。本篇主要记述的是子鱼在这次战役中的用兵主张。他主张抓住战机,攻其不备,彻底消灭敌人的有生力量,以夺取战争的胜利。子鱼的英明远见、审时度势和宋襄公的迂腐固执形成鲜明对比。全文篇幅不长,但叙事完整,层次鲜明,说理透彻。

原文

　　楚人伐宋以救郑。宋公将战,大司马固谏曰:"天之弃商久矣,君将兴之,弗可赦也已。"弗听。

　　及楚人战于泓①。宋人既成列,楚人未既济②,司马曰③:"彼众我寡,及其未既济也,请击之。"公曰:"不可。"既济而未成列,又以告。公曰:"未可。"既陈④,而后击之,宋师败绩。公伤股⑤,门官歼焉⑥。

国人皆咎公。公曰："君子不重伤⑦，不禽二毛⑧。古之为军也，不以阻隘也。寡人虽亡国之余⑨，不鼓不成列⑩。"

子鱼曰："君未知战。勍敌之人⑪，隘而不列⑫，天赞我也⑬；阻而鼓之，不亦可乎？犹有惧焉。且今之勍者，皆吾敌也，虽及胡耇⑭，获则取之，何有于二毛⑮？明耻，教战，求杀敌也。伤未及死，如何勿重？若爱重伤，则如勿伤，爱其二毛，则如服焉⑯。三军以利用也⑰，金鼓以声气也⑱。利而用之，阻隘可也；声盛致志，鼓儳可也⑲。"

【字词注解】

① 泓：泓水，在今河南柘（zhè）城西北。

② 既：尽。济：渡过。

③ 司马：统率军队的高级长官。此处指子鱼。

④ 陈：同"阵"。这里作动词，即摆好阵势。

⑤ 股：大腿。

⑥ 门官：国君的卫队。

⑦ 重（chóng）：再次。

⑧ 禽：同"擒"，俘虏。二毛：头发斑白，代指老人。

⑨ 寡人：国君的自称。亡国之余：亡国者的后代。宋襄公是商朝的后代，商亡于周。

⑩ 鼓：击鼓（进军），名词作动词。

⑪ 勍（qíng）敌：强敌。勍，强大。

⑫ 隘：这里作动词，处在险隘之地。

⑬ 赞：助。

⑭ 胡耇（gǒu）：年纪很大的人。胡，颔下垂肉。耇，驼背。

⑮ 何有于二毛：意思是还管什么头发是否花白。

⑯ 服：屈服。

⑰ 三军：春秋时，诸侯大国有三军，即左军、中军、右军。这里泛指军队。用：施用。这里指作战。

⑱金鼓：古时作战，击鼓进兵，鸣金收兵。金，金属响器。声气：振作士气。

⑲儳（chán）：不整齐。此指不成阵势的军队。

【精彩解说】

楚国攻打宋国来援救郑国。宋襄公将要迎战，大司马公孙固劝阻说："上天抛弃我们已经很久了，您想兴复它，违背上天的做法是不可饶恕的。"宋襄公不听。

宋襄公与楚军在泓水作战。宋军已摆好了阵势，楚军还没有全部渡过泓水，担任司马的子鱼对宋襄公说："对方人多而我们人少，趁着他们还没有全部渡过泓水，请您下令进攻他们。"宋襄公说："不行。"楚国的军队已经全部渡过泓水还没有摆好阵势，子鱼又建议宋襄公下令进攻。宋襄公回答说："还不行。"等楚军摆好了阵势以后宋军才去进攻楚军，结果宋军大败。宋襄公大腿受了伤，他的卫队也被歼灭了。

都城里的人都责备宋襄公。宋襄公说："君子不伤害受伤之人，也不俘虏头发斑白的敌人。古时候指挥战斗，是不凭借地势险要的。我虽然是已经亡了国的商朝的后代，也不去进攻没有摆好阵势的敌人。"

子鱼说："您不懂得作战的道理。强大的敌人，在地形狭险处没有摆好阵势，那是上天在帮助我们；加以拦截而向他们发动进攻，不也可以吗？而且这样都还怕不能取胜呢。况且现在强大的国家，都是我们的敌人，即使是年纪很老的，能抓得到就该俘虏他，还管什么头发是否花白！使士兵明白什么是耻辱来鼓舞斗志，奋勇作战为的是消灭敌人。敌人受了伤还没有死，为什么不能再去杀他们呢？如果爱惜伤员而不去杀他们，不如一开始就不伤害他们；怜悯头发花白的敌人，不如向他们投降。军队凭着有利的战机来进行战斗，鸣金击鼓是用来助长声势、鼓舞士气的。既然军队作战要抓住有利的战机，那么敌人处于困境时，正好可以利用；鼓声大作，充分鼓舞士兵的斗志，那么攻击未成列的敌人也是可以的。"

烛之武退秦师

《左传·僖公三十年》

〔题解〕

　　此文记述的是秦、晋联合攻打郑国之前,秦、郑之间开展的一场外交斗争。僖公三十年(公元前630年),秦、晋两个大国以当年晋文公流亡到郑国时,郑国"无礼于晋",且依附楚国为借口,联合攻打郑国,郑国形势危急。在这种情况下,老臣烛之武被委以重任,去敌营面见秦穆公,劝他退兵。烛之武凭借对时局的清醒认知和过人的辩才,说服秦穆公退兵,并与郑结盟。晋国无奈,只好退兵。烛之武凭借一人之力,竟然使郑国免于被灭。其在国家危难之际挺身而出的大公无私的精神以及杰出的外交才能,历来为人所称道。

【原文】

　　晋侯、秦伯围郑①,以其无礼于晋,且贰于楚也②。晋军函陵③,秦军氾南④。

【字词注解】

①晋侯:晋文公。秦伯:秦穆公。

②贰于楚:结交晋国的同时,从属于楚国。

③军:驻扎,用作动词。函陵:在今河南新郑北。

④氾(fán)南:氾水之南。在今河南中牟南,距函陵不远。

【精彩解说】

晋文公、秦穆公率领大军包围郑国,因为郑国对晋文公无礼,而且对晋国有二心,亲近楚国。晋军驻扎在函陵,秦军驻扎在汜南。

原文

佚之狐言于郑伯曰⑤:"国危矣。若使烛之武见秦君⑥,师必退。"公从之。辞曰:"臣之壮也,犹不如人;今老矣,无能为也已。"公曰:"吾不能早用子,今急而求子,是寡人之过也。然郑亡,子亦有不利焉。"许之。

【字词注解】

⑤佚之狐:郑大夫。郑伯:郑文公。
⑥烛之武:郑大夫。

【精彩解说】

佚之狐对郑文公说:"国家危险了。如果派烛之武去见秦君,秦军一定会撤退。"郑文公听从了他的建议。烛之武推辞说:"臣壮年的时候,尚且不如别人;如今老了,更不能有什么作为了。"郑文公说:"我没能及早重用您,如今有危难了才来求您,这是寡人的过错。可是郑国灭亡了,对您也不利啊。"烛之武答应了郑文公。

原文

夜缒而出⑦。见秦伯,曰:"秦、晋围郑,郑既知亡矣。若亡郑而有益于君,敢以烦执事⑧。越国以鄙远⑨,君知其难也,焉用亡郑以倍邻⑩?邻之厚,君之薄也。若舍郑以为东道主,行李之往来⑪,共其乏困⑫,君亦无所害。且君尝为晋君赐矣,许君焦、瑕⑬,朝济而夕设版焉⑭,君之所知也。夫晋,何厌之有⑮?既东封郑⑯,又欲肆其西封⑰。若不阙秦⑱,将焉取之?阙秦以利晋,唯君图之。"

【字词注解】

⑦缒（zhuì）：用绳子拴住人或东西从上往下送。

⑧敢：表示谦敬的词。执事：君主左右办事的人。实指君王，不直称其人，表示恭敬。

⑨越国：秦军攻打郑国要经过晋国。鄙远：把远方的土地作为自己的边邑。鄙，边邑。

⑩倍：增加，扩大。

⑪行李：指外交使臣。

⑫共：通"供"，供应，供给。

⑬焦、瑕：晋国的两座城邑。秦穆公帮助晋惠公回国为君，晋惠公曾答应割给秦穆公五座城邑，后来反悔了。焦、瑕即其中二城。

⑭设版：筑城墙，即修筑防御工事。古代修筑城墙以版为夹，中间加土夯实。

⑮何厌之有：即"有何厌"。厌，满足。

⑯封郑：把疆土扩大到郑国。

⑰肆：伸展，开拓。

⑱阙（jué）：侵损，削减。

【精彩解说】

夜里，烛之武将绳子绑在身上，从城墙上吊下来出了城。见到秦穆公，烛之武说："秦、晋包围郑国，郑国已经知道要亡国了。如果灭掉郑国对您有好处，那就烦劳您的左右进攻吧。一个国家越过别国，以远方的土地作为自己的边邑，您知道这是很困难的，何必要灭掉郑国来给自己的邻国增加土地呢？邻国实力的加强，就等于贵国实力的削弱。如果您放弃灭郑的计划，以郑国为东边路上的主人，贵国使者往来，我国会供给他们各方面的需要，这对您没有一点儿害处。再说您曾经对晋君有过恩惠，晋君也曾答应把焦、瑕两地割让给您，但他早晨渡过河，晚上就修筑防卫工事，这是您所知道的。晋国哪有满足的时候？晋国已经东向郑国来扩张领土，又想为所欲为地向其西方扩张。如果不损害秦国，又向哪里去取得土地？损害秦国而有利于晋国，请您考虑一下。"

原文

秦伯说⑲，与郑人盟，使杞子、逢孙、杨孙戍之⑳，乃还。子犯请击之㉑。公曰㉒："不可，微夫人之力不及此㉓。因人之力而敝之㉔，不仁；失其所与㉕，不知㉖；以乱易整㉗，不武㉘。吾其还也。"亦去之㉙。

● 【字词注解】

⑲说：同"悦"，欢喜。此指赞同。

⑳杞子、逢孙、杨孙：三人都是秦国将领。

㉑子犯：晋国上卿狐偃，晋文公的舅舅。

㉒公：晋文公。

㉓微：非，没有。夫：发语词，有"那个"的意思。人：指秦穆公。及此：到这一步。

㉔因：依靠，借助。敝：坏。此指伤害。

㉕所与：同盟者。与，友好。

㉖知：通"智"。

㉗乱：动乱。指关系破裂，互相攻战。易：代替。整：友好和睦，和谐一致。

㉘武：指使用武力时应具有的道义准则。

㉙去：离开。

● 【精彩解说】

秦穆公听了很高兴，同郑国结盟，派遣杞子、逢孙、杨孙帮助郑国戍守，就撤军了。晋国上卿子犯请求追击秦军。晋文公说："不行，如果没有那个人的力量，我就到不了今天。凭借人家的力量取得成功反而去伤害人家，是不仁义的；失去友好邻邦，是不明智的；以关系破裂而代替和睦相处，这是不武。我们还是回去吧。"于是晋军也撤离了郑国。

拓展阅读

东周主要诸侯国

东周时期以"三家分晋"为分界线分为春秋和战国两个阶段,其中春秋时期(公元前770—前476年)是我国历史上第一次全国性大分裂的形成时期。下面对当时几个较为重要的诸侯国加以介绍。

齐国:祖先为辅佐武王伐纣的功臣姜尚。春秋时期,著名的政治家齐桓公依靠管仲整顿国政,几年之间实现富国强兵,到公元前679年称霸北方。

晋国:先祖为周成王弟唐叔虞。东周初期,晋献公在绛(今山西翼城)建都,开始了晋国的霸业。春秋后期,其统治出现危机,最终分裂成韩、赵、魏等几个独立的诸侯国,史称"三家分晋"。

秦国:公元前770年,因护送周平王东迁有功,嬴姓先祖秦襄公成为诸侯,始建秦国,又被赐封岐山以西地区。到秦穆公时,先后将西方戎族部落打败,开辟千余里国土,为之后秦国的强盛奠定了基础。

郑国:春秋初年,郑国异常活跃,甚至连强大的齐国也会向郑国求助。郑庄公时代,先是肃清内部,又在外部消灭许国、打败宋国,成为当时最强盛的国家,史称"郑庄公小霸"。

楚国:先祖为帝颛顼高阳氏。春秋初期,楚国实力渐强。因地处中国南方,常与中原各诸侯发生战事,借此先后吞并近邻弱小的诸侯国,成为春秋前期中国南方的主要强国。

卷二 周文

齐国佐不辱命

《左传·成公二年》

〔题解〕

　　成公二年（公元前589年）夏，齐国攻打鲁国，鲁国不敌，卫国帮助鲁国攻打齐国，亦不敌。鲁、卫一同向晋求援。晋的中军主帅郤克会同鲁、卫军队攻打齐国，齐军大败。面对穷追不舍的晋军，齐顷公派国佐前去议和，许以重利，可郤克不答应，而是提出了两个苛刻的条件。面对郤克的刁难，国佐从容不迫、不卑不亢地逐条驳斥，并底气十足地表示，若无和解的可能，即便破釜沉舟，也会奉陪到底。最终，国佐不辱使命，达成了和议。

【原文】

　　晋师从齐师①，入自丘舆②，击马陉③。齐侯使宾媚人赂以纪甗、玉磬与地④，"不可，则听客之所为⑤。"

【字词注解】

① 从：跟随。这里是追击的意思。
② 丘舆：齐地名。在今山东青州西南。
③ 马陉（xíng）：齐地名。在今山东淄博东南。
④ 齐侯：齐顷公。宾媚人：即国佐，齐上大夫。纪甗（yǎn）：纪国的国

宝。齐灭纪后，为齐所有。纪，古国名，在今山东寿光南。甗，古代炊器。此甗为国宝，绝非一般的炊器。磬：古代玉制的打击乐器。

⑤客：指晋军。

【精彩解说】

晋军追击齐军，从丘舆进入齐国，攻打马陉。齐顷公派宾媚人送上纪甗、玉磬并答应割让土地以求和，同时指示宾媚人说："如果晋国不答应，那就随便他们好了。"

原文

宾媚人致赂，晋人不可，曰："必以萧同叔子为质⑥，而使齐之封内尽东其亩⑦。"对曰："萧同叔子非他，寡君之母也，若以匹敌⑧，则亦晋君之母也。吾子布大命于诸侯，而曰必质其母以为信，其若王命何⑨？且是以不孝令也。《诗》曰：'孝子不匮，永锡尔类⑩。'若以不孝令于诸侯，其无乃非德类也乎⑪？先王疆理天下⑫，物土之宜，而布其利⑬。故《诗》曰：'我疆我理，南东其亩⑭。'今吾子疆理诸侯，而曰'尽东其亩'而已，唯吾子戎车是利，无顾土宜，其无乃非先王之命也乎？反先王则不义，何以为盟主？其晋实有阙⑮！四王之王也⑯，树德而济同欲焉⑰，五伯之霸也⑱，勤而抚之⑲，以役王命。今吾子求合诸侯，以逞无疆之欲，《诗》曰：'敷政优优，百禄是遒⑳。'子实不优，而弃百禄，诸侯何害焉？不然，寡君之命使臣，则有辞矣，曰：'子以君师辱于敝邑，不腆敝赋，以犒从者，畏君之震，师徒桡败㉔。吾子惠徼齐国之福㉕，不泯其社稷，使继旧好，唯是先君之敝器、土地不敢爱㉗。子又不许，请收合余烬，背城借一㉘。敝邑之幸，亦云从也；况其不幸，敢不唯命是听㉙？'"

【字词注解】

⑥萧同叔子：齐顷公的母亲，萧国国君同叔的女儿。郤克为什么提出必以她为人质的苛刻条件？原来，公元前592年郤克出使齐国，同去的还有鲁国的臧孙许。郤克是跛子，臧孙许是独眼，齐顷公让跛子接待郤克，让独眼人

接待臧孙许,而顷公的母亲则在帷幕后观看,并乐得笑出声。郤克羞辱义愤之极,誓报其辱。这正是这次晋军攻打齐国的原因。

⑦封内:封疆以内,即境内。尽东其亩:使田里的垄埂全部东向。东,使……向东。

⑧匹敌:对等,相当。

⑨王命:指先王关于实行孝道的命令。

⑩"孝子不匮"二句:引诗见于《诗经·大雅·既醉》。匮,穷尽。锡,赐予。类,同类人。

⑪无乃:恐怕,大概,表示委婉的语气。

⑫疆理:划定疆界,整治土地。

⑬布:分布,安排。

⑭南东其亩:引诗见《诗经·小雅·信南山》,意为使田亩的垄埂南北向或东西向,因地制宜。

⑮阙:通"缺",过失。

⑯四王(wáng):指夏禹、商汤、周文王、周武王。王(wàng):动词,为王,引申为以德治天下。

⑰济:满足。同欲:共同的愿望。

⑱五伯(bà):即五霸。指夏伯昆吾,商伯大彭、豕韦,周伯齐桓、晋文。一说指春秋五霸,即齐桓公、宋襄公、晋文公、秦穆公、楚庄王。

⑲勤:辛苦。抚:安抚。

⑳役:服役于。

㉑无疆:无尽,没有止境。

㉒敷政:施政。优优:宽缓的样子。百禄:各种富禄。此二句见《诗经·商颂·长发》。

㉓腆(tiǎn):丰厚。敝赋:犹言敝国军队。

㉔挠败:打败。

㉕惠:蒙您施惠。徼(yāo):通"邀",招致,求取。

㉖泯(mǐn):灭亡。

㉗爱:吝惜。

㉘背城借一:背靠城墙,作最后一战。

㉙敢：反语，怎敢。

──●【精彩解说】

宾媚人送上礼物，晋国人不同意和解，说："一定要以萧同叔的女儿作为人质，而且把齐国境内的垄亩畦埂全部改成东向。"宾媚人回答说："萧同叔的女儿不是别人，是国君的母亲，如果从对等的角度说，她也就如同晋国国君的母亲。您向诸侯发布重大的命令，说一定要用人家的母亲做人质才能取信，那您又是怎样对待周天子的命令呢？而且您这样做是以不孝号令诸侯。《诗经》说：'孝子的孝心是无穷无尽的，他永远把自己的孝思分给与自己同类的人。'如果用不孝来号令诸侯，这恐怕不符合道德准则吧？先王划定天下土地疆界，因地制宜，察看土质适宜种植什么，从而做出有利于生产的布置。所以《诗经》说：'我划定疆界，分清地理，或南向或东向整修田垄。'现在您让诸侯定疆界，分地理，却说'田垄都要向东'，只顾方便您自己的兵车通行，不管地理地形是否适宜，这恐怕不符合先王的政令吧？违反先王的制度就是不义，您还怎能做诸侯的盟主呢？在这一点上晋国确实是有过失的！四王之所以成就王业，是因为他们树立德政而满足诸侯的愿望；五霸之所以成就霸业，是因为他们不辞劳苦地安抚诸侯，共同为天子效命。如今您会合诸侯，却是用来满足自己没有止境的私欲，《诗经》说：'施政宽松，各种福禄都会聚集而来。'您如果不肯施政宽和，就会丢掉一切福禄，这对诸侯又有什么害处呢？您如果不答应讲和，国君命令我来时，还有话说，他说：'您带领贵国国君的军队光临敝邑，我们只能尽自己微薄的力量，来犒劳您的随从，由于畏惧贵国国君的威严，我军遭到挫败。承蒙您惠临并为齐国求福，如果不灭亡我们的国家，就让我们继续以往的友好关系，那么先君遗留下来的破旧器物和土地我们是不敢吝惜的。如果您还是不答应，请让我们收拾残兵败将，背靠着我们的城墙借机决一死战。如果敝邑幸而取胜，也还是会依从贵国的；倘若不幸再次战败，岂敢不唯命是从？'"

吕相绝秦

《左传·成公十三年》

〔题解〕

成公十一年（公元前580年），晋厉公与秦桓公相约会盟，秦君却违背约定没有来。其后，秦君又挑动北方的狄与南方的楚夹击晋国。秦晋关系从友好转向敌对，于是晋侯派吕相去断绝和秦国的邦交，这才有了这篇檄文。吕相先历数秦穆公为德不终、私与郑盟、乘人之危等罪状，而后又回归到绝秦的主旨上，形成一篇保存完整的外交辞令。本文结构严整，句法灵活，行文不容辩驳，笔力阳刚雄健，对后世产生了深远的影响。

原文

晋侯使吕相绝秦①，曰："昔逮我献公及穆公相好②，戮力同心③，申之以盟誓，重之以昏姻④。天祸晋国⑤，文公如齐⑥，惠公如秦。无禄⑦，献公即世⑧，穆公不忘旧德，俾我惠公用能奉祀于晋⑨。又不能成大勋，而为韩之师⑩。亦悔于厥心⑪，用集我文公⑫，是穆之成也⑬。

【字词注解】

①晋侯：晋厉公。吕相：即魏相，晋大夫魏锜（qí）之子。其食邑在吕，因此也称吕相。绝秦：断绝与秦的外交关系。事在鲁成公十三年（公元前578年）四月。

② 逮（dài）：自从。献公：晋献公。穆公：秦穆公。

③ 戮力：并力，合力。

④ 昏姻：即婚姻，指秦穆公娶晋献公女（伯姬，亦称穆姬）之事。

⑤ 天祸晋国：上天降祸于晋国。指骊姬之乱。晋献公宠骊姬，要立骊姬所生的奚齐为太子。太子申生自杀，诸公子蒙难。

⑥ 文公：重耳。如：往，到。重耳流亡过程中到过许多国家，这里仅举其一。下句也是这样。

⑦ 无禄：不幸。

⑧ 即世：去世。

⑨ 俾（bǐ）：使。用：因此。奉祀：主持祭祀，意为担任国君。鲁僖公十年（公元前650年），秦穆公派兵护送晋惠公回国。

⑩ 韩之师：鲁僖公十五年（公元前645年），秦伐晋，交战于韩原，晋惠公被俘。

⑪ 厥（jué）：其，指秦穆公。

⑫ 集：成就，成全。鲁僖公二十四年（公元前636年），秦派兵护送重耳回国成为国君。

⑬ 成：成就，成全。

【精彩解说】

晋厉公派吕相去秦国宣布与秦断交，说："以前自从我们献公和穆公相互友好，合力同心，用盟约誓言加以申明，并用婚姻加强这种关系。上天降祸给晋国，文公流亡齐国，惠公亡命秦国。不幸，献公去世，穆公不忘昔日的恩德，使我们惠公因他的帮助能回晋国主持祭祀。但穆公又不能将这一大功贯彻始终，反而发动了攻晋的韩原之战。他后来心中懊悔，因此支持我们文公即位，这是穆公成全晋国的功绩。

"文公躬擐甲胄⑭，跋履山川，逾越险阻，征东之诸侯⑮，虞、夏、商、周之胤而朝诸秦⑯，则亦既报旧德矣。郑人怒君之疆埸⑰，我文公帅诸侯及秦围郑⑱。秦大夫不询于我寡君，擅及郑盟⑲，诸侯疾之，将致命于秦⑳。文公恐惧，绥靖诸侯㉑，秦师克还无害㉒，则是我有大造于西也㉓。

"无禄,文公即世,穆为不吊㉔,蔑死我君㉕。寡我襄公㉖,迭我殽地㉗,奸绝我好㉘,伐我保城㉙,殄灭我费滑㉚,散离我兄弟,扰乱我同盟,倾覆我国家。我襄公未忘君之旧勋,而惧社稷之陨,是以有殽之师㉛。犹愿赦罪于穆公㉜。穆公弗听,而即楚谋我。天诱其衷㉝,成王陨命㉞,穆公是以不克逞志于我。

"穆、襄即世,康、灵即位。康公,我之自出㉟,又欲阙翦我公室㊱,倾覆我社稷,帅我蟊贼㊲,以来荡摇我边疆,我是以有令狐之役。康犹不悛㊳,入我河曲㊴,伐我涑川㊵,俘我王官㊶,翦我羁马㊷,我是以有河曲之战㊸。东道之不通㊹,则是康公绝我好也。

【字词注解】

⑭ 躬:亲自。擐(huàn):穿。胄(zhòu):头盔。

⑮ 征:征服,征伐。

⑯ 胤:后代。

⑰ 怒:侵犯。疆埸(yì):边境。

⑱ 围郑:僖公三十年(公元前630年),晋联合秦围郑。

⑲ 擅及郑盟:自作主张与郑结盟的是秦穆公,文中说"大夫"是委婉的措辞。擅,自作主张。

⑳ 致命:拼死决战。

㉑ 绥(suí)靖:安抚。

㉒ 克:能够,得以。害:损伤。

㉓ 造:功劳。西:指秦国,秦在晋西。

㉔ 吊:吊唁。

㉕ 蔑死我君:或谓当作"蔑我死君",与下句之"寡我襄公"对应。蔑,蔑视,轻慢。

㉖ 寡:孤,弱。此处为意动用法,认为孤弱可欺。

㉗ 迭(yì):通"轶",突然进犯。

㉘ 奸绝:断绝。

㉙ 保城:小城。保,同"堡"。

㉚殄（tiǎn）：灭绝。费滑：滑，小国名。费是滑的都城，在今河南偃师。滑与晋都是姬姓，故称兄弟之国。僖公三十三年（公元前627年）秦灭滑。

㉛殽之师：指鲁僖公三十二年（公元前628年）秦、晋殽之战。

㉜赦罪：赦免罪过，寻求和解。

㉝天诱其衷：当时的俗语，即天心在我，上天保佑我们。诱，劝勉。衷，内心。

㉞成王：楚成王，鲁文公元年（公元前626年）被弑。

㉟我之自出：秦康公为晋献公女伯姬所生，是晋国的外甥。

㊱阙翦（jiǎn）：损害。

㊲蟊（máo）贼：食禾苗根叶的害虫，喻指内奸。这里指晋文公之子公子雍。雍长期寄居秦国，晋襄公时，太子夷皋（gāo）（后来的灵公）年幼，赵盾等人主张迎立公子雍回国即位，准备派人去迎接，秦国则派军护送。但襄公夫人穆嬴反对。赵盾等又改变主张，派兵拒秦，改立夷皋。两国战于令狐。事发生在鲁文公七年（公元前620年）。

㊳悛（quān）：悔改。

㊴河曲：晋地。在今山西风陵渡一带。

㊵涑（sù）川：水名。在今山西西南部。

㊶王官：晋地。在今山西闻喜西南。

㊷羁马：晋地。在今山西永济南。

㊸河曲之战：鲁文公十二年（公元前615年），秦为报"令狐之役"的仇恨而伐晋。晋兵抵御，战于河曲，不分胜负，后双方退兵。

㊹东道之不通：指两国不相往来。

【精彩解说】

"文公亲自披甲戴胄，跋山涉水，逾险越阻，征讨东方的诸侯，使虞、夏、商、周的后代都来朝见秦国，这也算报答了贵国的旧恩。郑国人侵犯贵国的边境，我们文公率领诸侯与秦国一起包围郑国。可是秦大夫不征求我们国君的意见，擅自与郑结盟，诸侯痛恨这种做法，准备与秦决一死战。文公恐惧，就百般安抚诸侯，这才使秦军安然无恙地回国，这也算是我们给予秦

"不幸，文公逝世，穆公不来吊唁，反而轻视我们死去的君主。欺负我们襄公，突然进犯我们的崤地，断绝我们的友好关系，攻打我们边境的小城，灭亡我们的滑国，离间我们的兄弟国家，扰乱我们的同盟国，倾覆我们的国家。但是我们襄公没有忘记贵国国君往日的恩德，可是又害怕自己国家灭亡，因此不得已才发动了崤地的战役。即使如此我们襄公还是希望与穆公和解。但穆公不答应，反而勾结楚国打我们的主意。上天保佑我们，楚成王丧命，穆公侵犯我国的野心因此未能得逞。

"穆公、襄公去世，康公、灵公即位。康公，是我们穆姬所生，却想损害我们公室，倾覆我们国家，率领我国的内奸雍，来袭扰我国边境，我们被迫发动了令狐之战。康公仍不思悔改，入侵我国的河曲，攻打我国的涑川，掠夺我国的王官，割取我国的羁马，我国不得已才发动了河曲之战。后来你们东面的道路不通，就是由于康公和我们断绝友好关系的缘故。

原文

"及君之嗣也㊺，我君景公引领西望曰㊻：'庶抚我乎㊼！'君亦不惠称盟㊽，利吾有狄难㊾，入我河县，焚我箕、郜㊿，芟夷我农功，虔刘我边陲○53，我是以有辅氏之聚○54。君亦悔祸之延，而欲徼福于先君献、穆○55，使伯车来命我景公曰○56：'吾与女同好弃恶○57，复修旧德，以追念前勋。'言誓未就，景公即世，我寡君是以有令狐之会，君又不祥○58，背弃盟誓。白狄及君同州○59，君之仇雠，而我之昏姻也○60，君来赐命曰：'吾与女伐狄。'寡君不敢顾昏姻，畏君之威，而受命于使○61。君有二心于狄，曰：'晋将伐女。'狄应且憎，是用告我○62。楚人恶君之二三其德也○63，亦来告我曰：'秦背令狐之盟，而来求盟于我，昭告昊天上帝、秦三公、楚三王曰："余虽与晋出入○64，余唯利是视。"不榖恶其无成德，是用宣之○65，以惩不壹○66。'诸侯备闻此言，斯是用痛心疾首，昵就寡人○67。寡人帅以听命，唯好是求。君若惠顾诸侯，矜哀寡人○68，而赐之盟，则寡人之愿也，其承宁诸侯以退○69，岂敢徼乱？君若不施大惠，寡人不佞○70，其不能以诸侯退矣。敢尽布之执事，俾执事实图利之○71。"

【字词注解】

㊺君：指秦桓公。

㊻引领：伸长脖子。

㊼庶：也许，大概。表示推测和希望。

㊽不惠称盟：不肯施恩举行盟会。

㊾利：利用，乘机。狄难：指鲁宣公十五年（公元前594年）秦国趁着晋国攻打赤狄潞氏而讨伐晋国。

㊿河县：晋地名。在今山西蒲县。

(51)箕：晋地名。在今山西蒲县箕城。郜（gào）：晋地名。在今山西祁县西。

(52)芟（shān）夷：收割。农功：农作物。

(53)虔刘：杀戮。

(54)辅氏之聚：在辅氏聚集民众抗击秦军。此次战役发生在鲁宣公十五年（公元前594年）。辅氏，晋地名，在今陕西大荔。

(55)徼（yāo）：通“邀”，求取。

(56)伯车：秦桓公的儿子，名鍼。

(57)女：通“汝”。

(58)令狐之会：秦晋在令狐会盟，事在鲁成公十一年（公元前580年）。

(59)不祥：不善。

(60)白狄：狄族的一个分支。同州：同处一州。州，雍州，今陕西、甘肃全部及青海部分地区。

(61)我之昏姻：白狄女子曾嫁晋文公。

(62)受：同“授”。命于使：给晋国官吏下达伐狄的命令。

(63)是用：因此。

(64)二三其德：反复无常。

(65)昭：明。昊天：皇天。秦三公：穆、康、共。楚三王：成、穆、庄。

(66)余：我。出入：往来。

(67)不穀：不善。古代王侯自称的谦辞。

(68)宣：公布，揭露。

(69)不一：言行不一致。

⑦⓪昵就：亲昵，靠近。

⑦①矜哀：同情，怜悯。

⑦②承宁：平息。

⑦③不佞（nìng）：不才。谦称。

⑦④俾：使，让。这里有"请"的意思。图：考虑，权衡。

【精彩解说】

"到了您继位，我们国君景公伸长脖子朝西遥望说：'也许会安抚我们了吧！'可是您同样不肯施恩同我们结盟，反而乘狄人侵犯的机会，攻入我国的河县，焚毁我们的箕邑和郜邑，收割我们成熟的庄稼，杀戮我们边境的人民，我国因此才在辅氏地区集结军队抵抗。您也后悔战祸蔓延，就想求福于两国先君献公、穆公，派伯车来命令我们景公说：'我和你抛弃怨恨，互相和好，重修昔日的友情，以此追怀先君的功勋。'盟誓还没完成，景公不幸去世，我们国君因此与君王您有了令狐会盟之约，君王您又居心不良，背弃盟约。白狄和您同处一州，他们是您的仇敌，却和我们有姻亲之谊，君王派人来命令说：'我和你去攻打狄国。'国君不敢顾及姻亲关系，害怕您的威严，就向官吏下达了出兵的命令。您又勾结狄人，说：'晋国将要攻打你们。'狄人口头上应付你们，心里却憎恨你们，因此把你们对他们说的话告诉了我们。楚国人也厌恶你们反复无常的德行，也来告诉我们说：'秦国背弃了令狐之盟，而来请求同我们结盟，他们对着皇天上帝、秦国的三位先公、楚国的三位先王发誓说："我虽然与晋国来往，只不过是图利而已。"我讨厌他们毫无道德准则，所以把真相揭露出来，以惩戒他们表里不一的行为。'诸侯全都听见了这些话，因而痛心疾首，都来亲近我们。我们率领诸侯来听候您的命令，只是想求得同您友好。您如果肯施惠于诸侯，怜悯寡人，恩准我们结盟，那是我们的心愿，我们就会平息诸侯的怨愤，率领他们退走，怎么敢求战乱？您如果不肯施与大恩，我们没有本事，就不能率领诸侯撤军。我大胆地、毫无保留地把详情全部报告给您的左右，请您的左右认真权衡一下利弊吧。"

子产告范宣子轻币

《左传·襄公二十四年》

〔题解〕

晋平公时期，晋国的实力依然雄厚，是各诸侯国的盟主。盟主国经常向各诸侯小国征收贡品。当时晋国主持国政的范宣子是个贪财的人，他责令弱小的诸侯交纳大量贡品，以便中饱私囊。这给诸侯小国造成了沉重的负担。郑国是晋国的近邻，在这种盘剥之下不堪重负。子产是郑国的大夫，才能卓越，他采取了寄书说理的方式，利用晋国极力想保住盟主地位和希望获得好名声的心理，对范宣子进行劝告，收到了良好的效果。

范宣子为政，诸侯之币重①，郑人病之②。

→【字词注解】

①币：帛。古代用作礼物，也代指礼物。这里指诸侯向晋国进献的贡品。
②病：苦，困乏。

→【精彩解说】

范宣子执掌晋国朝政，对诸侯加重征收贡品，郑国人对此感到苦恼。

原文

二月，郑伯如晋③。子产寓书于子西④，以告宣子，曰："子为晋国⑤，四邻诸侯不闻令德⑥，而闻重币，侨也惑之⑦。侨闻君子长国家者⑧，非无贿之患⑨，而无令名之难⑩。夫诸侯之贿聚于公室⑪，则诸侯贰⑫；若吾子赖之⑬，则晋国贰。诸侯贰，则晋国坏；晋国贰，则子之家坏。何没没也⑭！将焉用贿？夫令名，德之舆也⑮；德，国家之基也。有基无坏，无亦是务乎⑯？有德则乐，乐则能久。《诗》云：'乐只君子，邦家之基'，有令德也夫！'上帝临女，无贰尔心'⑱，有令名也夫！恕思以明德⑲，则令名载而行之，是以远至迩安⑳。毋宁使人谓子'子实生我'㉑，而谓'子浚我以生'乎㉒？象有齿以焚其身㉓，贿也。"

【字词注解】

③郑伯：郑简公。如：往。

④子产：郑大夫，姓公孙，名侨，字子产。郑简公十二年（公元前554年）为卿，二十三年（公元前543年）执政。执政期间，积极实行改革，使郑国兴盛。寓书：托人捎带书信。子西：郑大夫，公孙夏。

⑤为（wéi）：治理。

⑥令德：美德。令，善，美好。

⑦侨：子产自称。

⑧长（zhǎng）：掌管，领导。

⑨贿：财物。

⑩令名：美名，好名声。难：与"患"意义相同，忧虑，担心。

⑪公室：指晋侯。意与王室同，但晋侯是公不是王，故称"公室"。

⑫贰：二心，离异之心。

⑬赖：占有。

⑭没（mò）没：昏聩，糊涂。

⑮舆：车子。

⑯无亦：何不。是务：即务是，致力于此。

⑰乐只君子，邦家之基：诗见《诗经·小雅·南山有台》。只，助词。

⑱上帝临女，无贰尔心：引自《诗经·大雅·大明》。临，监视。女，通"汝"。无贰尔心，即尔心无贰。

⑲恕思：内心宽厚。明德：发扬美德。

⑳ 远至：使远方的人来归附。迩（ěr）安：使近处的人安居乐业。迩，近。

㉑ 毋宁：宁可。

㉒ 浚（jùn）：榨取。

㉓ 焚其身：丧生。

── • 【精彩解说】

　　二月，郑简公去晋国。子产捎信给子西，让他告诉范宣子说："您治理晋国，在四邻各国没听见有人传颂您的美德，只听说您加重征收贡礼，我对此困惑不解。我听说君子掌管国家政事和家族事务，不担心财物不足，而担心没有美好的名声。如果诸侯的财宝都聚集于国君的仓库，那么诸侯就会对晋国怀有二心；如果是您私吞了这些财宝，那么晋国上下就会叛离。诸侯叛离，则晋国的盟主地位就会受到损害；晋国内部分裂，您的家族便很难保全。您怎么这么糊涂！要这些财宝干什么？美好的名声，是装载美德的车子；而美德，则是国家的基础。有了坚实的根基国家就不会衰亡，您何不致力于此呢？执政有美德，子民就快乐；子民都快乐，国家就会长治久安。《诗经》说'快乐啊君子，是国家和家族的柱石'，这是因为君子有美德啊！'上天在监视着您，您不要有二心'，这是因为君子有美好的声誉！以宽厚仁恕的心意来显扬美德，那么美名则会像装载在车子上一样迅速传播，因此远方的人就会来归附，近邻也会安居乐业。您是愿意让人对您说'您的确养活了我'，还是让人对您说'您榨干了我们而养肥了自己'呢？大象因为有象牙而招来杀身之祸，这是因为象牙是值钱的东西。"

宣子说，乃轻币㉔。

── • 【字词注解】

㉔ 轻币：减轻贡礼。

── • 【精彩解说】

　　范宣子听后很高兴，便下令减轻各国的贡礼。

子产论政宽猛

《左传·昭公二十年》

〔题解〕

子产是春秋时期郑国著名的政治家,在他执政期间,取得了不错的政绩。临终前,他向他的继任者太叔传授他的治国经验:宽政是最好的,但一般人很难做到,所以猛政更见实效。太叔执政期间,先施以宽政则郑国盗贼横生,后施以猛政则盗贼的活动稍稍平息。孔子在此基础上进一步总结出"宽以济猛,猛以济宽"的观点,成为后世统治者治理国家的手段。

【原文】

郑子产有疾,谓子大叔曰①:"我死,子必为政。唯有德者能以宽服民②,其次莫如猛。夫火烈③,民望而畏之,故鲜死焉④;水懦弱,民狎而玩之⑤,则多死焉,故宽难。"疾数月而卒。

【字词注解】

①子大(tài)叔:游吉。郑简公、郑定公时为卿。郑定公八年(公元前522年)继子产执政。

②宽:指宽和、宽松的政策,与下文的"猛",即严厉、严酷的政策相对。

③烈:猛烈。

④鲜：少。

⑤狎（xiá）：轻忽，轻慢。

●【精彩解说】

郑国的子产病重，对子太叔说："我死后，你肯定会执政。只有道行高尚的人才能够用宽和的政策使民众服从，其次就不如用严厉的政策了。火势猛烈，人们见了它就害怕，所以很少有人死于火；水性柔弱，人们轻慢地玩弄它，所以死于水的就很多，所以施行宽和的政策难度大。"子产病了几个月就去世了。

原文

大叔为政，不忍猛而宽。郑国多盗，取人于萑苻之泽⑥。大叔悔之，曰："吾早从夫子，不及此。"兴徒兵以攻萑苻之盗⑦，尽杀之，盗少止⑧。

●【字词注解】

⑥取：通"聚"，聚集。萑（huán）苻（fú）：春秋时郑国泽名，在今河南中牟。

⑦兴：发动。徒兵：步卒，在战车下作战者。

⑧少止：稍稍平息。

●【精彩解说】

太叔执政，不忍心用严厉的政策而实行宽大的政策。结果郑国盗贼很多，聚集在芦苇丛生的萑苻泽中。太叔对自己的做法很后悔，说："我如果早点听从他老人家的话，就不至于弄到这个地步。"于是出动步兵去围剿萑苻泽中的盗贼，把他们全部杀光，从此盗贼活动才稍稍平息。

原文

仲尼曰："善哉！政宽则民慢⑨，慢则纠之以猛，猛则民残，残则施之以宽。宽以济猛，猛以济宽，政是以和。《诗》曰⑩：'民亦劳止⑪，汔可小康⑫。惠此中国⑬，以绥四方⑭。'施之以宽也。'毋从诡随⑮，以谨无良[16]。式遏寇虐[17]，惨不畏明[18]。'纠之以猛也。'柔远能迩[19]，以定我王。'平之以和也。又曰：'不竞不絿[20]，不刚不柔，布政优优[21]，百禄是遒[22]。'和之至也。"及子产卒，仲尼闻之，出涕曰："古之遗爱也。"

【字词注解】

⑨慢：怠慢。

⑩《诗》：《诗经》，引诗四句均出自《诗经·大雅·民劳》。

⑪止：语气词。用于句末。

⑫汔（qì）：庶几，差不多。

⑬中国：京城，国都。指周王朝直接统治的王畿一带。

⑭绥：安抚。

⑮从：同"纵"。诡随：欺诈虚伪，见风使舵。

⑯谨：约束。

⑰式：应该。遏：制止。

⑱惨：乃，竟。明：明文规定的法令。

⑲柔：使顺服，安抚。能：安抚，使之亲善。迩：近。

⑳絿（qiú）：急，急躁。

㉑优优：宽和的样子。

㉒禄：福。遒（qiú）：聚集。

【精彩解说】

孔子说："好啊！政令宽大百姓就怠慢，怠慢了就用严厉来纠正，政令严厉了百姓就会遭受残害，百姓遭受了残害就再施行宽和的政策。宽和用来调剂严厉，严厉用来调剂宽和，政治因此达到和谐。《诗经》说：'百姓已很辛劳，大概可以稍稍安康。把这恩惠赐予中原，用以安抚四方。'这是实行宽和的政策。'不要放纵奸诈阿谀之徒，约束行为不端的人。应当制止侵夺残暴，他们从来不顾法度。'这是用严厉来纠正宽和。'安抚远方，亲善近地，以此保我王业长久。'这是用宽和的政治措施来使国家安定。又说：'不争不急，不刚不柔，施政从容不迫，百种福禄临头。'这是和谐政治的最高境界。"待到子产去世，孔子听说后，流着眼泪说："他具有古人仁爱的遗风啊。"

拓展阅读

秦晋之好

春秋时秦、晋两国国君几代都互相通婚，后用秦晋指两姓联姻。

秦穆公成为秦国国君后，为了与中原诸侯建立友好的关系，便请求与当时力量强大的晋国联姻。晋献公就把大女儿嫁给了他。这是秦晋两国的第一次联姻，也标志着秦晋之好这一系列历史事件的开始。

后来，晋献公听信谗言，为了给小儿子奚齐铺路，逼太子申生自杀。另外两个儿子夷吾和重耳，为了避免被杀害，分别逃往别国。晋献公去世后，奚齐登上君位。但晋人不服，杀掉了奚齐。这时候，秦穆公在流亡在外的夷吾的请求之下，趁晋国内乱之机，帮助他夺取了晋国国君之位，夷吾即晋惠公。但是事成之后，夷吾却背信弃义，不肯兑现之前说好的割让晋国的城池给秦国的承诺，于是，秦晋两国就失和了。后来秦晋两国还打起了仗，结果晋国战败了，夷吾只好让自己的儿子公子圉到秦国做质子，两国的关系这才得以缓和。

秦穆公为了笼络公子圉，把自己的女儿怀嬴嫁给了他。如此一来，秦晋之好得以延续。然而几年之后，公子圉听说自己的父亲病了，为了能继承国君之位，他把妻子怀嬴留在了秦国，一个人偷偷溜回了晋国，后来成为晋君，就是晋怀公，跟秦国不相往来。

公子圉的做法让秦穆公非常气愤。为了报复公子圉，秦穆公决定要帮助当初和夷吾一样流亡他国的重耳当上晋国国君。他把之前逃到楚国的重耳接过来，还把怀嬴改嫁给他。这是秦、晋两国第三次结姻亲。

之后，在秦穆公的支持下，重耳果然夺取了君位，成为春秋五霸时期的霸主之———晋文公。晋文公继续与秦保持良好关系，但晋文公去世后，秦、晋走向决裂。

◎ 卷三　周文 ◎

祭公谏征犬戎

《国语·周语上》

〔题解〕

《国语》是我国第一部国别体史书,因为以记言为主,以国分目,故名《国语》。全书共二十一卷,分为《周语》《鲁语》《齐语》《晋语》《郑语》《楚语》《吴语》《越语》八部分。记事时间自西周中期起,至春秋战国之交结束,前后约五百年。《国语》的作者存在争议,迄今尚未有定论。自汉司马迁至唐刘知几都认为《国语》的作者为左丘明,但宋朱熹、郑樵以及清末康有为等都提出异议。

《祭公谏征犬戎》是《国语》的第一篇,是祭公谋父针对周穆王炫耀武力、出征犬戎所进行的劝谏。祭公谋父认为,圣明的君王要光大自己的德政,武力在必要时才动用,轻易炫耀武力,早晚会带来严重的后果。但周穆王没有听从祭公的劝告,还是率兵攻打犬戎。结果导致周边的少数民族都不再来朝贡。

【原文】

穆王将征犬戎①,祭公谋父谏曰②:"不可!先王耀德不观兵③。夫兵戢而时动④,动则威,观则玩⑤,玩则无震⑥。是故周文公之《颂》曰⑦:'载戢干戈,载櫜弓矢⑧。我求懿德⑨,肆于时夏⑩,允王保之⑪。'先王之于民也,茂正其德而厚其性⑫,阜其财求而利其器用⑬,明利害之乡⑭,以文修之,使务利而避害,怀德而畏威,故能保世以滋大。

"昔我先世后稷⑮,以服事虞、夏。及夏之衰也,弃稷弗务,我先王不窋用失其官⑯,而自窜于戎、翟之间⑰。不敢怠业⑱,时序其德,纂修其绪,修其训典㉑,朝夕恪勤㉒,守以惇笃㉓,奉以忠信,奕世载德㉔,不忝前人㉕。至于武王㉖,昭前之光明而加之以慈和㉗,事神保民,莫不欣喜。商王帝辛㉘,大恶于民,庶民弗忍,欣戴武王,以致戎于商牧㉙。是先王非务武也,勤恤民隐而除其害也㉚。"

【字词注解】

① 穆王:西周第五位天子,名满,公元前976—前922年在位。犬戎:古代西北戎人的一支,也称西戎、昆夷。商周时,游牧于关中地区,成为商周的主要边患。

② 祭公谋父:周王卿士,封于祭(今河南新郑),字谋父。

③ 耀德:使德行显扬光大。观:示,给人看,炫耀。

④ 戢(jí):收藏、聚集兵器。时动:按照一定的季节行动。

⑤ 玩:玩忽,轻慢。

⑥ 震:使恐惧,威慑。

⑦ 周文公:周公,谥"文"。《颂》:指《诗经·周颂·时迈》,古人认为此诗的作者为周公。

⑧ 载:助词,起加强语气作用。櫜(gāo):装弓箭盔甲的袋子。此处用作动词,收藏。

⑨ 懿(yì):美。

⑩ 肆:陈列。时:通"是",这。夏:华夏,指中国。

⑪ 允:信,确实。

⑫ 茂:勉励。正:端正。厚:使……淳厚。性:情性,品性。

⑬ 阜:满足,使……丰富。利:使……锋利。

⑭ 乡:通"向",方向。

⑮ 后稷:王室的农官,掌管农耕,简称稷。此处以官名代替人名,指周的始祖,姓姬名弃。他曾为虞舜、夏禹两朝的农官。

⑯ 不窋(zhú):弃的后代,带领周的后人由邰迁豳(bīn)。

⑰ 戎、翟(dí):均为古代西北方少数民族。翟,同"狄"。

⑱ 业:指农业。

⑲序：继续。

⑳纂：通"缵"，继续。绪：事业。

㉑训典：教诲法则。

㉒恪（kè）：谨慎。

㉓惇（dūn）笃：敦厚，朴实，诚恳。

㉔奕世：累世，世世代代。载：秉承。

㉕忝（tiǎn）：辱没，玷污。

㉖武王：姬发，西周王朝的开创者，第一代天子。

㉗昭：明，发扬光大。

㉘帝辛：商代最后一位君主纣王，名辛。

㉙戎：兵戎，指战争。牧：牧野。在今河南淇县南。周武王在这里大败商纣王的军队。

㉚恤：怜悯，体恤。民隐：百姓的疾苦。

【精彩解说】

周穆王准备征伐犬戎，祭公谋父劝阻说："不行！先王历来宣扬德治而不炫耀武力。军队在平时蓄积力量，只有必要时才能动用，一旦动用就要大显神威，轻易炫耀武力只会显示轻慢，而轻慢则会失去威慑的作用。所以周公所作的《颂》说：'收好戈和盾，藏好弓和箭。我王讲求美德，让美德传遍中华大地，我王一定能永久保持并发扬光大。'先王对于百姓，总是勉励他们修德而敦厚情性，满足他们致富的需求而使他们有好的生产工具，使他们明辨利害关系，用礼法加以教育，使他们努力从事有利的事业而避免有害的，感怀德政而畏惧天威，所以先王的事业能世代相承并发扬光大。

"从前我们祖先后稷，侍奉虞、夏两朝。等到夏朝中衰，废掉农官，不再理会农务，我们的祖先不窋因而失掉农官的职位，逃奔于戎、狄地区。但他对农事旧业仍不敢怠惰，常常继续传布先辈的美好品德，研习前人的教诲与制度，从早到晚谨慎勤劳，用朴实敦厚的态度加以保持，奉行忠实诚信的原则，世世代代传承美德，从不玷污先人的美名。传至武王，他继续光大前人的德行，又加之以慈爱和善，侍奉神灵，养育百姓，神灵和百姓无不欢欣喜悦。商纣王帝辛受到人们的极端憎恨，老百姓忍无可忍，都乐于拥戴武王，这样才导致商郊牧野之战，并打败了纣王。这并非先王崇尚武力，而是他体恤百姓的痛苦，为民除害。

原文

"夫先王之制：邦内甸服㉛，邦外侯服㉜，侯、卫宾服㉝，夷蛮要服㉞，戎翟荒服㉟。甸服者祭㊱，侯服者祀㊲，宾服者享㊳，要服者贡㊴，荒服者王。日祭，月祀，时享，岁贡，终王㊵，先王之训也。有不祭则修意，有不祀则修言㊶，有不享则修文㊸，有不贡则修名㊹，有不王则修德，序成而有不至则修刑。于是乎有刑不祭，伐不祀，征不享，让不贡，告不王。于是乎有刑罚之辟㊺，有攻伐之兵，有征讨之备，有威让之令，有文告之辞。布令陈辞而又不至，则又增修于德，无勤民于远㊻。是以近无不听，远无不服。

"今自大毕、伯仕之终也㊼，犬戎氏以其职来王㊽，天子曰：'予必以不享征之，且观之兵。'其无乃废先王之训而王几顿乎㊾？吾闻夫犬戎树惇㊿，能帅旧德而守终纯固㉛，其有以御我矣！"

【字词注解】

㉛邦内：王畿之内，即天子直辖地区，王城方圆千里的区域。甸服：王城周围五百里以内之地。

㉜侯服：指甸服以外五百里的区域，天子分封给诸侯的土地。

㉝侯、卫宾服：介于诸侯与边疆之间的区域。卫，卫畿。宾服，定期朝贡以服侍天子。

㉞要服：按约觐见而服侍天子。六年一见。

㉟荒服：荒远地区。当地民族因迁徙无常，只在首领更换或中原王朝新君即位时入朝一次。要服、荒服只是在名义上保持与周朝的宗属关系。

㊱祭：日祭。天子每日祭祀父、祖。

㊲祀：月祀。天子每月朔、望祭祀曾祖、高祖。

㊳享：进献贡品。

㊴贡：岁贡。天子每年岁末大祭祖先。

㊵终王：终世朝觐一次。

㊶修意：检查自己的思想。

㊷修言：检查自己的言论号令。

㊸修文：检查自己的法令制度。

㊹修名：检查自己的尊卑名号。

㊺辟：法律。

㊻勤民于远：劳民远征。

㊼ 大毕、伯仕：犬戎部族的两位首领。

㊽ 王：作动词，朝见王。

㊾ 顿：破坏。

㊿ 树惇：树立纯朴的德行。

51 帅：遵循。守终：守住终生入朝一次的职分。纯固：专一。

● 【精彩解说】

"先王的制度是：王畿之内为甸服，王畿之外为侯服，侯畿与卫畿之间为宾服，蛮夷地区为要服，戎狄地区为荒服。甸服地区要供给天子日祭所需，侯服地区要供给天子月祀所需，宾服地区要供给天子四季的时享所需，要服地区向天子提供每年一次的岁贡，荒服地区只需在新天子即位时朝贡一次。日祭，月祀，时享，岁贡，终王（新君即位朝见一次），这是先王的规定。如果有不来供日祭的，天子就要反省内心；如果有不来供月祀的，天子就要检查自己的号令；如果有不来提供时享的，天子就要加强文治；如果有不来提供岁贡的，天子就要检查不妥当的尊卑名号；不在新天子即位时来朝贡，天子就要检查自己的德行。这一切都做到了，如果还有不来履行义务的，天子就应落实处罚措施。于是就有了处罚不祭的，诛罚不祀的，征讨不享的，谴责不贡的，告喻不朝天子的。于是就有了惩处的法律，攻伐的军队，征讨的准备，谴责的训令，告谕的文告。如果公布法令、颁发文告，还有不来进贡朝见的，就进一步修德，也不轻易劳民远征。国君这样做，近处的诸侯没有不听从的，远方的部落也没有不归服的。

"现如今，自从大毕、伯仕死后，犬戎的君长一直按照王制对荒服的规定来朝见，您说：'我一定要按照宾服不供献时享的罪名征讨犬戎，对他们炫耀武力。'这样做岂不是违反先王的训导，将先王的规定破坏殆尽了吗？我听说犬戎当今的君长树立了纯朴的德行，能遵循先代的德行，并且始终真诚不变，他们在道义上就有理由抵御我们了！"

王不听，遂征之，得四白狼、四白鹿以归。自是荒服者不至。

● 【精彩解说】

周穆王不听劝谏，于是兴师远征，结果只得到四只白狼、四只白鹿回来。从此以后荒服地区的诸侯就不再来朝贡了。

召公谏厉王止谤

《国语·周语上》

[题解]

　　本文是一篇颇有见地的文章,讲述了对人民的议论只宜疏导不可压制的道理。周厉王滥施暴政,致使国人怨声载道,他不但不反思自己的为政举措,反而用监视、告密、杀戮的方式加以镇压。大臣召公清醒地认识到这么做会带来严重的后果,就用"防民之口,甚于防川"的道理来规劝周厉王,可周厉王固执己见。此举最终引发了暴动,周厉王被迫出逃外地。周厉王的可悲下场足以警醒后世,舆论民情只能因势利导,不可壅塞堵截。

【原文】

　　厉王虐①,国人谤王②。召公告曰③:"民不堪命矣!"王怒,得卫巫④,使监谤者,以告⑤,则杀之。国人莫敢言,道路以目⑥。王喜,告召公曰:"吾能弭谤矣⑦,乃不敢言。"

【字词注解】

　　①厉王:周厉王,姓姬,名胡,周穆王之孙,公元前877—前841年在位。暴虐无道,在"国人暴动"中被逐出都城,逃亡到彘,十四年后病死在该地。

② 国人：都城内的平民。谤：公开议论指责。
③ 召（shào）公：一作邵公，姬虎，周王的卿士，后辅佐周宣王。
④ 卫巫：卫国的巫师。卫，国名。巫，以侍奉鬼神为职业的人。
⑤ 告：告密。
⑥ 道路以目：亲友邻里路上相遇，只能用眼睛彼此望一望，互相递个眼色。意谓人们担心谤王的嫌疑，见了面连互相问候也不敢。
⑦ 弭（mǐ）：制止，消除。

【精彩解说】

周厉王暴虐无道，国都里的人纷纷指责他。召公告诉厉王说："老百姓已忍受不了你的政令了！"厉王听了很生气，找来一个卫国的巫师，命他去监视口出怨言的人，只要卫巫一发现有人议论指责厉王便报告，厉王就把被告发的人杀掉。从此国都里的人谁也不敢再说话了，即使是亲友邻里路上相遇，也只是互相递个眼色而已。厉王大喜，告诉召公说："我能消除怨愤不满的言论了，他们再也不敢议论我了。"

原文

召公曰："是鄣之也⑧。防民之口⑨，甚于防川⑩。川壅而溃⑪，伤人必多，民亦如之。是故为川者决之使导⑫，为民者宣之使言⑬。故天子听政⑭，使公卿至于列士献诗⑮，瞽献典⑯，史献书⑰，师箴⑱，瞍赋⑲，矇诵⑳，百工谏㉑，庶人传语㉒，近臣尽规㉔，亲戚补察㉕，瞽、史教诲㉖，耆艾修之㉗，而后王斟酌焉，是以事行而不悖㉘。民之有口也，犹土之有山川也，财用于是乎出㉙，犹其有原隰衍沃也，衣食于是乎生。口之宣言也，善败于是乎兴㉚，行善而备败㉛，所以阜财用、衣食者也㉜。夫民虑之于心而宣之于口，成而行之㉝，胡可壅也？若壅其口，其与能几何㉟？"

【字词注解】

⑧ 鄣（zhàng）：通"障"。防水堤。这里用作动词，阻挡，阻塞。
⑨ 防：堵住。

⑩甚于:"比……更……"之意。

⑪壅(yōng):堵塞。溃:水冲破堤坝。

⑫为川者:治理河道的人。

⑬为民者:治理百姓的人。宣:开导。

⑭听政:执政,处理政务。

⑮公卿至于列士:指大小各级官员。周朝官职分公、卿、大夫、士四级。列士:古称天子的上士。

⑯瞽(gǔ):盲人,古代乐师多以盲人充任,此处指乐师。

⑰史:史官。

⑱师:少师,次于太师的乐官。箴(zhēn):规诫之言,似格言。

⑲瞍(sǒu):没有瞳仁的盲人。与下文"蒙"都是太师、少师手下的乐工。赋:吟咏,朗读。

⑳蒙:有瞳仁的盲人。

㉑百工:各种官吏,犹言百官。一说各种工匠。

㉒庶人:平民。传语:庶人卑贱,语不能直达于王,只能把意见间接传给君王。

㉓近臣:君王左右的臣子。

㉔亲戚:与君王同宗的大臣。补察:弥补君王的过失,察政之得失。

㉕耆艾:师傅。这里指德高望重的老臣。

㉖悖:逆,不顺,违反事理。

㉗于是乎出:从这里生产出来。

㉘原:宽广平坦的土地。隰(xí):地势低而湿的土地。

㉙衍:低而平坦的地方。沃:肥美的土地。

㉚善败:成败。兴:发生。这里指体现、反映出来。

㉛行善:推行好的。备败:防范坏的。

㉜阜:多,丰盛。

㉝成而行之:考虑成熟后,自然流露出来。行,实行,此处是流露的意思。

㉞胡:何,怎么。

㉟其与能几何:那么统治还能维持多久呢?

【精彩解说】

召公说:"这只是用暴力封堵了他们的嘴巴。堵塞众人之口,比堵塞江河更厉害。江河堵塞就会一溃千里,伤害的人一定很多,封堵民众的嘴巴后果也一样。所以治理河道的人要疏浚河道使水流畅通,治理百姓的人要引导民众敢于讲话。因此,天子处理政事,让公卿、大夫直到列士都献规谏的诗,主乐太师献乐章,记事史官献文献,少师进规箴,瞍者朗诵,蒙者吟咏,百官谏诤,民众的议论辗转上达,左右近臣尽心规劝,宗室姻亲补过纠偏,乐官、史官教诲不倦,元老重臣劝诫不厌,然后由天子亲自斟酌裁断,因此,政事施行起来才不违背情理。人人有口,就像大地上有山有河,财富器物才从这里出产,又像大地上有平原、洼地、平坦肥美的土地,衣服、食物从这里出产。民众用嘴巴发表意见,国家政务的成功或失败都能从这里反映出来,推行好的,防范坏的,这正是用以增加财富、器用和衣食的治国方法。民众心里怎么想,嘴里就怎么说,他们考虑成熟以后就会自然流露出来,怎么能堵得住呢?如果真堵住民众的嘴,那么统治还能维持多久呢?"

王弗听,于是国人莫敢出言。三年,乃流王于彘㊱。

【字词注解】

㊱流:流放,驱逐。彘(zhì):晋地名。在今山西霍州。

【精彩解说】

周厉王不听召公的劝告,从此都城的民众都不敢议论政事了。过了三年,厉王就被放逐到彘地去了。

吴子使札来聘

《公羊传·襄公二十九年》

〔题解〕

　　《公羊传》亦称《春秋公羊传》，是专门解释《春秋》的一部典籍，与《春秋》起讫时间相同，上起鲁隐公元年（公元前722年），下止鲁哀公十四年（公元前481年）。《公羊传》的始作者是战国时齐人公羊高，他受学于孔子的弟子子夏。汉景帝时，《公羊传》传至公羊高的玄孙公羊寿。公羊寿与齐人胡母生合作，方才将《春秋公羊传》的定稿"著于竹帛"。今本《公羊传》的体裁特点是经传合并，传文逐句传述《春秋》经文的大义，用问答的方式解经，释史十分简略。

　　"吴子使札来聘"是《春秋》襄公二十九年（公元前544年）经文中的一句话，《吴子使札来聘》这篇文章是《公羊传》对这句话中的称呼人名问题上的深微含义所作的传述和解释。文章分三个层次。第一层提出《春秋》记吴国并无称其君与大夫的先例，此处这样称呼是为了表明季子贤良。第二层进一步解释季子贤在何处。第三层解释"贤季子"为什么要显出"有君""有大夫"，而且为什么对季札直呼其名。全文问题连问，气势十足，描写季札多用侧面烘托的方式，叙述简洁生动。

原文

　　吴无君、无大夫①，此何以有君、有大夫？贤季子也②。何贤乎季子？让国也③。其让国奈何？谒也④，馀祭也⑤，夷昧也⑥，与季子同母者四。季子弱而才，兄弟皆爱之，同欲立之以为君。谒曰："今若是迮而与季子国[7]，季子犹不受也。请无与子而与弟，弟兄迭为君，而致国乎季子。"皆曰："诺。"故诸为君者，皆轻死为勇，饮食必祝曰："天苟有吴国，尚速有悔于予身[8]。"故谒也死[9]，馀祭也立；馀祭也死[10]，夷昧也立；夷昧也死[11]，则国宜之季子者也。季子使而亡焉[12]。僚者[13]，长庶也，即之。季子使而反，至而君之尔。阖庐曰[14]："先君之所以不与子国而与弟者，凡为季子故也。将从先君之命与，则国宜之季子者也。如不从先君之命与，则我宜立者也。僚恶得为君乎？"于是使专诸刺僚[15]，而致国乎季子[16]。季子不受曰："尔弑吾君，吾受尔国，是吾与尔为篡也。尔杀吾兄，吾又杀尔，是父子兄弟相杀，终身无已也。"去之延陵[17]，终身不入吴国。故君子以其不受为义，以其不杀为仁。贤季子，则吴何以有君、有大夫？以季子为臣，则宜有君者也。"札"者何？吴季子之名也。春秋贤者不名[18]，此何以名？许夷、狄者，不壹而足也[19]。季子者，所贤也，曷为不足乎季子？许人臣者必使臣，许人子者必使子也。

● 【字词注解】

①吴无君、无大夫：《春秋》记载吴国的事情时从来不提吴国的国君和大夫，以表示它是蛮夷之邦。

②季子：公子札是吴王寿梦的小儿子，古以伯、仲、叔、季排行，因此以"季子"为字。《史记》称他"季札"。

③让国：辞让国君之位。据《史记·吴太伯世家》记载，寿梦生前就想立季札为下一任国君，季札力辞，才立长子诸樊（谒）。寿梦死后，诸樊又让位季札，季札弃其室而耕，乃止。

④谒：寿梦长子，一作"遏"，号诸樊。《春秋》写作"吴子遏"，《左传》《史记》称"诸樊"。

⑤馀祭：寿梦次子。《左传》记其名一作"戴吴"，马王堆三号墓出土帛书《春秋事语》作"馀蔡"。

⑥夷昧：寿梦三子。《左传》作"夷末"，《史记》作"馀昧"。

⑦迮（zé）：仓促。

⑧尚：佑助。悔：咎，灾祸。这里指亡故。

⑨谒也死：谒在位十三年。鲁襄公二十五年（公元前548年）在伐楚战争中，中冷箭死于巢（今安徽巢湖）。

⑩馀祭也死：馀祭在位四年（《史记》误作十七年）。鲁襄公二十九年（公元前544年）在视察战船时被看守战船的越国俘虏行刺身亡。

⑪夷昧也死：夷昧在位十七年（《史记》误作四年）。鲁昭公十五年（公元前527年）卒。

⑫使而亡：出使在外，避而不归。《史记·吴太伯世家》所记与此不同："王馀昧卒，欲授弟季札。季札让，逃去。"认为季札是为让位而逃走的。

⑬僚：《公羊传》里说他是"长庶"，即吴王寿梦之妾所生的长子，季札的异母兄。《史记·吴太伯世家》则说他是"王馀昧之子"。以《公羊传》为是。

⑭阖庐：又作"阖闾"。《史记》说他是诸樊之子，《公羊传》说他是夷昧之子。

⑮专诸：伍子胥为公子光找到的勇士。公元前515年，公子光请王僚喝酒，使专诸藏匕首于炙鱼之中，进食时取出匕首刺王僚胸而杀之。

⑯致国乎季子：把王位给季札。《史记·吴太伯世家》谓阖闾刺杀王僚后继承吴王位，无让国于季札之意。

⑰延陵：春秋吴邑。今江苏武进。季札食邑于此，所以又号"延陵季子"。

⑱不名：不直称名。古人生三月取名，年二十行冠礼，另取字。对人表示尊敬，就称其字而不称名。

⑲不壹而足：不因为一事一物就认为够条件了。与今义不同。

【精彩解说】

吴国本无所谓国君、大夫，这里为什么又承认吴国有国君、大夫呢？这是为了表明季子的贤良啊。季子贤良在哪里呢？因为他辞让国君的位置啊。他辞让君位是怎么一回事呢？谒、馀祭、夷昧，跟季子是一母所生的四兄弟。季子年幼而有才干，兄长们都爱他，一起想立他做国君。谒说："现在如果就这样仓促地把君位给他，季子还是不会接受的。我愿不传位给儿子而传位给弟弟，由弟弟依次接替哥哥做国君，就可以把君位传给季子。"馀祭、夷昧都说："好的。"所以几个哥哥在位时都勇敢不怕死，每次就餐必定祈祷说："上天如果让吴国存在下去，就保佑我们早点儿遭难吧。"所以谒死后，馀祭做国君；馀祭死后，夷昧做国君；夷昧死后，国君的位置应当属于季子了。可季子出使在外，避而不归。僚是寿梦的庶长子，就即位了。季子出访回国，一到就把僚当作国君对待。阖庐说："先君之所以不传位给儿子而传位给弟弟，都是为了季子的缘故。要是遵照先君的遗嘱呢，那么国君应该由季子来做。要是不遵照先君的遗嘱呢，那么我该是国君。僚怎么能做国君呢？"于是派专诸刺杀僚，而把国家交给季子。季子不接受，说："你杀了我的国君，我接受了你给予的君位，这样变成我跟你一起篡位了。你杀了我哥哥，我又杀你，这样父子兄弟相互残杀，一辈子没完没了。"于是季子就离开国都到了延陵，终身不入吴国。所以君子认为他不受君位是道义，认为他反对互相残杀是仁。认为季子贤德，那么吴国为什么有国君、大夫呢？因为既然承认季子是臣，就应该有国君啊。"札"是什么呢？吴季子的名字啊。《春秋》对贤者不直称其名，这则记载为什么称名呢？这是因为赞许夷、狄，不能只凭他们做了一事一物就认为够条件了。季子被认为是贤能的，为什么季子还不够条件呢？因为赞美人臣一定要使他的地位像个臣子，赞美人子一定要使他的地位像个儿子。

虞师晋师灭夏阳

《穀梁传·僖公二年》

〔题解〕

《穀梁传》是战国时期穀梁赤撰写的著作，起于鲁隐公元年（公元前722年），终于鲁哀公十四年（公元前481年）。《穀梁传》与《左传》《公羊传》同为解说《春秋》的三传之一。《穀梁传》主要以语录体和对话文体的形式来注解《春秋》，是研究儒家思想从战国时期到汉朝演变的重要文献。

鲁僖公二年（公元前658年），晋献公准备攻打虢国的夏阳。虞国地处晋、虢之间，晋国便向虞国借道。虞国的大臣宫之奇看出了晋国的贪得无厌和居心不良，劝谏虞公不要上当。可是虞公贪图晋国送来的重礼，不听谏阻，同意了晋国的借道要求。结果夏阳被攻陷后，虢国很快被灭。齿唇相依的邻邦不存在了，虞国也很快被晋国攻灭。《虞师晋师灭夏阳》用简练的语言评述了晋国先灭虢国、再灭虞国的历史事件，深刻地说明了唇亡齿寒的道理。

原文

非国而曰"灭"，重夏阳也①。虞无师②，其曰"师"，何也？以其先晋③，不可以不言师也。其先晋何也？为主乎灭夏阳也④。夏阳者，虞、虢之塞邑也⑤，灭夏阳而虞、虢举矣⑥。

【字词注解】

① 重：重视，看重。夏阳：《左传》作"下阳"。虢国地名，今陕西韩城。

② 虞：春秋小国。无师：指没有出兵。《左传》记叙为："虞公许之，且请先伐虢。宫之奇谏，不听，遂起师。夏，晋里克、荀息帅师会虞师，伐虢，灭下阳。"《穀梁传》与《左传》记载不同。

③ 先晋：在晋国出兵之前把夏阳推入死地。《左传》说虞公"请先伐虢"。此处则指借道于晋。

④ 主：主谋，首恶。

⑤ 虢：春秋小国。这里指北虢。塞邑：边塞重镇。

⑥ 举：拔取，攻占。

【精彩解说】

夏阳不是国家而说"灭"，这是重视夏阳。虞国没有出兵，《春秋》却说"虞国军队"，这是为什么？因为在晋国出兵之前，虞国就已经把夏阳推入了死地，所以不能不说是军队了。为什么说它在晋国出兵之前就把夏阳推入死地呢？因为它对灭夏阳起了主导作用。夏阳是虞国与虢国边境上的重镇，灭掉夏阳，虞、虢两国差不多等于被攻取了。

原文

虞之为主乎灭夏阳，何也？晋献公欲伐虢⑦，荀息曰⑧："君何不以屈产之乘、垂棘之璧⑨，而借道乎虞也？"公曰："此晋国之宝也。如受吾币⑩，而不借吾道，则如之何？"荀息曰："此小国之所以事大国也⑪。彼不借吾道，必不敢受吾币。如受吾币，而借吾道，则是我取之中府而藏之外府⑫，取之中厩而置之外厩也⑬。"公曰："宫之奇存焉⑭，必不使受之也。"荀息曰："宫之奇之为人也，达心而懦⑮，又少长于君⑯。达心则其言略，懦则不能强谏，少长于君，则君轻之。且夫玩好在耳目之前⑰，而患在一国之后⑱，此中知以上乃能虑之⑲。臣料虞君，中知以下也。"公遂借道而伐虢。

【字词注解】

⑦晋献公：春秋时晋国国君。

⑧荀息：晋国大夫。

⑨屈：晋国地名。在今山西吉县北，以盛产良马著称。乘（shèng）：马四匹为一乘。这里指屈地产的良马。垂棘：晋国地名。以产美玉著称，故地在今山西，但何地不详。

⑩币：泛指馈赠的礼物。古时玉、帛、马、皮、圭、璧等都称为币。此处指上文说的马、璧。

⑪事：服侍，侍奉。

⑫中府：宫中收藏财宝的府库。外府：宫外收藏财宝的府库。

⑬中厩（jiù）：宫中的马棚。外厩：宫外的马棚。

⑭宫之奇：虞国大夫。

⑮达心：内心明明白白，通达明彻。

⑯少长于君：从小同虞君一起长大。

⑰玩好（hào）：供玩赏的物品。

⑱患：忧患。

⑲知：通"智"。

【精彩解说】

　　虞国对灭掉夏阳起了主导作用，这是为什么呢？晋献公打算攻打虢国，荀息说："您怎么不用屈地所产的良马、垂棘所出的美玉，去向虞国借道呢？"献公说："这两样东西可是晋国的宝物啊。假如虞公接受了我的礼物，却又不借给我道路，那可怎么办？"荀息说："这些是小国用来侍奉大国的东西。他们不借给我们道路，肯定不敢接受我们的礼物。如果接受了我们的礼物，而借给我们道路，那么我们只不过是把美玉从宫中仓库取出来存放到宫外仓库，把良马从宫内马棚牵出来拴到宫外马棚而已。"献公说："有宫之奇在，他一定不会让虞公接受这些礼物。"荀息说："宫之奇的为人，虽然内心通达但胆小懦弱，又是从小同虞君一起长大的。内心通达，说话就简略；胆小懦弱，就不会坚决劝阻；从小一起长大，虞公就不会对他的话看重。况且这些供赏玩的物件摆在眼前，而祸患还在别国灭亡之后，这是中等智力以上的人才能考虑得到的。我料想虞国的国君是中等智力以下的人。"献公于是向虞国借道而去攻打虢国。

宫之奇谏曰："晋国之使者，其辞卑而币重，必不便于虞。"虞公弗听，遂受其币而借之道。宫之奇又谏曰："语曰：'唇亡则齿寒[20]。'其斯之谓与？"挈其妻子以奔曹[21]。

——•【字词注解】

[20] 唇亡齿寒：唇在外，齿在内，嘴唇没有了，牙齿就会感到寒冷。比喻两个物体休戚相关，利害与共。

[21] 挈（qiè）：带领。曹：春秋小国。在今山东菏泽定陶区西南。

——•【精彩解说】

宫之奇向虞国国君进谏道："晋国来的使者，他们言辞谦卑而礼物贵重，肯定会对虞国不利。"虞公不听规劝，接受了晋国送的礼物，借道路给他们。宫之奇又劝谏说："俗话说：'唇亡则齿寒。'恐怕说的就是这种情况吧？"（虞公仍然不听）于是宫之奇带着老婆孩子逃到曹国去了。

献公亡虢，五年[22]，而后举虞。荀息牵马操璧而前曰："璧则犹是也，而马齿加长矣[23]。"

——•【字词注解】

[22] 五年：鲁僖公五年（公元前655年）。晋兵借道伐虢，十二月灭虢，回师时灭虞。《左传·僖公五年》的记载与《穀梁传》有所不同。

[23] 马齿加长：马的牙齿加长了，意思是马的岁数增加了。

【精彩解说】

　　晋献公灭亡了虢国，五年后攻取了虞国。荀息这时牵着马，拿着玉璧，走到晋献公面前，说："玉璧还是老样子，马却老了。"

拓展阅读

国人暴动

　　周夷王死后，其子周厉王姬胡继位。为了解决内忧外患，他不断出兵征讨，劳民伤财。为了改变朝廷窘迫的经济状况，周厉王听从了大臣荣夷公的建议，实行"专利"政策，即将山林河湖等都控制起来，国人要交了钱才能上山砍柴、采药，下河捉鱼。周都镐京（今陕西西安西南）的人对这个政策非常不满，怨声载道。周厉王又命令卫巫监视众人，凡有谤议国事者，皆被杀戮。如此一来，人们只好把怨恨放在心里。大臣召公曾苦苦规劝周厉王，不可如此行事，可周厉王不听。公元前841年，人们再也无法忍受厉王的暴政，他们拿起棍棒，扛着农具，围攻了王宫，要杀周厉王。厉王调动不了军队，只好慌张地带了一批随从逃命，一直逃到了彘地，最后死在了那里。朝政由周定公、召穆公共同执掌，史称"共和执政"，公元前841年也成为我国历史有确切纪年的开始。

卷四 秦文

苏秦以连横说秦

《战国策·秦策》

〔题解〕

　　《战国策》是西汉刘向编订的国别体史书,是对战国时期纵横家的说辞及权变故事的汇编。

　　《战国策》的原作者并非一人,成书也非在一时。西汉的刘向在整理皇家藏书时发现六种记载战国纵横家说辞的写本,分别是《国策》《国事》《短长》《事语》《长书》《修书》,他将这些资料整理修订,得到三十三篇文章,辑为一书,定名为《战国策》,简称《国策》。本书按东周、西周、秦、齐、楚、赵、魏、韩、燕、宋、卫、中山编次,主要记述了从公元前458年智伯灭范氏、中行氏到公元前221年高渐离以筑击秦始皇之间的重大历史事件。《战国策》是一部公认的优秀的先秦散文集,对后世散文的发展产生了深远的影响。

　　苏秦是战国纵横家的代表人物,本篇文章描写的是他发迹的历程。他先去了秦国,以连横之策游说秦王,但未被采纳;而后他彻底改变策略,又以合纵之术游说赵王,大获成功。苏秦时而连横,时而合纵,并没有毕生追求的政治主张,为获取尊位而不断变化,是典型的纵横家形象。

〔原文〕

　　苏秦始将连横说秦惠王曰①:"大王之国,西有巴、蜀、汉中之利②,北有胡貉、代马之用③,南有巫山、黔中之限④,东有殽、函之固⑤。田肥美，民殷富，战车万乘，奋击百万⑥，沃野千里，蓄积饶多，地势形便，此所谓天府，天下之雄国也。以大王之贤，士民之众，车骑之用，兵法之教，可以并诸侯，吞天下，称帝而治。愿大王少留意⑦，臣请奏其效⑧。"

秦王曰："寡人闻之，毛羽不丰满者不可以高飞，文章不成者不可以诛罚⑨，道德不厚者不可以使民，政教不顺者不可以烦大臣。今先生俨然不远千里而庭教之⑩，愿以异日⑪。"

【字词注解】

①苏秦：战国时东周洛阳（今河南洛阳）人。公元前287年，组织发动五国合纵攻秦，赵国封他为武安君。后至齐，受重用，暗中却为燕效力。游说齐湣王发兵攻宋，而燕将乐毅乘机袭齐，齐大败。齐以反间罪处苏秦车裂之刑。一说被齐国刺客所杀。《国策》《史记》诸书有关苏秦的记载不尽一致。连横：谋求关东诸侯助秦称霸者称为连横。说（shuì）：劝说。秦惠王：即秦惠文王，姓嬴，名驷。公元前337—前311年在位。

②巴：古国名，在今四川东部、湖北西部一带。蜀：古国名，在今四川中西部一带。汉中：古郡名，今陕西汉中一带。

③胡：指北方少数民族地区。貉（hé）：状如狸，毛皮可制裘。代：古国名，相当于今河北、山西北部地区，产骏马。马：良马。一说地名，指马邑，在今山西朔州。

④巫山：在今四川巫山东。黔中：古郡名，秦时治所在临沅（今湖南常德）。

⑤崤：即崤山。在今河南洛宁西北。函：指函谷关，在今河南灵宝东北。因关处谷中，深险如函而得名，是秦通六国的重要关隘。

⑥奋击：能够奋勇杀敌的士卒。

⑦少留意：稍加注意。

⑧奏：奏明，陈述。效：功效。

⑨文章：指法令条文。成：完备。

⑩俨然：庄重认真的样子。

⑪愿以异日：希望将来再领受教诲。

【精彩解说】

苏秦当初用连横的策略游说秦惠王说:"大王的国家,西有巴、蜀、汉中的物产收益,北有胡地的貉皮、代地的良马可用,南有巫山、黔中作为天然屏障,东有崤山、函谷关这样坚固的要塞。田地肥美,百姓富足,战车万辆,雄兵百万,沃野千里,储备充足,地理形势便于攻守,这正是人们所说的天府,天下的强国啊。凭借大王的贤明,士民的众多,车马军需的充足,兵法的训练,毫无疑问能够兼并诸侯,统一天下,称帝号而使天下大治。希望大王稍加注意,允许我陈述统一天下的功效。"

秦王说:"寡人听说,羽毛还未丰满时不能高飞,法令还未完备时不能使用刑罚,恩德还不深厚时不能役使百姓,政教还未顺畅时不能差遣大臣。如今先生不辞辛苦跋涉千里,郑重地来到朝廷赐教于我,还是改日再领教吧。"

原文

苏秦曰:"臣固疑大王之不能用也⑫。昔者神农伐补遂⑬,黄帝伐涿鹿而禽蚩尤⑭,尧伐驩兜⑮,舜伐三苗⑯,禹伐共工⑰,汤伐有夏,文王伐崇⑲,武王伐纣⑳,齐桓任战而霸天下㉑。由此观之,恶有不战者乎?古者使车毂击驰㉓,言语相结,天下为一;约从连横,兵革不藏;文士并饬㉕,诸侯乱惑;万端俱起,不可胜理;科条既备㉖,民多伪态;书策稠浊㉗,百姓不足;上下相愁,民无所聊;明言章理㉙,兵甲愈起;辩言伟服㉚,战攻不息;繁称文辞㉛,天下不治;舌敝耳聋,不见成功;行义约信,天下不亲。于是,乃废文任武,厚养死士,缀甲厉兵,效胜于战场。夫徒处而致利,安坐而广地,虽古五帝、三王、五霸㉞,明主贤君,常欲坐而致之,其势不能,故以战续之。宽则两军相攻,迫则杖戟相撞,然后可建大功。是故兵胜于外,义强于内;威立于上,民服于下。今欲并天下,凌万乘,诎敌国㉟,制海内,子元元㊱,臣诸侯,非兵不可!今之嗣主㊲,忽于至道,皆惛于教㊵,乱于治,迷于言,惑于语,沉于辩,溺于辞。以此论之,王固不能行也。"

【字词注解】

⑫固：本来。

⑬神农：炎帝，号神农氏，古史传说中的部落联盟首领。相传他发明了农业、医药等。补遂：古部落名。

⑭黄帝：号轩辕氏，古史传说中的中原部落联盟首领，发明舟车、历法等。他与炎帝在华夏族的形成过程中起过重要作用。涿鹿：地名。今河北涿鹿东南。禽：同"擒"。蚩尤：古史传说中九黎族首领。

⑮尧：古帝名。为父系氏族社会晚期一个部落联盟的首领。驩（huān）兜：尧的大臣，因作恶被尧流放至崇山。

⑯舜：古帝名。相传尧传位于舜，舜传位于禹。三苗：古部落名。在今湖北武昌、湖南岳阳、江西九江一带。

⑰禹：古代治水英雄。共工：原是水官名，世代以官为氏，称共工氏。舜时共工氏颇凶横，与驩兜、三苗、鲧并称为"四凶"。

⑱汤：商朝开国君主，灭夏桀建立商朝。有夏：夏朝。此指夏桀。

⑲文王：姬昌，是周武王姬发的父亲。商纣时为西方诸侯之长，又称西伯。崇：商代小诸侯国名。在今河南嵩县，一说在今陕西西安西沣水侧。这里指崇侯虎。

⑳武王：周朝开国君主。纣：商朝末代君主，荒淫暴虐，为周武王所灭。

㉑齐桓：齐桓公，春秋五霸之一。任战：指用兵。

㉒恶（wū）：疑问代词。怎么，如何，何。

㉓毂（gǔ）：车轮中心的圆木，周围与车辐的一端相接，中有圆孔，用以插轴。

㉔兵革：武器装备。这里指战争。兵，兵器。革，皮革制作的铠甲。

㉕饬：通"饰"，巧饰。

㉖科条：法律规章。

㉗书策：文件，政令。稠浊：繁多而杂乱。

㉘聊：依赖。

㉙章：同"彰"，显扬，张明，与"明"同义。

㉚辩言：辩论的言辞。伟服：奇异的服装。

㉛称：说。文辞：加以修饰的言语，也指文章的语言。

㉜缀：联结，连缀。厉：同"砺"，磨砺。

㉝效胜：制胜，取胜。

㉞五帝：上古时代的五位帝王，说法不一，通常指黄帝、颛顼、帝喾、唐尧、虞舜。三王：即夏禹、商汤、周朝的文王和武王。五霸：有不同说法，一般指春秋时的齐桓公、晋文公、宋襄公、楚庄王、秦穆公。

㉟诎（qū）：同"屈"。

㊱子：这里用作意动词，"以……为子"的意思。元元：黎民百姓。

㊲臣：用法同上句的"子"。

㊳嗣主：继承王位的君主。

㊴至道：最重要的道理。此处指战争。

㊵惛：糊涂，不明事理。

【精彩解说】

苏秦说："臣本来就怀疑大王不能采纳我的意见。从前，神农讨伐补遂，黄帝征战涿鹿而生擒蚩尤，唐尧征讨驩兜，虞舜征讨三苗，夏禹征讨共工，商汤讨伐夏桀，周文王讨伐崇侯虎，周武王征讨商纣，齐桓公凭借武力称霸天下。由此看来，哪有不使用武力而完成大业的呢？从前，各国使者乘车频繁奔驰于道，车毂相击，通过言语说动对方缔结盟约，使天下统一；自从实行合纵连横的策略，战争也就不可避免；文人策士巧舌如簧，弄得诸侯疑惑而无所适从；各种事端层出不穷，以至于顾此失彼，理不出头绪；法律制度虽已完备，下面照样欺诈作伪；文书政令繁多混乱，百姓照旧啼饥号寒；君臣上下愁眉苦脸，百姓更觉无依无靠；策士说的道理越是清楚，战争越是接连不断；穿盛装的文士发言雄辩，但战争攻伐却依然无休无止；文士复杂的文雅之辞，使天下并未因此得治；说者说得口干舌燥，听者听得双耳欲聋，虽然如此，还是看不到有什么成效；尽管以仁义诚信订立盟约，但天下依然不能相善相亲。于是，各国弃文就武，优待敢死之士，置办盔甲，磨砺兵器，企图在战场上决定胜负。终日无所事事却想获得利益，安安静静地坐着却想扩大领域，即使是古代的五帝、三王、五霸，那些明主贤君，常想如此坐收其成，事实上也是办不到的，所以最终还是用战争解决问题。两军对垒，距离远的互用战车矢石相攻，距离近的则用杖戟冲刺，这样才能建立丰功伟绩。

所以，只有军队在国外打胜仗，国君在国内施行仁政才有强劲之力；国君在上树立权威，百姓在下也就服从了。如今要想吞并天下，超越大国，制服敌国，控制海内，抚育万民，臣服诸侯，那就非用武力不可！只可惜当今在位的君主，都忽视了这个最根本的道理，政教不明，管理混乱，被花言巧语所迷惑，沉溺在无休止的诡辩之中。由此说来，大王肯定不会采纳我的意见了。"

原文

说秦王书十上而说不行㊶。黑貂之裘敝，黄金百斤尽，资用乏绝，去秦而归。嬴縢履屩㊷，负书担囊，形容枯槁，面目犁黑㊸，状有愧色。归至家，妻不下纴㊹，嫂不为炊，父母不与言。苏秦喟然叹曰㊺："妻不以我为夫，嫂不以我为叔，父母不以我为子，是皆秦之罪也。"乃夜发书，陈箧数十㊻，得太公《阴符》之谋㊼，伏而诵之，简练以为揣摩㊽。读书欲睡，引锥自刺其股，血流至足。曰："安有说人主不能出其金玉锦绣，取卿相之尊者乎？"期年㊾，揣摩成，曰："此真可以说当世之君矣！"

【字词注解】

㊶说：前一个"说"（shuì），劝说，游说。后一个"说"（shuō），主张，意见。

㊷嬴（léi）：缠裹。縢（téng）：绑腿布。屩（juē）：草鞋。

㊸犁（lí）黑：黄黑色。

㊹纴（rèn）：织布帛的丝缕。此指织机。

㊺喟（kuì）然：长叹的样子。

㊻箧（qiè）：小箱子。

㊼太公《阴符》：太公，姜太公吕尚。《阴符》，相传为姜太公所著兵书。《汉书·艺文志》著录姜太公有《谋》八十一篇、《言》七十一篇、《兵》八十五篇，今存世者只有《太公六韬》六卷。

㊽简练：精心研习，择取要点。简，选择。练，熟习。揣摩：反复思考推求。一说揣摩为游说术，即揣度国君心思，使游说之辞更接近国君的意愿。

㊾期（jī）年：一周年。

【精彩解说】

苏秦游说秦王的奏章呈送了十次，可是他的主张始终未被采纳。他来秦时穿的黑貂皮袍子破旧了，百斤黄金也花光了，生活费用已经用尽，只好离开秦国回家。他裹着绑腿布，穿着破草鞋，背着书，挑着行囊，容貌憔悴，脸色黑黄，神情羞愧。回到家，妻子不下织机迎接，嫂子不给他做饭，父母不跟他说话。苏秦长叹一声说道："妻子不把我当作丈夫，嫂子不把我当作小叔子，父母不把我当作儿子，这都是我苏秦的罪过啊。"于是当天夜里就翻捡书籍，摆开几十只书箱的书，找到了姜太公写的《阴符》一书，埋头诵读，反复推敲，选择精要，揣摩领会。读到困倦时，就拿锥子刺自己的大腿，鲜血直淌到脚上。他说："哪有游说君主而不能使他拿出黄金、美玉和锦缎，取得卿相高位的呢？"他这样坚持了整整一年，终于钻研成功，他情不自禁地自语道："这下肯定能够说动当今天下的君主了！"

原文

　　于是乃摩燕乌集阙㊿，见说赵王于华屋之下㊶。抵掌而谈㊷。赵王大说㊸，封为武安君，受相印。革车百乘，锦绣千纯，白璧百双，黄金万镒㊹，以随其后，约从散横，以抑强秦。故苏秦相于赵而关不通㊺。

　　当此之时，天下之大，万民之众，王侯之威，谋臣之权，皆欲决于苏秦之策。不费斗粮，未烦一兵，未战一士，未绝一弦，未折一矢，诸侯相亲，贤于兄弟。夫贤人任而天下服，一人用而天下从。故曰：式于政㊽，不式于勇；式于廊庙之内，不式于四境之外。当秦之隆，黄金万镒为用，转毂连骑，炫熿于道㊻。山东之国㊼，从风而服，使赵大重。且夫苏秦特穷巷掘门㊾，桑户棬枢之士耳㉖，伏轼撙衔㉔，横历天下，庭说诸侯之主，杜左右之口㉕，天下莫之能伉。

【字词注解】

㊿摩：模仿。燕乌集阙：似为当时的成语，比喻雄辩之辞纵横捭阖，如燕乌的乍合乍离、忽集忽散。燕乌，乌鸦的一种。

㊶赵王：指赵肃侯，公元前349—前326年在位。

㊼ 抵掌：击掌，拍手。表示谈得投机，情不自禁地拍起手来。

㊽ 说：通"悦"。

㊾ 武安：地名。在今河北武安西南。

㊿ 纯（tún）：匹，束。

㊽ 镒（yì）：二十两为一镒，又说二十四两为一镒。

㊾ 关不通：意思是说六国联合抗秦，不与秦往来。关，指函谷关。东方六国通秦要道。

㊿ 式：用，施行。

㊾ 秦：指苏秦。隆：兴盛。此指苏秦最得志之时。

⑩ 炫熿：同"炫煌"，光明很盛的样子。

⑪ 山东：崤山以东。

⑫ 特：只，不过。掘（kū）门：在墙上挖个洞为门。掘，通"窟"。

⑬ 桑户：桑木做的门板。棬（quān）枢：用树枝作门轴。形容居处简陋。

⑭ 轼（shì）：车前横木，作用相当于扶手。撙（zǔn）：节制，控制。衔：马勒。

⑮ 杜：塞，堵住。

⑯ 伉：通"抗"，抵御，抵抗。

【精彩解说】

于是，苏秦就以燕乌忽聚忽散般纵横捭阖的说辞，在华丽的宫室里拜见并游说赵王。他侃侃而谈，常常击掌有声。赵王听了非常高兴，封他为武安君，并授予相国大印。又给他兵车百辆，锦缎千匹，玉璧百对，黄金万镒，让他带着去游说各国，联合六国相约合纵，离间六国与秦国的关系，瓦解连横，以此削弱强秦的力量。所以苏秦在赵国掌相印期间，关东各国就断绝了与秦的来往。

在这个时候，尽管天下这样大，百姓这样多，王侯这样威严，谋臣变化多端的权术，全部取决于苏秦的策略。于是，不费一斗军饷，不劳一兵一卒，没有一人打仗，没断一根弓弦，没损一支竹箭，就使六国诸侯互相亲善，胜过兄弟。凡贤人在位就能使天下信服，一位贤人用事就能使天下人服从。所以说：用心在德政上，而不靠蛮力起作用；用心在朝廷的决策上，而不靠对外用兵解决问题。当苏秦得势的时候，黄金万镒听他使用，随从车马络绎不绝，一路上风风光光、威风显赫。当时，崤山以东各国，如风吹墙头草般一致服从,使赵国大受各国的尊重。再说,苏秦原来不过是穷巷陋室里的一个读书人而已,如今他却能手扶车前横木,控制着马的缰绳,驰骋天下,在朝堂上游说各国君主,雄辩之辞使君主身边的大臣被堵住,天下人没有谁能和他抗衡。

原文

将说楚王,路过洛阳。父母闻之,清宫除道㊼,张乐设饮㊽,郊迎三十里。妻侧目而视,侧耳而听。嫂蛇行匍伏㊾,四拜,自跪而谢。苏秦曰:"嫂,何前倨而后卑也㊿?"嫂曰:"以季子位尊而多金㊶。"苏秦曰:"嗟乎!贫穷则父母不子,富贵则亲戚畏惧。人生世上,势位富厚,盖可以忽乎哉㊷!"

【字词注解】

㊼ 清、除:打扫。宫:古时房屋的通称。
㊽ 张:设置。
㊾ 蛇行:手足伏地,像蛇一样爬行。蛇,名词作状语,像蛇一样。匍(pú)伏:同"匍匐"。伏地而行。
㊿ 倨(jù):傲慢。
㊶ 季子:苏秦的表字。
㊷ 盖:通"盍",何。忽:忽视。

【精彩解说】

后来,苏秦要去游说楚王,路过洛阳。他的父母听到这个消息,急忙清扫房屋、打扫道路,请来乐队,摆下酒席,在郊外三十余里处迎接他。一家人见面时,妻子不敢正面看他,侧着耳朵听他说话。嫂子像蛇一样趴在地上爬行,向他拜了四拜,跪着承认自己错了。苏秦问道:"嫂子为什么先前那么趾高气扬,现在又这么低声下气呢?"嫂子答道:"因为您地位尊贵而且很有钱。"苏秦叹道:"唉!一个人贫穷潦倒时,连父母都不把他当亲生儿子看待,一旦有了钱、有了势连亲戚都害怕他。可见,人生在世,对于权势地位、荣华富贵,怎么可以忽视啊!"

范雎说秦王

《战国策·秦策》

〔题解〕

本文记述的是秦昭王初次召见范雎时的情景。秦昭王时,朝政大权掌握在以宣太后及其弟穰侯魏冉为主的贵族集团手中,秦昭王想要获取实权却又不得其法。正赶上范雎随秦使王稽由魏入秦,秦昭王秘密召见他,求其献策。但范雎却欲言又止,唯唯再三,点到为止。这是因为此事干系甚大,稍有不慎便会万劫不复,所以范雎需要再三试探昭王的决心。

原文

范雎至①,秦王庭迎范雎②,敬执宾主之礼,范雎辞让。是日见范雎,见者无不变色易容者。秦王屏左右③,宫中虚无人。秦王跪而进曰:"先生何以幸教寡人④?"范雎曰"唯唯"⑤。有间,秦王复请,范雎曰"唯唯"。若是者三。秦王跽曰⑥:"先生不幸教寡人乎?"

【字词注解】

①范雎(jū):字叔,战国时魏国人。初为魏中大夫须贾家臣,因事为须贾所诬,又遭魏相魏齐遣人笞击折肋。入秦,深受秦昭王信任重用,拜相,封应侯。

②秦王:秦昭王嬴则(又名稷),秦惠文王之子,秦武王之异母弟。公元前306—前251年在位。由母亲芈(mǐ)八子与她的异父弟魏冉拥立为王。封芈八子为宣太后,魏冉为穰(ráng)侯。

③屏(bǐng):屏退,使……退避。

④幸教：犹赐教。幸，敬辞。
⑤唯唯：恭应之辞，应答而不表示可否。
⑥跽（jì）：长跪。两膝着地，上身挺直。古人席地而坐，当急切表示恳请、恭敬时，取这种姿势。

【精彩解说】

范雎到了秦国，秦王在宫廷里迎接范雎，很恭敬地行宾主之礼，范雎辞谢逊让。这一天秦王会见范雎，看到的人没有不惊讶失色的。秦王屏退身边侍从，殿中除了他和范雎空无一人。秦王跪着上前请求说："先生用什么来指教我呢？"范雎含糊地说"嗯嗯"。过了一会儿，秦王再一次向他请教，范雎又道"嗯嗯"。如此反复三次。秦王挺直上身长跪道："先生不愿意指教我吗？"

原文

范雎谢曰："非敢然也。臣闻昔者吕尚之遇文王也⑦，身为渔父而钓于渭阳之滨耳⑧。若是者，交疏也。已一说而立为太师⑨，载与俱归者，其言深也。故文王果收功于吕尚，卒擅天下而身立为帝王⑩。即使文王疏吕望而弗与深言⑪，是周无天子之德，而文、武无与成其王也⑫。今臣，羁旅之臣也⑬，交疏于王，而所愿陈者，皆匡君臣之事，处人骨肉之间⑭。愿以陈臣之陋忠⑮，而未知王心也，所以王三问而不对者是也。

【字词注解】

⑦吕尚：姜姓，名望，字子牙，俗称姜太公。文王：姬昌，商末周初周族领袖。商纣时为西伯，其子武王姬发，灭商建周后，追谥其为"文王"。据《史记·齐太公世家》记载，吕尚垂钓于渭水北岸，文王出猎，遇吕尚，与语大悦，载与俱归，立为师。文王尊称他为"太公望"，封于吕，故又称吕望。后佐武王灭纣。
⑧渭阳：渭水北岸。水之北、山之南为阳。
⑨已：通"以"，因为，或释为"后来"，亦通。
⑩擅天下：拥有天下。擅，占有，据有。
⑪即使：倘使。
⑫文、武：文王与武王。无与成其王：没有成就大业。
⑬羁旅：长久旅居他乡。

⑭ 骨肉：喻至亲。指秦昭王与其母宣太后等人的关系。昭王是武王的异母弟，武王无子，死后，诸弟争立。宣太后的异父弟魏冉掌兵权，拥立十九岁的昭王即位。由宣太后当权，魏冉为相。

⑮ 陋忠：犹言愚忠。

【精彩解说】

范雎向秦王谢罪说："我不是故意这样对您的。我听说当初吕尚遇见文王时，只是个在渭水北岸垂钓的渔翁罢了。像这种情况，说明他们的交情是很浅的。只因一席话他被文王立为太师，同乘一辆车回去，这是因为他所讲之理很深。因此，文王果然依靠吕尚而获得成功，终于拥有天下而成为帝王。倘使当时文王因与吕尚生疏而不深谈，那便说明周室还没有称天子的德行，而文王、武王也就不可能建立他们的帝王大业了。现在的我，只是个客居他乡的人，与大王的交情疏浅，可我想要说的，又都是匡正君臣关系的大事，涉及与您有骨肉之情的人。我真想表达我对您的浅陋忠诚，但不知大王内心是怎么想的，所以大王再三催问，而我没有回答，原因就在于此。

原文

"臣非有所畏而不敢言也。知今日言之于前，而明日伏诛于后，然臣弗敢畏也。大王信行臣之言，死不足以为臣患，亡不足以为臣忧，漆身而为厉⑯，被发而为狂⑰，不足以为臣耻。五帝之圣而死，三王之仁而死，五霸之贤而死，乌获之力而死⑱，奔、育之勇而死⑲。死者，人之所必不免。处必然之势，可以少有补于秦，此臣之所大愿也，臣何患乎？

"伍子胥橐载而出昭关⑳，夜行而昼伏，至于陵水㉑，无以糊其口，膝行蒲伏㉒，乞食于吴市㉓，卒兴吴国，阖闾为霸㉔。使臣得进谋如伍子胥，加之以幽囚不复见，是臣说之行也，臣何忧乎？箕子、接舆㉕，漆身而为厉，被发而为狂，无益于殷、楚。使臣得同行于箕子、接舆，可以补所贤之主，是臣之大荣也，臣又何耻乎？

"臣之所恐者，独恐臣死之后，天下见臣尽忠而身蹶也㉖，是以杜口裹足，莫肯即秦耳。足下上畏太后之严，下惑奸臣之态；居深宫之中，不离保傅之手㉗，终身暗惑，无与照奸，大者宗庙灭覆㉘，小者身以孤危。此臣之所恐耳！若夫穷辱之事，死亡之患，臣弗敢畏也。臣死而秦治，贤于生也。"

【字词注解】

⑯ 厉（lài）：通"癞"。生癞疮，癞疮。
⑰ 被（pī）：通"披"。狂：狂人，疯子。
⑱ 乌获：秦国大力士。秦武王爱好举重，故任用乌获为官。
⑲ 奔、育：指孟奔、夏育，皆为卫国的勇士。孟奔即孟贲，相传能生拔牛角。夏育能力举千钧。
⑳ 伍子胥：名员，字子胥，春秋时楚国人。楚平王杀其父伍奢、其兄伍尚，子胥奔吴，助阖闾夺得王位，并助阖闾伐楚成功。橐（tuó）：袋子。昭关：在今安徽含山北。春秋时吴、楚之界，两山对峙，因而为关。相传伍子胥逃亡至此，楚于关前遍悬通缉伍子胥的告示，伍子胥一夜急白了头，后让人装入口袋才蒙混过关。
㉑ 菱（líng）水：即溧水，在今江苏溧阳境内。
㉒ 蒲伏：即匍匐。伏地而行。
㉓ 吴市：今属江苏。
㉔ 阖闾：即吴王阖庐，名光。使刺客专诸杀吴王僚而自立，在伍子胥和孙武的佐助下，破楚而称霸。
㉕ 箕子：商纣王的叔父，因劝谏纣不听，佯狂为奴。接舆：春秋时楚国人陆通，字接舆，佯狂避世。
㉖ 蹶（jué）：跌倒。此指死亡。
㉗ 保傅：古代保育、教导太子及贵族子弟的官员。此处指权臣。
㉘ 宗庙：祭祀祖先的宫室。借指王室、国家。古文常以国君宗庙的存废表示其统治的延续或灭亡。

【精彩解说】

"我并不是有什么畏惧而不敢讲话。明知今天把话说出来，明天就可能被处死，可是我并不害怕。只要大王真正肯听信并且实行我的主张，死亡不足以成为我的顾虑，流亡不足以成为我的忧虑，浑身涂漆而生癞疮，披头散发而成癫狂，不足以成为我的羞耻。五帝那样圣明的人也终会死，三王那样仁爱的人也终会死，五霸那样贤能的人也终会死，乌获那样的大力士也要死，孟奔、夏育那样的勇士还是要死。死，是谁也避免不了的。处在必有一死的情势下，能够对秦国稍有益处，这是我最大的心愿，我还有什么可顾虑的呢？

"伍子胥藏在袋子里混出昭关，夜里赶路，白天躲藏，到了菱水，没有什么东西可以充饥，只好爬行着向前，在吴国的街市上乞讨，但他终于使吴国振兴，使阖闾成为霸主。假使我能像伍子胥那样进献谋略，就是把我拘禁起来永远不能再见大王,只要我的主张得以实行,我还忧虑什么呢?箕子、接舆用漆涂身而像生癞疮,披发假装癫狂,可他们对殷朝和楚国并无贡献。假如我和箕子、接舆有同样的行为,可对我钦佩的明主有所帮助,这是我的莫大荣幸,我有什么可感到耻辱的呢?

"我所担心的,只是怕我死后,天下人见我因尽忠而身亡,因而闭口不言,裹足不前,没有谁再肯来秦国罢了。大王您上怕太后的威严,下受奸臣的迷惑;身居深宫之中,摆脱不了权臣的约束,始终被人蒙蔽,没人帮您明察奸佞,这样长此以往,大则使国家毁灭,小则自身孤立危险。这才是我最担心的!至于我个人受困遭辱的事情,杀戮流亡的祸殃,我是不会畏惧的。我死了秦国却能治理好,这比我活在世上而无益于秦国还要好得多呢。"

原文

秦王跪曰:"先生是何言也!夫秦国僻远,寡人愚不肖㉙,先生乃幸至此,此天以寡人恩先生㉚,而存先王之庙也。寡人得受命于先生,此天所以幸先王而不弃其孤也㉛。先生奈何而言若此!事无大小,上及太后,下至大臣,愿先生悉以教寡人,无疑寡人也。"范雎再拜㉜,秦王亦再拜。

——●【字词注解】

㉙不肖:不贤,不才。

㉚恩(hùn):打扰,烦扰。

㉛幸:宠幸。此处有庇护、顾念的意思。

㉜再拜:拜两次,表示礼节隆重。

——●【精彩解说】

秦王于是跪坐着说:"先生这是什么话呀!秦国地处偏远,寡人又愚昧无能,幸得先生光临此地,这是上天让寡人烦劳先生,从而使先王的宗庙得以保存啊。寡人能够得到先生的教诲,这是上天顾念先王,而不肯遗弃他的子孙的缘故啊。先生为什么说出这样的话呢!事情无论大小,上到太后,下至大臣,希望先生毫无保留地教导寡人,不要怀疑寡人的诚意。"范雎向秦王拜了两拜,秦王也向范雎拜了两拜。

邹忌讽齐王纳谏

《战国策·齐策》

〔题解〕

　　本文讲述了战国时期齐国大臣邹忌劝说君主应广开言路,君主听从后政治得以改良的故事。齐相邹忌是个高大英俊的男子,一日他突然想知道,自己和城北著名的美男子徐公相比谁更俊美,于是便询问了妻、妾、客三人,三人皆说他美过徐公。可后来邹忌真的见到了徐公,才知道自己远不如徐公美。而妻、妾、客之所以对自己大加赞赏,是因为他们有的偏爱自己,有的害怕自己,有的有求于自己。通过这件事,邹忌反复思考,悟出了一个道理:人不能在赞美声中自我陶醉。他以自身的经历为喻,劝谏齐威王广开言路、虚心纳谏。齐威王从善如流,齐国因此而大治。

原文

　　邹忌修八尺有余①,而形貌昳丽②。朝服衣冠③,窥镜④,谓其妻曰:"我孰与城北徐公美⑤?"其妻曰:"君美甚,徐公何能及君也!"城北徐公,齐国之美丽者也。忌不自信,而复问其妾曰:"吾孰与徐公美?"妾曰:"徐公何能及君也!"旦日⑥,客从外来,与坐谈,问之:"吾与徐公孰美?"客曰:"徐公不若君之美也!"明日,徐公来,孰视之,自以为不如,窥镜而自视,又弗如远甚。暮,寝而思之,曰:"吾妻之美我者,私我也⑦;妾之美我者,畏我也;客之美我者,欲有求于我也。"

【字词注解】

①邹忌:战国时齐人,以善鼓瑟事齐威王。齐威王任他为相,他辅佐齐

威王改革政治、整顿吏治，对齐国强盛颇有贡献，封成侯。修：长。此处指身高。尺：周制一尺合今七寸余。

②映（yì）丽：光艳美丽。
③朝（zhāo）：早晨。服：穿戴。
④窥镜：对着镜子端详自己的相貌。
⑤孰与：二者相比，询问哪个更甚。
⑥旦日：第二天。
⑦私：偏爱。

—●【精彩解说】

邹忌身高八尺多，而且容貌俊美。清晨邹忌穿戴好衣帽，在镜子里端详自己，问他妻子说："我跟城北徐公相比，谁更美？"他妻子说："你美极了，徐公哪能比得上您呀！"城北徐公，是齐国的美男子。邹忌有点儿不相信，就又问他的妾说："我跟徐公谁美？"妾说："徐公哪能比得上您呀！"第二天，从外面来了位客人，邹忌和他坐着闲谈，邹忌又问客人："您看我和徐公谁更美？"客人答道："徐公不如您美！"又过了一天，徐公来访，邹忌仔细地打量他，觉得自己不如人家，又照着镜子端详自己，更觉得比人家差得远了。晚上，躺在床上反复地思考，说道："妻说我美，是偏爱我；妾说我美，是怕我；客人说我美，是有求于我。"

原文

于是入朝见威王曰⑧："臣诚知不如徐公美⑨，臣之妻私臣，臣之妾畏臣，臣之客欲有求于臣，皆以美于徐公。今齐地方千里，百二十城，宫妇左右⑩，莫不私王；朝廷之臣，莫不畏王；四境之内，莫不有求于王。由此观之，王之蔽甚矣！"

—●【字词注解】

⑧威王：战国时齐国国君。姓田，名因齐，一作"婴齐"。公元前356—前320年在位。整顿吏治，奖谏用贤。先后任用邹忌、田盼为相，田忌、田盼为将，孙膑为军师。其时，齐国富强。
⑨诚：的确，确实。
⑩宫妇：后宫的妃子。

【精彩解说】

　　邹忌于是上朝去朝见齐威王,说:"我确实知道自己不如徐公美,可是由于我的妻子偏爱我,我的妾怕我,我的客人有求于我,都说我比徐公美。如今,齐国的领土方圆千里,城邑一百二十座,大王的后妃和亲信侍臣,没有不偏爱大王的;满朝大臣,没有不惧怕大王的;全国各地,没有不有求于大王的。由此看来,大王所受的蒙蔽是非常严重的!"

原文

　　王曰:"善!"乃下令:"群臣吏民,能面刺寡人之过者⑪,受上赏;上书谏寡人者,受中赏;能谤议于市朝⑫,闻寡人之耳者,受下赏。"令初下,群臣进谏,门庭若市⑬;数月之后,时时而间进⑭;期年之后⑮,虽欲言,无可进者。燕、赵、韩、魏闻之,皆朝于齐。此所谓战胜于朝廷⑯。

【字词注解】

⑪ 面刺:当面指出。
⑫ 市朝:市井。指众人会集的地方。
⑬ 门庭若市:门前院内像集市般热闹,形容往来的人很多。
⑭ 时时:时不时地。间(jiàn):间隔,断断续续地。
⑮ 期(jī)年:一周年。
⑯ 战胜于朝廷:治理好自己的朝政,不必出兵就可以战胜诸侯。

【精彩解说】

　　威王说:"说得好!"于是下令:"不论朝廷大臣、地方官吏、平民百姓,能够当面指出寡人错误的,给予上等奖励;能够上奏章劝谏寡人的,给予中等奖励;能够在公共场所批评议论而传入寡人耳朵的,给予下等奖励。"命令刚颁布时,满朝大臣纷纷进谏,朝堂内人多到像集市一样热闹;数月之后,还有人断断续续地进谏;一年以后,即使想提意见,也没有什么可说的了。燕、赵、韩、魏等国听说了这种情况后,都来朝见齐威王。这就是人们所说的,治理好自己的朝政,不用武力就能战胜诸侯。

唐雎不辱使命

《战国策·魏策》

〔题解〕

这篇文章记叙的是强国和弱国之间的一场外交上的交锋。安陵是战国时代魏国的附庸小国,秦灭韩亡魏后,企图用"易地"的政治骗局,不费一兵一卒而吞食安陵。岂料安陵君识破了这个阴谋,他婉言拒绝了秦王的提议,继而派唐雎出使秦国,与秦王交涉。唐雎为维护安陵的主权与尊严,与骄横的秦王据理力争,针锋相对,最终迫使秦王长跪致歉。此文表现了唐雎沉着镇静、不畏强暴的精神。

【原文】

秦王使人谓安陵君曰①:"寡人欲以五百里之地易安陵,安陵君其许寡人②!"安陵君曰:"大王加惠③,以大易小,甚善。虽然,受地于先王,愿终守之,弗敢易。"秦王不说④。安陵君因使唐雎使于秦⑤。

【字词注解】

①秦王:即秦始皇嬴政,当时尚未统一六国称帝,故仍称秦王。安陵君:魏襄王之弟,封于安陵。文中所写安陵君为其后裔。

②其:语气助词。表推测,希望。

③加:施加,给予。惠:恩惠。

④说：通"悦"。
⑤因：于是，就。

【精彩解说】

秦王派人对安陵君说："我想用方圆五百里的土地换取安陵，希望安陵君能答应我！"安陵君说："大王对我施加恩惠，用大的换小的，心意很好。虽说这是天大的便宜，但是安陵是我从先王那里继承下来的封地，情愿永远守着这份祖业，不敢与人交换。"秦王很不高兴。安陵君于是派唐雎出使秦国。

原文

秦王谓唐雎曰："寡人以五百里之地易安陵，安陵君不听寡人，何也？且秦灭韩亡魏，而君以五十里之地存者⑥，以君为长者⑦，故不错意也⑧。今吾以十倍之地，请广于君⑨，而君逆寡人者⑩，轻寡人与⑪？"唐雎对曰："否，非若是也。安陵君受地于先王而守之，虽千里不敢易也，岂直五百里哉⑫？"

【字词注解】

⑥君：指安陵君。
⑦长者：辈分高而谨厚的人。
⑧错意：置意，留意，放在心上。错，通"措"。
⑨广：扩大。
⑩逆：违抗，违背。
⑪与：通"欤"，疑问助词。
⑫岂直：何止。

【精彩解说】

秦王对唐雎说："我用五百里的土地来换安陵，安陵君却不听从我的意见，为什么？再说，秦国已经灭亡了韩国和魏国，而安陵君凭着区区五十里的弹丸之地得以幸存，是因为我把安陵君看作忠厚的长者，才没打消灭他的主意。现在我用十倍于安陵的土地和他交换，是想扩大他的地盘，可他却违抗我，他是看不起我吗？"唐雎答道："不，不是这样。安陵君继承了先王的封地并且安分地守着这份遗产，即使是千里之地也不敢交换，何况您给的只有五百里呢？"

原文

秦王怫然怒⑬，谓唐雎曰："公亦尝闻天子之怒乎？"唐雎对曰："臣未尝闻也。"秦王曰："天子之怒，伏尸百万，流血千里。"唐雎曰："大王尝闻布衣之怒乎⑭？"秦王曰："布衣之怒，亦免冠徒跣⑮，以头抢地耳⑯。"唐雎曰："此庸夫之怒也，非士之怒也。夫专诸之刺王僚也⑰，彗星袭月⑱。聂政之刺韩傀也⑲，白虹贯日⑳。要离之刺庆忌也㉑，苍鹰击于殿上㉒。此三子皆布衣之士也，怀怒未发，休祲降于天㉓，与臣而将四矣。若士必怒，伏尸二人，流血五步，天下缟素㉔，今日是也。"挺剑而起。

【字词注解】

⑬怫（fú）然：愤怒的样子。

⑭布衣：平民。古代没有官职的人不能衣着锦绣，只能穿粗麻布衣。

⑮徒跣（xiǎn）：赤足，光脚。

⑯抢（qiāng）地：用头撞地。

⑰专诸：春秋时吴国勇士。王僚：春秋时吴国君主，名僚。公元前515年，公子光欲夺僚的王位，派专诸把匕首藏于鱼腹，以献鱼为名，行刺于僚。专诸也被王僚的卫士杀死。

⑱彗星袭月：彗星的光尾横扫月亮，是一种罕见的天象。与下文的"白虹贯日""苍鹰击于殿上"，都是古人出于天人感应说的附会。

⑲聂政：战国时魏国勇士。韩傀（kuǐ）：韩相，字侠累。韩国大夫严遂（字仲子）与韩相韩傀争权结仇，请聂政刺杀韩傀，聂政也毁容自杀。

⑳贯日：遮避日光。

㉑要离：春秋时吴国勇士。庆忌：吴王僚之子。其父被害后，他逃往卫国。吴王阖闾（公子光）为除后患，让要离自断右臂并杀妻，以骗取庆忌的信任，借机杀死庆忌，要离亦伏剑自杀。

㉒"苍鹰"句：苍鹰撞击在宫殿上。

㉓休祲（jìn）：指吉凶的征兆。休，吉兆。祲，凶兆。

㉔缟（gǎo）素：白色丧服。

【精彩解说】

秦王勃然大怒，对唐雎说："先生可曾听说过天子发怒的情形吗？"唐雎回答："我未曾听说过。"秦王说："天子一旦发怒，其结果是百万尸体倒地，血流千里。"唐雎说："大王可曾听说过平民百姓发怒的情形吗？"秦王说："平民百姓发起怒来，不过是甩掉帽子，赤着脚，用头撞地罢了。"唐雎说："这是平庸之辈的发怒，而不是智勇之士的发怒。想当年专诸刺杀吴王僚的时候，彗星的光尾横扫月亮。聂政行刺韩傀的时候，一道白虹遮蔽日光。要离刺杀庆忌的时候，苍鹰在宫殿上撞击。这三位都是布衣之士，当他们心怀怒火还未发作时，上天就已降示祸福的征兆，如今再加上我就是四个人了。如果布衣之士动起怒来，倒在地上的尸体只有两具，流血也不过五步之内，可是天下人都将穿起白色丧服，今天就要发生这样的事了。"说着就拔出宝剑站了起来。

原文

秦王色挠㉕，长跪而谢之曰㉖："先生坐，何至于此！寡人谕矣㉗。夫韩魏灭亡，而安陵以五十里之地存者，徒以有先生也㉘！"

【字词注解】

㉕色挠：脸上显露出因受挫而沮丧的神情。

㉖长跪：直起身子，臀部离开脚跟，看上去身体比席地而坐时长了些，故称长跪。由坐姿改为长跪，以示庄重。

㉗谕：明白，懂得。

㉘徒：只，仅仅。

【精彩解说】

秦王显出沮丧的神态，直身而跪着向唐雎道歉说："先生请坐，何必这样！我现在明白了。韩国、魏国相继灭亡，而安陵却凭借着区区五十里的土地而保留下来，仅仅是因为有先生您啊！"

卜 居

《楚辞》

〔题解〕

"楚辞"本意是指流传于楚地民间的歌谣，屈原始创其体，宋玉、唐勒、景差继之，至汉代，又出现了大量模仿作品。西汉刘向将其整编成集，题名《楚辞》。因此，《楚辞》既是一种诗歌形式的名称，又是一部诗歌总集的名称。《楚辞》采用楚地的方言声韵，主要描写了楚地的山川人物、历史风情，具有浓厚的地域文化色彩。

"卜"即问卜，"居"即居处，"卜居"的意思是通过占卜解决自己应该何去何从的问题。这一篇主要记述了屈原在彷徨迷茫之际，找太卜郑詹尹卜问自己处世的方法和态度，以解答心中的疑惑。本篇相传为屈原所作，但现代大多数研究者认为本文的作者不是屈原，而是后人假托。

【原文】

屈原既放①，三年不得复见。竭智尽忠，而蔽障于谗②，心烦虑乱，不知所从。乃往见太卜郑詹尹曰③："余有所疑，愿因先生决之。"詹尹乃端策拂龟曰④："君将何以教之？"

——【字词注解】

①屈原：名平，字原，号灵均，战国后期楚国人。楚怀王时任左徒、三

间大夫。主张举贤授能，修明法度，振兴国力，联齐抗秦。遭谗去职，长期流放，常行吟泽畔悲愤不已。当楚国郢都被秦攻破后，屈原眼看救国无望，投汨罗江自杀。屈原是我国历史上第一位伟大的爱国诗人，其主要作品有《离骚》《天问》《九歌》《九章》等。

②蔽障：遮蔽阻隔。指屈原遭谗被楚怀王疏远。

③太卜：亦称卜正，主管占卜的官。

④端策拂龟：摆正蓍（shī）草，拂去龟骨上的灰尘，是占卜前表示虔诚的准备动作。策，同"策"，蓍草，用以筮。龟，龟甲，用以卜。

【精彩解说】

屈原被流放后，三年没能再见楚怀王。他竭尽智慧效忠国家，却因谗言谤语被楚怀王疏远隔绝，他心烦意乱，不知如何是好。于是去见太卜郑詹尹，问卜说："我心中对有些事疑惑不解，希望通过您的占卜帮助我分析判断。"郑詹尹就摆正蓍草，拂去龟甲上的灰尘，问道："先生有何见教？"

原文

屈原曰："吾宁悃悃款款⑤，朴以忠乎，将送往劳来⑥，斯无穷乎⑦？宁诛锄草茅以力耕乎⑧，将游大人以成名乎？宁正言不讳以危身乎，将从俗富贵以媮生乎⑩？宁超然高举以保真乎⑪，将哫訾栗斯、喔咿儒儿以事妇人乎⑫？宁廉洁正直以自清乎，将突梯滑稽、如脂如韦以絜楹乎⑬？宁昂昂若千里之驹乎，将氾氾若水中之凫乎⑭？与波上下，偷以全吾躯乎？宁与骐骥亢轭乎⑮，将随驽马之迹乎⑯？宁与黄鹄比翼乎⑰，将与鸡鹜争食乎⑱？此孰吉孰凶，何去何从？世溷浊而不清，蝉翼为重，千钧为轻⑲；黄钟毁弃⑳，瓦釜雷鸣；谗人高张，贤士无名。吁嗟默默兮，谁知吾之廉贞？"

【字词注解】

⑤悃（kǔn）悃款款：忠诚纯正的样子。

⑥送往劳来：迎来送往，周旋逢迎。劳来，慰勉，抚慰，此谓钻营。

⑦斯：连词，则。穷：困境。

⑧诛：铲除。

⑨游：奔走，周旋。大人：达官贵人，权要。指楚王的亲信。

⑩媮生：苟且偷生。

⑪保真：保持本真的天性。

⑫哫（zú）訾（zǐ）栗斯：看人脸色，阿谀奉承。喔咿儒儿：强颜欢笑的样子。喔咿，强作笑颜表示顺从的样子。儒儿，强颜欢笑的样子。妇人：一般认为指楚怀王的宠妃郑袖。

⑬突梯滑（gǔ）稽：圆滑诡诈。脂：油脂，脂膏。韦：熟皮。絜（xié）楹：削方为圆，善于揣度。絜，用绳度量筒形物体的粗细。楹，柱子。

⑭氾氾：漂浮。凫（fú）：野鸭子。

⑮骐骥：两种良马的名字，此处泛指骏马。亢轭（è）：并驾。亢，举。轭，车辕前面用来驾马的横木。

⑯驽（nú）马：劣马。

⑰黄鹄（hú）：天鹅。

⑱鹜（wù）：家鸭。

⑲溷（hùn）浊：混乱，污浊。

⑳钧：古代重量单位。三十斤为一钧。

㉑黄钟：合黄钟律的乐钟。这里比喻凡庸驽劣的人或物。

㉒瓦釜（fǔ）：陶制的器物，也可做打击乐器。

㉓高张：身居高位，趾高气扬。张，骄傲自大。

【精彩解说】

屈原说："我是应该诚恳朴实、忠心耿耿呢，还是迎来送往、巧于逢迎从而摆脱困境呢？是应该垦荒锄草勤劳耕作呢，还是交游权贵而沽名钓誉？是应该毫无隐讳地直言给自己招祸呢，还是顺从世俗，贪图富贵，苟且偷生？是应该鹤立鸡群而保持正直本性呢，还是阿谀逢迎，强颜欢笑以侍奉那位妇人？是应该廉洁正直以保持自己的清白呢，还是圆滑诡诈、油滑世俗地去趋炎附势？是应该像志行高远的千里马呢，还是像浮游的野鸭随波逐流而保全自身？是应该与骐骥并驾齐驱呢，还是追随劣马的足迹？是应该与天鹅比翼高飞呢，还是同鸡鸭一道争食？上述种种，哪个是吉哪个是凶？哪个该舍弃哪个该遵从？现在的世道浑浊不清，认为蝉翼是重的，千钧是轻的；贵重的黄钟遭到毁弃，劣质的陶罐却响如雷鸣；逸佞小人嚣张跋扈，贤明之士则默默无闻。唉，还是沉默吧，谁人能知我廉洁忠贞的心呢？"

原文

詹尹乃释笑而谢曰[24]："夫尺有所短，寸有所长。物有所不足，智有所不明，数有所不逮[25]，神有所不通[26]。用君之心，行君之意。龟筴诚不能知此事！"

【字词注解】

[24] 释：放下。

[25] 数：术数。即以各种方术观察自然界可注意的现象，来推测国家或个人的气数和命运。此指占卜。

[26] 神：神灵。通：了解，通达。

【精彩解说】

郑詹尹于是放下蓍草抱歉地说："尺比寸长但也有短处，寸比尺短却也有它的长处。世间万物都有不完善的地方，智者也有不明了的时候，占卜未必事事都能预料，神明也有不能通达之处。就按您的心意，实行您的主张吧。龟甲和蓍草实在不知如何预知您的这些事！"

宋玉对楚王问

《楚辞》

〔题解〕

本文是宋玉面对他人的毁谤所进行的自我辩解。宋玉，楚国的辞赋作家，曾侍奉楚襄王。此文以问答的形式展开，开头即楚襄王的责问，紧接着宋玉做出了回答。然而整篇应对之词，却又没有一句直接为自己申辩的话，而是通过设喻和比喻来说明道理，把雅与俗对立起来，表现自己的绝凡超俗，卓尔不群，故而不被大众所理解。整篇文章表现出了宋玉清高孤傲、自命不凡的心性。

楚襄王问于宋玉曰①："先生其有遗行与②？何士民众庶不誉之甚也③？"

——•【字词注解】

① 楚襄王：即楚顷襄王，名横，公元前298—前263年在位。
② 遗行：品行有缺点，有失检点。
③ 不誉：不称赞，非议。

——•【精彩解说】

楚襄王向宋玉问道："先生大概有什么不检点的行为吧？为什么士大夫

和庶民对你非议得如此厉害呢?"

宋玉对曰:"唯,然,有之。愿大王宽其罪,使得毕其辞。

"客有歌于郢中者④,其始曰《下里》《巴人》⑤,国中属而和者数千人⑥;其为《阳阿》《薤露》⑦,国中属而和者数百人;其为《阳春》《白雪》⑧,国中属而和者不过数十人;引商刻羽,杂以流徵⑨,国中属而和者不过数人而已。是其曲弥高⑩,其和弥寡。

"故鸟有凤而鱼有鲲⑪。凤凰上击九千里,绝云霓⑫,负苍天⑬,足乱浮云,翱翔乎杳冥之上⑭,夫藩篱之鷃,岂能与之料天地之高哉!鲲鱼朝发昆仑之墟⑮,暴鬐于碣石⑯,暮宿于孟诸⑰,夫尺泽之鲵⑱,岂能与之量江海之大哉!

"故非独鸟有凤而鱼有鲲也,士亦有之。夫圣人瑰意琦行⑳,超然独处㉑,世俗之民,又安知臣之所为哉!"

【字词注解】

④郢(yǐng):楚国都城,在今湖北江陵。

⑤《下里》《巴人》:当时楚国的通俗歌曲。

⑥属(zhǔ):聚集。和(hè):跟着唱和。

⑦《阳阿》《薤(xiè)露》:比流行俗曲高雅的歌曲。

⑧《阳春》《白雪》:雅曲。

⑨引商刻羽,杂以流徵(zhǐ):难度很高的演唱技巧。引,拉长。刻,削减。一说为"引用第二度音,刻画第六度音,夹杂运用流动的第五度音"。

⑩弥:越,更加。

⑪鲲:传说中的一种大鱼。

⑫绝:越过。

⑬负:背。

⑭杳冥:高远的天空。杳,高远。冥,深邃。

⑮鹞雀：鹞雀，古书上说的一种小鸟。

⑯昆仑：我国西北部的一座大山。墟：山脚。此指发源于昆仑山下的黄河源头。

⑰暴（pù）：晒。鬐（qí）：鱼脊鳍。碣石：山名。在今河北昌黎的渤海之滨。

⑱孟诸：古大泽名。在今河南商丘东北。

⑲尺泽：一尺来深的水塘。鲵：小鱼。

⑳瑰意琦行：高洁美好、卓尔不群的情操和行为。意，品德。行，行为。瑰、琦，皆美玉，比喻美好不凡。

㉑超然：高超出众的样子。

【精彩解说】

宋玉答道："嗯，是这样，的确有这样的事。希望大王宽恕我的过错，让我把话说完。

"有一位客人在郢都城里唱歌，他开头唱的是《下里》《巴人》，都城里跟着他唱的有几千人；后来他唱《阳阿》《薤露》，都城里跟着他唱的有几百人；等到他唱《阳春》《白雪》的时候，都城里聚在一起跟着他唱的不过几十个人；最后他引用商声，刻画羽声，夹杂运用流动的徵声时，都城里聚在一起能跟着他唱的只剩几个人了。这就是说，曲调越是高雅，能相唱和的人就越少。

"所以鸟中有凤，鱼中有鲲。凤凰能振翅高飞九千里，穿越云霄，背负苍天，双足搅乱飘飞的浮云，飞翔在极高远的天空中，那在篱笆间上蹿下跳的鹞雀，怎能跟凤凰一样了解天地之高呢！鲲鱼清晨从昆仑山脚出发，中午在渤海之滨的碣石山上休息，日暮时分投宿于孟诸泽，那一尺来深小水塘中的鲵鱼，怎能和鲲鱼一起测量江海的深广呢！

"所以，不仅仅是鸟中有凤，鱼中有鲲，士人中也有杰出的人才。圣人有卓越的志向和美好的品行，超出常人而独自存在，那些世俗之人，又怎能理解我的所作所为呢！"

拓展阅读

苏秦智激张仪

苏秦在赵国时，秦惠文王派公孙衍攻打魏国，生擒了魏将龙贾，攻克了魏国的雕阴（今陕西甘泉），并打算挥师向东挺进。苏秦担心秦国的部队打到赵国，唯恐盟约还没缔结就被破坏。苏秦想找个合适的人去秦国，于是决定智激同窗张仪入秦，维护萌芽期的联盟。

苏秦私下派人劝说张仪来投奔他，那时候张仪过得很落魄，他收到邀请后便立即前往赵国。但是苏秦却故意对他不理不睬，还当众羞辱他，最后把他打发走了。张仪羞愧难当，暗下决心要扬眉吐气，他想到各诸侯国中只有秦国才能与赵国抗衡，于是便前往秦国。

张仪前往秦国的途中，苏秦一直暗中派人资助他，并且帮助他见到了秦惠文王。秦惠文王十年（公元前328年），秦惠文王任用张仪为客卿，与他共商攻打各国诸侯的大计。这时，帮助张仪的人才告诉张仪说苏秦当时是故意激怒他，为的是张仪今后有更好的发展。张仪知道后，感叹自己没有苏秦高明，并许诺在苏秦当权时不攻打赵国。

卷五 汉文

五帝本纪赞

《史记》

〔题解〕

　　《史记》是西汉史学家司马迁撰写的我国第一部纪传体通史。该书记载了自黄帝至汉武帝太初年间前后三千余年的历史。全书包括"本纪"十二篇,"表"十篇,"书"八篇,"世家"三十篇,"列传"七十篇,共计一百三十篇,五十二万余字,作者历时十四年才得以完成。《史记》不但是一部杰出的史学巨作,为我国史学纪传体奠定了基础,还是一部优秀的文学著作,在中国文学史上占有重要地位。正因为如此,《史记》历来被推崇为我国传记文学的典范,古代散文的楷模。

　　《五帝本纪》是《史记》的首篇,本文是司马迁为首篇写的赞语,放在了《五帝本纪》的最后一段。赞语乃司马迁首创,是在《史记》的重要篇章之后,以"太史公曰"的口气发表的议论、总结或补充的文字。在这篇赞语中,司马迁说明了《五帝本纪》的史料来源和他对这些史料的看法。从中我们不难看出司马迁对待史料的审慎态度和求实精神。

原文

　　太史公曰①:学者多称五帝②,尚矣。然《尚书》独载尧以来③,而百家言黄帝④,其文不雅驯,荐绅先生难言之⑤。孔子所传《宰予问五帝德》及《帝系姓》⑥,儒者或不传。余尝西至空峒⑦,北过涿鹿⑧,东渐于海,南浮江淮矣,至长老皆各往往称黄帝、尧、舜之处,风教固殊焉,总之,不离古文者近是⑨。予观《春秋》《国语》,其发明《五帝德》《帝系姓》章矣,顾弟弗深考,其所表见皆不虚。《书》缺有间矣,其轶乃时时见于他说。非好学深思,心知其意,固难为浅见寡闻道也。余并论次⑩,择其言尤雅者,故著为本纪书首。

【字词注解】

① 太史公:司马迁的自称,他曾任太史令。

② 五帝:即黄帝、颛顼、帝喾、尧、舜。

③《尚书》:上古政治文诰和部分追述古代事迹著作的汇编书,又称《书》《书经》。尧:唐尧,传说中的远古帝王。

④ 百家:诸子百家。

⑤ 荐绅先生:即士大夫。荐绅,即搢绅,又作缙绅。

⑥《宰予问五帝德》《帝系姓》:乃《孔子家语》和《大戴礼》中之篇名。有些儒者认为不是圣人之言,不可信,故不传学。

⑦ 空峒(tóng):崆峒山,在今甘肃平凉西。

⑧ 涿(zhuō)鹿:涿鹿山,在今河北涿鹿东南。

⑨ 古文:指用古文字(金文、战国文字、篆文)写成的典籍。

⑩ 论次:评论编次。

【精彩解说】

太史公说:读书人常常谈到五帝,这已经由来已久了。但是《尚书》只记载唐尧以来的史事,那些诸子百家虽然谈到尧以前的黄帝,然而他们的记述并不太可信,士大夫们对此很难相信并转述它。孔子传下来的《宰予问五帝德》和《帝系姓》,有些儒者不传授学习。我曾经西到崆峒山,北过涿鹿山,东近大海,南渡江淮,碰到的当地的长者都常常指着黄帝、唐尧、虞舜活动过的地方谈论他们,然而这些地方的风俗教化并不相同,但总的来说,都不背离古籍所记载的事实。我读《春秋》《国语》,他们对《五帝德》《帝系姓》内容的阐述是很清楚的,不过只是没有深入考察,但二书所记载的内容都是可信的。《尚书》残缺已很长久,它没有记载的内容,常常在其他著作中可以看到。如果不是喜欢学习而深入思考,领会这些书的含义,当然就很难向见识浅薄、孤陋寡闻的人说清楚。我将有关五帝的材料综合起来论定编次,选择其中最准确可靠的那些材料,写成《五帝本纪》,作为全书的第一篇。

项羽本纪赞

《史记》

〔题解〕

《项羽本纪》为《史记》的名篇。项羽是司马迁重点刻画的历史人物之一。按照《史记》的体例，"本纪"是记载历代帝王之事的文体，然而《项羽本纪》却是个例外。尽管项羽未能成就帝业，但是司马迁还是将他列入"本纪"之中。这是因为，秦末群雄并起，逐鹿天下，项羽顺应了历史潮流，抓住了机遇，凭借杰出的才能，在短短的三年时间里，成为天下霸主，是难得一见的英雄人物。这篇赞语作为《项羽本纪》的结尾，用极为简洁的文字，对项羽的一生作了历史的总结，颇具权威性。

太史公曰：吾闻之周生曰"舜目盖重瞳子①"，又闻项羽亦重瞳子。羽岂其苗裔邪②？何兴之暴也！夫秦失其政，陈涉首难③，豪杰蜂起，相与并争，不可胜数。然羽非有尺寸④，乘势起陇亩之中⑤，三年，遂将五诸侯灭秦⑥，分裂天下而封王侯，政由羽出，号为"霸王"。位虽不终，近古以来未尝有也。及羽背关怀楚⑦，放逐义帝而自立⑧，怨王侯叛己，难矣。自矜功伐⑨，奋其私智而不师古，谓霸王之业欲以力征经营天下，五年卒亡其国，身死东城⑩，尚不觉寤而不自责，过矣。乃引"天亡我，非用兵之罪也"，岂不谬哉！

──●【字词注解】

①重瞳子：一个眼珠里有两个瞳孔。

②苗裔：后代，子孙。

③陈涉首难：指秦末陈胜、吴广发动的农民起义。

④尺寸：形容数量少。此处指土地或权力。

⑤陇亩：田间，民间。

⑥五诸侯：指当时的齐、赵、韩、魏、燕等五国的义军。

⑦背关怀楚：放弃关中，怀恋楚地。此处指项羽放弃秦地，自立为"西楚霸王"，定都彭城。

⑧义帝：即项羽奉立的楚怀王熊心。

⑨矜：骄傲自满。伐：夸耀。

⑩东城：今安徽定远东南。

──●【精彩解说】

太史公说：我从周朝的儒生那里听说"舜的眼睛可能是双瞳孔"，又听说项羽亦是双瞳孔。难道项羽是舜的后代吗？项羽的兴起是多么突然而迅猛啊！秦王朝政治衰败，致使陈涉首先起义发难，当时的英雄豪杰纷纷起来响应，相互争夺天下，人数多得数也数不清。可是项羽没有一点根基，趁着时势从民间兴起，不过三年的时光，便率领五国的义军灭亡了秦王朝，随后分割天下，分封各路王侯，所有政令均由项羽发布，自称为"霸王"。虽然他的王位没有保持到底，但自古以来像他这样的人物还不曾有过。等到项羽怀恋故乡楚地放弃关中，流放义帝而自立为王，此时再抱怨王侯们背叛自己，那就很勉强了。夸耀自己的功劳，独逞个人的聪明才智而不效法古代帝王的仁义之道，认为霸王的业绩只要依靠武力就可以成就，结果仅仅五年的时光，他的国家就灭亡了，直到身死东城，他还没有觉悟，不肯责备自己，这显然是错误的。而且还借口说"是上天要灭亡我，并不是我用兵的过错"，难道不是很荒谬吗！

孔子世家赞

《史记》

〔题解〕

《孔子世家赞》是《史记·孔子世家》的最末一段。孔子不是王侯将相，但司马迁却把他列入"世家"。可见司马迁不是完全按照官本位观念来处理历史人物的。本文采用虚实结合的手法。开篇引用《诗经》的话，抒发作者的感慨，中间部分叙述在孔子故居的所见所感，结尾部分用"可谓至圣矣"来做结论，表现出对孔子的无限崇敬。

【原文】

太史公曰：《诗》有之："高山仰止，景行行止。①"虽不能至，然心乡往之。余读孔氏书，想见其为人。适鲁，观仲尼庙堂、车服、礼器，诸生以时习礼其家②，余低回留之，不能去云。天下君王至于贤人众矣，当时则荣，没则已焉。孔子布衣③，传十余世，学者宗之。自天子王侯，中国言六艺者折中于夫子④，可谓至圣矣！

【字词注解】

① "高山仰止"二句：见《诗经·小雅·车辖》。仰止，敬仰。景行，大道。

②以时：按时。

③布衣：平民。

④折中：这里是判断的意思。

【精彩解说】

太史公说：《诗经》中有这样的话："像高山一般高尚的德行令人景仰，像大道一般光明的行为吸引人遵循。"虽然我不能达到这种境地，但是心里却很向往。我读孔子的著作，可以想到他的为人处世。到了鲁地，参观了孔子的庙堂、车辆、衣服、礼器，目睹了读书的学生们按时到孔子家庙中演习礼仪的情景，我怀着崇敬的心情徘徊流连，不愿离去。自古以来天下的君王以至于各代贤人也够多的了，他们活着的时候都显贵荣耀，可是一死什么也没有了。孔子是一个平民，他的名声和学说已经传了十几代，读书人仍然尊崇他为宗师。从天子、王侯，一直到全国谈六艺的人，都把孔子的学说作为判断衡量的最高准则，可以说孔子是至高无上的圣人了！

管晏列传

《史记》

〔题解〕

《管晏列传》乃春秋时两位著名的政治家管仲、晏婴的合传。司马迁之所以将管、晏二人列入合传，是因为他们都是齐国名臣，都为齐国的发展做出了卓越的贡献。作者通过描写管仲与鲍叔牙的交往、管仲任齐相后的为政举措、晏婴赎越石父、晏婴举荐车夫等事件，来展现人物性格的某一侧面，并突出这些事对人物的一生功业乃至国家命运的影响。该文详略得当，重点突出，娓娓道来，字里行间渗透着作者的爱憎。

管仲夷吾者①，颍上人也。少时常与鲍叔牙游②，鲍叔知其贤。管仲贫困，常欺鲍叔，鲍叔终善遇之，不以为言。已而鲍叔事齐公子小白③，管仲事公子纠④。及小白立为桓公，公子纠死，管仲囚焉。鲍叔遂进管仲。管仲既用，任政于齐，齐桓公以霸，九合诸侯，一匡天下⑤，管仲之谋也。

管仲曰："吾始困时，尝与鲍叔贾，分财利多自与，鲍叔不以我为贪，知我贫也。吾尝为鲍叔谋事而更穷困，鲍叔不以我为愚，知时有利不利也。吾尝三仕三见逐于君，鲍叔不以我为不肖，知我不遭时也。吾尝三战三走，鲍叔不以我为怯，知我有老母也。公子纠败，召忽死之⑥，吾幽囚受辱，鲍叔不以我为无耻，知我不羞小节而耻功名不显于天下也。生我者父母，知我者鲍子也。"

> 鲍叔既进管仲，以身下之，子孙世禄于齐，有封邑者十余世，常为名大夫。天下不多管仲之贤而多鲍叔能知人也。

──●【字词注解】

①管仲：管敬仲。名夷吾，字仲，颍上（今安徽颍上一带）人，春秋时齐国著名政治家。

②鲍叔牙：也叫鲍叔，春秋时齐国大夫。

③公子小白：齐桓公，名小白，齐襄公之弟。

④公子纠：齐襄公的弟弟。襄公被杀后，公子纠与小白争夺君位被杀。

⑤匡：正，纠正。

⑥召（shào）忽：齐国人，与管仲同事公子纠。纠死后，召忽自杀。

──●【精彩解说】

管仲，名夷吾，颍上人。管仲年轻的时候常与鲍叔牙交往，鲍叔牙知道他贤明。管仲家境贫困，常占鲍叔牙的便宜，但鲍叔牙始终对他很好，并未因此而有怨言。后来鲍叔牙辅佐齐公子小白，管仲辅佐公子纠。待到公子小白被立为齐桓公，公子纠被杀，管仲也被囚禁起来。于是鲍叔牙向齐桓公推荐了管仲。管仲被任用后，执掌齐国的政事，齐桓公依靠他成就霸业，九次会集诸侯，使天下步入了正轨，都是依靠管仲的计谋。

管仲说："我当初贫困的时候，曾和鲍叔牙一起做生意，在分财利时我经常多拿一些，他并不认为我贪财，知道我是由于贫困的缘故。我曾经为鲍叔牙谋划事情，却使他更加贫困，他并不认为我愚笨，他知道时机有利与不利。我曾三次做官，三次被君主免职，鲍叔牙不认为我无能，知道我是没有遇上好的时机。我曾经三次打仗，三次逃走，鲍叔牙不认为我胆小，他知道我家中有老母。公子纠争夺王位失败，召忽因此而自杀，我被囚禁受辱，鲍叔牙不认为我不知羞耻，知道我不为小节感到羞耻，而以功名没有显扬于天下为耻辱。生我的是父母，但真正了解我的是鲍叔牙啊。"

鲍叔牙推荐管仲执掌齐国的政事后，自己却甘居管仲之下，鲍叔牙的子孙世世代代都在齐国享受俸禄，十几代都得到了封地，他们常常是有名望的大夫。天下人不称赞管仲的贤能，却称赞鲍叔牙能慧眼识才。

原文

　　管仲既任政相齐，以区区之齐在海滨，通货积财⑦，富国强兵，与俗同好恶。故其称曰⑧："仓廪实而知礼节，衣食足而知荣辱，上服度则六亲固⑨。""四维不张⑩，国乃灭亡。""下令如流水之源，令顺民心。"故论卑而易行⑪，俗之所欲，因而予之，俗之所否，因而去之。其为政也，善因祸而为福，转败而为功。贵轻重⑫，慎权衡。桓公实怒少姬，南袭蔡，管仲因而伐楚，责包茅不入贡于周室⑬。桓公实北征山戎⑭，而管仲因而令燕修召公之政⑮。于柯之会，桓公欲背曹沫之约，管仲因而信之，诸侯由是归齐⑯。故曰："知与之为取，政之宝也。"

　　管仲富拟于公室，有三归、反坫，齐人不以为侈。管仲卒，齐国遵其政，常强于诸侯。后百余年而有晏子焉。

【字词注解】

⑦通货：交换商货。

⑧故其称曰：下文三句引自《管子·牧民篇》。

⑨上：国君。服度：遵礼守法。六亲：指内外亲戚。

⑩四维：指礼、义、廉、耻。

⑪论卑：道理浅显。

⑫轻重：此处指轻重缓急的事。

⑬包茅：扎成束的青茅，祭祀时用来洒酒。

⑭北征山戎：公元前663年，山戎伐燕，齐桓公为救燕而伐山戎。山戎，亦称"北戎"，在今河北北部。

⑮召（shào）公：又称邵公、召康公，名奭，燕国始祖。周武王过世之后，与周公旦共辅成王，颇有政绩。

⑯"于柯"四句：公元前681年，齐桓公与鲁庄公在柯邑会盟。鲁将曹沫用匕首挟持齐桓公，要求他归还侵占的汶阳之地。桓公当时答应了，后来又想背约。管仲劝他实践诺言，归还鲁国的土地，从而赢得诸侯的信任。曹沫，即曹刿，春秋时鲁国人。

──●【精彩解说】

　　管仲在齐国执政担任宰相后，就使地处海滨的小小齐国，流通货物，积聚钱财，富国强兵，与百姓同好恶。所以他说："仓库充实了，百姓才知道礼节；衣食富足了，百姓才知道荣辱；国君能遵守法度，才能使六亲和睦。""礼、义、廉、耻得不到发扬，国家便会灭亡。""国家下达的法令应当像流水的源头一样畅通无阻，使它顺应民心。"所以，道理浅显就容易推行，百姓想获得的就给予他们，百姓所反对的就应当废止。管仲执掌政务，善于将祸转化为福，将败转化为胜。他处理政事重视事情的轻重缓急，谨慎地权衡利害得失。齐桓公怨恨蔡姬，南下攻打蔡国，管仲便趁机攻打楚国，责备楚国长期不向周王室进贡青茅。齐桓公实际上是为了救援燕国而北上讨伐山戎，而管仲却趁势责令燕国实行召公的善政。当齐桓公在柯地与鲁国会盟时，他想背弃与曹沫订下的盟约，管仲趁势促使桓公树立信义，诸侯因此都来归服齐国。所以说："懂得给予就是索取的道理，这是治理国家的宝贵经验。"

　　管仲的财富可以与诸侯王室相比，他府里筑了只有诸侯才可享有的三归之台和反坫，但齐国人并不认为他奢侈。管仲死了以后，齐国仍然遵循他的政策与法令，因此一直比其他诸侯强大。之后过了一百多年，齐国又出了一个晏子。

原文

　　晏平仲婴者[17]，莱之夷维人也[18]。事齐灵公、庄公、景公[19]，以节俭力行重于齐。既相齐，食不重肉[20]，妾不衣帛。其在朝，君语及之，即危言[21]；语不及之，即危行[20]。国有道，即顺命；无道，即衡命。以此三世显名于诸侯。

──●【字词注解】

[17]晏平仲婴：晏婴，字仲，亦称晏平仲。

[18]莱：古国名。即古莱国。夷维：今山东高密。

[19]齐灵公、庄公、景公：下文说的"三世"，即指这三个君主。

[20]重肉：两道肉菜。

㉑危言：直言。

㉒危行：谨慎行事。

【精彩解说】

　　晏平仲，名婴，莱国夷维人。他曾侍奉齐灵公、齐庄公、齐景公，凭借节约俭朴、做事尽力而受到齐国人的尊重。晏婴担任齐国宰相后，吃饭不吃两道荤菜，妻妾不穿丝绸衣服。在朝廷上，国君问到的事，他就直言相告；国君没有提到的事，他就谨慎处理。国君有道时，他就服从命令；国君无道时，他便权衡利害得失再行动。他凭着这种品德，接连三朝都在诸侯中名声显扬。

【原文】

　　越石父贤㉓，在缧绁中㉔。晏子出，遭之途，解左骖赎之㉕，载归。弗谢，入闺㉖，久之。越石父请绝。晏子戄然㉗，摄衣冠谢曰："婴虽不仁，免子于厄，何子求绝之速也？"石父曰："不然。吾闻君子诎于不知己而信于知己者㉘。方吾在缧绁中，彼不知我也。夫子既已感寤而赎我，是知己；知己而无礼，固不如在缧绁之中。"晏子于是延入为上客。

【字词注解】

㉓越石父：齐国的贤人。

㉔缧（léi）绁（xiè）：捆绑犯人的绳索。此处引申为囚禁。

㉕骖：一车套三匹马，两旁的马叫"骖"。

㉖闺：上圆下方的圭形小门。

㉗戄然：震惊的样子。

㉘诎：委屈。

【精彩解说】

　　越石父是位贤能之人，却被囚禁起来。有一次晏婴外出，在路上遇见他，晏婴解下马车左边的马，将越石父赎了出来，载着他回到家中。晏子没有向越石父告辞，便进入了内室，很久不出来。越石父为此请求与晏子绝交。晏子听后颇为震惊，整理好衣冠出来道歉说："我虽然没有仁德，但帮助您脱离了困境，您为何如此之快地要同我绝交呢？"越石父说："话不能这样说。我听说君子会在不了解自己的人那里受到委屈，而在知己那里会受到礼待。当我被拘禁时，他们是不了解我的。您既然了解我，并把我赎出来，这便是知己了；是知己却对我无礼，倒不如被拘禁。"于是晏子把他请进屋待为上宾。

原文

晏子为齐相，出，其御之妻从门间而窥其夫。其夫为相御，拥大盖㉙，策驷马㉚，意气扬扬，甚自得也。既而归，其妻请去。夫问其故，妻曰："晏子长不满六尺，身相齐国，名显诸侯。今者妾观其出，志念深矣，常有以自下者㉛。今子长八尺，乃为人仆御，然子之意自以为足，妾是以求去也。"其后夫自抑损。晏子怪而问之，御以实对，晏子荐以为大夫。

【字词注解】

㉙ 盖：车盖。

㉚ 驷马：同拉一辆车的四匹马。

㉛ 自下：甘居人下。

【精彩解说】

晏子做了齐国的宰相，有一天外出，他的车夫的妻子从门缝偷看她的丈夫。她的丈夫替宰相驾车，支着大车盖，赶着驾车的四匹马，意气风发，颇为自得。车夫回家后，他的妻子请求离去。车夫问她其中的原因，妻子说："晏子身高不满六尺，却做了齐国的宰相，名声显扬于诸侯之中。今天我看到他出门，他思虑深远，有甘居人下的谦虚精神。如今你身高八尺，却给人家当车夫，然而你的内心却感到很满足，所以我要求离去。"从此以后，她的丈夫就变得谦虚谨慎起来。晏子对车夫的变化感到很奇怪，便问他怎么回事，车夫据实回答了他，后来晏子推荐这个车夫做了齐国的大夫。

原文

　　太史公曰：吾读管氏《牧民》《山高》《乘马》《轻重》《九府》及《晏子春秋》㉜，详哉其言之也。既见其著书，欲观其行事，故次其传。至其书，世多有之，是以不论，论其轶事。

　　管仲世所谓贤臣，然孔子小之。岂以为周道衰微，桓公既贤，而不勉之至王，乃称霸哉？语曰："将顺其美，匡救其恶，故上下能相亲也。"岂管仲之谓乎？方晏子伏庄公尸哭之，成礼然后去，岂所谓"见义不为，无勇"者邪？至其谏说，犯君之颜，此所谓"进思尽忠，退思补过"者哉？假令晏子而在，余虽为之执鞭，所忻慕焉。

【字词注解】

㉜《牧民》《山高》《乘马》《轻重》《九府》：均为《管子》一书中的篇名。《晏子春秋》：书名。旧说为晏婴所作，实为后人记录晏子言行的书。

【精彩解说】

　　太史公说：我读了管仲的《牧民》《山高》《乘马》《轻重》《九府》以及《晏子春秋》，这些书中都说得很详细。读了他们的著作，还想看看他们的所作所为，所以编了他们的传记。至于他们的著作，世上已有很多，所以不再论述，传文中只讲述他们的逸事。

　　管仲是世人所说的贤臣，但孔子却小看他。难道是孔子认为周王室衰微，齐桓公虽然很贤明，管仲却不劝他推行王道而只辅佐他称霸吗？《孝经·事君》上说："顺势发扬君王的美德，扶正补救君王的过错，因此君臣上下便能相亲相近了。"难道说的就是管仲吗？当晏子伏在齐庄公尸体上哭泣，尽了做臣子的礼仪之后才离去，难道这就是所说的"见义不为，就是没有勇气"的人吗？至于他平时直言向君主劝谏，敢于冒犯君王的威严，这就是所说的"在朝做官要尽忠，退朝后要反思弥补过失"的人吗？假如晏子还在世，即使让我替他执鞭驾车，也是我所高兴和羡慕的事。

屈原列传

《史记》

〔题解〕

本文节选了《史记·屈原贾生列传》中关于屈原的一部分，删去了《怀沙赋》，是一篇风格独特的人物传记。伟大的爱国诗人屈原生活在战国中后期实力强大的楚国，他也曾担任要职，在内政、外交方面发挥了重要作用。但后来他因被贵族排挤、诽谤，惨遭放逐。即便不在朝堂，他依然心系楚国的命运。楚国都城郢都被攻克后，屈原毅然自尽，以殉自己的理想。本文以浓烈的感情歌颂了屈原卓越的才华和对高洁志向执着追求的精神。

【原文】

屈原者，名平，楚之同姓也①。为楚怀王左徒②。博闻强志，明于治乱，娴于辞令。入则与王图议国事，以出号令，出则接遇宾客，应对诸侯。王甚任之。

上官大夫与之同列③，争宠而心害其能。怀王使屈原造为宪令④，屈平属草稿未定⑤，上官大夫见而欲夺之，屈平不与，因谗之曰："王使屈平为令，众莫不知，每一令出，平伐其功，曰以为'非我莫能为'也。"王怒而疏屈平。

【字词注解】

①楚之同姓：楚本姓芈，楚武王封他的儿子子瑕于屈（今湖北秭归

东），他的后代就以"屈"为姓。子瑕是屈原的祖先。

②楚怀王：楚威王的儿子，名熊槐。公元前328—前299年在位。左徒：楚国官位，权位仅次于最高行政长官令尹。

③上官大夫：上官为复姓，即下文的靳尚。

④造为宪令：制定国家的法令。

⑤属（zhǔ）：撰写。

【精彩解说】

屈原，又名屈平，与楚国的王族同姓。他担任过楚怀王的左徒。他学识广博，记忆力颇强，通晓治理国家的道理，能言善辩。在朝廷内与楚怀王商量国家大事，发号施令；对外接待别国使者，应酬使者。楚怀王很信任他。

上官大夫和屈原同朝为官，想争取楚怀王的宠幸，因而心里忌妒屈原的才能。楚怀王让屈原制定国家法令，屈原起草的法令尚未定稿，上官大夫见了就想夺走它，屈原不给他，上官大夫因而向楚怀王进谗言说："大王您让屈原制定法令，大家没有不知道的，每发出一道法令，屈原总要夸耀自己的功劳，说'除了我没有人能制定这种法令'。"楚怀王听后很生气，便疏远了屈原。

屈平疾王听之不聪也，谗谄之蔽明也，邪曲之害公也，方正之不容也，故忧愁幽思而作《离骚》⑥。离骚者，犹离忧也。夫天者，人之始也；父母者，人之本也。人穷则反本，故劳苦倦极，未尝不呼天也；疾痛惨怛⑦，未尝不呼父母也。屈平正道直行，竭忠尽智以事其君，谗人间之，可谓穷矣。信而见疑，忠而被谤，能无怨乎？屈平之作《离骚》，盖自怨生也。《国风》好色而不淫⑧，《小雅》怨诽而不乱⑨。若《离骚》者，可谓兼之矣。上称帝喾⑩，下道齐桓⑪，中述汤、武⑫，以刺世事。明道德之广崇、治乱之条贯，靡不毕见。其文约，其辞微，其志洁，其行廉。其称文小而其指极大，举类迩而见义远。其志洁，故其称物芳；其行廉，故死而不容。自疏濯淖污泥之中，蝉蜕于浊秽，以浮游尘埃之外，不获世之滋垢，皭然泥而不滓者也⑬。推此志也，虽与日月争光可也。

【字词注解】

⑥《离骚》：我国第一篇由有具体姓名的诗人创作的长篇抒情诗，屈原的代表作之一。

⑦疾痛惨怛：身心痛苦。疾痛，指人生理上疼痛的感觉。惨怛，指人心理上的痛苦和悲伤。

⑧《国风》：《诗经》的一个组成部分，它包括周代的《周南》等十五国的民间歌谣，共一百六十篇。

⑨《小雅》：《诗经》的一个组成部分，是周代末期大臣讽刺时事、反映丧乱的政治诗歌。

⑩帝喾（kù）：传说中的古代帝王。为黄帝曾孙，号高辛氏。

⑪齐桓：齐桓公。

⑫汤：指商汤。武：指周武王。

⑬皭（jiào）然：洁白干净的样子。

【精彩解说】

屈原痛心楚怀王听信谗言，被诽谤和谄媚蒙蔽而所见不明，邪恶之人陷害公正无私的人，端方正直的人不被小人所容，所以屈原忧愁郁闷而写下了《离骚》。离骚，就是遭遇忧患的意思。天，是人类的原始；父母，是人的根本。人在困苦穷尽之时就会追念本源，所以人在困惫不堪时，没有不叫天的；身心痛苦时，没有不呼叫父母的。屈原刚正端直，用自己全部的忠诚和智慧辅助他的君王，却被小人进谗言离间他们的君臣关系，可以说是处在困难穷尽的地步了。他忠诚却被猜疑，忠贞却被诽谤，怎么能没有怨恨呢？屈原创作《离骚》，就是由怨恨引起的。《诗经·国风》虽多写男女恋情，却不过分；《诗经·小雅》虽多攻击指责政事，但不宣扬作乱。至于《离骚》，可以说兼有二者的特点。它称颂远古的帝喾，称颂近世的齐桓公，中间提到了商汤和周武王，来讽刺当时的政事。阐明道德的广大崇高、世事治乱的准则，无不生动明显地表现出来。他的文字简练，词意含蓄；他的志向高洁，行为清廉。所引事物微小，但作者的用意极其远大，所举的事例虽然浅近，但体现的道理却颇为深远。他的志向高洁，所以作品中多用香草作比喻；他的行为清廉，所以至死也不苟且求得自容。他自远于污泥浊水般的世界，像蝉蜕皮般摆脱浊秽，从而超脱于尘世之外，不受浊世的垢辱，保持洁白干净，出淤泥而不染。推究屈原的此种志向，纵然说他能与日月争辉也是可以的。

屈原既绌，其后秦欲伐齐，齐与楚从亲⑭，惠王患之⑮，乃令张仪详去秦⑯，厚币委质事楚，曰："秦甚憎齐，齐与楚从亲，楚诚能绝齐⑰，秦愿献商、於之地六百里⑱。"楚怀王贪而信张仪，遂绝齐，使使如秦受地。张仪诈之曰："仪与王约六里，不闻六百里。"楚使怒去，归告怀王。怀王怒，大兴师伐秦。秦发兵击之，大破楚师于丹、淅⑲，斩首八万，虏楚将屈匄⑳，遂取楚之汉中地。怀王乃悉发国中兵，以深入击秦，战于蓝田㉒。魏闻之，袭楚至邓㉓。楚兵惧，自秦归。而齐竟怒不救楚，楚大困。

明年㉔，秦割汉中地与楚以和。楚王曰："不愿得地，愿得张仪而甘心焉。"张仪闻，乃曰："以一仪而当汉中地，臣请往如楚。"如楚，又因厚币用事者臣靳尚㉕，而设诡辩于怀王之宠姬郑袖。怀王竟听郑袖，复释去张仪。是时屈原既疏，不复在位，使于齐，顾反，谏怀王曰："何不杀张仪？"怀王悔，追张仪不及。

【字词注解】

⑭从亲：即合纵相亲。从，同"纵"。当时齐等六国联合抗秦，称为合纵。

⑮惠王：指秦惠文王。

⑯张仪：魏人。著名的纵横家，以连横学说事秦，时为秦相。

⑰绝齐：与齐国断绝关系。

⑱商、於（wū）：其范围相当于今陕西商县至河南内乡县一带地区。

⑲丹、淅：二水名。丹水源出于陕西。淅水源于河南，南流与丹水汇合。

⑳屈匄（gài）：楚大将军。

㉑汉中：今陕西西南部。

㉒蓝田：在今陕西蓝田西。

㉓邓：楚地。在今河南邓县。

㉔明年：第二年。

㉕靳尚：楚大夫。与张仪有私交，常受张仪的贿赂而出卖楚国的利益。

【精彩解说】

屈原被流放，后来秦国想攻打齐国，而齐国与楚国合纵相亲，秦惠文王对此颇为担心，就派张仪假装叛离秦国，带着丰厚的礼物去假意辅佐楚怀王，并说："秦王极为憎恨齐国，而齐国又与楚国合纵亲善，如果楚国确实能与齐国断交，秦国愿意献出商、於一带的六百里土地。"楚怀王贪求土地，对张仪的话信以为真，就和齐国绝交，并派使者到秦国接受土地。张仪欺骗使者说："我和楚王约定献六里，没有听说是六百里。"楚国的使者愤怒地离开秦国，回去报告了楚怀王。楚怀王大怒，派大批军队攻打秦国。秦国出兵迎战，在丹江、淅水一带大败楚军，杀死了楚兵八万人，俘虏了楚将屈匄，随后夺取了楚国汉中一带的地方。楚怀王于是征发全国的军队，深入秦地攻打秦国，两军在蓝田交战。魏国听说秦楚交战，趁机袭击楚国，一直打到邓城。楚军害怕后路被截，只好从秦国撤军。然而齐国因恼恨楚国的背信弃义，不肯派兵救援楚国，从而使楚国陷入极大的困境中。

第二年，秦国割让汉中地区给楚国以求和解。楚怀王说："我不愿意得到土地，只有得到张仪心里才痛快。"张仪听到后，对秦王说："用我一个张仪来抵汉中地区的话，我请求到楚国去。"张仪到了楚国，用丰厚的礼物贿赂楚国当权的大臣靳尚，让靳尚在楚怀王的宠姬郑袖面前为自己辩护。楚怀王竟然听信了郑袖的话，又放走了张仪。这时屈原已经被疏远，不在朝中任职，出使到齐国去了，屈原从齐国返回后，向楚怀王进谏说："为什么不杀了张仪？"楚怀王后悔了，派兵去追杀张仪，但已经追不上了。

其后诸侯共击楚,大破之,杀其将唐昧㉖。

时秦昭王与楚婚㉗,欲与怀王会。怀王欲行,屈平曰:"秦,虎狼之国,不可信,不如无行。"怀王稚子子兰劝王行:"奈何绝秦欢?"怀王卒行。入武关㉘,秦伏兵绝其后,因留怀王,以求割地。怀王怒,不听。亡走赵,赵不内㉙。复之秦,竟死于秦而归葬。

【字词注解】

㉖唐昧:楚将名。又作"唐蔑"。
㉗秦昭王:名则。公元前306—前251年在位。
㉘武关:在今陕西商洛西南丹江北岸,是秦国的南关。
㉙内:同"纳",接纳。

【精彩解说】

后来各国诸侯联合起来攻打楚国,大败楚军,杀了楚国的将军唐昧。

这时秦昭王与楚国联姻,想与楚怀王会面。楚怀王想要去,屈原说:"秦国,是像虎狼一样贪婪凶残的国家,不可以轻易相信,不如不去。"楚怀王的幼子子兰劝楚怀王成行,说:"为什么要断绝与秦国的友好关系呢?"楚怀王最终去了。一进入武关,秦国的伏兵就断绝了他的后路,从而扣留了楚怀王,要求割让土地。楚怀王大怒,不答应。此后楚怀王逃亡到了赵国,但赵国不敢接纳他。楚怀王只能再回到秦国,最终死在秦国,尸体被运回楚国埋葬。

长子顷襄王立㉚,以其弟子兰为令尹㉛。楚人既咎子兰以劝怀王入秦而不反也。

屈平既嫉之,虽放流,眷顾楚国㉜,系心怀王,不忘欲反,冀幸君之一悟,俗之一改也。其存君兴国,而欲反覆之。一篇之中三致意焉。然终无可奈何,故不可以反,卒以此见怀王之终不悟也。

【字词注解】

㉚ 顷襄王：名横。公元前298—前263年在位。

㉛ 令尹：楚官名，是楚国的最高行政长官。

㉜ 眷顾：眷恋，关注。

【精彩解说】

楚怀王的长子顷襄王继承王位，任用他的弟弟子兰为令尹。楚国人都因为子兰劝楚怀王入秦不能生还而责怨子兰。

屈原也怨恨子兰，尽管流放在外，仍然眷恋楚国，内心惦念着楚怀王，从未放弃回到朝廷任职的希望，他殷切地希望君王能够觉悟，改变当时一蹶不振的国势。屈原保全君主、复兴国家、想使国势由弱变强的愿望在他的每篇作品中都反复地表现出来。《离骚》一篇中就三次表达了这种心理。然而最终还是无可奈何，所以不能返回朝廷，由此可以看出，楚怀王始终没有觉悟。

原文

人君无愚智、贤不肖，莫不欲求忠以自为，举贤以自佐，然亡国破家相随属㉝，而圣君治国累世而不见者，其所谓忠者不忠，而所谓贤者不贤也。怀王以不知忠臣之分，故内惑于郑袖，外欺于张仪，疏屈平而信上官大夫、令尹子兰。兵挫地削，亡其六郡，身客死于秦㉞，为天下笑。此不知人之祸也。《易》曰："井渫不食，为我心恻，可以汲。王明，并受其福。㉟"王之不明，岂足福哉？令尹子兰闻之大怒，卒使上官大夫短屈原于顷襄王。顷襄王怒而迁之。

【字词注解】

㉝ 随属：接连不断。

㉞ 客死：死在他乡。

㉟ "井渫（xiè）"五句：引自《周易·井卦》。渫，掏去污泥。

【精彩解说】

做国君的，无论是愚笨还是明智、贤明还是昏庸，没有不想访求忠臣来效忠自己，举拔贤能来帮助自己治理国家的，然而历史上国君国破家亡的事接连发生，而圣明君主治理好国家的事多少代也没有出现，这是因为君主所谓的忠臣并不忠诚，所谓的贤臣并不贤明。楚怀王由于不明白忠臣应尽的职分，所以在内被郑袖迷惑，在外被张仪欺骗，疏远屈原却亲信上官大夫和令尹子兰。战争失利，领土被侵占，失去了六郡的土地，自己客死在异国他乡，为天下人所耻笑。这是不知人善任导致的祸害啊。《易经》上说："把井疏浚干净了，却无人喝井里的水，使我心里很难过，这是因为井水本是供给人们汲用的。倘若君主能明白这个道理，那么天下将共同得到福佑。"楚怀王如此不英明，哪里会得到福佑呢？令尹子兰听说屈原怨恨自己之后极为愤怒，最终让上官大夫在顷襄王面前说屈原的坏话。顷襄王愤怒之下而放逐了屈原。

原文

屈原至于江滨，被发行吟泽畔㊱，颜色憔悴，形容枯槁。渔父见而问之曰："子非三闾大夫欤㊲？何故而至此？"屈原曰："举世混浊而我独清，众人皆醉而我独醒，是以见放。"渔父曰："夫圣人者，不凝滞于物而能与世推移㊳。举世混浊，何不随其流而扬其波？众人皆醉，何不餔其糟而啜其醨㊴？何故怀瑾握瑜而自令见放为？"屈原曰："吾闻之，新沐者必弹冠，新浴者必振衣，人又谁能以身之察察㊵，受物之汶汶者乎㊶？宁赴常流而葬乎江鱼腹中耳，又安能以皓皓之白而蒙世之温蠖乎㊷？"乃作《怀沙》之赋㊸。于是怀石遂自投汨罗以死㊹。

【字词注解】

㊱行吟：边走边吟咏。

㊲三闾大夫：楚官名。掌管楚国公族昭、屈、景三大姓的人事工作。

㊳凝滞：拘泥。

㊴餔：吃。

㊵ 察察：洁净的样子。

㊶ 汶汶：污浊的样子。

㊷ 温蠖（huò）：昏聩。

㊸ 《怀沙》：《九章》中的一篇，乃屈原怀念长沙的诗。

㊹ 汨（mì）罗：江名。在今湖南东北部。

──●【精彩解说】

屈原来到江边，披头散发在水边边走边吟咏，他的脸色憔悴，身体干瘦。渔夫看见屈原便问他："您不是三闾大夫吗？为什么来到这个地方？"屈原回答："整个天下都是混浊的，只有我一个人清白廉洁；大家都昏醉，唯独我头脑清醒，因此我被流放。"渔夫说："圣贤之人，都能不拘泥于客观事物而能随着世俗变化。整个社会都是混浊的，您为何不随大流掀起更大的浊浪呢？众人都醉了，您为何不吃点酒糟，喝点薄酒呢？为何要保持美玉般的操守而使自己被放逐呢？"屈原说："我听说，刚洗过头的人必须弹去帽子上的灰尘，刚洗过澡的人必须抖掉衣服上的尘土，哪一个人愿意让自己洁净的身体，去蒙受尘世的污染呢！我宁肯跳进大江葬身鱼腹，又怎能让清白的身体去蒙受世俗的污垢呢！"于是屈原写下了《怀沙》这篇赋，随即抱着石头投汨罗江而死。

原文

屈原既死之后，楚有宋玉、唐勒、景差之徒者㊺，皆好辞而以赋见称。然皆祖屈原之从容辞令，终莫敢直谏。其后楚日以削，数十年竟为秦所灭。

自屈原沉汨罗后百有余年，汉有贾生㊻，为长沙王太傅㊼，过湘水，投书以吊屈原。

──●【字词注解】

㊺ 宋玉：屈原的学生。楚顷襄王时做过大夫，楚辞的主要作者之一，其作品有《高唐赋》。唐勒：与宋玉同时的辞赋家，其作品已失传。景差：与宋玉同时的辞赋家，其作品亦未传下来。

㊻ 贾生：即贾谊，洛阳（今河南洛阳东）人。西汉政论家、文学家。
㊼ 长沙王：汉开国功臣吴芮的玄孙吴差。太傅：国君的辅佐官员。

【精彩解说】

屈原死了以后，楚国有宋玉、唐勒、景差等人，都爱好文学创作，因善于作赋而为人称道。然而他们只是模仿屈原辞令婉转的一面，始终没有人敢于直谏君王。屈原死后，楚国的国土一天天削减，几十年后最终被秦国灭掉了。

屈原投汨罗江一百多年后，汉代有个贾谊，被贬为长沙王的太傅，他在路过湘水时，写了一篇《吊屈原赋》投进湘水中，以此凭吊屈原。

原文

太史公曰：余读《离骚》《天问》《招魂》《哀郢》㊽，悲其志。适长沙，观屈原所自沉渊，未尝不垂涕，想见其为人。及见贾生吊之，又怪屈原以彼其材，游诸侯，何国不容？而自令若是！读《鵩鸟赋》㊾，同生死，轻去就，又爽然自失矣。

【字词注解】

㊽《天问》《招魂》《哀郢》：均为屈原的作品。
㊾《鵩鸟赋》：贾谊所作。

【精彩解说】

太史公说：我读了《离骚》《天问》《招魂》《哀郢》，为屈原的志向无法实现而感到悲哀。我到长沙，观看了屈原自沉的汨罗江，未尝不流下眼泪，追怀屈原的为人。当读到贾谊祭悼他的文章，又奇怪屈原凭他的才能，去游说诸侯，哪个国家能不接纳他呢？却使自己落到这等地步！读了贾谊的《鵩鸟赋》，他把生与死看作是同样的事情，把做官与在野看得很轻，我又感到惘然若失了。

酷吏列传序

《史记》

〔题解〕

《酷吏列传》记述了汉朝前期以凶狠残暴著称的十几个官吏的史实。而本篇乃是《酷吏列传》的序,表明了司马迁反对严刑峻法,主张实行德政的态度。作者开篇先引用孔子、老子的话来阐明道理;接着充分肯定了孔子、老子的观点,并进一步阐述了自己反对严刑峻法的主张;最后从正面说明德治的重要性。

[原文]

孔子曰:"道之以政,齐之以刑,民免而无耻。道之以德,齐之以礼,有耻且格①。"老氏称②:"上德不德③,是以有德④,下德不失德⑤,是以无德⑥。""法令滋章⑦,盗贼多有。"太史公曰:信哉是言也!法令者治之具⑨,而非制治清浊之源也⑩。昔天下之网尝密矣⑪,然奸伪萌起⑫,其极也⑬,上下相遁⑭,至于不振⑮。当是之时,吏治若救火扬沸⑯,非武健严酷⑰,恶能胜其任而愉快乎?言道德者,溺其职矣⑲。故曰:"听讼⑳,吾犹人也㉑,必也使无讼乎","下士闻道大笑之㉒"。非虚言也。汉兴,破觚而为圜㉓,斲雕而为朴㉔,网漏于吞舟之鱼㉕,而吏治烝烝㉖,不至于奸,黎民艾安㉗。由是观之,在彼不在此㉘。

【字词注解】

① "道之以政"六句：出自《论语·为政》。道，通"导"，引导。政，政令。齐，整齐。此为约束之意。免，免于死罪。格，归服。此言百姓革除坏毛病而走上正路。

② 老氏：指老子李耳。

③ 上德：具有高尚道德的人。不德：不表现为形式上的德。按陈鼓应《老子注译及评介》："'上德'者，因任自然，体'道'而行。"

④ 是以：因此。有德：实际上是有德的。

⑤ 下德：道德低下的人。不失德：意谓执守形式上的德。

⑥ 无德：没有实际的德。

⑦ 滋章：越发严酷。章，通"彰"。此为森严酷烈的意思。

⑧ 信哉：可信啊。是言：这些话。

⑨ 具：工具。

⑩ 制治：管理政治。清：清明。浊：污浊。

⑪ 昔：从前。此指秦朝。网：法律。

⑫ 奸伪：奸邪欺诈。萌起：不断产生。

⑬ 极：极点。指情况最严重之时。

⑭ 遁：欺瞒。

⑮ 振：振作。

⑯ 救火扬沸：意谓无济于事。按，"救火"是负薪救火。"扬沸"是扬汤（热水）止沸（热水）。

⑰ 武健：强健有力。严酷：指严厉的法令。

⑱ 恶（wū）：疑问代词。怎么，如何，何。

⑲ 溺其职：丧失其职。

⑳ 听讼：判案。

㉑ 吾：孔丘自称。犹人：与别人相等。

㉒ 下士：愚蠢浅陋的人。

㉓ 觚（gū）：多棱角的器物。圜（yuán）：同"圆"。按，这句喻汉代的法制较秦代有重大变化。

㉔ 斲（zhuó）：雕琢。雕：指雕刻的花纹。朴（pǔ）：本。此指本来的

状态。此句说汉代法律重视本质，不重形式。

㉕吞舟之鱼：指大鱼。此句言汉法宽疏。

㉖吏治：官吏治政的方法和政绩。

㉗艾（yì）安：太平无事。艾，通"乂"，治理。

㉘彼：指宽厚。此：指酷刑。

【精彩解说】

孔子说："用政治法令来引导百姓，用刑罚来约束百姓，百姓可以免于犯罪，但却没有羞耻之心。如果用道德来引导百姓，用礼仪来约束百姓，那么百姓就会有羞耻之心，并改正错误走上正道。"老子说："具有高尚道德的人不标榜自己的道德，因此才是真正有德；道德低下的人标榜自己不失道德，因此没有实际的德。""法令越是繁多严酷，盗贼反而越来越多。"太史公说：这些话可信啊！法令是治理的工具，而不是使治理变浊为清的根本。从前天下的法令很严密，但是奸邪诈伪的事情却产生出来，情况发展到最严重的时候，官吏和百姓竟然相互欺骗，致使国家一蹶不振。那时候，官吏管理政事就像抱薪救火、扬汤止沸一样，如果不用强健有力的人和严酷的法令，怎么能胜任其职而愉快呢？一味以道德来治理这些事，一定会失职的。所以说："审理诉讼，我同别人一样，不同的是尽力让人们不要再发生诉讼的事"，"愚蠢浅陋的人听到道德之言就会大笑起来"。这些话并不是虚妄之言。汉朝建立后，破除秦的苛刻律法使之宽厚圆融，铲除奸诈恶俗使之返璞归真，法律由繁苛而至宽简，就像可以漏掉吞舟之鱼的渔网，然而官吏的政绩却淳厚美盛，人们再也不会做出奸邪之事，百姓也都平安无事。由此可见，国家政治的美好在于君王的宽厚，而不在法律的严酷。

游侠列传序

《史记》

〔题解〕

《游侠列传》是《史记》中的重要篇章,记述了汉代有名的侠士朱家、剧孟和郭解的史实。本篇是《游侠列传》的序。作者在《游侠列传序》中一方面巧妙地运用对比、衬托手法,用儒侠做对比,借客形主,衬托出游侠的可贵品质;另一方面反复咏叹,不断称赞游侠,加强了抒情性。

【原文】

韩子曰①:"儒以文乱法②,而侠以武犯禁③。"二者皆讥④,而学士多称于世云⑤。至如以术取宰相、卿大夫⑥,辅翼其世主⑦,功名俱著于春秋,固无可言者。及若季次、原宪⑧,闾巷人也⑨,读书怀独行君子之德⑩,义不苟合当世,当世亦笑之。故季次、原宪终身空室蓬户⑪,褐衣疏食不厌⑫。死而已四百余年,而弟子志之不倦⑬。今游侠,其行虽不轨于正义⑭,然其言必信,其行必果⑮,已诺必诚,不爱其躯,赴士之厄困,既已存亡死生矣,而不矜其能⑯,羞伐其德⑰,盖亦有足多者焉。

且缓急⑱,人之所时有也。太史公曰:昔者虞舜窘于井廪⑲,伊尹负于鼎俎⑳,傅说匿于傅险㉑,吕尚困于棘津㉒,夷吾桎梏㉓,百里饭牛㉔,仲尼畏匡㉕,菜色陈、蔡㉖。此皆学士所谓有道仁人也,犹然遭此菑㉗,况以中材而涉乱世之末流乎?其遇害何可胜道哉!

鄙人有言曰:"何知仁义,已飨其利者为有德㉘。"故伯夷丑周㉙,

饿死首阳山，而文、武不以其故贬王[31]，跖、跻暴戾[32]，其徒诵义无穷[33]。由此观之，"窃钩者诛，窃国者侯，侯之门，仁义存"[34]，非虚言也。

【字词注解】

①韩子：即韩非。所引文字见《韩非子·五蠹》。

②儒：儒家学派。此指儒生。文：指儒家经典，如《诗》《书》之类。乱法：破坏法度。

③侠：游侠者。武：暴力。禁：禁令。

④二者：指儒、侠。讥：非难。

⑤学士：指儒生。称：被人称扬。

⑥术：方法。此处实指权术。

⑦辅翼：辅助。世主：当代的天子。

⑧季次：公皙哀，孔子的学生。原宪：子思，孔子的学生。

⑨闾巷人：平民百姓。

⑩怀：怀抱。独行：特异之行，不同凡俗的操行。

⑪空室：室内空空，极言贫穷。蓬户：蓬蒿所编成的门，极言家贫。

⑫褐衣：粗布上衣。疏食：粗糙低劣的饭食。厌：通"餍"，足。

⑬志：怀念。

⑭轨：遵循，依照。正义：指当时的道德准则和法律。

⑮果：坚定而不动摇。

⑯矜：夸耀。

⑰伐：夸耀。

⑱缓急：复词偏义，急迫。

⑲窘：困迫。井廪：水井和仓廪。《孟子·万章上》记载舜未称帝时，多次遭其父与弟的迫害。舜修仓廪，其父瞽瞍撤梯烧仓，欲将他烧死。后又让舜淘井，舜入井后，其父与弟象把井填死，欲活埋舜。但舜大难不死，皆逃脱。

⑳伊尹：商汤贤臣。负：背。鼎：古代的炊具，如今之饭锅。俎（zǔ）：切肉的砧板。按《孟子·万章上》与《史记·殷本纪》说：伊尹曾寻机当了商汤的厨师，以烹调之理暗示为政之理，深得汤的赏识，被重用，后建立大功。

㉑傅险：又作"傅岩"，地名。据《史记·殷本纪》记载，傅说曾在傅岩做泥瓦匠，后被武丁发现，委以重任，使商代大治。

㉒棘津：古代河水名。据《尚书正义》引《尉缭子》说，姜尚年七十还未得志，只能在棘津做贩卖饮食的小贩。其人其事详见《史记·齐太公世家》。

㉓夷吾：管仲。桎（zhì）梏（gù）：古代刑具，即脚镣与手铐。《史记·管晏列传》记载，管仲原为公子纠之臣，公子纠在与公子小白（齐桓公）争君位的斗争中失败，逃往鲁国。桓公让鲁杀公子纠，将管仲缚押至齐。

㉔百里：百里奚。饭牛：喂牛。按，《孟子·万章上》《管子·小问》《盐铁论》等书皆言百里奚早年曾自卖为奴，替人喂牛。后寻找机会，取得秦穆公的信任。

㉕仲尼：即孔子。据《史记·孔子世家》云，孔子周游列国，从卫国到陈国，路过卫国的匡地时，匡人见他貌似匡人憎恨的阳货，便将他围困起来，几乎把他害死。畏：在这里有生命受到威胁的意思。按，《荀子·赋篇》有"孔子拘匡"之句。

㉖菜色：指饥饿的容颜。陈：陈国。蔡：蔡国。按，据《史记·孔子世家》记载，孔子周游列国，路过陈、蔡两国，途中无粮可吃，被饿得面黄肌瘦。

㉗犹然：仍然。

㉘鄙人：鄙陋无知的人。鄙，浅陋。

㉙飨：享受。

㉚伯夷：殷末名士。据《史记·伯夷列传》记载，他认为周武王伐纣是以暴易暴，故反对周伐纣，隐居在首阳山。周建立后，认为吃周的粮食是可耻的，故饿死于首阳山。丑：认为可耻。

㉛文、武：指周文王与周武王。不以：不因为。贬王：损害王者的声誉。

㉜暴戾：残暴凶狠。

㉝诵义：称赞道义。

㉞窃钩者：窃取衣带钩的人。此指小偷。按，以下三句出自《庄子·胠箧》篇。窃国者：指最高统治者。

【精彩解说】

韩非子说："儒生以儒家经典来破坏法度，而侠士以暴力违犯法令。"韩非子对这两种人都加以讥笑，但儒生却多为世人称扬。至于用权术取得宰相、卿大夫的职位，辅助当代天子的，功名都被记载在史书之中，这本来没有什么可说的。至于季次、原宪都是平民百姓，用功读书，怀抱着独善其身的君子德操，坚守道义，不与当代世俗苟合，当代世俗之人也嘲笑他们。所以，季次、原宪一生住在四壁空空的草屋之中，连穿着粗布衣服和吃粗饭都得不到满足。他们死了四百余年了，而他们世代相传的弟子却不知倦息地怀念着他们。现在的游侠，他们的行为虽然不符合国家的正道，但是他们说话一定守信用，做事一定果敢决断，已经答应的事情必定兑现，以示诚实，不惜牺牲生命去救助别人的危难，在救了别人后，却不自我夸耀本领，也不好意思夸耀自己的功德，他们值得赞美的地方是非常多的。

况且危急之事，是人们时常能遇到的。太史公说：从前虞舜在淘井和修仓廪时遇到了危难，伊尹曾背负鼎俎当厨师，傅说曾藏身傅岩去筑墙，吕尚曾在棘津遭困厄，管仲曾经戴过脚镣与手铐，百里奚曾经喂牛当奴隶，孔子曾经在匡生命受威胁，还在陈、蔡遭饥饿。这些人都是儒生所称扬的有道德的仁人，他们尚且遭遇这样的灾难，何况是仅有中等才能而又遇到乱世的人呢？他们遇到的灾难怎么可以说得完呢！

俗话说："何必去区别仁义与否，谁给我好处谁就有德。"伯夷以帮周朝做事为耻，就不食周粟而饿死在首阳山，而文王和武王却没有因此而损害王者的声誉。盗跖和庄𫏋凶暴残忍，而他们的党徒却歌颂他们道义无穷。由此可见，"偷盗衣带钩的要杀头，窃取国家政权的却被封侯，只有在王侯门内，才有所谓的仁义存在"，这话并非虚假不实之言。

原文

今拘学或抱咫尺之义㉟，久孤于世，岂若卑论侪俗㊱，与世浮沉而取荣名哉！而布衣之徒㊲，设取予、然诺㊳，千里诵义㊴，为死不顾世，此亦有所长，非苟而已也。故士穷窘而得委命㊵，此岂非人之所谓贤豪间者邪㊶？诚使乡曲之侠㊷，予季次、原宪比权量力，效功于当世，不同日而论矣。要以功见言信㊸，侠客之义又曷可少哉？

古布衣之侠，靡得而闻已㊹。近世延陵、孟尝、春申、平原、信陵之徒㊺，皆因王者亲属，藉于有土卿相之富厚㊻，招天下贤者，显名诸侯，不可谓不贤者矣。比如顺风而呼，声非加疾㊼，其势激也㊽。至如闾巷之侠，修行砥名㊾，声施于天下㊿，莫不称贤，是为难耳。然儒、墨皆排摈不载㉑。自秦以前，匹夫之侠，湮灭不见，余甚恨之。以余所闻，汉兴有朱家、田仲、王公、剧孟、郭解之徒㉔，虽时扞当世之文罔㉕，然其私义，廉洁退让，有足称者。名不虚立，士不虚附。至如朋党宗强、比周设财役贫(56)，豪暴侵凌孤弱(57)，恣欲自快(58)，游侠亦丑之。余悲世俗不察其意，而猥以朱家、郭解等令与豪暴之徒同类而共笑之也(59)。

【字词注解】

㉟拘学：抱着一己之见或拘守片面理论而故步自封的学者。或：有的。咫尺之义：狭隘的道理。咫，周代八寸为一咫，此喻狭小。

㊱卑论：低下的论点。侪（chái）俗：迁就世俗之人。侪，等，类。

㊲布衣：平民百姓。

㊳设：大。此指重视，看重。取予：从别人那里取得或给予别人。此指符合道义的取予。然诺：应允。

㊴诵：通“庸”，从也。

㊵委命：托身。

㊶贤豪间者：贤人和豪侠中间的人物。间，中间。邪：同“耶”。

㊷乡曲：偏僻的地方，引申为乡间，民间。“乡曲之侠”当指民间的游侠。

㊸予：通“与”，同。

㊹效功：效劳，立功。

㊺要：总之。功见（xiàn）：事功显现出来，意谓事情办成了。见，同“现”。

㊻靡：无，不。

㊼延陵：春秋时吴国公子季札被封于延陵，故称“延陵季子”。他出使中原路过徐国时，徐君颇爱其剑，他心有赠送之意，未曾说出。待他回返时，知徐君已死，便将剑挂于徐君墓地的树上，以示重言诺之意。（见《新序·节士》）不过延陵季子为春秋时人，文中不应言“近世”。又后文并未言及延陵季子之事，只说战国四公子事，故清人梁玉绳《史记志疑》、崔适《史记探源》等皆疑“延陵”二字为衍文，可信。孟尝：齐国孟尝君田文。春申：楚国春申君黄歇。平原：赵国平原君赵胜。信陵：魏国公子信陵君无忌。以上四人是战国时代以养士闻名的好侠之士。《史记》皆有传，分别见卷七十五、卷七十八、卷七十六、卷七十七。

㊽藉：依靠。土：指封地。

㊾疾：大，洪亮。

㊿激：激荡。

(51)砥名：砥砺名节，提高名声。

㊽施（yì）：延续，延及。这里指传遍。
㊾排摈：排斥，抛弃。
㊿朱家、田仲、王公、剧孟、郭解：皆汉代侠士。
㊼扞（hàn）：触犯，违犯。文罔：法网，法律禁令。
㊽朋党宗强：结成帮派的豪强。比周：互相勾结。设财役贫：依仗自己的财富役使穷人。
㊿凌：侵犯，欺侮。
㊽恣：放纵。
㊾猥：随便。

●【精彩解说】

现在拘泥于教条的学者，有的死守着狭隘的道理，长久地被世俗孤立，哪能比得上以低下的观点迁就世俗，随世俗的沉浮而猎取荣耀和名声的人呢！而平民出身的侠士，看重取予皆符合道义、信守诺言的美德，千里之外去追随道义，为道义而死却不顾世俗的责难，这也是他们的长处，并非随便就可做到的。所以士人处在穷困窘迫的情况下，愿意托身于他，这难道不就是人们所说的贤士豪杰吗？如果真能让民间游侠与季次、原宪比较权势和影响，比较对当时社会的贡献，是不能同日而语的。总之，从办事的效果和言必有信的角度来看，侠客的正义行为又怎么可以少得了呢？

古代的平民侠客，已经无从听闻了。近代延陵季子、孟尝君、春申君、平原君、信陵君这些人，都因为是君王的亲属，依仗封地及卿相的雄厚财富，招揽天下的贤才，在各诸侯国中名声显赫，不能说他们不是贤才。这就比如顺风呼喊，声音并非更加洪亮，而听的人感到清楚，这是风势激荡的结果。至于民间的布衣侠客，修行品行，磨砺名节，好的名望传扬天下，无人不称赞他们的贤德，这是难以做到的。然而，儒家和墨家都排斥他们，不在自己的文献中加以记载。因此，秦朝以前平民侠客的事迹，已经被埋没而不能见到，我为此深感遗憾。据我听说的情况来看，汉朝建立以来，有朱家、田仲、王公、剧孟、郭解这些人，他们虽然违犯汉朝的法律禁令，但是他们个人的行为符合道义，廉洁而有谦让的精神，有值得称赞的地方。他们的名声并非凭空树立起来的，士人也不是没有根据地附和他们的。至于那些比附强豪结党营私、依仗财势奴役穷人、凭借豪强暴力欺凌孤独势弱的人，放纵欲望，满足自己取乐，这是游侠之士认为可耻的行为。我哀伤世俗之人不能明察其中的真意，却随随便便地把朱家和郭解等人与暴虐豪强之流视为同类，一概加以嘲笑。

太史公自序

《史记》

〔题解〕

　　本文节选自《史记》的最后一卷《太史公自序》，是《史记》的纲领。原序分三层展开：第一层相当于自传，叙述了本族世系和家族的渊源，并简要介绍了自己前半生的经历；第二层讲述了编撰《史记》的目的和作者自己的一系列遭遇，因为李陵辩护而受牵连遭受宫刑，并因此而更加发愤写《史记》是这一部分的重点；第三层是《史记》一百三十篇的小序。本文选自第三层。

原文

　　太史公曰①："先人有言①：'自周公卒五百岁而生孔子②。孔子卒后至于今五百岁，有能绍明世，正《易传》③，继《春秋》④，本《诗》《书》《礼》《乐》之际⑤。'意在斯乎！意在斯乎！小子何敢让焉。"

【字词注解】

①先人：指司马迁的父亲司马谈。

②周公：姬旦，周文王之子，周武王之弟，成王之叔。成王即位时因年幼，由周公摄政。

③《易传》：《周易》的组成部分，乃儒家学者对古代占筮用的《周易》所作的各种解释。

④《春秋》：春秋时孔子写的编年体史书。

⑤《诗》《书》《礼》《乐》：《诗经》、《尚书》、《仪礼》（一说三《礼》，即《礼记》《仪礼》《周礼》）、《乐经》，均为儒家的经典。《乐经》已不传。

【精彩解说】

太史公说："先父曾说：'周公死后五百年而孔子诞生。孔子死后到现在又有五百年了，到了能继承圣明之世的事业，修正《易传》，续写《春秋》，探求《诗经》《尚书》《仪礼》《乐经》本源的时候了。'他的意思就是这样吧！他的意思就是这样吧！我怎么敢推辞呢。"

原文

上大夫壶遂曰⑥："昔孔子何为而作《春秋》哉？"太史公曰："余闻董生曰⑦：'周道衰废，孔子为鲁司寇⑧，诸侯害之，大夫壅之⑨。孔子知言之不用、道之不行也，是非二百四十二年之中，以为天下仪表，贬天子，退诸侯，讨大夫，以达王事而已矣⑩。'子曰：'我欲载之空言，不如见之于行事之深切著明也。'夫《春秋》，上明三王之道⑪，下辨人事之纪，别嫌疑，明是非，定犹豫，善善恶恶⑫，贤贤贱不肖，存亡国，继绝世，补敝起废，王道之大者也。《易》著天地、阴阳、四时、五行⑬，故长于变。《礼》经纪人伦⑭，故长于行。《书》记先王之事，故长于政。《诗》记山川、溪谷、禽兽、草木、牝牡、雌雄⑮，故长于风。《乐》乐所以立，故长于和。《春秋》辨是非，故长于治人。是故《礼》以节人，《乐》以发和，《书》以道事，《诗》以达意，《易》以道化，《春秋》以道义。

"拨乱世反之正，莫近于《春秋》。《春秋》文成数万，其指数千，万物之散聚皆在《春秋》。《春秋》之中，弑君三十六，亡国五十二，诸侯奔走不得保其社稷者不可胜数。察其所以，皆失其本已。故《易》曰：'失之毫厘，差以千里。'故曰：'臣弑君，子弑父，非一旦一夕之故也，其渐久矣⑯。'故有国者不可以不知《春秋》，前有谗而弗见，后有贼而不知。为人臣者不可以不知《春秋》，守经事而不知其宜，遭变事而不知其权。为人君父而不通于《春秋》之义者，必蒙首恶之名。为人臣子而不通于《春秋》之义者，必陷篡弑之诛、死罪之名。其实皆以为善，为之不知其义，被之空言而不敢辞。夫不通礼义之旨，至于君不君，臣不臣，父不父，子不子。君不君则犯，臣不臣则诛，父不父则无道，子不子则不孝。此四行者，天下之大过也。以天下之大过予之，则受而弗敢辞。故《春秋》者，礼义之大宗也。夫礼禁未然之前，法施已然之后，法之所为用者易见，而礼之所为禁者难知。"

【字词注解】

⑥ 壶遂：汉代天文学家。曾与司马迁一起编写《太初历》。
⑦ 董生：董仲舒，西汉儒学大师，司马迁少时曾拜他为师。
⑧ 司寇：官名，掌管刑狱。
⑨ 壅（yōng）：阻挠。
⑩ 王事：即王道，主要是尊周室，攘夷狄。
⑪ 三王：指夏禹、商汤、周文王和周武王。
⑫ 善善：表扬善良。
⑬ 阴阳：古代以阴阳解释世间万物的发展变化。
⑭ 经纪：安排调整。
⑮ 牝（pìn）：雌性的（指鸟兽）。
⑯ "臣弑君"四句：引文出自《易·坤卦·文言》。

【精彩解说】

上大夫壶遂说："从前孔子为什么要写《春秋》呢？"太史公说："我听董仲舒先生讲：'周朝王道衰败废弛，孔子担任鲁国司寇，诸侯忌恨他，卿大夫阻挠压制他。孔子知道自己的意见不会被采纳、政治主张也无法推行，便褒贬评定二百四十二年的历史，作为天下人行动的准则，他贬责天子，斥责诸侯，声讨乱政的大夫，仅仅是为了达到阐明王道的目的罢了。'孔子说：'如果只记载一些空话，不如把我的主张深刻而显明地体现在对历史事件的记述中。'《春秋》这部书，往上阐明了三王治世的道理，对下辨明为人处世的纲纪，辨别疑难事物，弄清是非界限，确定犹豫不决的问题，褒善抑恶，推崇贤人，鄙薄不肖，保存了一些衰亡的国家的历史，延续已经断绝了的世系，补救弊端，振兴已经衰废了的事业，这些均属王道的重要内容。《易经》阐述了天地、阴阳、四时、五行的规律，所以长于表明变化。《礼》调整了人与人的关系，所以长于引导人们的行为。《尚书》记载了古代帝王的事迹，所以长于指导政事。《诗经》记载了山川、溪谷、禽兽、草木、牝牡、雌雄，所以长于体现风俗。《乐经》使人快乐，所以长于调和性情。《春秋》辨明是非，所以长于治理国家。因此，《礼》用来节制人们的言行，《乐经》用来启发和美的感情，《尚书》用来指导政事，《诗经》用来表达思想感情，《易经》用来表现事物的变化，《春秋》用来阐明天下的义理。

"如果想治理乱世，使之归于正轨，没有比《春秋》更为有效的了。《春秋》有数万字，但它的精华只有几千字，万事万物的成败聚散均在《春秋》之中可以找到。《春秋》一书中，记载杀死国君的有三十六起，国家灭亡的有五十二个，诸侯亡命逃走，无法保全其封地权力的不可胜数。考察他们之所以到此地步，均因为失去了王道之本。所以《易经》上说：'失之毫厘，差以千里。'所以说：'臣子杀害国君，儿子杀死父亲，不是一朝一夕的缘故，而是长时间逐步发展成的。'因此，做国君的不可以不知道《春秋》，否则眼前有进谗言的小人也会视而不见，身后有奸贼也会不知道。做臣子的不可以不知道《春秋》，否则处理日常事务就不知道恰当的办法，遇到意外的事情却不知道变通。作为国君或父亲不通晓《春秋》的要义，终将会蒙受首恶的名声。作为大臣或儿子不通晓《春秋》的大义，必定会陷入篡位杀父的法网中，落得个该死的罪名。其实他们都以为自己在做好事，仅是由于不懂得《春秋》大义，受到舆论的随意谴责而不敢辩驳。因为不通晓礼义的要旨，以至于做国君的不像国君，做大臣的不像大臣，做父亲的不像父亲，做儿子的不像儿子。倘若做国君的不像国君，大臣们便会犯上作乱；做大臣的不像大臣，就会获罪被杀；做父亲的不像父亲，就会没有伦理道德；做儿子的不像儿子，便会不孝敬父母。此四种行为，乃是天下最大的过错。把天下最大的过错加在这些人身上，他们也只能接受而不敢推卸。所以说《春秋》这部书，是礼义的根本法则。礼的作用是在坏事发生之前便加以制止，法的作用则是在坏事发生后加以处置，法的作用是比较容易看得见的，而礼所起的防患作用则难以被人理解。"

原文

壶遂曰："孔子之时，上无明君，下不得任用，故作《春秋》，垂空文以断礼义，当一王之法。今夫子上遇明天子⑰，下得守职，万事既具，咸各序其宜，夫子所论，欲以何明？"太史公曰："唯唯，否否，不然。余闻之先人曰：'伏羲至纯厚⑱，作《易》八卦；尧、舜之盛，《尚书》载之，礼乐作焉。汤、武之隆，诗人歌之。《春秋》采善贬恶，推三代之德，褒周室，非独刺讥而已也。'汉兴以来，至明天子，获符瑞⑲，建封禅⑳，改正朔㉑，易服色㉒，受命于穆清㉓，泽流罔极㉔，海外殊俗，重译款塞，请来献见者，不可胜道。臣下百官力诵圣德，犹不能宣尽其意。且士贤能而不用，有国者之耻，主上明圣而德不布闻，有司之过也㉕。且余尝掌其官，废明圣盛德不载，灭功臣、世家、贤大夫之业不述，堕先人所言，罪莫大焉。余所谓述故事，整齐其世传，非所谓作也，而君比之于《春秋》，谬矣。"

【字词注解】

⑰明天子：圣明天子。此指汉武帝。

⑱伏羲：神话传说中的远古帝王，曾教民结网，从事渔猎畜牧，又曾制作八卦。

⑲符瑞：吉祥的征兆。汉代儒生鼓吹天人感应而附会出来的一套东西。

⑳封禅：古代帝王在泰山举行的祭祀天地的仪式。登泰山撮土为坛以祭天叫"封"，在泰山旁梁甫山上辟基而祭地叫"禅"。汉武帝时曾举行过封禅大典。

㉑改正朔：改历法。汉武帝恢复使用夏历，即用夏历正月作为岁首，此夏历直到清朝末年，历代沿用。

㉒易服色：改变车骑、服饰、祭牲等物品的颜色。汉朝初年，用秦朝历法，以十月为岁首，崇尚黑色。汉武帝时则崇尚黄色。

㉓穆清：指天。穆，美。清，清和。

㉔泽：皇帝的恩泽。

㉕有司：政府主管部门的官吏。

【精彩解说】

壶遂说："孔子的时候，上面没有圣明的君主，他在下面得不到重用，所以他才著《春秋》，流传文章来判断什么是礼义，作为一代圣王的法典。如今您上遇圣明的君主，下有自己的官守职位，万事均已具备，各项事情均按适当的顺序进行，先生您所论述的是为了说明什么道理呢？"太史公说："您这个说法很对，但我不是这个意思。我听先父说过：'伏羲最为纯朴忠厚，他创造了《周易》中的八卦；唐尧、虞舜时代的昌盛，《尚书》上有记载，礼乐就是在那时兴起的。商汤、周武王时代的功业隆盛，诗人便来歌颂。《春秋》扬善贬恶，推崇夏、商、周三代的功德，褒扬了周朝，并非只是讽刺讥评。'汉朝建立以来，直到当今的圣明天子，得到了上天的祥瑞，到泰山举行封禅大典,更换了历法,改换了车马、祭祀用具的颜色,受命于上天,其恩泽像流水润泽无边,海外的异族之邦,辗转通过几重翻译,来到中国边关,请求进献朝见的不可胜数。臣下百官极力颂扬天子的功德,仍不能完全表达他们的心意。况且,士人贤能而不被任用,这是国君的耻辱,皇帝英明神圣而其德政没能广为流传,这是主管官员的过错。何况我曾担任过太史令的职务,倘若弃置天子圣德而不予以记载,埋没功臣、世家、贤大夫的功业而不加以记述,便是丢弃先父生前的嘱托,其罪过实在太大了。我所说的记述过去的事情,仅是整理一下有关人物的家世传记,并不是所谓的创作,而您将它比作《春秋》,这是不对的啊。"

于是论次其文。七年而太史公遭李陵之祸㉖,幽于缧绁㉗。乃喟然而叹曰:"是余之罪也夫!是余之罪也夫!身毁不用矣。"退而深惟曰:"夫《诗》《书》隐约者,欲遂其志之思也。昔西伯拘羑里,演《周易》㉘。孔子厄陈、蔡,作《春秋》㉙。屈原放逐,著《离骚》㉚。左丘失明,厥有《国语》㉛。孙子膑脚,而论兵法㉜。不韦迁蜀,世传《吕览》㉝。韩非囚秦,《说难》《孤愤》㉞。《诗》三百篇,大抵贤、圣发愤之所为作也。此人皆意有所郁结,不得通其道也,故述往事,思来者。"于是卒述陶唐以来㉟,至于麟止㊱,自黄帝始㊲。

---●【字词注解】

㉖七年:司马迁在太初元年(公元前104年)开始写《史记》,至天汉三年(公元前98年)遭李陵之祸而受宫刑,其间为七年。李陵:陇西成纪(今甘肃秦安)人,李广的孙子。汉武帝时官拜骑都尉。

㉗缧绁:捆绑犯人的绳索。此处指监狱。

㉘"昔西伯"二句:周文王被殷纣王拘禁在羑里(今河南汤阴北),将上古时的八卦推演成六十四卦,即后世《周易》的主干。西伯,即周文王。

㉙"孔子"二句:孔子为了宣传其政治主张,曾周游列国,到处碰壁。在陈国和蔡国曾受到断粮和被人围攻的困厄。其后孔子返回鲁国著《春秋》一书。厄,受困。

㉚ "屈原"二句：见本书《屈原列传》。

㉛ "左丘"二句：相传《国语》乃春秋时鲁国的史官左丘明失明后所作。左丘，即左丘明。

㉜ "孙子"二句：孙子，即孙膑，齐国人，曾与庞涓一起师从鬼谷子学兵法。后庞涓担任魏国的大将，忌妒孙膑的才能，将孙膑骗到魏国，处以膑刑。此后孙膑担任齐国的军师，著有《孙膑兵法》。

㉝ "不韦"二句：吕不韦，战国末年韩国阳翟（今河南禹州）人，做秦国相国时召集门客编著《吕氏春秋》。后被秦始皇免职，迁到蜀郡，忧惧而自杀。《吕览》，由于《吕氏春秋》中有《有始》《孝行》等八览，故用《吕览》代指《吕氏春秋》。

㉞ "韩非"二句：韩非，战国时法家学派人物，由于李斯的推荐而入秦，后来又被李斯陷害，死于狱中。著有《韩非子》。《说难》《孤愤》均为《韩非子》一书的篇名。

㉟ 陶唐：唐尧。尧曾住在陶丘（今山东菏泽定陶区西北），后又迁到唐（河北唐县），所以称陶唐氏。在《史记》中被列为五帝之一。

㊱ 至于麟止：汉武帝元狩元年（公元前122年），曾获白麟一只。《史记》的记事，即止于此年。

㊲ 黄帝：即轩辕氏，传说中的远古帝王，华夏部落联盟首领。

【精彩解说】

于是我整理编次成文。写了七年，期间因为李陵事件而遭遇大祸，被囚禁在牢狱之中。于是喟然而叹道："这是我的罪过啊！这是我的罪过啊！身体被毁坏了，没有用了啊。"后来深思道："《诗经》和《尚书》意旨隐微而文辞简约，是作者考虑到要实现自己的意志。从前周文王被拘禁在羑里，推演出《周易》。孔子被困在陈国和蔡国，回国后写出了《春秋》。屈原被放逐，著有《离骚》。左丘明双目失明，才撰写出《国语》。孙子被处以膑刑，却论著了兵法。吕不韦被贬徙蜀郡，世上才能流传他的《吕览》。韩非被囚在秦国，写有《说难》《孤愤》。《诗经》三百余篇，大都是圣人、贤士抒发内心的愤懑而写出来的。这些人都是因为心中有某种郁闷愁怨之气聚集，不能实现自己的理想和主张，所以追述往事，期望于将来。"这样终于编写出从黄帝开始，经陶唐，止于武帝猎获白麟的元狩元年的历史。

报任安书

司马迁

〔题解〕

《报任安书》是一篇感人至深的散文,是对封建专制的血泪控诉。任安,字少卿,曾任北军使者护军、益州刺史等职。任安曾去信给司马迁,希望他能利用中书令的地位"推贤进士"。时隔不久,任安因事下狱,被判了死刑,司马迁给他写了这封回信。司马迁在信中言明了自己因身受宫刑,遭遇奇耻大辱,而无法"推贤进士"。司马迁用细腻的笔触,表达了自己光明磊落的志向和愤激不平的心绪。

〔原文〕

太史公牛马走司马迁再拜言①,少卿足下:曩者辱赐书②,教以慎于接物,推贤进士为务。意气勤勤恳恳,若望仆不相师,而用流俗人之言。仆非敢如此也。仆虽罢驽③,亦尝侧闻长者之遗风矣④。顾自以为身残处秽⑤,动而见尤,欲益反损,是以独抑郁而谁与语。谚曰:"谁为为之?孰令听之?"盖钟子期死,伯牙终身不复鼓琴⑥。何则?士为知己者用,女为说己者容⑦。若仆大质已亏缺矣⑧,虽才怀随、和⑨,行若由、夷,终不可以为荣,适足以见笑而自点耳⑩。书辞宜答,会东从上来⑪,又迫贱事,相见日浅,卒卒无须臾之间得竭志意⑫。今少卿抱不测之罪⑬,涉旬月,迫季冬,仆又薄从上雍⑭,恐卒然不可为讳⑮。是仆终已不得舒愤懑以晓左右,则长逝者魂魄私恨无穷。请略陈固陋⑯。阙然久不报⑰,幸勿为过。

【字词注解】

① 牛马走：像牛马般地供驱使。这是司马迁自谦的说法。
② 曩（nǎng）：从前。
③ 罢（pí）驽：疲弱无能的马。此处指才能低下。罢，衰弱，无能。驽，劣马。
④ 侧闻：侧身倾听。用作谦辞。
⑤ 身残处秽：指受腐刑。
⑥ "盖钟子期"二句：钟子期、伯牙均为春秋时期楚国人。伯牙鼓琴，钟子期为知音。钟子期死后，伯牙破琴绝弦，终生不再弹琴。
⑦ "士为"二句：见《战国策·赵策》。
⑧ 大质：此处指身体。
⑨ 随、和：指随侯珠、和氏璧。此处喻杰出才能。
⑩ 点：黑点。这里作动词，玷污，污辱。
⑪ 东从上来：随汉武帝东巡泰山归来。
⑫ 卒卒：匆忙仓促。
⑬ 不测之罪：死罪之婉称。
⑭ 雍：地名。在今陕西凤翔南，乃武帝祭祀五帝之所。
⑮ 不可为讳：处死的婉称。
⑯ 固陋：见识浅薄，鄙陋。
⑰ 阙：间隔。

【精彩解说】

太史公，愿为您效犬马之劳的司马迁再拜陈述，少卿足下：前些时候承蒙您屈尊给我写信，教导我要谨慎地待人接物，应把推荐贤良人才作为己任。情意与语言殷勤恳切，好像抱怨我没有听从您的教诲，却将您的话当作世俗的偏见。我是不敢这样做的。我虽然才能低下，但也曾经听闻德高望重的长者留下的风范。只是我感到自己身体残缺、处于地位卑贱的境地，稍有行动就要受到指责，想要做有益的事情反而会导致不良后果，因此我独自愁闷，没处去诉说自己的情怀。谚语说："为谁去做事？让谁来听？"钟子期死了之后，伯牙就终生不再弹琴。这是为什么呢？士人为知己的人效力，女子都为喜爱自己的人打扮。像我这样的人，身体已经残缺不全，即便自己的才能像随侯珠和和氏璧那样杰出，品德像许由、伯夷那样高尚，也终不能以此为荣，只足以被人耻笑、自取侮辱罢了。您给我写信，本来早应答复，正赶上我侍从皇帝东巡才归来，又忙了一些琐碎事务，与您见面极少，匆忙间又无一点儿空暇尽抒胸怀。如今您蒙受不测之罪，再过一个月就近冬末了，那时我必须跟着皇帝到雍地去，恐怕您的不幸突然降临。那样，我便不能向您抒发愤懑的感情以使您了解，而您在九泉之下也一定会抱无穷的遗憾。请让我简略陈述鄙陋的见解。时隔较久没有给您写回信，请您不要责怪我。

原文

仆闻之：修身者，智之符也；爱施者，仁之端也⑱；取予者，义之表也；耻辱者，勇之决也；立名者，行之极也。士有此五者，然后可以托于世，而列于君子之林矣。故祸莫憯于欲利，悲莫痛于伤心，行莫丑于辱先，诟莫大于宫刑。刑余之人，无所比数，非一世也，所从来远矣。昔卫灵公与雍渠同载⑲，孔子适陈；商鞅因景监见⑳，赵良寒心㉑；同子参乘，袁丝变色㉓，自古而耻之。夫中材之人，事有关于宦竖㉔，莫不伤气，而况于慷慨之士乎！如今朝廷虽乏人，奈何令刀锯之余荐天下之豪俊哉！仆赖先人绪业㉖，得待罪辇毂下㉗，二十余年矣。所以自惟，上之，不能纳忠效信，有奇策材力之誉，自结明主；次之，又不能拾遗补阙㉘，招贤进能，显岩穴之士；外之，不能备行伍，攻城野战，有斩将搴旗之功㉚；下之，不能积日累劳，取尊官厚禄，以为宗族交游光宠。四者无一遂，苟合取容，无所短长之效，可见于此矣。向者，仆亦尝厕下大夫之列，陪奉外廷末议㉝，不以此时引纲维，尽思虑，今已亏形为扫除之隶，在阘茸之中㉞，乃欲仰首伸眉，论列是非，不亦轻朝廷、羞当世之士邪？嗟乎！嗟乎！如仆尚何言哉！尚何言哉！

—•【字词注解】

⑱端：开端。

⑲卫灵公：春秋时卫国的君主。雍渠：卫国的宦官。

⑳商鞅：战国时卫国人，入秦后帮助秦孝公变法。景监：秦孝公宠幸的宦官。

㉑赵良：秦国的贤臣。

㉒同子：汉文帝的宦官赵谈。由于司马迁的父亲名谈，此处避文讳。

㉓袁丝：袁盎，汉文帝时任郎中。"丝"乃他的字。

㉔竖：宫中供役使之小臣。

㉕刀锯之余：此处指受宫刑的人。

㉖绪业：事业，遗业，指太史令的官职。这是司马迁父亲留下来的。

㉗待罪辇毂下：在皇帝身边任职。辇毂下，皇帝车驾左右。

㉘拾遗补阙：补正小的疏漏过失。

㉙岩穴之士：指隐居在山林岩穴的隐士。

㉚搴（qiān）：拔取。

㉛厕：忝列。

㉜外廷：黄帝听政的地方。

㉝纲维：国家法令。

㉞阘（tà）茸：卑贱。

【精彩解说】

我听说：修身，是智慧的积累；乐于施舍财物帮助别人，是仁德的开端；知道如何对待取舍，是正义的表现；懂得耻辱，是勇敢的先决条件；树立美名，是品行的最高标志。士人有这五种品德，然后才可以立身于世，列入君子之列。所以说，灾祸没有比贪利更悲惨的了，悲哀没有比伤心更痛苦的了，行为没有比侮辱祖先更加难堪的了，耻辱没有比受官刑更为严重的了。受官刑而后得到余生的人，是无法和一般人相提并论的，这种观点已经不是一世一代的，长期以来便是如此。从前卫灵公和宦官雍渠同坐在一辆车子上，孔子感到耻辱就离开了卫国，到了陈国；商鞅靠景监的引荐见到秦孝公，赵良便因此而寒心；宦官赵谈陪文帝乘车出去，袁盎感到可耻，因而发怒，这说明自古以来都是鄙视宦官的。即便是中等才能的人，事情如果与宦官有关系，就没有不感到羞辱的，更何况那些慷慨激昂之士呢！现在朝廷尽管缺乏人才，又哪里用得着受过官刑的人来推荐天下的英雄豪杰呢！我依靠先辈的余业，能在皇帝左右做官，已经有二十多年。所以我想，对上，我没能进献忠信，没能获得计奇才高的美誉，以取得英明君主的赏识；其次，又不能为皇帝拾遗补阙，推荐贤能，使隐居的贤人显贵；对外，不能参加军队，攻城略地，建立斩将夺旗的功勋；对下，不能通过长年的功劳积累，取得高官厚禄，为宗族亲友争光。这四方面没有一个实现，只是勉强容身，并无尺寸之功，便由此可知了。从前，我也曾置身于下大夫的行列,在朝堂上侍奉圣上,发表过一些微不足道的议论,那时我没有借机根据朝廷法度,竭尽自己的才思,更何况如今身体残废,地位卑下,还想昂首扬眉,评论是非,岂不是轻视朝廷官员、羞辱当今的贤士吗?唉!唉!像我这样的人还能说什么呢!还能说什么呢!

原文

且事本末未易明也。仆少负不羁之才,长无乡曲之誉㉟,主上幸以先人之故,使得奏薄伎,出入周卫之中㊱。仆以为戴盆何以望天㊲,故绝宾客之知,亡室家之业,日夜思竭其不肖之才力,务一心营职,以求亲媚于主上。而事乃有大谬不然者。

—•【字词注解】

㉟ 乡曲:乡里。
㊱ 周卫:指严密防卫的宫禁。
㊲ 戴盆、望天:指无法同时实现的一对矛盾。

—•【精彩解说】

况且,事情的原委是不容易说清楚的。我少年时自恃有超凡的才华,成年之后却并没有得到乡里的赞誉,幸而皇上由于我父亲的缘故,使我得以奉献微薄的技艺,出入于宫廷之中。我认为头上顶着盆怎能望见天呢,所以我谢绝了与宾客的交往,把家庭的事情扔在一边,日夜考虑竭尽自己低劣的才能,努力专心尽职,以求得皇帝的好感与信任。然而事情的结果却和初心截然不同。

原文

夫仆与李陵俱居门下㊳,素非能相善也,趋舍异路,未尝衔杯酒、接殷勤之余欢。然仆观其为人,自守奇士,事亲孝,与士信,临财廉,取与义,分别有让,恭俭下人,常思奋不顾身以殉国家之急。其素所蓄积也,仆以为有国士之风㊴。夫人臣出万死不顾一生之计,赴公家之难,斯已奇矣。今举事一不当,而全躯保妻子之臣随而媒孽其短㊵,仆诚私心痛之。且李陵提步卒不满五千,深践戎马之地,足历王庭,垂饵虎口,横挑强胡,仰亿万之师,与单于连战十有余日㊶,所杀过当㊷,虏救死扶伤不给,旃裘之君长咸震怖㊺,乃悉征其左右贤王㊺,举引弓之人,一国共攻而围之。转斗千里,矢尽道穷,救兵不至,士卒死伤如积。然陵一呼劳军,士无不起,躬自流涕,沫血饮泣,更张空拳,冒白刃,北向争死敌者。

　　陵未没时,使有来报,汉公卿王侯皆奉觞上寿㊻。后数日,陵败书闻,主上为之食不甘味,听朝不怡。大臣忧惧,不知所出。仆窃不自料其卑贱,见主上惨怆怛悼,诚欲效其款款之愚㊼。以为李陵素与士大夫绝甘分少㊽,能得人之死力,虽古之名将,不能过也。身虽陷败,彼观其意,且欲得其当而报于汉。事已无可奈何,其所摧败,功亦足以暴于天下矣。仆怀欲陈之,而未有路,适会召问,即以此指推言陵之功,欲以广主上之意,塞睚眦之辞㊾。未能尽明,明主不晓,以为仆沮贰师㊿,而为李陵游说,遂下于理○51。拳拳之忠○52,终不能自列,因为诬上,卒从吏议。家贫,货赂不足以自赎,交游莫救视,左右亲近不为一言。身非木石,独与法吏为伍,深幽囹圄之中,谁可告诉者!此真少卿所亲见,仆行事岂不然乎?李陵既生降,颓其家声,而仆又佴之蚕室,重为天下观笑。悲夫!悲夫!事未易一二为俗人言也。

【字词注解】

㊳ 李陵:字少卿。原为汉将,后降匈奴。

㊴ 趋舍:取舍。

㊵ 国士:一国中勇力或才能最杰出的人。

㊶ 媒蘖(niè):酿成其罪,构陷他人。

㊷ 单于:匈奴君主的称呼。

㊸ 当:相当,相等。

㊺ 旃(zhān)裘之君长:匈奴君主、官员。旃,通"毡"。

㊺ 左右贤王:仅次于单于的匈奴军事首领。

㊻ 上寿:祝捷。

㊼ 款款:恳切忠实的样子。

㊽ 绝甘分少:有美食推让给别人,分财物自己得最少的那一份。

㊾ 睚(yá)眦(zì):怒目而视,喻愤怒。

㊿ 沮:诋毁。贰师:指李广利,时任贰师将军。

○51 理:即大理寺,亦即廷尉,掌刑狱诉讼的官。

㊾ 拳拳：忠谨恳切貌。

㊿ 囹（líng）圄（yǔ）：监牢。

●【精彩解说】

　　我和李陵都在宫中任职，但平时来往并不亲密，志向各不相同，不曾有在一起饮过酒、互相表示殷勤的情谊。然而我观察这个人，发现他是个能守住节操的奇人，侍奉双亲讲孝道，与士人交往重诚信，在钱财问题上廉洁，获取和给予均合乎礼义，懂得尊卑而能礼让，对人谦虚，礼贤下士，常常想奋不顾身地勇赴国家的急难。从他平日修养品德来看，我认为他颇具国士的风范。作为臣子的冒着万死而不顾自己的性命，去奔赴国家的急难，这已经是很出众了。如今行事稍有不当，那些平时只顾保全自己和家小的臣子，马上就夸大他的过失，我私下感到痛心。况且李陵率步兵不满五千人，深入敌方阵营，一直到单于的驻地，如在虎口垂挂诱饵，强行向劲敌挑战，仰攻匈奴大军，与单于连续作战十余日，所杀死的敌人超过了自己军队的数目，敌人已顾不上对他们的士兵进行救死扶伤。匈奴的君臣都震惊恐惧，于是征集了左、右贤王的全部军队，出动了所有能战斗的人员，全国总动员来围攻李陵。李陵率兵转战千里，箭射完了，路走绝了，援兵还不到，死伤的士兵堆积如山。然而李陵振臂一呼，勉励士卒，士兵没有不奋起的，个个流泪，以血洗面，拉着没有箭的弓，冒着敌人锋利的刀剑，争着往北与敌人拼命。

　　当李陵的军队没有覆没时，使臣曾向朝廷报告战况，朝中公卿王侯都举杯祝捷。几天后，李陵兵败的消息传来，皇上为此食不甘味，上朝听政也心怀忧愁。大臣们忧愁畏惧，拿不出什么主意来。我私心不考虑自己的职位卑贱，见皇上那样悲伤，真诚地想献上一点儿自己的愚见。我认为李陵平时与部下相处，好吃的东西自己不吃，把仅存的少量物品分给别人，因而能得到他们以死相报效，即便是古代的名将也无法超过他。他虽然失败陷身匈奴，但看他的意图，是想等到合适的时机再报效汉朝。兵败的事已无可挽救，但在这次战争中他摧毁敌军的功劳，已经清清楚楚地显示在天下人的眼前。我想把这些想法向皇帝陈述，却没有机会，恰好碰上皇帝召问，我就把上述想法说了出来，称赞李陵的功劳，来宽慰皇上的胸怀，堵塞怨恨李陵的言论。我没能彻底表达清楚我的想法，圣明君主亦未能深入了解，反而认为我诋毁贰师将军李广利，而替李陵辩护，于是我被交给大理寺问罪。我诚恳的忠心，始终不能一一陈述，因而被定了诬上的罪名，终于法吏的判决被认可。我家境贫困，钱财远不能用来赎罪，朋友没人出面援救，皇帝左右的近臣也没有谁来替我说句好话。我并非无情的木石，只身与执法官在一起，被囚在牢狱之中，所受冤屈有谁可以告诉呢！这些正是您亲眼见到的事，我做事难道不是这样吗？李陵已经活着投降匈奴，败坏了家声，而我又受刑被关进蚕室，深为天下人嘲笑。可悲啊！可悲啊！这样的事不容易向俗人一一讲清楚。

原文

仆之先非有剖符、丹书之功(54)，文、史、星、历(55)，近乎卜、祝之间(56)，固主上所戏弄，倡优所畜，流俗之所轻也。假令仆伏法受诛，若九牛亡一毛，与蝼蚁何以异？而世俗又不能与死节者次比(57)，特以为智穷罪极、不能自免、卒就死耳。何也？素所自树立使然也。人固有一死，死或重于泰山，或轻于鸿毛，用之所趣异也(58)。太上不辱先，其次不辱身，其次不辱理色(59)，其次不辱辞令，其次诎体受辱，其次易服受辱，其次关木索、被箠楚受辱(60)，其次剔毛发、婴金铁受辱，其次毁肌肤、断肢体受辱，最下腐刑极矣！传曰："刑不上大夫(61)。"此言士节不可不勉励也。猛虎在深山，百兽震恐，及在槛阱之中，摇尾而求食，积威约之渐也(62)。故士有画地为牢，势不可入；削木为吏，议不可对，定计于鲜也(63)。今交手足，受木索，暴肌肤，受榜箠，幽于圜墙之中(64)，当此之时，见狱吏则头抢地，视徒隶则心惕息(65)。何者？积威约之势也。及以至是，言不辱者，所谓强颜耳，曷足贵乎！

且西伯，伯也，拘于羑里(66)；李斯，相也，具于五刑(67)；淮阴(68)，王也，受械于陈；彭越、张敖，南面称孤，系狱抵罪(69)；绛侯诛诸吕，权倾五伯，囚于请室(70)；魏其，大将也，衣赭衣，关三木(71)；季布为朱家钳奴(72)；灌夫受辱于居室(73)，此人皆身至王侯将相，声闻邻国，及罪至罔加，不能引决自裁，在尘埃之中。古今一体，安在其不辱也？由此言之，勇怯，势也；强弱，形也。审矣，何足怪乎？夫人不能早自裁绳墨之外，以稍陵迟，至于鞭箠之间，乃欲引节，斯不亦远乎！古人所以重施刑于大夫者，殆为此也。夫人情莫不贪生恶死，念父母，顾妻子，至激于义理者不然，乃有所不得已也。今仆不幸早失父母，无兄弟之亲，独身孤立，少卿视仆于妻子何如哉？且勇者不必死节，怯夫慕义，何处不勉焉！仆虽怯懦欲苟活，亦颇识去就之分矣，何至自沉溺缧绁之辱哉！且夫臧获婢妾犹能引决，况仆之不得已乎！所以隐忍苟活，幽于粪土之中而不辞者，恨私心有所不尽，鄙陋没世而文采不表于后世也。

── 【字词注解】

㊴剖符：剖分开的信符，上写誓词，君臣各执一半，作为凭证。丹书：用朱砂写在铁器上的誓词。凡执有剖符、丹书的功臣子孙可以免罪。

㊵文、史、星、历：太史令掌管的文献、历史、天文、历法。

㊶卜、祝：职掌卜筮、祭祀的小官。

㊷死节：因坚持气节而死。

㊸趣（qū）：趋向。

㊹理色：道理和颜面。

㊺关木索：戴枷锁。被箠（chuí）楚：受刑杖。楚，荆木。

㊻刑不上大夫：刑罚不对大夫以上的人施用。

㊼积威约之渐：长期的威力制约，逐渐使人驯服。

㊽定计于鲜：打算在受辱前就自杀。鲜，夭死短命。此指自杀。

㊾圜墙：指监狱。圜，同"圆"。

㊿惕息：胆战心惊的样子。

66 "且西伯"三句：西伯，即周文王，殷商时为西伯。伯，一方之长。羑里，地名，又作"牖里"，在今河南汤阴境内。

67 "李斯"三句：李斯，秦始皇时的丞相，被秦二世腰斩。具于五刑，指先后受五种刑罚，即黥劓、斩左右趾、笞杀、枭首、剁其肉为酱等五种刑罚。

68 淮阴：指韩信，封为淮阴侯。

69 "彭越"三句：彭越，汉初功臣，被封为梁王。后被囚至洛阳。张敖，汉初袭父张耳被封为赵王，也曾被下狱拘讯。

70 "绛侯"三句：绛侯，即周勃，汉初功臣。诛诸吕，指平定吕后族人吕禄、吕产之乱。请室，官署名，大臣犯罪等候审判的处所。

71 "魏其"四句：魏其，即窦婴，封魏其侯。衣赭，穿着囚衣。关三木，颈、手、足三处均上刑具。

⑦² 季布：项羽部将，曾多次困辱刘邦。项羽死后，刘邦悬赏捉拿季布，季布自受钳刑，卖身于鲁国大侠朱家为奴。

⑦³ 灌夫：汉景帝时的将领，因得罪丞相田蚡而被拘杀。

【精彩解说】

我的先辈并没有建立可以得到免罪的剖符与丹书的功绩，太史公职掌文献、历史、天文、历法，其地位与卜、祝的官近似，本来就是被皇上所戏弄，像乐工、伶人一般被豢养，而为世人所轻视。假如我伏法而死，就像九头牛失去一根毛，和死去一只蝼蚁有什么不同呢？而世人也不会把我和那些死于气节的人相提并论，只会认为我智力缺乏、罪大恶极、不能自脱、最后只得一死罢了。为什么呢？这是我平时从事的职业使他们产生了此种想法。人本来就有一死，有的人死得重于泰山，有的人死得轻如鸿毛，这是因为死的原因和目的不同。最重要的是不能侮辱祖先，其次是不使身体受辱，再次不在道理和颜面上受辱，再次不在言辞上受辱，再次是被捆绑受辱，再次是穿上囚服受辱，再次是戴上多种刑具、被抽打受辱，再次是剃光头发、套上铁链受辱，再次是毁坏肌肤、断残肢体受辱，而最下等的就是腐刑，受辱到极点了！古书上说："刑罚不能施于大夫以上的人。"这是说士大夫的节操不可磨砺，而要使他们受到尊重。猛虎在深山中，百兽都震惊害怕，等到它落入陷阱或被关进牢笼，就得摇着尾巴乞求食物，这是长期使用威力制约它而逐渐产生的结果。因此，一个士大夫，有人在地上画圆圈当作牢狱，他也绝对不进去；有人用木头削成狱吏，他也绝不肯受审，而是态度鲜明地决定不可受辱，宁可自杀。现在手脚被捆绑，戴上木枷，暴露皮肤，受着鞭抽杖打，关在监狱之中，在这个时候，看见狱吏就磕头触地，看见狱卒就心惊胆战。为什么呢？这是长期受威力制约而造成的。到了这种地步，还说自己不受侮辱，这是厚着脸皮罢了，有什么可赞扬的呢！

况且周文王乃是一方的诸侯之长，却被囚禁在羑里；李斯是丞相，却遭受五刑；淮阴侯韩信，贵为楚王，却在陈地被捕后戴上了枷锁；彭越、张敖曾南面称王，都被关进监狱里判罪；绛侯周勃有平定诸吕叛乱之功，权势超过了春秋五霸，却被关进请室；魏其侯是大将军，却穿上赭色囚衣，戴上木枷、手铐和脚镣；季布自受钳刑卖身给朱家为奴；灌夫在居室中受辱，这些人都是身至王侯将相，名声闻于邻国，等到犯罪受到法律制裁时，却不能自杀，落入尘埃之中。在屈辱的境地古今均是一样的，哪里有不受辱的呢？由此说来，勇敢与怯懦，强大与弱小都是权势造成的。明白了这个道理，还有什么可奇怪的呢？况且，人不能早在法律制裁之前自杀，以致渐渐颓唐，到了身受刑罚的时候，才想到自杀来保全气节，这不是已经晚了吗！古人之所以对施刑于士大夫的事十分慎重，大概是因为这一点。人的常情都是贪生怕死，思念父母，顾念妻子儿女的，至于那些被义理所激发起来的人则不然，那是由于不得已的形势造成的。如今我很不幸父母早死了，又无同胞兄弟，独自一人孤苦伶仃，你看我对妻子儿女又会怎么样呢？况且勇敢的人不必以死殉节，懦夫如果仰慕节义，哪里找不到可以勉励自己的人呢！我虽然怯懦，却想苟活下去，但也很懂得舍生取义的道理，怎么会甘愿忍受牢狱之辱呢！那些奴才与婢妾犹能挺身而自杀，何况我屈辱得已到了痛不欲生的境地呢！我之所以甘受凌辱苟活下来，被关在污秽的牢房里而不肯去死，就是因为还有心愿未了，如果在屈辱中死去，我的著作便不能流传于后世了。

原文

古者富贵而名磨灭，不可胜记，唯倜傥非常之人称焉[74]。盖文王拘而演《周易》[75]；仲尼厄而作《春秋》[76]；屈原放逐，乃赋《离骚》[77]；左丘失明，厥有《国语》[78]；孙子膑脚，兵法修列；不韦迁蜀，世传《吕览》[80]；韩非囚秦，《说难》《孤愤》[81]；《诗》三百篇，大底贤圣发愤之所为作也。此人皆意有所郁结，不得通其道，故述往事，思来者。乃如左丘无目，孙子断足，终不可用，退而论书策以舒其愤，思垂空文以自见。仆窃不逊，近自托于无能之辞，网罗天下放失旧闻，略考其事，综其终始，稽其成败兴坏之纪，上计轩辕[82]，下至于兹，为十表、本纪十二、书八章、世家三十、列传七十，凡百三十篇。亦欲以究天地之际，通古今之变，成一家之言。草创未就，会遭此祸，惜其不成，是以就极刑而无愠色。仆诚已著此书，藏之名山，传之其人、通邑大都，则仆偿前辱之责，虽万被戮，岂有悔哉！然此可为智者道，难为俗人言也。

【字词注解】

[74] 倜（tì）傥（tǎng）：洒脱，不拘束。

⑦⑤ 演《周易》：指周文王曾经被囚拘在羑里（今河南汤阴北），推演古代八卦为六十四卦，形成《周易》一书的框架。

⑦⑥ 仲尼厄：指孔子曾被围困在陈国、蔡国之后，写出《春秋》一书。

⑦⑦ "屈原"二句：屈原，楚国人，他被放逐后写出代表作《离骚》。

⑦⑧ "左丘"二句：左丘，即左丘明，春秋时代的鲁国史官。《国语》，分国记言，反映春秋时代史实的著作。

⑦⑨ "孙子"二句：孙子，即孙膑。膑脚，古代膝盖骨被挖去的刑罚。兵法，即《孙膑兵法》，久已失传，1972年2月在临沂银雀山的汉墓出土竹简中重新发现。

⑧⑩ "不韦"二句：不韦，即吕不韦，秦始皇初年任相国。《吕览》，即《吕氏春秋》，为吕不韦组织其门客所著。

⑧① "韩非"二句：韩非，战国末年韩国贵族公子。囚秦，指被李斯谗害，下狱死。《说难》《孤愤》，乃《韩非子》一书中的两篇。

⑧② 轩辕：黄帝，轩辕氏。

【精彩解说】

古代生前富贵而死后姓名埋没不传的人，多得数不胜数，只有卓越豪迈、不同凡响的人才能名传后世。像周文王被拘，却推演出了《周易》；孔子受困厄而作《春秋》；屈原被流放才写了《离骚》；左丘明双目失明，才有《国语》的问世；孙子被剔去膝盖骨，才著了《孙膑兵法》；吕不韦被贬官迁徙到蜀地，世上流传了他组织编写的《吕氏春秋》；韩非被囚禁在秦国，才著述了《说难》《孤愤》；《诗经》三百篇，大都是圣人、贤人的发愤之作。这些人均郁愤满怀，得不到排解抒泄，所以记述以往史事，启发后来的人。就像左丘明视力全无，孙膑断了双脚，最终无法被君主重用，便退而著书立说来抒发内心的愤懑，想留下文章使后人了解自己。这些年，我私下里不自量力，依靠笨拙的文辞，收集天下散佚的遗文旧说，对史实略加考证，综合叙述它的始末，总结历史上成败兴衰的规律，上自黄帝轩辕氏开始，下到当代为止，写成表十篇、本纪十二篇、书八篇、世家三十篇、列传七十篇，总共一百三十篇。这是想以此探究天道与人事之间的关系，揭示古今变化的规律，建立一家之说。草稿还未完成，就遭到李陵之祸，我为此书未能完成而惋惜，因此面对腐刑而毫无怨怒之色。如果我真能著成此书，就要把它珍藏在名山之中，传到理解我的人手里、交通发达的大都邑，那么可以偿还我以前受辱的债，即便死一万次，也没有什么可后悔的！然而这些话只能向智者倾诉，却难以向一般人说。

原文

且负下未易居[84]，下流多谤议。仆以口语遇遭此祸，重为乡党所戮笑。以污辱先人，亦何面目复上父母之丘墓乎？虽累百世，垢弥甚耳！是以肠一日而九回，居则忽忽若有所亡，出则不知其所往。每念斯耻，汗未尝不发背沾衣也！身直为闺阁之臣[85]，宁得自引深藏岩穴邪[86]？故且从俗浮沉，与时俯仰，以通其狂惑，今少卿乃教以推贤进士，无乃与仆私心刺谬乎？今虽欲自彫琢[87]，曼辞以自饰，无益，于俗不信，适足取辱耳。要之，死日然后是非乃定。书不能悉意，略陈固陋。谨再拜。

【字词注解】

[84] 负下：负侮辱之名。

[85] 阁：此处指宫禁。

[86] 深藏岩穴：指隐居。

[87] 彫琢：刻镂，琢磨。

【精彩解说】

况且，背负侮辱之名的人不容易立身处世，地位卑贱的人会招来更多的诽谤。我由于替李陵讲了几句公道话就遭此大祸，深为家乡人所耻笑。因为使先人受辱，还有什么脸面再给父母上坟呢？即使百世之后，此种耻辱也只会越来越深啊！因此，我整天愁肠百结，在家里恍恍惚惚，若有所失，出门则不知要到哪里去。每每想到这种耻辱，没有哪一回不大汗淋漓沾湿了衣裳！我只不过是一个官中的臣仆，哪能到山林里去过隐士生活？所以，姑且混同世俗，随波逐流，俯仰上下，以抒发内心的悲愤，如今您却让我推荐人才，岂不是与我的思想相违背吗？现在我即使要用推荐人才的行为来粉饰自己，用美妙的言辞为自己开脱，也是无济于事的，不会被世俗相信，只能自取侮辱罢了。总之，到死后才能论定一个人的是非功过。一封信不能充分表达我的心意，只是粗浅陈述一下鄙陋之见。再次恭敬地向您致意。

拓展阅读

司马迁为李陵辩

天汉二年（公元前99年），汉武帝派自己宠妃李夫人的哥哥、贰师将军李广利领兵征讨匈奴，另派著名大将李广的孙子——别将李陵随从李广利押运辎重。李陵带领步兵五千人孤军深入，对抗匈奴的八万人马。李陵奋勇杀敌，和敌人奋战了八昼夜，但由于得不到援军的支援，终粮尽援绝，不幸被俘。

李陵兵败的消息传到长安，汉武帝勃然大怒。大臣们察言观色，之前还说李陵勇敢的人也纷纷指责李陵。只有司马迁一人安慰汉武帝说，李陵孝顺，讲信义，爱护士兵，忠于朝廷，这次仅率五千步兵，孤军奋战，虽然战败，也杀敌无数，投降了匈奴一定是想找机会再报答汉室。

然而，这些话令汉武帝大怒，他将司马迁关进监牢。司马迁落到了臭名昭著的酷吏杜周手中，受了很多折磨，也没有认罪，后又被判了死刑。按照当时的律法，有两种方式可免死刑：一是拿五十万钱赎罪，二是受腐刑。司马迁家贫，为了完成《史记》，司马迁选择了后者，以致身体和人格都遭到了极大的侮辱。他认为自己不能就这样死去，终要为后人留下些东西，于是他忍辱负重，完成了《史记》。

卷六 汉文

过秦论上

贾 谊

〔题解〕

贾谊（公元前200—前168年），洛阳人，西汉初年的政治家、文学家。贾谊天资聪颖，少有才名，文帝时任博士，后迁太中大夫。因被一些朝臣排挤，被贬为长沙王太傅。三年后被召回，任梁怀王太傅。后来梁怀王坠马而逝，贾谊深感自责，忧郁而终，年仅三十三岁。散文有《过秦论》《治安策》，辞赋有《吊屈原赋》《鵩鸟赋》等。

《过秦论》原有上、中、下三篇，本篇为第一篇。文章总论了秦日益强大及统一天下的形势，总结了秦灭亡的原因，鲜明地提出了本文的中心论点："仁义不施而攻守之势异也。"目的在于批评秦的过失，给汉文帝提供借鉴。

〔原文〕

秦孝公据殽、函之固①，拥雍州之地②，君臣固守，以窥周室。有席卷天下、包举宇内、囊括四海之意③，并吞八荒之心④。当是时也，商君佐之，内立法度，务耕织，修守战之具，外连衡而斗诸侯⑤。于是秦人拱手而取西河之外⑥。

—●【字词注解】

①秦孝公：秦献公之子。他任用商鞅实行变法，使秦国强大起来。崤：同"殽"，崤山，在今河南洛宁北。函：函谷关，在今河南灵宝东北。

②雍州：古九州之一，包括今陕西、甘肃和青海等部分地区。雍州四面有河山之阻，形势险固。

③席卷、包举、囊括：均为全部占有之意。

④八荒：八方。

⑤连衡：指秦分别与东方各国联合，以达到各个击破的策略。斗诸侯：使诸侯之间争斗。

⑥西河：魏国在黄河西岸的领土。

—●【精彩解说】

秦孝公据有崤山、函谷关的险要地势，拥有雍州一带的土地，君臣们牢固地守住国土，暗中观察周王室，大有席卷天下、包举宇内、囊括四海的意思，并吞八方的雄心。这一时期，商鞅辅佐秦孝公，对内建立法规制度，致力于农耕和纺织，修造用于攻守的战斗武器装备，对外实行连横政策挑起诸侯间的矛盾斗争。于是秦人轻而易举地获取了西河以外的大片土地。

原文

孝公既没，惠文、武、昭蒙故业⑦，因遗策，南取汉中，西举巴蜀，东割膏腴之地，收要害之郡⑧。诸侯恐惧，会盟而谋弱秦，不爱珍器、重宝、肥饶之地，以致天下之士，合从缔交⑨，相与为一。当此之时，齐有孟尝，赵有平原，楚有春申，魏有信陵⑩。此四君者，皆明智而忠信，宽厚而爱人，尊贤而重士，约从离横，兼韩、魏、燕、赵、宋、卫、中山之众。于是六国之士，有宁越、徐尚、苏秦、杜赫之属为之谋⑪，齐明、周最、陈轸、召滑、楼缓、翟景、苏厉、乐毅之徒通其意⑫，吴起、孙膑、带佗、儿良、王廖、田忌、廉颇、赵奢之伦制其兵⑬。尝以什倍之地，百万之众，叩关而攻秦。秦人开关而延敌，九国之师遁逃而不敢进⑭。秦无亡矢遗镞之费⑮，而天下诸侯已困矣。于是从散约解，争割地而赂秦。秦有余力而制其弊，追亡逐北，伏尸百万，流血漂橹⑯。因利乘便，宰割天下，分裂河山。强国请服，弱国入朝。

【字词注解】

⑦惠文、武、昭：指秦孝公之后的惠文王驷、武王荡、昭襄王则。蒙：继承。

⑧要害之郡：与前句"膏腴之地"，分指秦武王攻取韩国宜阳，秦襄王时魏国献其故都安邑。

⑨合从（zòng）：合纵，指六国联合抵御秦国的策略。从，同"纵"。

⑩"齐有孟尝"四句：孟尝，孟尝君田文。平原，平原君赵胜。春申，春申君黄歇。信陵，信陵君魏无忌。上述四公子皆以招致宾客著称。

⑪苏秦：洛阳人，合纵抗秦的倡导者。

⑫陈轸：战国时期纵横家、谋士。乐毅：战国后期杰出的军事家。

⑬田忌：战国时期齐国名将。廉颇、赵奢：战国时期赵国名将。

⑭九国：指齐、楚、韩、魏、燕、赵、宋、卫、中山。

⑮镞：箭头。

⑯橹：大盾牌。

【精彩解说】

秦孝公死后，惠文王、武王、昭襄王继承原有的基业，遵循前代的策略，向南夺取了汉中，向西占领了巴蜀，向东割取了肥沃的土地，收服了地势险要的州郡。各国诸侯因此而恐惧，集合结盟，图谋削弱秦国，不惜用珍奇器具、贵重宝物和富饶的土地来网罗天下的贤才，采取合纵的策略缔结盟约，相互结成一体。在此期间，齐国有孟尝君，赵国有平原君，楚国有春申君，魏国有信陵君。这四个人，都明智而忠信，宽厚而爱人，尊贤而重士，他们相约以合纵之策拆散秦国的连横之策，并联合了韩、魏、燕、赵、宋、卫、中山等国的军事力量。于是，六国的士人，有宁越、徐尚、苏秦、杜赫这一类人为之出谋划策，齐明、周最、陈轸、召滑、楼缓、翟景、苏厉、乐毅等人为之联络互通信息，吴起、孙膑、带佗、兒良、王廖、田忌、廉颇、赵奢等人为之统率军队。他们曾经凭借着比秦国多十倍的土地，率领上百万的军队，攻打函谷关进攻秦国。秦国人开关迎敌，九国的军队立即逃跑而不敢进兵。秦国未发一箭，天下诸侯就已经陷入困境了。于是合纵离散了，盟约解除了，诸侯争着割让土地以贿赂秦国。秦国更是轻易地抓住各诸侯国的弱点，追逐败逃的士兵，伏尸遍地，流淌的血使盾牌都漂浮起来了。秦国乘着胜利的条件与时机，割取天下土地，使诸侯国山河破碎。强国只能臣服于秦，弱国前来朝拜。

原文

施及孝文王、庄襄王⑰，享国之日浅，国家无事。及至始皇⑱，奋六世之余烈⑲，振长策而御宇内，吞二周而亡诸侯⑳，履至尊而制六合㉑，执敲朴以鞭笞天下㉒，威振四海。南取百越之地㉓，以为桂林、象郡㉔，百越之君俛首系颈，委命下吏。乃使蒙恬北筑长城而守藩篱㉕，却匈奴七百余里，胡人不敢南下而牧马，士不敢弯弓而抱怨。于是废先王之道，燔百家之言，以愚黔首㉖。隳名城㉗，杀豪俊，收天下之兵聚之咸阳，销锋镝㉘，铸以为金人十二，以弱天下之民。然后践华为城，因河为池㉙，据亿丈之城，临不测之溪以为固。良将劲弩，守要害之处，信臣精卒，陈利兵而谁何㉚。天下已定，始皇之心，自以为关中之固，金城千里㉛，子孙帝王万世之业也。始皇既没，余威震于殊俗。

—— 【字词注解】

⑰孝文王：秦昭襄王之子。庄襄王：秦孝文王之子。

⑱始皇：庄襄王之子，名政。统一六国后称始皇。

⑲六世：指秦孝公、惠文王、武王、昭襄王、孝文王、庄襄王六代。

⑳二周：战国时，东西周分治。西周建都在旧东都洛阳，东周建都在巩（河南巩义），史称西周君、东周君。

㉑六合：天地四方。此处指整个天下。

㉒敲朴：用刑的杖，短曰"敲"，长曰"朴"。

㉓百越：亦称百粤。古时我国东南地区少数民族各部的总称。

㉔桂林、象郡：郡名。在今广西境内。

㉕蒙恬：秦朝大将。奉命统兵三十万修筑长城，防御匈奴。

㉖黔首：秦始皇称帝后，称百姓为黔首。黔，黑色。

㉗隳（huī）：毁坏。

㉘ 兵：兵器。

㉙ 镝（dí）：通"镝"，箭头。

㉚ 河：黄河。池：护城河。

㉛ 谁何：谁敢呵问。何，通"呵"，呵斥。

㉜ 金城：坚固的城池。

【精彩解说】

王位传到孝文王、庄襄王，他们在位的时间很短，秦国没有重大的事件发生。到了秦始皇时，他继承并发扬了先辈六世的功业，挥动长鞭驾驭天下，吞并东西二周，灭亡了六国诸侯，登上了皇帝的宝座，统治了全中国，拿着棍子、木杖役使人民，声望威震四海。向南攻取了百越领土，划为桂林郡、象郡，百越的君主低头受缚，服服帖帖地听命于秦王朝的官吏。于是派蒙恬在北方修筑长城，以守卫边疆，驱赶匈奴使他们后退七百余里，以致匈奴人不敢南下放牧马群，匈奴军队不敢张弓报仇。于是秦废弃了古代先王仁爱的治国之道，焚烧诸子百家的著作以愚弄百姓。毁坏各诸侯国的名城大都，杀戮豪杰之士，收缴全国的兵器，集中到咸阳，熔化了刀剑与箭镞，铸成十二个金人，以削弱天下百姓反抗的力量。然后以华山为城墙，以黄河为护城河，凭借亿丈的高大城墙，下临深不可测的河流，自以为固若金汤。派良将手持硬弓，捍卫着险要之地，亲信大臣率领精锐兵卒，手持锋利的兵刃盘问出入关卡的行人。天下已经平定，始皇的心里，自认为关中地位巩固，犹如千里铜铸长城，是子孙后代万世称帝的基业。始皇死后，其余威还震慑着边远地区。

【原文】

然而陈涉㉝，瓮牖绳枢之子㉞，氓隶之人，而迁徙之徒也，材能不及中庸，非有仲尼、墨翟之贤㉟，陶朱、猗顿之富㊱，蹑足行伍之间㊲，俛起阡陌之中，率罢弊之卒，将数百之众，转而攻秦。斩木为兵，揭竿为旗，天下云集而响应，赢粮而景从，山东豪俊遂并起而亡秦族矣㊳。

【字词注解】

㉝ 陈涉：陈胜，秦末农民起义领袖。秦二世元年（公元前209年），他与吴广在大泽乡（今安徽宿州）率领九百名戍卒起义，反抗秦王朝的暴政，四方响应，声势浩大。

㉞ 瓮牖（yǒu）绳枢：用瓦盆当窗，用绳子系门枢。喻极贫穷。牖，窗户。

㉟ 仲尼：孔子，名丘，字仲尼。墨翟（dí）：墨子，名翟。

㊱ 陶朱：春秋越人范蠡。辅佐越王句践灭吴后，弃官至陶（今山东肥城西北陶山，一说山东菏泽市定陶区西北）经商致富，称"陶朱公"。猗顿：春秋时鲁国人，经营畜牧业，十年成巨富。

㊲ 行伍：军队。

㊳ 赢：背负。景（yǐng）：影子。

㊴ 山东：崤山以东。此处指战国时秦国之外的六国。

【精彩解说】

然而陈涉只是个贫寒人家的子弟，低贱的种田人，而且是被征发守边的人，才能赶不上中等人，没有孔子、墨子的贤能，没有陶朱、猗顿的财富，只是置身于军队中，奋起于村野之间，率领疲惫涣散的士兵，带领着数百人的队伍，辗转推进，攻打秦国。他们砍下树木当作武器，高举竹竿当旗帜，天下百姓像云彩一样会集，像回声一般响应，背着粮食影随而来，崤山以东的英雄豪杰也同时起兵，就把秦王朝灭亡了。

原文

且夫天下非小弱也，雍州之地，殽、函之固，自若也；陈涉之位，不尊于齐、楚、燕、赵、韩、魏、宋、卫、中山之君也；锄耰、棘矜㊵，不铦于钩、戟、长铩也㊶；谪戍之众㊷，非抗于九国之师也；深谋远虑，行军用兵之道，非及曩时之士也。然而成败异变，功业相反。试使山东之国与陈涉度长絜大㊸，比权量力，则不可同年而语矣。然秦以区区之地，致万乘之权，招八州而朝同列㊹，百有余年矣。然后以六合为家，殽、函为宫。一夫作难而七庙隳㊺，身死人手，为天下笑者，何也？仁义不施，而攻守之势异也。

【字词注解】

㊵耰：平整土地所用的农具。棘：通"戟"，兵器名。矜：矛、戟等武器的柄。

㊶铦（xiān）：锋利。铩（shā）：长矛。

㊷谪戍之众：被贬谪发往戍所的人们。

㊸度：用作动词，度量物的长短。絜：衡量，比较。

㊹八州：古时全国为九州，秦据有雍州，其余八州为六国之地。

㊺七庙隳：天子宗庙被毁，即封建王朝被灭。古代天子祖庙奉祀七世祖先，故称七庙。

【精彩解说】

秦朝统治的天下并没有缩小削弱，雍州的肥沃土地，崤山、函谷关的险固，也和原来一样；陈涉的地位，并不比齐、楚、燕、赵、韩、魏、宋、卫、中山等国君尊贵；锄头、棍棒，不比钩戟、长矛锋利；被征发守边的士卒，并不比九国的军队强大；深谋远虑，行军用兵的策略，也比不上过去诸侯国的谋士。然而成败结果却发生了变化，功业成就和所具备的才智恰恰相反。如果让崤山以东的诸侯国和陈涉比较优长短缺，权力大小，那是不可相提并论的。但是秦国凭借小小的雍州作为根据地，得到了天子的权势，招来八州尊秦，使原来地位相等的六国诸侯都来朝拜，已经一百余年了。后来又以整个天下为家，以崤山、函谷关为自家宫室。不料陈涉一人发难而导致秦王朝顷刻覆灭，国君死于他人之手，让天下人耻笑，这是为什么呢？是因为不施行仁义，而导致夺取天下跟守住天下的形势完全不同啊。

治安策一

贾 谊

〔题解〕

《治安策》是一篇政论性散文。当时朝廷中的同姓王对中央政权存在威胁，贾谊针对这一现状，上书汉文帝，论述了朝廷中潜在的多种危机，分析了汉高祖刘邦大封诸侯王的坏处，强调了削弱诸侯王势力的必要性与迫切性。贾谊的政见对于巩固中央政权是非常有利的，但可惜的是，汉文帝并未采纳他的建议，最终导致了景帝时的吴、楚七国之乱。

原文

夫树国固①，必相疑之势②，下数被其殃，上数爽其忧③，甚非所以安上而全下也。今或亲弟谋为东帝④，亲兄之子西乡而击⑤，今吴又见告矣⑥。天子春秋鼎盛⑦，行义未过，德泽有加焉，犹尚如是，况莫大诸侯，权力且十此者乎！然而天下少安，何也？大国之王幼弱未壮，汉之所置傅、相方握其事⑧。数年之后，诸侯之王大抵皆冠，血气方刚，汉之傅、相称病而赐罢，彼自丞尉以上遍置私人⑨，如此，有异淮南、济北之为邪？此时而欲为治安，虽尧、舜不治。

黄帝曰："日中必熭⑩，操刀必割。"今令此道顺而全安，甚易；不肯早为，已乃堕骨肉之属而抗刭之⑪，岂有异秦之季世乎⑫？

【字词注解】

①树国：建立诸侯国。固：强大。

②相疑：指朝廷与所封诸侯国互相猜疑。

③"下数被其殃"二句：下、上，分别指诸侯国与汉王室。数，屡次。殃，担心。

④亲弟：指文帝异母弟淮南厉王刘长。他在文帝六年（公元前174年）谋反称东帝。

⑤亲兄之子：指文帝胞兄齐悼惠王刘肥的儿子济北王刘兴居。他在文帝三年（公元前177年）谋反，兵败自杀。

⑥吴：指汉高祖刘邦兄刘仲的儿子吴王刘濞（bì）。

⑦春秋鼎盛：年富力强。

⑧傅、相：朝廷派往诸侯国的辅佐官员。

⑨丞尉：各级文武官员的副职，此处泛指县的官吏。

⑩曝（wèi）：曝晒。

⑪抗到：举头而割。

⑫季世：末世。

【精彩解说】

如果封立起来的诸侯国国力强大，在朝廷与诸侯国之间一定会产生相互猜疑的局面，在下的诸侯国经常遭受这种灾祸，在上的朝廷也经常为此而忧虑，这实在不是安定朝廷、保全诸侯的妥善办法。现在就有皇上的亲弟弟阴谋自立为东帝，亲兄的儿子发兵向西攻击朝廷，眼下吴国谋反又被告发了。皇上年富力强，广施仁义而无过失，恩德普施于天下，尚且如此，更何况最大的诸侯国，权力比上述各国要大十倍呢！然而天下局势暂时还算安定，是什么原因呢？这是由于大国的诸侯王还未成年，朝廷安插的太傅与国相正在掌握政事。几年之后，各诸侯王大都进入成年，血气方刚，朝廷派去的太傅、相国则上了年纪，不得不称病请求免职，那些诸侯王就会把诸侯国中丞、尉以上的职位都安排成自己的亲信，这样，和淮南王、济北王有什么不同呢？到了这时再想求得天下安定，即使尧、舜在世也无法实现。

黄帝说："日上中天一定要晒东西，刀子拿在手里一定要宰割牲畜。"现在如果依此道理行事，上安下全就很容易做到；如果不肯及时行动，等到毁弃骨肉亲情而使兵刃相见的事发生,那与秦末之乱有什么两样呢?

> **原文**
>
> 　　夫以天子之位,乘今之时,因天之助,尚惮以危为安,以乱为治,假设陛下居齐桓之处⑬,将不合诸侯而匡天下乎?臣又知陛下有所必不能矣。假设天下如曩时,淮阴侯尚王楚⑭,黥布王淮南⑮,彭越王梁⑯,韩信王韩⑰,张敖王赵⑱,贯高为相⑲,卢绾王燕⑳,陈豨在代㉑,令此六七公者皆亡恙,当是时而陛下即天子位,能自安乎?臣有以知陛下之不能也。天下殽乱㉒,高皇帝与诸公并起㉓,非有仄室之势以豫席之也㉔。诸公幸者乃为中涓㉕,其次廑得舍人㉖,材之不逮至远也。高皇帝以明圣威武即天子位,割膏腴之地以王诸公,多者百余城,少者乃三四十县,惠至渥也。然其后七年之间,反者九起㉗。陛下之与诸公,非亲角材而臣之也㉘,又非身封王之也,自高皇帝不能以是一岁为安,故臣知陛下之不能也。

──●【字词注解】

⑬齐桓:春秋时齐桓公小白,曾九合诸侯,一匡天下,为春秋五霸之首。

⑭淮阴侯:韩信,曾受封楚王,后贬为淮阴侯。

⑮黥(qíng)布:英布,封淮南王。

⑯彭越:封梁王。

⑰韩信:韩王信。

⑱张敖:赵王张耳之子,袭封赵王。

⑲贯高:赵国之相。

⑳卢绾:封燕王。

㉑陈豨(xī):曾自立为代王。

㉒殽:混乱。

㉓高皇帝:刘邦。

㉔仄室:同"侧室",庶子,古代卿大夫嫡子之外的儿子统称"仄室"。

㉕中涓:秦汉时皇帝的侍从官。此处指身边大臣。

㉖廑:只,才。

㉗ 反者九起：指汉高帝五年（公元前202年）至十一年（公元前196年）间，发生的燕王臧荼、项羽旧将利幾，以及韩信、黥布、彭越、韩王信、贯高、卢绾、陈豨等九起谋反事件。

㉘ 角材：比较、衡量才能。

【精彩解说】

凭着帝王之尊的地位，乘现在的时机，靠上天的帮助，尚且担心错把危险当作安全，错把混乱当作清平，假如陛下处于齐桓公的地位，难道能不集合诸侯、匡正天下吗？我深知陛下一定不会这样做。假如天下像汉初那样，淮阴侯韩信仍做楚王，黥布做淮南王，彭越做梁王，韩王信做韩王，张敖做赵王，贯高任赵相，卢绾做燕王，陈豨任代王，假如这六七位诸侯王、国相还健在的话，那时陛下登上皇位，能安心吗？我有理由知道陛下是不能安心的。秦末天下大乱，高皇帝和诸位英雄一同起义，并没有皇帝庶子的身份可以凭借。那些一同起义的人运气好的做到中涓，其次的仅做到舍人，是因为才能相差很远。高皇帝凭着圣明威武登上帝位，划出肥沃的土地封给一同起义的诸公，并封他们为王，其中多的得一百余城，少的有三四十县，这种恩德是极其深厚的。然而在此后的七年间，谋反的事件就有九起。陛下同那些王侯，不是亲自量才而使他们为臣的，又不是您亲自封他们为王侯的，即使高帝都不能因诸侯王分封的形势而得到一年的安宁，因此我深知陛下也是不能得到安宁的。

原文

然尚有可诿者㉙，曰疏。臣请试言其亲者。假令悼惠王王齐㉚，元王王楚㉛，中子王赵㉜，幽王王淮阳㉝，共王王梁㉞，灵王王燕㉟，厉王王淮南㊱，六七贵人皆亡恙，当是时陛下即位，能为治乎？臣又知陛下之不能也。若此诸王，虽名为臣，实皆有布衣昆弟之心㊲，虑亡不帝制而天子自为者。擅爵人㊳，赦死罪，甚者或戴黄屋㊴，汉法令非行也。虽行，不轨如厉王者，令之不肯听，召之安可致乎！幸而来至，法安可得加！动一亲戚，天下圜视而起㊵。陛下之臣虽有悍如冯敬者㊶，适启其口，匕首已陷其胸矣。陛下虽贤，谁与领此？故疏者必危，亲者必乱，已然之效也。其异姓负强而动者，汉已幸胜之矣，又不易其所以然㊷。同姓袭是迹而动，既有征矣，其势尽又复然。殃祸之变，未知所移，明帝处之尚不能以安，后世将如之何！

【字词注解】

㉙ 诿：推托。

㉚ 悼惠王：刘邦的儿子刘肥，封为齐王，谥号"悼惠"。

㉛ 元王：刘邦之弟刘交，封楚王，谥号"元"。

㉜ 中子：刘邦的儿子刘如意，封赵王。

㉝ 幽王：刘邦的儿子刘友，封淮阳王，后徙赵，谥号"幽"。

㉞ 共王：刘邦的儿子刘恢，曾封梁王，后徙赵，谥号"共"。

㉟ 灵王：刘邦的儿子刘建，曾封燕王，谥号"灵"。

㊱ 厉王：刘邦的儿子刘长，曾封淮南王，谥号"厉"。

㊲ 布衣昆弟：谓诸王认为与文帝仅是像在民间一样的兄弟关系，而不认为有君臣之分。

㊳ 爵人：封给人以爵位。

㊴ 黄屋：天子专用的黄缯车盖。

㊵ 圜：同"圆"。

㊶ 冯敬：汉初的御史大夫。曾奏淮南王谋反，后为刺客所杀。

㊷ 所以然：指分封制度。

【精彩解说】

然而还有可以推托的理由，叫作关系疏远。请允许我试着说说与君主亲近的同姓诸侯王。假使让悼惠王做齐王，元王做楚王，高祖之子如意做赵王，幽王做淮阳王，共王做梁王，灵王做燕王，厉王做淮南王，这六七位尊贵的诸侯都还在世，在那时陛下登上帝位，能使天下安定吗？我又深知陛下是不能做到的。像这几位诸侯王，虽然在名义上是臣子，其实都怀有像普通百姓家中兄弟之间一样的想法，心中无不认为自己也可以行皇帝之礼、做天子之事。于是擅自封人爵位，赦免死囚，严重的竟用起了皇帝专用的车盖仪仗，汉朝制定的法令在他们身上行不通了。即使法令行得通，但像厉王那样的行为不轨，命令他改正都不肯听，召见他们，他们怎么会来呢！即使来了，又怎会绳之以法！如果惩办了一个亲属诸侯王，其他同姓诸侯王就共同起来反对。陛下的臣子，即便有如冯敬这样勇敢的人，但是刚张开口，利刃就插入他的胸膛了。陛下虽然贤明，又有谁为您收拾这种局面呢？所以异姓王必定引起危险，同姓王必定发生叛乱，这是已经发生的事件所证明了的。那些异姓王自恃力强而谋反的，朝廷已经幸运地战胜了他们，却又不改变导致祸乱的分封制度。同姓诸侯王因袭异姓王的足迹而起来动乱的，已经有征兆了，这种形势完全会重演。灾祸的变化，不知会如何发展，即便是贤明的君主碰到此种形势尚且无法得到安定，后代将会怎样对付它呢！

原文

屠牛坦一朝解十二牛㊸，而芒刃不顿者㊹，所排击剥割㊺，皆众理解也。至于髋髀之所㊻，非斤则斧㊼。夫仁义恩厚，人主之芒刃也；权势法制，人主之斤斧也。今诸侯王皆众髋髀也，释斤斧之用，而欲婴以芒刃㊽，臣以为不缺则折。胡不用之淮南、济北？势不可也。

臣窃迹前事，大抵强者先反。淮阴王楚，最强，则最先反；韩信倚胡㊾，则又反；贯高因赵资，则又反；陈豨兵精，则又反；彭越用梁，则又反；黥布用淮南，则又反；卢绾最弱，最后反。长沙乃在二万五千户耳㊿，功少而最完，势疏而最忠，非独性异人也，亦形势然也。曩令樊、郦、绛、灌据数十城而王(51)，今虽已残亡，可也；令信、越之伦列为彻侯而居(52)，虽至今存，可也。

【字词注解】

㊸屠牛坦：春秋时人，名坦，以屠牛为业。

㊹芒刃：锋利的刀。顿：通“钝”。

㊺排：分开。

㊻髋髀（bì）：大骨。髋，组成骨盆的大骨。通称胯骨。髀，大腿骨。

㊼斤：古代伐木的斧。

㊽婴：通“撄”。触。

㊾韩信倚胡：指韩王信投降匈奴。倚，依靠。此指投降。

㊿长沙：此处指长沙王。秦朝时吴芮为鄱阳令，入汉就其地封长沙王，子孙世袭，领土狭小。

(51)樊：汉初的名将樊哙。郦：郦商，曾任右丞相。绛：指绛侯周勃，汉初名将。灌：指灌婴，汉初名将。

(52)彻侯：乃侯爵中最高的一等，只享受封地的租税而无兵权。后避汉武帝刘彻讳改为通侯。

【精彩解说】

屠牛坦一天肢解十二头牛，而刀刃不会变钝的原因，是他拆骨割肉均能沿着关节的缝隙进刀。至于髋骨和大腿骨这样的大骨头，不是用小斧头就是用大斧头。仁义恩德，是君主的利刃；权势和法制，是君主的砍刀和斧头。如今的诸侯王都好比髋骨、大腿骨那样的大骨头，丢开大小斧头不用，而想拿起利刃来劈开，我以为利刃不是出现缺口便是折断。为什么不对反叛的淮南王、济北王施以仁义恩厚呢？这是因为形势不允许。

我考察以前的事情，大都是势力强大的先起来造反。淮阴侯韩信做楚王时，力量最强，就首先造反；韩王信倚仗胡人的力量，接着也造反；贯高凭仗赵国的人力、物力，又造反；陈豨武器精良，又造反；彭越役使梁国的人力、物力，又造反；黥布役使淮南的人力、物力，又造反；卢绾力量最弱，最后起来造反。长沙王仅有二万五千户，功劳少却保全最为完好，与皇帝的关系疏远却最忠诚，不仅因为他的秉性与众不同，也是所处的形势造成的。从前假使封给樊哙、郦商、周勃、灌婴几十个城为王，如今就说他们的家族已因此而衰亡了，也是可能的；如果让韩信、彭越等人处于通侯的地位，就说他们的子孙至今仍然存世繁衍，也是可能的。

原文

然则天下之大计可知已。欲诸王之皆忠附，则莫若令如长沙王；欲臣子之勿菹醢(53)，则莫若令如樊、郦等；欲天下之治安，莫若众建诸侯而少其力(54)。力少则易使以义，国小则亡邪心。令海内之势如身之使臂，臂之使指，莫不制从；诸侯之君不敢有异心，辐凑并进而归命天子(55)，虽在细民，且知其安，故天下咸知陛下之明。割地定制(56)，令齐、赵、楚各为若干国，使悼惠王、幽王、元王之子孙毕以次各受祖之分地，地尽而止，及燕、梁他国皆然。其分地众而子孙少者，建以为国，空而置之，须其子孙生者，举使君之。诸侯之地，其削颇入汉者(57)，为徙其侯国及封其子孙也，所以数偿之(58)。一寸之地，一人之众，天子亡所利焉，诚以定治而已，故天下咸知陛下之廉。地制一定，宗室子孙莫虑不王，下无倍畔之心(59)，上无诛伐之志，故天下咸知陛下之仁。法立而不犯，令行而不逆，贯高、利幾之谋不生(60)，柴奇、开章之计不萌(61)，细民乡善，大臣致顺，故天下咸知陛下之义。卧赤子天下之上而安(62)，植遗腹，朝委裘(63)，而天下不乱，当时大治，后世诵圣。一动而五业附(64)，陛下谁惮而久不为此？

【字词注解】

(53)菹（zū）醢（hǎi）：古代一种把人剁成肉酱的酷刑。

(54)众建诸侯而少其力：多封诸侯国而减弱他们的势力。

(55)辐凑：车的辐条集中于轴心。

(56)定制：指定出每一诸侯国的领地面积的大致规格。

(57)削颇入汉：指因有罪被削地，而被削之地划入朝廷直接管辖。

(58)所以数偿之：照削地的面积数量偿还给诸侯的子孙。

(59)倍畔：通“背叛”。

(60)利幾：原项羽部将，降汉封颍川侯，后反叛被杀。

(61)柴奇、开章：两人均参与淮南王刘长谋反。

(62)赤子：婴儿。指幼小的君主。

(63)朝委裘：朝见已故皇上的衣裘。

(64)五业：指上文所说的明、廉、仁、义、圣。

【精彩解说】

这样，治理天下的策略便可以知道了。要想诸侯王都能忠诚顺附，就莫过于让他们像长沙王那样；要想使臣子不遭杀身之祸，就莫过于让他们像樊哙、郦商那样；要想天下长治久安，莫过于多封诸侯国，而使每个诸侯国的力量减弱。力量弱就易于用道义教育管理，国小就不会产生谋反的想法。让天下的形势犹如身体指挥臂膀，臂膀指挥手指，就没有不受制服从的；各诸侯王不敢有叛离的意图，就像车的辐条集中于轴心一样听命于天子，这样，即使普通百姓，也知道国家能够安定，因此天下都知道陛下的英明。分割大诸侯国的封地，定出制度，命令齐国、赵国、楚国各分若干小国，让悼惠王、幽王、元王的子孙们，全都按次序继承祖先分封的土地，直至分完为止，至于燕国、梁国等其他诸侯国也都照样办理。那些封地大而子孙少的诸侯国，也分为若干小国，先空置在那里，等到有了子孙，全都让他们占一小国封王。诸侯王的土地，那些因犯罪被削减而划入朝廷管辖的，就迁移他们的封国，到封他们的子孙为王时，再按削地的数额补偿。一寸土地，一个百姓，天子也不占他们的，确实只以定国安邦为目的，因此天下都知道陛下的廉洁。封地的制度一旦确定下来，皇室的子孙就没有人担心不封王的，臣下没有背叛的念头，上面也就没有讨伐诛杀的意愿，因此天下人都知道陛下的仁爱。法制建立起来无人违反，命令颁布无人违背，贯高、利幾反叛的心不会产生，柴奇、开章的作乱阴谋也不会萌发，百姓向善，大臣顺服，因此天下都知道陛下以义服人。就是年幼的皇帝坐天下也会安定，扶立遗腹子为君，放置亡故君主的朝服接受臣子的朝拜，天下也不会生乱，当时得到大治，后世称颂圣明。用一个举措而能成就明、廉、仁、义、圣五项功业，陛下还怕什么而迟迟不这样做呢？

原文

天下之势方病大瘇(65)。一胫之大几如要(66)，一指之大几如股(67)，平居不可屈信(68)，一二指搐，身虑无聊(69)。失今不治，必为锢疾，后虽有扁鹊(70)，不能为已。病非徒瘇也，又苦跋盭(71)。元王之子(72)，帝之从弟也；今之王者(73)，从弟之子也。惠王之子(74)，亲兄子也，今之王者(75)，兄子之子也。亲者或亡分地以安天下，疏者或制大权以逼天子。臣故曰非徒病瘇也，又苦跋盭。可痛哭者(76)，此病是也。

【字词注解】

(65)瘇（zhǒng）：脚肿病。此处泛指肿。

(66)胫：小腿。要：同“腰”。

(67)股：大腿。

(68)信：通“伸”。

(69)聊：依靠。

(70)扁鹊：战国时名医。

(71)跖（zhí）盭（lì）：脚掌反扭无法行走。

(72)元王之子：楚元王刘交的儿子刘郢客。

(73)今之王者：指楚元王刘戊。

(74)惠王之子：齐悼惠王刘肥的儿子刘襄。

(75)今之王者：指齐文王刘则。

(76)可痛哭者：《治安策》开头处有“臣窃惟事势，可为痛哭者一”的话。

【精彩解说】

当今天下的形势（正苦于诸侯国的规模过大），犹如人身体患了严重的浮肿病一样。小腿粗得差不多像腰围，脚趾粗得差不多像大腿，平时已无法屈伸，倘若遇上一两个脚趾抽搐，便要担心整个身体无所依靠。错过当前的机会不进行治疗，就一定会发展成顽症，此后即使有扁鹊那样的名医，也无济于事了。这病不仅是腿脚肿大，又苦于脚掌反扭而无法行走。楚元王的儿子是陛下的堂弟；现在即位的，是堂弟的儿子。齐悼惠王的儿子是陛下胞兄的儿子，现在的齐王是亲哥哥儿子的儿子。亲近的皇族还未得到封地以安定天下，而疏远的皇族却大权在握，对天子构成威胁。我因此要说毛病不仅苦于腿脚浮肿，而且苦于脚掌反扭不能行走。我前面所说的可以为之痛哭的，便是这种病啊。

上书谏猎

司马相如

〔题解〕

司马相如(公元前179—前118年),字长卿,蜀郡成都(今四川成都)人,汉代著名的辞赋家,在中国文学史上占有重要地位。景帝时曾做过武骑常侍,因病免。擅长辞赋,其赋气势磅礴,想象丰富,辞藻华丽,代表作品为《子虚赋》和《上林赋》。他与卓文君的爱情故事也广为流传。

本文是司马相如上书给汉武帝的谏书。汉武帝留给我们的印象更多时候是雄才大略、魄力十足,但他也有迷信神仙、奢靡侈费、迷恋游猎的一面。司马相如为官时,见汉武帝沉迷于驰逐野兽的游戏无法自拔,甚至亲自搏击熊和野猪,于是,写了这篇谏猎书呈上。这篇散文行文委婉,劝谏中又夹杂着奉承之语,有很强的说服力与感染力。

原文

相如从上至长杨猎①。是时天子方好自击熊豕,驰逐埜兽②。相如因上疏谏曰:

"臣闻物有同类而殊能者,故力称乌获③,捷言庆忌④,勇期贲、育⑤。臣之愚,窃以为人诚有之,兽亦宜然。今陛下好陵阻险,射猛兽,卒然遇逸材之兽⑥,骇不存之地,犯属车之清尘⑦,舆不及还辕⑧,人不暇施巧,虽有乌获、逢蒙之技不得用⑨,枯木朽株尽为难矣。是胡、越起于毂下⑩，而羌、夷接轸也⑪，岂不殆哉？虽万全而无患，然本非天子之所宜近也。

"且夫清道而后行，中路而驰，犹时有衔橛之变⑫，况乎涉丰草，骋丘墟，前有利兽之乐，而内无存变之意，其为害也不亦难矣！夫轻万乘之重⑬，不以为安，乐出万有一危之涂以为娱，臣窃为陛下不取。

"盖明者远见于未萌，而知者避危于无形，祸固多藏于隐微，而发于人之所忽者也。故鄙谚曰：'家累千金，坐不垂堂⑭。'此言虽小，可以喻大。臣愿陛下留意幸察。"

【字词注解】

① 长杨：宫殿名。故址在今陕西。

② 埜（yě）：同"野"。

③ 乌获：战国时秦国的大力士。

④ 庆忌：吴王僚之子。《吴越春秋》说他有万人莫当之勇，奔跑极快，能追奔兽，手接飞鸟，驷马驰不及。射之暗，接矢不可中。颜师古则说他能射快箭。

⑤ 贲、育：孟贲、夏育，皆战国卫人，著名勇士。

⑥ 卒（cù）然：突然。卒，同"猝"。逸材：过人之材。逸，有超越意。这里喻指凶猛超常的野兽。

⑦ 属车：随从之车。颜师古释作连续不断的车队。两义可并存。这里是不便直指圣上的婉转说法。清尘：尘土。清，敬辞。

⑧ 还（xuán）：通"旋"。辕：车舆前端伸出的直木或曲木。这里借指舆车。

⑨ 逢（páng）蒙：夏代善于射箭的人，相传学射于羿。

⑩ 毂（gǔ）：车轮中心用以镶轴的圆木。也可代称车驾。

⑪ 轸（zhěn）：车厢底部四围横木。也用于车的代称。

⑫ 衔橛之变：泛指行车中的事故。衔，马嚼。橛（jué），车的钩心。

⑬ 万乘：指皇帝。

⑭ 垂堂：靠近屋檐下。坐不垂堂是以防屋瓦坠落伤身。《史记·袁盎

传》亦有"千金之子,坐不垂堂"语。

【精彩解说】

司马相如跟随皇上去长杨官狩猎。当时皇上正喜欢亲自搏击熊和野猪,驱车追赶野兽。相如因此上书进谏说:

"臣子听说物有族类相同而能力超常的,所以论力气要称誉乌获,论速度要说起庆忌,论勇敢要数到孟贲、夏育。臣子愚蠢,私下认为人确实有这种现象,兽类也应该是这样。现在陛下喜欢登险峻难行之处,射猎猛兽,要是突然遇到特别凶猛的野兽,它们因无藏身之地而惊起,冒犯了您圣驾车骑的正常前进,车子来不及掉头,人来不及随机应变,即使有乌获、逢蒙的本领也施展不开,枯树朽枝全都成了障碍。这就像胡人、越人从车轮下蹿出,羌人、夷人紧跟在车子后面一样,岂不危险吗?即使预备周全不会有危险,但这种地方本来不是皇上应该接近的啊。

"况且清扫了道路而后行车,驰骋在大路中间,尚且不时会出现拉断了马嚼子、滑出了车钩心之类的事故,更何况在密集的草丛里穿过,在小丘的土堆里奔驰,前面有猎获野兽的快乐在引诱,心里却没有应付事故的警惕,这样造成祸害也就不难了!不以天子身份为重,不安于此,乐于外出到可能发生危险的道路上去,臣子以为陛下这样不可取。

"大凡聪明的人在事端尚未萌生时就能预见,智慧的人在危险还未露头时就设法避开它,灾祸本来就多藏在隐蔽细微之处,而发生在人忽视它的时候。所以俗语说:'家里积聚了千金,就不坐在靠近屋檐的地方。'这说的虽是小事,却可以引申到大的问题上。臣子希望陛下留意明察。"

答苏武书

李 陵

〔题解〕

李陵（公元前134—前74年），字少卿，陇西成纪（今甘肃秦安）人，飞将军李广长孙，西汉名将。天汉二年（公元前99年），跟随贰师将军李广利出征匈奴，曾率五千步兵与八万匈奴兵交战，因寡不敌众兵败投降。由于汉武帝误听信李陵替匈奴练兵的讹传，诛杀李陵三族。苏武（公元前140—前60年），字子卿，杜陵（今陕西西安东南）人，西汉杰出的外交家。汉武帝天汉元年（公元前100年），苏武为中郎将，出使匈奴被扣留，匈奴威逼利诱其归顺，他威武不屈。到北海牧羊，坚持十九年。后被释回国，担任典属国。

苏武回汉朝之前，曾向李陵告别。回汉朝以后又写信给李陵，召李陵归汉。本文便是李陵写给苏武的回信。在信中，李陵向苏武表明了自己投降匈奴的不得已，因两方兵力悬殊，援兵不至，将士们浴血奋战也不能力挽狂澜，最终兵败被俘；又控诉了汉武帝诛其家族，残害其他功臣，表明汉朝负德。此文结构严密，说理透彻，情真意切，极富感染力。

子卿足下①：

勤宣令德②，策名清时③，荣问休畅④，幸甚，幸甚！远托异国，昔人所悲，望风怀想，能不依依！昔者不遗，远辱还答⑤，慰诲勤勤，有逾骨肉，陵虽不敏，能不慨然！

―●【字词注解】

①足下：交往中称对方的敬辞。古代可用于称前辈或同辈，汉之后用来称同辈。

②令德：美德。令，美好。

③策名：把士人的姓名登记在官府的简策上，称策名。策，简策。名，姓名。

④荣问：好名声。问，通"闻"。休：美。

⑤辱：书信中的谦辞，承蒙之意。

―●【精彩解说】

子卿足下：

您辛勤地发扬着美德，在政治清明之际做官，美名广泛传扬，很值得庆幸，很值得庆幸！我流落在异国他乡，这是古人所悲伤的，遥望故国，怀念老友，怎能不令人恋恋不舍！从前蒙您不嫌弃，从远方给我回信，谆谆安慰并教导我，情意超过了骨肉亲人，我李陵尽管不聪明，又怎能不为之感慨！

原文

自从初降，以至今日，身之穷困，独坐愁苦。终日无睹，但见异类⑥。韦鞲毳幕⑦，以御风雨，膻肉酪浆，以充饥渴，举目言笑，谁与为欢？胡地玄冰，边土惨裂，但闻悲风萧条之声。凉秋九月，塞外草衰⑧，夜不能寐。侧耳远听，胡笳互动⑨，牧马悲鸣，吟啸成群，边声四起。晨坐听之，不觉泪下。嗟乎，子卿！陵独何心，能不悲哉！

―●【字词注解】

⑥异类：古人将少数民族视为异类。

⑦鞲（gōu）：皮革做的长袖套，用来束衣袖。韦，皮革。毳（cuì）幕：毛毡做的帐篷。

⑧塞外：长城以外。

⑨胡笳：古代北方民族所奏的管乐器，其音悲凉。

【精彩解说】

　　自从当初投降匈奴，直到今日，身处艰难境地，常常一个人独自坐着发愁痛苦。整天看不到别的，只见到些异族人。戴着皮袖套，住在毡帐里，来抵御风雨；吃腥膻的肉食乳酪，用以充饥解渴；抬眼望去，跟谁一道说笑欢乐呢？匈奴之地冰封雪积，边塞的土地冻得开裂，只能听到悲风萧瑟之声。微寒的九月，塞外的草木都衰败了，夜里无法入睡。侧耳听着远方，胡笳声此起彼落，牧马悲哀地嘶鸣，各种声音交织在一起，在边塞的四周响起。早晨坐起来听着，便不知不觉地流下了眼泪。唉，子卿！难道我李陵的心与众不同，面对此情此景能不悲伤吗！

　　与子别后，益复无聊。上念老母，临年被戮⑩；妻子无辜，并为鲸鲵⑪。身负国恩，为世所悲，子归受荣，我留受辱，命也何如！身出礼义之乡，而入无知之俗，违弃君亲之恩，长为蛮夷之域⑫，伤已！令先君之嗣，更成戎狄之族⑬，又自悲矣！功大罪小，不蒙明察，孤负陵心区区之意⑭。每一念至，忽然忘生。陵不难刺心以自明，刎颈以见志，顾国家于我已矣，杀身无益，适足增羞，故每攘臂忍辱⑮，辄复苟活。左右之人，见陵如此，以为不入耳之欢，来相劝勉。异方之乐，祇令人悲，增忉怛耳⑯。

【字词注解】

⑩临年：达到这一年龄。此处指暮年。
⑪鲸鲵：鲸。古时雄为鲸，雌为鲵。此处比喻无辜被杀的人。
⑫蛮夷：古时对华夏民族以外的少数民族的称呼。
⑬戎狄：古时对西方、北方少数民族的称呼。
⑭区区：微小。此处指诚恳。
⑮攘臂：捋起袖子，露出手臂，振奋或发怒的样子。
⑯忉（dāo）怛（dá）：悲痛忧伤。

【精彩解说】

　　与您分别以后，更加百无聊赖。对上想到高堂老母，到垂老之年还被杀害；妻子儿女是无罪的，也一并遭杀害。我辜负了国家的恩德，被世人悲叹，您回国后得到荣誉，我却留在这里受辱，这是命中注定，有什么办法！我出身于礼义之邦，却来到这愚昧无知的社会，背弃了国君和父母的恩德，长期留在这蛮夷的地域，真是伤心啊！令我祖先的后代，变成了戎狄的族人，更让自己觉得悲伤！我功大罪小，可是不被圣上明察，辜负了我李陵一片赤诚的心意。每想到这里，便立刻不想再活下去了。我不难做到自杀来表明心迹，以自刎来显示志向，可是国家对我的恩断义绝已使我绝望了，自杀没有益处，恰恰足以增加耻辱，所以每每又捋袖出臂，强忍屈辱，就又苟且地活在世上。身边的人看到我这样，就用那些不中听的开心话来劝慰我。然而异国的欢乐，只能使我悲伤，增加我的忧愁而已。

原文

嗟乎，子卿！人之相知，贵相知心。前书仓卒未尽所怀，故复略而言之。昔先帝授陵步卒五千⑰，出征绝域，五将失道，陵独遇战。而裹万里之粮，帅徒步之师，出天汉之外⑱，入强胡之域，以五千之众，对十万之军，策疲乏之兵，当新羁之马。然犹斩将搴旗⑲，追奔逐北，灭迹扫尘，斩其枭帅⑳，使三军之士视死如归。陵也不才，希当大任，意谓此时，功难堪矣。

匈奴既败，举国兴师，更练精兵，强逾十万，单于临阵，亲自合围。客主之形，既不相如；步马之势，又甚悬绝。疲兵再战，一以当千，然犹扶乘创痛，决命争首㉑。死伤积野，余不满百，而皆扶病，不任干戈㉒。然陵振臂一呼，创病皆起，举刃指虏，胡马奔走；兵尽矢穷，人无尺铁，犹复徒首奋呼㉓，争为先登。当此时也，天地为陵震怒，战士为陵饮血㉔。单于谓陵不可复得，便欲引还，而贼臣教之㉕，遂使复战，故陵不免耳。

昔高皇帝以三十万众，困于平城㉖。当此之时，猛将如云，谋臣如雨，然犹七日不食，仅乃得免。况当陵者，岂易为力哉？而执事者云云㉗，苟怨陵以不死。然陵不死，罪也。子卿视陵，岂偷生之士而惜死之人哉？宁有背君亲、捐妻子，而反为利者乎？然陵不死，有所为也。故欲如前书之言，报恩于国主耳。诚以虚死不如立节，灭名不如报德也。昔范蠡不殉会稽之耻㉘，曹沫不死三败之辱㉙，卒复句践之仇，报鲁国之羞。区区之心，窃慕此耳。何图志未立而怨已成，计未从而骨肉受刑。此陵所以仰天椎心而泣血也！

【字词注解】

⑰先帝：此处指汉武帝。

⑱天汉：指汉朝疆土。

⑲搴（qiān）：拔取。

⑳枭帅：骁勇的将帅。

㉑争首：争先。

㉒干戈：兵器。

㉓徒首：不戴头盔。

㉔饮血：泣血，形容极度悲愤。

㉕贼臣：指叛徒管敢。管敢原是李陵部下的低级军官"军侯"，李陵军受到匈奴军重创，管敢投降了匈奴，将汉军情况泄露给匈奴单于，单于便再度攻击李陵。

㉖"昔高皇帝"二句：高祖七年（公元前200年），韩王信与匈奴勾结谋反，高祖刘邦率师亲征，到平城（今山西大同东北），被匈奴围困七天。

㉗执事者：当权者，指汉朝大臣。

㉘"昔范蠡"句：春秋时，越王勾践被吴王夫差围困在会稽山，勾践派谋士范蠡作为人质，向吴国求和，越国争取到喘息机会，最终灭掉了吴国。

㉙"曹沫（mò）"句：春秋时，鲁庄公的大将曹沫与齐国作战，三战三败，只能割地求和。后来齐桓公与鲁庄公会盟，曹沫用匕首劫持齐桓公，迫使桓公归还侵占的鲁国土地。

㉚椎（chuí）心而泣血：捶胸痛哭，流出血泪，形容极度悲痛。

【精彩解说】

唉，子卿！人与人之间的相互了解，贵在知心。前一封信写得仓促，没能充分说完我心里的话，所以再简略地说一说。从前先帝交给我五千步兵，出征到极边远的地方，其他五位将军迷失路途，只有我李陵一支队伍遭遇敌人发生战斗。我带着远征万里的粮草，率领徒步行军的部队，越出国境，进入强大的胡人地区，用五千之众，对付敌人十万大军，指挥疲惫的战士，抵挡敌人刚出营的骑兵。然而我们还是斩将夺旗，追逐败逃之敌，就像消除脚印、扫除尘土一样，斩了敌人骁勇的将领，使得我方三军将士视死如归。我没有才能，很少承担重大的任务，心里认为这个时候，功劳也算是别人很难胜过的了。

匈奴兵败之后，又全国动员，挑选精兵，强大的敌军超过了十万，单于临阵指挥，亲自合围我们。客军与主军的形势，既不能相比；步兵与骑兵的力量，又相差悬殊。疲惫的士兵再次投入战斗，一个人要抵挡上千人，但是战士仍不顾伤痛，拼命争先。死伤者堆积遍野，剩下的还不满一百人，又都带着病，已经没有力气拿起武器。然而我振臂一呼，带着伤痛的士兵又都振奋起来，拿起武器刺向敌人，打得匈奴骑兵狼狈逃跑了；坚持到最后兵器都耗尽了，手无寸铁，仍然光着头高呼杀敌，争先恐后地往前冲。在这时，真是天地为我愤怒，战士们为我痛哭。匈奴单于认为不可能再俘获我，就打算退兵回去，但是叛臣管敢出卖了我军，叫匈奴继续进攻，于是重新开战，因此我终于不免被俘。

从前高皇帝亲率三十万大军，被匈奴围困在平城。那个时候，猛将如云，谋臣如雨，尚且七天得不到粮食，仅仅免于被歼灭。何况像我这样的情况，难道就容易做到吗？可是当权者却议论纷纷，埋怨我没能以死殉国。不过我未能以死殉国，确实有罪。子卿，您看我李陵，难道是贪生怕死的人吗？是那种宁肯背弃国君父母，抛弃妻子儿女，也要为自己谋私利的吗？我之所以不死，是想有所作为啊。本来是想要像前一封信所说的那样，向君主报恩罢了。我确实认为白白地死去不如树立名节，身死名灭不如用实际行动来报答恩德。从前范蠡不为会稽之耻而殉难，曹沫不为三败的屈辱而死，最终为勾践报了仇，为鲁国雪了耻。我的一点儿心愿，就是羡慕他们的作为而已。哪里想到志向还没有实现就受到责怨，计划还未实行亲人就遭到杀戮。这便是我仰望苍天而捶胸痛哭的原因啊！

原文

足下又云："汉与功臣不薄。"子为汉臣，安得不云尔乎！昔萧、樊囚絷[31]，韩、彭菹醢[32]，晁错受戮[33]，周、魏见辜[34]，其余佐命立功之士，贾谊、亚夫之徒[35]，皆信命世之才，抱将相之具，而受小人之谗，并受祸败之辱，卒使怀才受谤，能不得展。彼二子之遐举[36]，谁不为之痛心哉！陵先将军[37]，功略盖天地，义勇冠三军，徒失贵臣之意[38]，到身绝域之表。此功臣义士所以负戟而长叹者也，何谓"不薄"哉？

且足下昔以单车之使，适万乘之虏，遭时不遇，至于伏剑不顾㊴，流离辛苦，几死朔北之野㊵。丁年奉使，皓首而归，老母终堂，生妻去帷，此天下所希闻，古今所未有也。蛮貊之人尚犹嘉子之节㊶，况为天下之主乎？陵谓足下当享茅土之荐㊷，受千乘之赏㊸，闻子之归，赐不过二百万，位不过典属国㊹，无尺土之封，加子之勤；而妨功害能之臣尽为万户侯，亲戚贪佞之类悉为廊庙宰㊺。子尚如此，陵复何望哉？

且汉厚诛陵以不死，薄赏子以守节，欲使远听之臣望风驰命，此实难矣，所以每顾而不悔者也。陵虽孤恩，汉亦负德。昔人有言："虽忠不烈，视死如归。"陵诚能安，而主岂复能眷眷乎？男儿生以不成名，死则葬蛮夷中，谁复能屈身稽颡㊻，还向北阙㊼，使刀笔之吏弄其文墨耶㊽！愿足下勿复望陵。

【字词注解】

㉛ 萧、樊囚絷（zhí）：萧，萧何，沛县人。汉朝开国功臣。汉高祖时任相国。因劝高祖开放上林苑空地给百姓耕种，触怒皇帝被捕入狱。后经大臣援救，得以开释。樊，樊哙。汉朝开国功臣。曾被人诬告与吕后结党谋杀赵王如意（刘邦的儿子），被高祖逮捕，后被吕后释放。

㉜ 韩、彭菹（zū）醢（hǎi）：韩，韩信。汉代开国功臣。被人告密谋反，吕后设谋将他逮捕，斩于长乐宫。彭，彭越。汉初功臣。被人告发谋反，为高祖所杀。菹醢，古代酷刑之一，把人剁成肉酱。

㉝ 晁错：西汉景帝的谋臣，任御史大夫。提出削夺诸侯王国封地的建议，得到景帝采纳。吴王濞等以"诛错"为名发动七国叛乱。晁错为袁盎所谗，被杀。

㉞ 周、魏见辜：周，周勃。秦末随刘邦起兵，因军功被封为将军。曾被人诬告谋反，被捕入狱，后因太后营救，释放。魏，指窦婴。汉景帝时任大将军，武帝时任丞相，因功封魏其侯。后遭丞相田蚡诬陷，被杀。

㉟ 贾谊：汉初著名文学家和政治家。文帝时为太中大夫，主张改革政治，遭到贵臣攻击诬陷。亚夫：周亚夫，周勃之子，汉初大将，封条侯。景帝时任太尉，率师平定"吴楚七国之乱"。后被冤入狱，其子私买御物被捕下狱，绝食而死。

㊱彼二子：指贾谊与周亚夫。

㊲先将军：指李陵已故的祖父李广。李广在景帝和武帝时多次击退匈奴军的侵扰，时称"飞将军"。后随大将军卫青攻匈奴，因迷失路途贻误军机，被责自杀。

㊳臣：指卫青。卫青是汉武帝的卫皇后之同母弟，卫青对李广这次失误十分不满。所以有"失贵臣之意"的说法。

㊴伏剑：以剑自刎。

㊵朔北：泛指我国长城以北地区。

㊶蛮貊（mò）：泛指四边少数民族。

㊷茅土之荐：指赐土地，封诸侯。古代帝王社祭之坛用五色土建成，分封诸侯时则按诸侯所在方位取坛上一色土，包以茅草，授给受封的人，作为分得土地的象征。

㊸千乘之赏：指封赏为诸侯。

㊹典属国：官名，掌管少数民族事务。苏武回国后任此职。

㊺廊庙：宫殿四周的廊和太庙，是帝王与大臣议论朝政的处所，因此以廊庙代称朝廷。

㊻稽颡（sǎng）：磕头，以额触地。颡，面额。古代一种跪拜礼。

㊼北阙：皇宫北面的门楼，大臣等候朝见或上书奏事的地方。此处用以指朝廷。

㊽刀笔之吏：主办文案的官吏。刀笔均为书写工具，古代无纸，书写时用刀刻于竹简上。

【精彩解说】

您又说："汉朝对待功臣不薄。"您身为汉臣，哪能不这样说呢！从前萧何、樊哙被囚禁，韩信、彭越被剁成肉酱，晁错被杀戮，周勃、窦婴被判了罪，其余辅佐天子立下功劳的人，如贾谊、周亚夫这类人，的确都是当时杰出的人才，具备担任将相的才略，却受到小人的谗毁，都受到灾祸和失败的耻辱，最终使得他们空怀才能受到诽谤，才能得不到施展。他们二人逝去，谁不为他们痛心呢！我的祖父李广将军，功绩和谋略盖过天地，忠义和英勇全军数第一，只是失去权贵的欢心，结果自杀在边远的疆场。这就是功臣和义士负戟长叹的原因，怎么能说汉朝对功臣"不薄"呢？

再说您从前只凭单车使者的身份出使到兵力强大的匈奴，碰上运气不好，以至于伏剑自杀也不在乎,流离辛苦,几乎死在塞北荒野。壮年奉命出使,白头才得以回归,老母在家亡故,年轻的妻子改嫁,这是天下很少听到,从古到今所没有的事情。异族的人尚且都赞美您的节操,何况身为天下之主的皇上呢?我认为您应当享受分封诸侯的待遇,得到千乘之国的赏赐,可是听说您回去以后,赏赐不过二百万钱,官位仅是个典属国,并没有尺寸土地的封赏,来嘉奖您的功劳;而那些破坏功业、陷害能人的朝臣均被封为万户侯,皇亲国戚、贪赃枉法之徒都做了朝廷的高官。您尚且受到这样的待遇,我李陵还有什么指望呢?

况且汉朝因为我不肯死节,就大加诛杀,而对您的坚贞守节,只给以微薄的奖赏,这样对待功臣还想让远方听候命令的臣子急切地为朝廷效力,这实在是太困难了,这是我每每回顾往事而不后悔的原因。我虽然辜负了汉朝的恩情,但汉朝也辜负了我的功德。前人有句话:"虽然有忠心而未能死节,也能做到视死如归。"我如果真能安心死节,皇上难道还会怀念我吗?男儿活着如果不能成名,死后就葬在蛮夷之地,谁还会弯腰叩头回到朝廷上,让那些刀笔吏舞文弄墨罗织罪名呢!希望您不要期望我回到汉朝了。

【原文】

　　嗟乎,子卿!夫复何言?相去万里,人绝路殊。生为别世之人,死为异域之鬼,长与足下,生死辞矣!幸谢故人[49],勉事圣君。足下胤子无恙[50],勿以为念。努力自爱。时因北风,复惠德音。李陵顿首[51]。

【字词注解】

[49]故人:老朋友。

[50]胤子:儿子。胤,后代。苏武曾在匈奴娶匈奴女为妻,生子名通国。写此信时苏通国尚在匈奴。

[51]顿首:叩头。用于书信的开头或结尾。

【精彩解说】

　　唉!子卿!还能说什么呢?我们相距万里,来往断绝,走的路也不同。我活着是另外一个世间的人,死了是异国之鬼,永远与您生离死别了!希望您代我向老朋友们致意,勉力侍奉圣明的君主。您的儿子安然无恙,不必挂念。希望您多加珍重。希望您时常趁着北风的方便,惠赐您的教诲。李陵顿首。

前出师表

诸葛亮

〔题解〕

诸葛亮（181—234年），字孔明，号卧龙，琅邪阳都（今山东沂南）人，三国时期蜀汉丞相，杰出的政治家、军事家、文学家。东汉末年，诸葛亮在南阳隆中（今湖北襄阳西）隐居。刘备慕名前去请他出山辅佐自己，去了三次才得相见。之后，诸葛亮便开始了辅助刘备从事光复汉室的大业。刘备临终前将后主刘禅和蜀国军政大事都托付给了诸葛亮。为报答刘备的知遇之恩，诸葛亮鞠躬尽瘁。遗憾的是，兴复之业还未成功，诸葛亮便病逝了。

《前出师表》出自《三国志·蜀书·诸葛亮传》。"表"是古代的一种文体，专为臣下向君王陈述求请时使用，类似的还有"章""奏""议"等。当时蜀汉已从刘备逝世的震荡中恢复过来，诸葛亮认为已有能力北伐中原，实现刘备光复汉室的夙愿。于是，在出发之前，将这篇表呈给后主刘禅。本文表达了作者审慎勤恳、以身许国的忠贞之志，又劝诫后主不要忘记先帝遗愿，当锐意进取、亲贤远佞。文笔酣畅，情感真挚，读之令人感佩。

原文

臣亮言：先帝创业未半而中道崩殂①。今天下三分，益州疲敝②，此诚危急存亡之秋也③。然侍卫之臣不懈于内，忠志之士忘身于外者，盖追先帝之殊遇④，欲报之于陛下也⑤。诚宜开张圣听⑥，以光先帝遗德，恢宏志士之气⑦，不宜妄自菲薄⑧，引喻失义⑨，以塞忠谏之路也。宫中府中⑩，俱为一体，陟罚臧否⑪，不宜异同。若有作奸犯科及为忠善者⑫，宜付有司论其刑赏⑬，以昭陛下平明之治，不宜偏私，使内外异法也。

侍中、侍郎郭攸之、费祎、董允等⑭，此皆良实，志虑忠纯，是以先帝简拔以遗陛下。愚以为宫中之事，事无大小，悉以咨之，然后施行，必能裨补阙漏⑮，有所广益。将军向宠⑯，性行淑均⑰，晓畅军事，试用于昔日⑱，先帝称之曰能，是以众议举宠以为督⑲。愚以为营中之事，事无大小，悉以咨之，必能使行阵和穆⑳，优劣得所也。亲贤臣，远小人，此先汉所以兴隆也；亲小人，远贤臣，此后汉所以倾颓也㉒。先帝在时，每与臣论此事，未尝不叹息痛恨于桓、灵也㉓。侍中、尚书、长史、参军㉔，此悉贞亮死节之臣也㉕，愿陛下亲之信之，则汉室之隆，可计日而待也。

臣本布衣，躬耕于南阳㉖，苟全性命于乱世，不求闻达于诸侯㉗。先帝不以臣卑鄙㉘，猥自枉屈㉙，三顾臣于草庐之中，谘臣以当世之事，由是感激，遂许先帝以驱驰㉚。后值倾覆㉛，受任于败军之际，奉命于危难之间，尔来二十有一年矣。先帝知臣谨慎，故临崩寄臣以大事也㉜。受命以来，夙夜忧叹，恐托付不效，以伤先帝之明㉝，故五月渡泸㉞，深入不毛。今南方已定，兵甲已足，当奖帅三军，北定中原，庶竭驽钝㉟，攘除奸凶㊱，兴复汉室，还于旧都㊲。此臣之所以报先帝，而忠陛下之职分也。至于斟酌损益，进尽忠言，则攸之、祎、允之任也。愿陛下托臣以讨贼兴复之效，不效，则治臣之罪，以告先帝之灵。若无兴德之言，则责攸之、祎、允之咎，以彰其慢㊳。陛下亦宜自谋，以谘诹善道，察纳雅言，深追先帝遗诏，臣不胜受恩感激。今当远离，临表涕泣，不知所云。

• 【字词注解】

①先帝：指蜀昭烈帝刘备。崩殂（cú）：天子之死曰"崩"。殂，也是死的意思。

②益州：汉行政区域十三刺史部之一。疲敝：贫弱，困乏。

③诚：确实是。秋：时候，日子。古人多以"秋"称多事之时。

④盖：发语词。

⑤陛下：对皇帝的称词。表示不敢直接面对皇帝，而通过陛阶下的侍从转致的意思。

⑥圣：古时对皇上的尊称。

⑦恢宏：振奋。

⑧妄自菲薄：过于看轻自己。

⑨失义：失当，不合大义。

⑩宫中：指宫廷内朝中的亲近侍臣，如文中的侍中、侍郎之类。府中：指丞相府中的官吏，如文中的长史、参军等。

⑪陟（zhì）：升官。臧（zāng）否（pǐ）：善恶，得失。这里指表扬和批评。

⑫犯科：触犯法律中的科条。

⑬有司：有关的专管官署或官吏。

⑭侍中、侍郎：都是皇帝左右的亲近侍臣，不仅随同出入，还兼顾问。侍郎，即黄门侍郎。

⑮裨补：增益补阙。

⑯向宠：蜀大臣向朗之兄子，后主时先后任中部督和中领军。

⑰淑均：善良公正。

⑱试用于昔日：指向宠曾随刘备伐吴，秭归兵败，唯他的营垒得到保全。

⑲举宠以为督：当时蜀大臣拟推举向宠为中部督，主管宫廷禁军的事务。

⑳行阵：指军队。

㉑先汉：犹言前汉，西汉。

㉒后汉：指东汉。

㉓桓：东汉桓帝刘志。灵：东汉灵帝刘宏。

㉔侍中：指郭攸之和费祎。尚书：协助皇帝处理公文政务的官吏。此指

陈震。长史：丞相府主要佐官。此指张裔。参军：丞相府主管军务的佐官。此指蒋琬，诸葛亮死后继为尚书令，统领国事。

㉕贞亮：忠贞诚实。亮，忠诚，坦白。

㉖南阳：汉郡名，治所在宛（今湖北襄阳西）。

㉗闻达：显达，有名望。

㉘卑鄙：地位低下，少见识。

㉙猥（wěi）：谦卑地。枉屈：屈尊的意思。

㉚驱驰：喻为人效劳。

㉛值：遇上。倾覆：指建安十三年（208年），曹操南侵荆州时，刘备在当阳长坂坡被击破一事。

㉜寄：托付。这句指刘备东伐孙吴，在秭归被吴将陆逊击败，退居白帝城。章武三年（223年）四月，刘备病死永安宫（故址在今重庆奉节东），临终托孤于诸葛亮，要他辅助后主刘禅，讨魏兴汉。

㉝伤：有损，妨害。

㉞五月渡泸：建兴三年（225年）南中诸郡反叛，诸葛亮率军出征，渡过泸水，平定南中四郡。

㉟驽钝：这里以劣马（驽）和不锋利的刀（钝）来比喻才能的平庸。

㊱奸凶：指曹魏。

㊲旧都：指东汉都城洛阳。

㊳慢：怠慢，失职。

【精彩解说】

臣诸葛亮上表进言：先帝创建王业还未完成一半就中途死去。现在天下三分鼎立，蜀汉国力疲乏困顿，这真是有关生死存亡的时刻啊。然而朝廷里侍奉、卫护陛下的大臣们毫不懈怠，忠贞的将士在外奋不顾身，那是因为大家在怀念先帝对他们不同一般的赏识，要向陛下表示报答之情啊。陛下实在应该广泛地听取大家的意见，以此来光大先帝留下的美德，振奋鼓舞志士们的勇气，不可轻率地自己看轻自己，言谈训谕时有失大义，以致把臣民向您尽忠规劝的言路阻塞了。内庭侍臣和相府官吏，都是一样为陛下效力的，凡是升奖惩罚、赞扬批评标准不应该有差异。如果有做坏事触犯法令科条或忠心做好事的，应该交由有关部门评审应受什么处罚或受什么赏赐，以此来显示陛下处事的公正贤明，不可有所偏袒，使得内外法令不一。

郭攸之、费祎、董允等这些侍卫之臣，都是善良诚实的人，心志都是忠贞纯正的，所以先帝选拔出来留给陛下任用。臣下认为宫廷中的事，无论大小，全都要询问他们，然后再执行，这样一定能够补救疏漏，得到更多的好处。向宠将军，品性善良公正，通晓军事，当初曾被任用过，先帝称赞他是个能人，所以大家酝酿着要推举他做中部督。臣下认为军营里的事务，无论大小，全都征询他的意见，一定能使军队协调齐心，处置合宜，各得其所。亲近贤良的臣子，疏远奸佞小人，这是前汉兴旺强盛的原因；亲近小人，疏远贤良的臣子，这是后汉之所以衰败的原因。先帝活着的时候，每逢与臣下议论到这件事，没有一次不对桓、灵二帝的作为表示痛心和遗憾而发出叹息的。侍中郭攸之、费祎，尚书令陈震，长史张裔，参军蒋琬，都是坚贞坦诚、能以死报国的臣子，希望陛下亲近、信任他们，这样汉家天下的兴旺，就指日可待了。

臣下本来是个平民百姓，在南阳耕田为生，只求在乱世中能保全生命，不想向诸侯谋求高官厚禄和显赫的名声。先帝不介意臣下身份低贱和见识少，不惜降低身份而三顾茅庐，向臣下询问天下大事，因此臣下为之感动，就答应为先帝效力。后来战事失败，臣下在败亡之际，接受了挽救危局的重任，到现在已有二十一年了。先帝知道臣下处事谨慎，所以在临死时把辅助陛下兴复汉室的大事交付给臣下。接受先帝遗命以来，我日日夜夜担心叹息，唯恐所托不能实现，从而有损先帝明于鉴察的声名，所以臣下五月渡过泸水，深入到荒远之地。现在南方已平定，兵员装备已充足，该带领三军，北进收复中原，也许可以竭尽绵力，扫除凶残的奸贼，光复汉家江山，迁归旧日国都。这就是臣下用来报答先帝，效忠于陛下的职责。至于权衡得失，毫无保留地向陛下进忠言，那是郭攸之、费祎、董允他们的责任了。希望陛下把讨伐曹魏、兴复汉室的大事交付给臣下，如果无所成就，就治臣下的罪，来禀告先帝的在天之灵。如果没有劝勉陛下发扬圣德的忠言，那就要追究郭攸之、费祎、董允等人的怠惰之罪，来揭示他们的过失。陛下也应该自己思虑谋划，征询治国的办法，了解并接受忠正的言论，牢牢不忘先帝的遗愿，臣下就感恩不尽了。而今快要去远征，不禁流着眼泪写下这篇表文，激动得不知自己说了什么。

后出师表

诸葛亮

〔题解〕

《三国志·蜀书·诸葛亮传》中仅有一篇《前出师表》，《后出师表》只见于《三国志·蜀书·诸葛亮传》中裴松之的注文。裴氏曰："此表，《亮集》所无，出张俨《默记》。"这篇文章重点论述了汉、贼不两立的态度和敌强我弱的严峻现实，诸葛亮向后主刘禅阐明北伐不仅是为了实现先帝的遗愿，也是为了维护蜀国的安全，应抓住时机行动，不能因"议者"的不同看法而有所动摇。全文以议论见长，充满了忠贞壮烈之气。

【原文】

先帝虑汉、贼不两立①，王业不偏安②，故托臣以讨贼也。以先帝之明，量臣之才，固知臣伐贼，才弱敌强也，然不伐贼，王业亦亡，惟坐而待亡，孰与伐之？是故托臣而弗疑也。臣受命之日，寝不安席，食不甘味。思惟北征，宜先入南③，故五月渡泸，深入不毛，并日而食④。臣非不自惜也，顾王业不可偏安于蜀都⑤，故冒危难以奉先帝之遗意，而议者谓为非计⑥。今贼适疲于西，又务于东⑦，兵法乘劳⑧，此进趋之时也。谨陈其事如左⑨：

【字词注解】

①汉：指蜀汉。蜀汉自认为是西汉、东汉一脉相传的继承者。贼：此处

指曹魏。

②偏安：指封建王朝失去中原而苟安于仅存的部分领土。

③入南：指诸葛亮深入南中，平定四郡事。

④并日而食：两天仅吃一天的食粮。

⑤蜀都：此指蜀汉之境。

⑥议者：指当时蜀国中对出师北伐持不同意见的官吏。

⑦"今贼"二句：指建安六年（201年）年初，诸葛亮初出祁山，魏西部南安、天水、安定三郡，叛魏降汉，关中震动，故称"今贼适疲于西"。同年八月，东吴大将陆逊击败魏将曹休，斩敌万余，故称"又务于东"。

⑧兵法乘劳：兵书上说要趁敌人疲劳时去进攻。

⑨如左：如下，古代书写从右往左。

【精彩解说】

先帝考虑到蜀汉与曹贼不可并存，王业不能偏安一隅，所以把讨伐曹贼的任务委托给我。凭着先帝的英明，量夺我的才能，本来就知道让我去讨伐曹贼，是我的才能薄弱而敌人的势力强大，然而不讨伐曹贼，王业也会败亡，与其坐而待亡，哪如兴师去讨伐他们呢？为此托付给我讨贼的任务而毫无迟疑。我从接受任命那天起，就每日睡不安稳，食无滋味。考虑要进行北伐，首先要平定南方，所以五月率兵渡过泸水，深入偏远之地，两天才吃一天的饭。我并非不爱惜自己，只是看到汉王室不可偏处于蜀地一隅而得以保全，为此甘冒艰难危险来实现先帝的遗愿，而朝中议政的群臣认为这样做并不是上策。当前曹贼恰好疲于对付西边的叛乱，在东线又要全力去应付孙吴的进攻，按照兵法应当趁敌疲劳之际出击，现在正是进攻的大好时机。我谨慎而郑重地将对此事的看法陈述如下：

原文

高帝明并日月⑩，谋臣渊深，然涉险被创⑪，危然后安。今陛下未及高帝，谋臣不如良、平⑫，而欲以长策取胜，坐安天下，此臣之未解一也。

刘繇、王朗各据州郡⑬，论安言计，动引圣人，群疑满腹，众难塞胸。今岁不战，明年不征，使孙策坐大，遂并江东⑭，此臣之未解二也。

曹操智计殊绝于人，其用兵也，仿佛孙、吴⑮，然困于南阳⑯，险于乌巢⑰，危于祁连，逼于黎阳，几败北山，殆死潼关，然后伪定一时尔㉒，况臣才弱，而欲以不危而定之，此臣之未解三也。

曹操五攻昌霸不下㉓，四越巢湖不成㉔，任用李服而李服图之㉕，委任夏侯而夏侯败亡。先帝每称操为能，犹有此失，况臣驽下，何能必胜？此臣之未解四也。

自臣到汉中㉗，中间期年耳㉘，然丧赵云、阳群、马玉、阎芝、丁立、白寿、刘郃、邓铜等及曲长、屯将七十余人㉙，突将无前寰、青、羌散骑、武骑一千余人㉚，此皆数十年之内所纠合四方之精锐，非一州之所有；若复数年，则损三分之二也，当何以图敌？此臣之未解五也。

今民穷兵疲，而事不可息，事不可息，则住与行劳费正等㉛，而不及早图之，欲以一州之地与贼持久，此臣之未解六也。

【字词注解】

⑩高帝：汉高祖刘邦。

⑪涉险被创：刘邦曾在同项羽的一次战斗中被流矢射伤。

⑫良、平：刘邦的重要谋臣张良、陈平。

⑬刘繇（yáo）：东汉末扬州刺史，后至曲阿（今江苏丹阳）。王朗：东汉会稽太守。二人均被孙策击败。

⑭孙策：字伯符，孙权之兄。东汉兴平二年（195年），孙策率兵击破刘繇，据有江东。后又入据会稽。孙策的征战，为吴国打下了根基。江东：自汉至隋唐称安徽芜湖以下的长江下游南岸地区为"江东"。

⑮孙、吴：孙，指孙武。中国历史上著名的军事家，春秋时吴国将领，善用兵，著有《孙子兵法》十三篇。吴，指吴起，战国时魏国大将。

⑯南阳：东汉郡名。治所在宛城（今河南南阳）。建安二年（197年），曹操与张绣战于宛城，兵败，身中流矢。操之长子曹昂战死，曹军大败。

⑰乌巢：地在今河南延津东南。建安五年（200年），袁绍派重兵讨伐曹操，兵临官渡（今河南中牟东北），在乌巢聚积大量军粮，准备与曹操相持。其时曹军粮少兵疲，幸而曹操率奇兵夜袭乌巢，继而在官渡大败袁军，

才转危为安。

⑱祁连：似指邺（今河北磁县）附近的祁山。建安九年（204年），曹操围邺，袁绍少子袁尚引兵还救，操击破之。袁尚败守祁山，操再破之，复引兵围邺，为袁将审配的伏兵射中。

⑲逼于黎阳：建安七年（202年），袁绍病死，其子袁谭、袁尚固守黎阳（今河南浚县东北）。操征之，战不克。

⑳几败北山：建安二十四年（219年），曹操大将夏侯渊为蜀军所杀。操从长安出斜谷，与刘备争汉中，运粮经北山，被蜀将赵云袭击，曹军损失巨大。

㉑殆死潼关：建安十六年（211年），曹操讨伐马超于潼关，在黄河边与马超的军队相遇，曹操避入舟中，马超派骑兵沿河追射，矢如雨下。

㉒伪定：诸葛亮以蜀汉为正统，因此指曹操为"伪"。

㉓昌霸：又称昌狶。建安四年（199年），刘备袭取徐州，东海昌霸叛曹附刘备，曹操屡攻不下，后命于禁击杀之。

㉔四越巢湖：曹魏以合肥为军事重镇，相邻的巢湖与吴接界，其时孙权经常派遣军队包围合肥，曹操多次从巢湖进攻孙权，多无功而返。

㉕李服：王服。建安四年（199年），汉献帝的亲信车骑将军董承带了密诏，与将军吴子兰、王服和刘备等计划杀害曹操。建安五年（200年）春，计划泄露，曹操捕杀董承、王服二人。

㉖夏侯：指夏侯渊。曹操留夏侯渊守汉中，建安二十四年（219年），夏侯渊被刘备部将黄忠杀于定军山（在今陕西勉县）。

㉗汉中：郡名，因汉水上流的沔水流经而得名。

㉘期年：一周年。诸葛亮从建安五年（200年）率军北驻汉中，至此已经一年了。

㉙赵云、阳群等：均为蜀汉名将。

㉚賨、叟、青、羌：均为西南地区少数民族。散骑、武骑：均为骑兵分部的名称。

㉛劳费正等：劳力和费用正好相等。

【精彩解说】

汉高帝的英明，可以和日月相比，他手下的谋臣深谋远虑，然而还是要历经艰险遭受创伤，遭遇危难后才得以安定。如今陛下不及高祖皇帝，谋臣不如张良、陈平，却想要用长久对峙的策略来取胜，安坐着平定天下，这是我不能理解的第一点。

刘繇、王朗，各自占据州郡，他们谈论安定天下的计策，动不动就援引古代圣贤的话，大家疑虑满腹，各种非议充塞胸中。他们今年不出战，明年不出征，让孙策自然而然地强大起来，从而吞并了江东，这是我不能理解的第二点。

曹操的智谋心计超过了一般人，他在用兵方面，可与古代的孙子、吴起相媲美，然而还是被困在南阳，在乌巢遇险，在祁连处于危难，在黎阳被逼，几乎败于北山，差一点儿死在潼关，然后才僭称国号于一时，何况我才能微弱，想不冒危难而安定天下，这是我不能理解的第三点。

曹操五次攻打昌霸未能攻下，四次越渡巢湖均未成功，任用李服而李服却图谋要杀害他，委用夏侯渊而夏侯渊却战败身亡。先帝常常称赞曹操的才能，曹操尚且还有这些失误，更何况我才能低下，怎么能够一定胜利呢？这是我不能理解的第四点。

自从我进驻汉中地区，不过一年罢了，然而在这期间丧失了赵云、阳群、马玉、阎芝、丁立、白寿、刘郃、邓铜等将领，以及部曲将官、屯兵将官七十余人，突将、无前、賨、叟、青、羌散骑、武骑等一千余人，这些均是在几十年内从四方积集起来的精锐力量，不是我蜀地一州所能拥有的；如果再过几年，就要损失三分之二了，那时还用什么对付敌人呢？这是我不解的第五点。

现在百姓穷困，兵士疲惫，然而战事却不可能停止，战事不能停止，那么防守和出击所消耗的劳力和费用正好相等，如果不及早策划去征讨敌人，妄想用一州之地跟敌人持久作战，这是我不解的第六点。

原文

夫难平者㉜，事也。昔先帝败军于楚，当此时，曹操拊手㉝，谓天下已定。然后先帝东连吴、越，西取巴、蜀，举兵北征，夏侯授首㉞，此操之失计而汉事将成也。然后吴更违盟,关羽毁败㊳,秭归蹉跌㊴,曹丕称帝㊵。凡事如是,难可逆料㊶。臣鞠躬尽力,死而后已,至于成败利钝㊷,非臣之明所能逆睹也。

【字词注解】

㉜平:通"评",评论。

㉝败军于楚:指建安十三年(208年),刘备败兵于古楚地当阳之事。

㉞拊(fǔ):拍。

㉟东连吴、越:指建安十三年(208年),刘备联合江东孙吴共击曹操事。

㊱西取巴、蜀:指建安十六年(211年),刘备率军入巴蜀,建安十九年(214年)围成都、取益州之事。

㊲授首:交出头颅。

㊳关羽:蜀将。建安二十四年(219年),孙权袭荆州,击杀关羽。

㊴秭(zǐ)归:地在今湖北。指章武二年(222年)刘备在秭归为吴军所败。蹉(cuō)跌(diē):失足跌倒,比喻失败。

㊵曹丕称帝:公元220年,曹操之子曹丕废汉献帝,自立为魏文帝。

㊶逆:预先。

㊷利钝:顺利或困难。

【精彩解说】

在所有事情中最难预测的,就是战事。过去先帝在楚地战败,那时候,曹操高兴得拍手称快,认为天下已经平定了。但是后来先帝东面联合孙吴,西面夺取了巴蜀之地,发兵北伐,斩了夏侯渊的头,这是曹操没算计到的,而兴复汉室的大业眼看就要成功了。但是后来孙吴却违背盟约,关羽战败身亡,先帝伐吴时在秭归又遭挫败,而曹丕称帝。凡事都像这样,难以预料。我只有勤谨地为国尽力,到死为止罢了,至于成功还是失败,顺利还是遭挫折,就不是我的才智所能够预见的了。

拓展阅读

三顾茅庐

东汉末年，黄巾事起，天下大乱，曹操坐据朝廷，孙权拥兵东吴。汉宗室豫州牧刘备听徐庶和司马徽说诸葛亮学识渊博，很有才华，就和关羽、张飞带着礼物到南阳卧龙岗去拜访诸葛亮，预备请诸葛亮出山辅佐自己。但是很不巧，这天诸葛亮正好出去了，刘备等人只得悻悻地回去了。

不久，刘备又和关羽、张飞冒着风雪去拜访诸葛亮，谁知诸葛亮又出外闲游去了。张飞已经非常不耐烦了，因此催着要回去。刘备只好留下一封信，表达自己对诸葛亮的仰慕之情和请他出山辅佐自己的意思。又过了一段时间，刘备吃了三天斋饭之后，准备再去请诸葛亮。关羽说诸葛亮也许只是浪得虚名，不用去了。性情急躁的张飞主张由他一个人去，如他不来，就用绳子把他捆来。为此刘备把张飞责备了一顿。于是，三人又来请诸葛亮。

当他们到诸葛亮家前，已经是中午，诸葛亮正在午睡。刘备不敢惊动他，一直等到诸葛亮醒来，才坐下谈话。诸葛亮见刘备十分诚恳，又有一番志向，于是就出山辅佐刘备兴建蜀汉，并为蜀汉鞠躬尽瘁。

卷七 六朝唐文

陈情表

李 密

〔题解〕

李密（224—287年），字令伯，晋朝武阳（今四川眉山彭山区）人。幼年丧父，母亲改嫁，祖母刘氏将其抚养成人。初仕蜀汉，任尚书郎，颇有才干。蜀汉灭亡后，晋武帝征召他为太子洗马，李密以祖母年老多病、无人供养为由辞不应征。武帝读后，理解了他的难处，还赐给他赡养祖母的费用。直到祖母死后，李密才出任河内温县县令。

在《陈情表》中，作者先叙述了自己幼年的不幸遭遇和祖母对他莫大的抚养之恩以及自己应该报养祖母的大义，又详细叙述了他屡次辞谢晋朝征召的原因，既表达了对朝廷知遇之恩的感激之情，又申述了自己终养祖母以尽孝道的决心。全文委婉畅达，情深辞切，感人肺腑。

臣密言：臣以险衅①，夙遭闵凶②。生孩六月，慈父见背③；行年四岁，舅夺母志④。祖母刘，愍臣孤弱，躬亲抚养。臣少多疾病，九岁不行，零丁孤苦，至于成立⑤。既无叔伯，终鲜兄弟。门衰祚薄⑥，晚有儿息⑦。外无期功强近之亲⑧，内无应门五尺之童，茕茕孑立⑨，形影相吊⑩。而刘夙婴疾病⑪，常在床蓐⑫，臣侍汤药，未尝废离。

【字词注解】

① 险衅（xìn）：指命运不济，罪过深重。
② 夙：早年。闵凶：此指忧患凶丧之事。
③ 见背：犹言"弃我"。指父母或长辈去世。
④ 舅夺母志：指李密的舅舅逼迫李密的母亲何氏改变初衷另嫁他人。
⑤ 成立：成长自立。
⑥ 门衰祚薄：家门衰微，福祚浅薄。
⑦ 儿息：儿子。
⑧ 期功强近之亲：指五服之内较为亲近的亲戚。期，"期服"的首称，古代的一种丧服，也指穿这种丧服服丧。功，分大功与小功，分别指服丧需要九个月、五个月。强，勉强。
⑨ 茕（qióng）茕：孤单的样子。孑（jié）立：孤身独立。
⑩ 形影相吊：身体和影子相互安慰。吊，安慰。
⑪ 夙婴疾病：患病多年。婴，缠绕。
⑫ 蓐（rù）：通"褥"。

【精彩解说】

臣李密呈言：臣因命运坎坷，很早便遭受不幸。出生仅六个月，父亲就去世了；长到四岁，舅父又逼迫母亲改变守节的志愿而改嫁。祖母刘氏，可怜我孤苦弱小，就亲自抚养我。臣小时候经常生病，九岁还不能行走，始终孤独无依，直到长大成人。既没有叔叔伯伯，也没有哥哥弟弟。家门衰微，福祚浅薄，很晚才有了儿子。外面没有较为亲近的亲戚，家里也没有看管门户的僮仆，一个人孤单地生活，只有影子相伴。而祖母刘氏很早就患有疾病，常常卧床不起，臣侍奉汤药，从来没有离开过。

原文

逮奉圣朝⑬，沐浴清化⑭。前太守臣逵⑮，察臣孝廉⑯，后刺史臣荣，举臣秀才⑰。臣以供养无主，辞不赴命。诏书特下，拜臣郎中⑱，寻蒙国恩，除臣洗马⑲。猥以微贱⑳，当侍东宫㉑，非臣陨首所能上报㉒。臣具以表闻，辞不就职。诏书切峻，责臣逋慢㉓，郡县逼迫，催臣上道，州司临门㉔，急于星火。臣欲奉诏奔驰，则以刘病日笃㉕，欲苟顺私情，则告诉不许㉖。臣之进退，实为狼狈。

【字词注解】

⑬逮：到了。圣朝：对晋朝的敬称。

⑭清化：清明的教化。

⑮太守：郡的长官。逵：太守名，其姓不详。

⑯察：察举，先考察而后荐举。孝廉：孝顺而廉洁，乃当时选拔人才的科目之一。

⑰秀才：秀异之才，乃当时选拔人才的科目之一。

⑱郎中：尚书曹司官员。

⑲洗（xiǎn）马：乃太子的属官，故又称太子洗马。

⑳猥：鄙陋，乃自谦之辞。

㉑东宫：太子居住的地方。此指太子。

㉒陨首：犹言肝脑涂地，表示牺牲性命。

㉓逋慢：怠慢。特指不守法令。

㉔州司：州里的长官。

㉕日笃：一天天加重。

㉖告诉：向上申诉。

【精彩解说】

到了圣明的朝代，臣生活在清明的教化的环境之中。先前有太守逵推选臣为孝廉，后来刺史荣又举荐臣为秀才。臣因没有人供养祖母，推辞没有遵命。朝廷就特地下诏书，任命臣为郎中，不久又蒙国恩，任命臣为太子洗马的官职。以臣这样微贱的人，充当侍奉太子的官员，这种恩德不是臣杀身捐躯所能报答的。对此臣都用表上陈，推辞不去就职。现在，没想到诏书严厉急切，责备臣回避怠慢，郡县官员逼迫，催臣上路，而州里的长官也登门督促，比星火还要紧急。臣想奉命迅速赶路，可是祖母刘氏的病一天比一天严重，本想姑且迁就自己的私情，但申诉又得不到允许。臣进退两难，实在狼狈不堪。

【原文】

伏惟圣朝以孝治天下㉗，凡在故老，犹蒙矜育㉘，况臣孤苦，特为尤甚。且臣少事伪朝㉙，历职郎署㉚，本图宦达，不矜名节。今臣亡国贱俘，至微至陋，过蒙拔擢㉛，宠命优渥，岂敢盘桓，有所希冀？但以刘日薄西山，气息奄奄㉜，人命危浅，朝不虑夕。臣无祖母，无以至今日；祖母无臣，无以终余年。母孙二人，更相为命，是以区区不能废远㉝。臣密今年四十有四，祖母刘今年九十有六，是臣尽节于陛下之日长，报刘之日短也。乌鸟私情㉞，愿乞终养。

【字词注解】

㉗伏惟：旧时奏书中下级对上级的敬称。

㉘矜育：怜悯养育。

㉙伪朝：指三国时的蜀国。李密曾在蜀任郎官。

㉚郎署：郎官的办公处。

㉛拔擢：提拔。

㉜奄奄：呼吸微弱而难续的样子。

㉝区区：犹拳拳，形容感情恳切。

㉞乌鸟私情：相传乌鸦能反哺，即幼鸟长成后转而哺养老鸟。

【精彩解说】

我想圣明的朝代都是以孝道来治理天下的，凡是老年人，还都受到怜悯赡养，何况臣的孤苦情况又特别严重。而且臣年轻时曾在伪朝做官，历任过尚书郎等职位，本来希望官职显达，并不重视名誉和节操。如今臣身为亡国的俘虏，最为微贱与鄙陋，却受到超常的提拔，加恩特赐的任命待遇颇为优厚，怎么还敢犹豫彷徨，别有所图呢？只是因为祖母刘氏已经像迫近西山的落日，只剩一缕将断的气息，生命十分危险，已经到过了早晨不知晚上怎样的地步。臣没有祖母，就不会活到现在；祖母没有臣，也无法度过余生。臣与祖母两人，如今更是相依为命，正是出于这种内心恳切之情才无法离开她远行。臣李密今年四十四岁，祖母刘氏今年九十六岁，如此看来，臣为陛下尽忠的日子还很长，而报答供养刘氏的日子却很短了。我怀着乌鸦反哺的私情，希望能准许臣为祖母养老送终的恳求。

臣之辛苦，非独蜀之人士及二州牧伯所见明知㉟，皇天后土，实所共鉴。愿陛下矜悯愚诚㊱，听臣微志。庶刘侥幸，卒保余年，臣生当陨首，死当结草㊲。臣不胜犬马怖惧之情，谨拜表以闻。

【字词注解】

㉟二州：指益州、梁州。二州原为蜀国地域。牧伯：州郡长官的敬称。

㊱矜悯（mǐn）：怜悯。

㊲结草：事见《左传·宣公十五年》，晋大夫魏武子病重，嘱其子魏颗将其爱妾嫁人。病危之际，又嘱魏颗将爱妾殉葬。魏武子死后，魏颗按魏武子神志清醒时的嘱托，将魏武子的爱妾嫁人。后来魏颗与秦军交战，魏颗看到一位老人把草打成结来阻拦秦国力士杜回，将杜回绊倒，令其被晋军俘获。夜里，老人托梦给魏颗，自称是魏武子爱妾之父，为报答魏颗之恩，故助成魏颗之功。

【精彩解说】

臣的苦处，不仅是蜀地人士和梁州、益州二州的长官所耳闻目睹，就是天地神明，也都能看见。希望陛下能体恤臣的愚拙和至诚，听从臣卑微的请求。祖母刘氏或许能因此侥幸，最终得以安度余年，臣活着当誓死尽忠，死后当结草报德。臣怀着犬马一样恐惧的心情，谨用此表奏闻。

兰亭集序

王羲之

〔题解〕

王羲之（321—379年），字逸少，琅邪（今山东临沂）人。出身世族，曾任右将军、会稽内史，所以世称"王右军"。东晋著名书法家，有"书圣"之称。他在书法上造诣极高，楷书、行书、草书无一不精，曾师从多位书法家，吸取了魏晋书法的长处，创造出自己独特的风格。

东晋穆帝永和九年（353年）农历三月三日，王羲之在会稽山阴的兰亭，与名流高士谢安、孙统等四十一人举行风雅集会。参加宴会的人作了一些诗，并将它们结为诗集。王羲之为这本诗集写了一篇序，记下了宴会的盛况与观感，即《兰亭集序》。本文对仗整齐，音韵和谐，用语清新，富有表现力。此外，本文的书法飘逸精妙，有"天下第一行书"的美誉。

永和九年①，岁在癸丑②。暮春之初，会于会稽山阴之兰亭③，修禊事也④。群贤毕至⑤，少长咸集⑥。此地有崇山峻岭，茂林修竹，又有清流激湍⑦，映带左右，引以为流觞曲水⑧，列坐其次⑨，虽无丝竹管弦之盛⑩，一觞一咏，亦足以畅叙幽情。是日也，天朗气清，惠风和畅⑪。仰观宇宙之大，俯察品类之盛⑫，所以游目骋怀，足以极视听之娱，信可乐也。

【字词注解】

①永和：东晋穆帝司马聃的年号。

②癸丑：古代以天干地支配合纪年。永和九年正当干支癸丑年。

③会稽：东晋郡名。山阴：今浙江绍兴。兰亭：在今绍兴西南兰渚山上。

④修禊（xì）：从事禊祭之事。古人称三月初三临水洗濯来祛除不祥的祭祀活动为禊祭。

⑤群贤：指名流孙绰、谢安、支遁等人。

⑥少长：指年长的人和王氏兄弟。

⑦激湍：水流很急。

⑧流觞曲水：修禊事时，人们在环曲的水流旁宴集，在水的上游放注满酒的酒杯，任其顺流而下，杯停在谁的面前，谁就赋诗或饮酒。觞，盛满酒的杯。

⑨次：近旁。

⑩丝竹管弦：代指各种乐器。

⑪惠风：和风。

⑫品类：万物。

【精彩解说】

永和九年，正值癸丑。晚春三月初，我们会集在会稽郡山阴县的兰亭，举行修禊活动。很多贤德人士都来了，年老的和年少的都聚在一起。这里有高山峻岭、茂盛的树木和高挺的翠竹，又有湍急清澈的流水，映衬环绕在左右，被用来作为漂流酒杯的曲折水道，大家依次坐在水道旁，即使没有琴、瑟、箫、笛演奏的盛况，但那一杯酒一首诗，也足以畅述内心的深情。这一天，天气晴朗，空气清新，和风舒畅。抬头看宇宙的无限广大，低头俯视万物的兴盛繁茂，借以放眼纵观，舒展胸怀，完全可以尽情地获得耳目的愉悦，确实是快乐啊。

原文

夫人之相与⑬，俯仰一世⑭，或取诸怀抱⑮，晤言一室之内；或因寄所托，放浪形骸之外⑯。虽取舍万殊，静躁不同，当其欣于所遇，暂得于己，快然自足，曾不知老之将至。及其所之既倦，情随事迁，感慨系之矣[17]！向之所欣，俯仰之间，已为陈迹，犹不能不以之兴怀，况修短随化[18]，终期于尽！古人云："死生亦大矣[19]。"岂不痛哉！

【字词注解】

[13] 相与：相互交往。

[14] 俯仰：低头和抬头，比喻时间短暂。

[15] 取诸怀抱：自己的内心悟得真理。

[16] 放浪形骸之外：放纵形迹于广阔天地。形骸，身体。

[17] 感慨系之矣：谓感慨之情便会紧接而来。

[18] 修短：指人生命的长短。随化：由天地决定。化，造化，自然。

[19] 死生亦大矣：语见《庄子·德充符》："仲尼曰：'死生亦大矣，而不得与之变。'"

【精彩解说】

人与人之间相处，俯仰之间便过了一世，有的人反省内心的感悟，在一间房室里与友人面对面谈心；有的人凭借对外物的寄托，放纵性情地外出游观。尽管取舍千差万别，沉静或浮躁各不相同，当他们为自己的遭遇而高兴时，自己暂时有所收获，愉快地自我满足，竟忘记衰老就要到来之事。等到他们对已获得的东西厌倦以后，感情便随着事物的变迁而变化，感慨也就随之而生了！过去的欢乐，在很短的时间里已经成为陈迹，对此尚且不能不深有感触，何况寿命的长短遵循自然的规律，最终都不免有穷尽之期！古人说："死生也是人生大事啊。"怎能不令人悲痛呢！

原文

每览昔人兴感之由，若合一契[20]，未尝不临文嗟悼，不能喻之于怀。固知一死生为虚诞[21]，齐彭殇为妄作[22]，后之视今，亦犹今之视昔，悲夫！故列叙时人，录其所述。虽世殊事异，所以兴怀，其致一也[23]。后之览者，亦将有感于斯文。

【字词注解】

⑳若合一契：好像有同一张符契，指对人生的哀乐、寿夭和生死感慨的共鸣。

㉑一死生：用相同的态度看待死与生。

㉒彭：指古代仙人彭祖，相传他活到八百岁。殇：夭折。

㉓其致一也：指众人的情感归趋是一致的。

【精彩解说】

每次我看到前人引发感慨的缘由，就像符契一样相合，没有不对前人的文章叹息感伤，心中却很难说出其中的缘由。我本知把生和死看成一样的说法是荒诞的，把长寿和短命看成一样的见解是荒谬的，后人看现在，也就像今人看往昔，多么可悲啊！所以，我把这次与会者一一记录下来，抄录他们的诗作。虽然时代不同，世事变化，但是人们抒发情怀的原因，大致是相同的。后代的读者，也将会对这些诗文有所感慨。

桃花源记

陶渊明

〔题解〕

陶渊明（约365—427年），一名潜，字元亮，别号五柳先生，私谥靖节，世称靖节先生，浔阳柴桑（今江西九江）人。东晋时期杰出的诗人、辞赋家、散文家。曾做过几年小官，后辞官回家，从此隐居。其诗作的主题以田园生活为主，故而被誉为"隐逸诗人之宗""田园诗派之鼻祖"。

本文是陶渊明的代表作之一，约作于宋武帝刘裕弑君篡位的第二年（421年），当时正是晋宋之交的动乱时期。作者用虚构的方式与想象的笔墨，为时人和后代描绘了一个"乌托邦"式的理想世界，通过对桃花源安宁、祥和、平等生活的描绘，表达了作者对美好生活的向往和对现实生活的不满。

〔原文〕

晋太元中①，武陵人捕鱼为业②。缘溪行，忘路之远近。忽逢桃花林，夹岸数百步，中无杂树，芳草鲜美，落英缤纷③。渔人甚异之，复前行，欲穷其林。

林尽水源，便得一山。山有小口，仿佛若有光。便舍船，从口入。初极狭，才通人。复行数十步，豁然开朗。土地平旷，屋舍俨然④，有良田、美池、桑竹之属，阡陌交通⑤，鸡犬相闻。其中往来种作，男女衣着，悉如外人。黄发垂髫⑥，并怡然自乐。见渔人，乃大惊，问所从来，具答之。便要还家⑦，设酒杀鸡作食。村中闻有此人，咸来问讯。自云先世避秦时乱，率妻子邑人来此绝境⑧，不复出焉，遂与外人间隔。问今是何世，乃不知有汉，无论魏、晋。此人一一为具言所闻，皆叹惋⑨。余人各复延至其家⑩，皆出酒食。停数日，辞去。此中人语云："不足为外人道也⑪。"

【字词注解】

① 太元：东晋孝武帝司马曜的年号。
② 武陵：郡名，东晋时治所在临沅（今湖南常德）。
③ 落英：落花。
④ 俨然：整齐貌。
⑤ 阡陌：田间小路，其中南北叫"阡"，东西叫"陌"。
⑥ 黄发：指老人。老人体衰，头发由黑变白，又由白变黄，故称。
⑦ 要（yāo）：邀请。
⑧ 邑人：同乡之人。绝境：与世隔绝之处。
⑨ 叹惋：叹息。
⑩ 延：邀请。
⑪ 不足：不必，不值得。

【精彩解说】

晋朝太元年间，武陵有个人以捕鱼为业。他沿着山间小溪前行，一时忘了走了多远。忽然遇到一片桃花林，生长在小溪两岸，数百步之内没有一棵杂树，林下长着鲜美的芳草，上面铺满了美丽的落花。渔人见了很惊奇，又往前行，想穿过那片树林。

桃花林尽头是溪水的源头，那里有座小山。山间有个小洞口，看上去好像有光亮。就离开船，从洞口进去。起初洞很狭窄，仅仅能通过一个人。又向前走了数十步，里面突然开阔了。土地平坦宽阔，房屋村舍排列整齐，有肥沃的良田、美丽的池塘和桑竹之类的植物，田间小道，纵横相通，鸡鸣狗叫彼此相闻。其中人们来来往往，耕种劳作，男女的服装完全像外界的人。年老的和年幼的人都很自在逍遥。他们看见渔人，都十分惊讶，纷纷询问他从哪里来，渔人都一一做了回答。他们便邀请渔人到家里做客，置酒杀鸡来款待。村里的人听说有这样一个人，都来向他打听消息。他们说自从先辈躲避秦时的战乱，带着妻儿和乡亲共同来到这个与世隔绝的地方，不再出去，于是便和外面隔绝了。他们问现在是什么朝代，竟然不知道有汉朝，更不要说魏、晋了。渔人一一为他们详尽地介绍了自己的所见所闻，他们听了都感到惊讶惋惜。其他的人各自又邀请渔人到家里，都拿出酒饭招待他。渔人在那里停留了几天，告辞而去。这里的人对他说："这里的情况不必对外人说啊。"

原文

既出，得其船，便扶向路，处处志之。及郡下，诣太守说如此[12]。太守即遣人随其往，寻向所志，遂迷不复得路。

【字词注解】

[12]诣：拜见。太守：郡的长官。

【精彩解说】

渔人出了洞，找到了他的船，便沿着来路返回，并在所经过的地方处处做了标记。待到了郡所，就去拜见太守，并对太守说了这一经历。太守立即派人跟他一起前去，寻找以前留下来的记号，可是却迷失了方向，没有找到那条路。

原文

南阳刘子骥[13]，高尚士也[14]。闻之，欣然规往，未果，寻病终[15]。后遂无问津者[16]。

【字词注解】

[13]刘子骥：刘驎之，字子骥，《晋书》列入《隐逸传》。
[14]高尚士：指不入俗流的读书人。
[15]寻：不久。
[16]问津者：问路人。津，渡口。此指道路。

【精彩解说】

南阳刘子骥，是个高尚脱俗的读书人。他听了这件事，就高兴地计划前往，没有成行，不久便病死了。此后就没有人再去探寻桃花源了。

五柳先生传

陶渊明

〔题解〕

本文是陶渊明托五柳先生之名而作的一篇自传。萧统《陶渊明传》说："渊明少有高趣……尝著《五柳先生传》以自况……时人谓之实录。"文章塑造了一个性格旷达率直，品德廉洁高尚，不慕富贵名利，安心读书写作的知识分子形象，抒发了陶渊明的志趣。

先生不知何许人也①，亦不详其姓字。宅边有五柳树，因以为号焉。闲静少言，不慕荣利。好读书，不求甚解②，每有会意③，便欣然忘食。性嗜酒，家贫不能常得。亲旧知其如此，或置酒而招之。造饮辄尽④，期在必醉，既醉而退，曾不吝情去留⑤。环堵萧然⑥，不蔽风日，短褐穿结⑦，箪瓢屡空⑧，晏如也⑨。常著文章自娱，颇示己志。忘怀得失，以此自终。

【字词注解】

①何许人：何处人。
②不求甚解：谓读书只求领会要旨，不刻意在字句上下功夫。
③会意：领会，领悟。
④造：到，去。辄：总是。
⑤曾不吝情去留：从不舍不得离开。吝，舍不得。
⑥环堵：房屋的四壁。萧然：空寂貌。此谓屋室内空无摆设。
⑦短褐：贫苦人穿的粗布衣服。穿：破损成洞。结：打结，缝补。
⑧箪（dān）：竹制食器。

⑨晏如：安然自在的样子。

【精彩解说】

先生不知是哪里人，也说不清他的姓和字。他的住宅旁有五棵柳树，就以"五柳"为号。他为人悠闲恬静，很少说话，不贪图虚名浮利。他喜欢读书，却不拘泥于字句的穿凿附会，每当有心得体会，便高兴得忘记了吃饭。生性嗜好饮酒，但因家境贫困不能常常得到。亲友们知道他这种情况，有时便置办酒席去邀请他。他到后总是把酒喝完，以求得每次必醉，喝醉后就自己回去，从不舍不得离去。家中四面墙壁空荡荡的，不能遮蔽风吹日晒，身上粗布衣裳除了破洞就是补丁，盛饭的箪和舀水的瓢常常是空的，他却安然自得。常常写文章来自我娱乐，以此显示自己的志向。他忘记了世俗的利弊得失，并坚守这个原则直到死去。

原文

赞曰："黔娄有言⑩：'不戚戚于贫贱⑪，不汲汲于富贵⑫。'"其言兹若人之俦乎⑬？衔觞赋诗⑭，以乐其志，无怀氏之民欤⑮？葛天氏之民欤？

【字词注解】

⑩黔（qián）娄：战国时齐国隐士（一说为鲁国隐士），鲁齐两国国君相继聘他为相，均不就。家贫，死时衾不蔽体。著书四卷，言道家之务，号黔娄子。

⑪戚戚：忧伤悲戚貌。

⑫汲汲：急切地求取貌。

⑬其言兹若人之俦乎：大概是为先生这类人而说的吧。

⑭衔觞：口衔酒杯。此指饮酒。觞，酒杯。

⑮无怀氏：与下一句中的"葛天氏"都是传说中的上古部落，其民安居乐业，无忧无虑。

【精彩解说】

赞语说："黔娄的妻子曾说过：'不为贫贱而忧愁，不为富贵而奔走。'"她所说的就是像五柳先生这一类的人吧？手把酒杯吟咏诗篇，以此来抒发自己的情志，他是无怀氏时的人呢？还是葛天氏时的人呢？

谏太宗十思疏

魏　征

〔题解〕

魏征（580—643年），字玄成，魏郡馆陶（今属河北）人，唐朝杰出的政治家、思想家、文学家和史学家。少时曾出家为道士，隋末参加瓦岗起义军，后降唐。唐太宗时拜谏议大夫、检校侍中等职，主持周、隋、陈、北齐诸史的撰修工作。后封郑国公，任太子太师。魏征是历史上著名的谏臣，他敢于直谏，且大多数意见被太宗采纳。

《谏太宗十思疏》是魏征写给唐太宗的奏章，意在劝谏唐太宗居安思危，戒奢以俭。"十思"是奏章的主要内容，即十条值得深思的建议。"疏"即"奏疏"，是古代臣下向君主议事进言的一种文体，属于议论文。

〔原文〕

臣闻求木之长者，必固其根本；欲流之远者，必浚其泉源；思国之安者，必积其德义。源不深而望流之远，根不固而求木之长，德不厚而思国之安，臣虽下愚，知其不可，而况于明哲乎！人君当神器之重①，居域中之大②，不念居安思危，戒奢以俭，斯亦伐根以求木茂，塞源而欲流长也。

凡昔元首，承天景命③，善始者实繁，克终者盖寡。岂取之易、守之难乎？盖在殷忧必竭诚以待下④，既得志则纵情以傲物。竭诚则吴、越为一体，傲物则骨肉为行路。虽董之以严刑⑤，振之以威怒，终苟免而不怀仁，貌恭而不心服。怨不在大，可畏惟人。载舟覆舟，所宜深慎。

诚能见可欲则思知足以自戒，将有作则思知止以安人⑥，念高危则思谦冲而自牧⑦，惧满盈则思江海下百川，乐盘游则思三驱以为度⑧，忧懈怠则思慎始而敬终，虑壅蔽则思虚心以纳下，惧谗邪则思正身以黜恶，恩所加则思无因喜以谬赏，罚所及则思无以怒而滥刑。总此十思，弘兹九得⑨，简能而任之⑩，择善而从之，则智者尽其谋，勇者竭其力，仁者播其惠，信者效其忠。文武并用，垂拱而治。何必劳神苦思，代百司之职役哉！

●【字词注解】

①神器：帝位。

②居域中之大：占据天地间的一大。《道德经》第二十五章说："道大，天大，地大，王亦大。域中有四大，而王居其一焉。"域中，天地间。

③景：大。

④殷：深。

⑤董：督责，监督。

⑥作：指兴建宫室之类。

⑦谦冲：谦虚。自牧：修养自身，自我鞭策。

⑧盘游：打猎游乐。三驱：一年打猎三次。《礼记·王制》："天子、诸侯无事，则岁三田。"

⑨九得：指宽而栗，柔而立，愿而恭，乱而敬，扰而毅，直而温，简而廉，刚而塞，强而义。见《尚书·皋陶谟》。

⑩简：选拔。

●【精彩解说】

臣听说要求树木生长，就一定要加固它的根基；想要河水流得长远，就一定要疏通它的源头；想使国家安定，就一定要积聚自己的恩德仁义。水源不深却希望水流得长远，根不牢固却想要树木生长，恩德不深厚却想使国家安定，我虽然十分愚笨，也知道那是不可能的，更何况明智的人呢！国君担当着帝王的大权重任，处于天地间至尊的地位，如果不考虑在安逸的环境中会出现危难，戒除奢侈而实行节俭，这也就像砍断树根却想要树木长得茂盛，堵塞泉源却希望流水长远一样啊。

凡是古代的君主，承受上天的大命，开始做得好的确实很多，但是能够坚持到底的却很少。难道是取得天下容易而守住天下太困难吗？大概是他们在忧患深重的时候必然竭尽诚意对待下属，一旦得志便放纵心性，傲视他人。竭尽诚意，那么即使像吴、越那样敌对的国家也能结为一个整体；傲视他人，那么骨肉至亲也会疏远得像过路人一样。即使用严酷的刑罚督责人们，用威风怒气恫吓人们，结果只能使人们图求苟且以免于刑罚，却不会怀念国君的恩德，表面上态度恭敬，可是心里并不服气。怨恨不在大小，可怕的只是百姓。国君像船，百姓像水一样，水可以载船，也可以使船翻覆，这是应该特别谨慎对待的。

如果真正能够做到见了想要得到的东西，就想到知足以警诫自己；将要大兴土木，就想到要适可而止以使百姓安宁；考虑到帝位高随时会有危险，就想到要谦虚，并且加强自我修养；害怕骄傲自满，就想到江海是居于百川的下游；喜欢打猎游乐，就想到每年三次的限度；担心意志懈怠，就想到做事开始时要谨慎而结束时要严肃；忧虑会受蒙蔽，就想到虚心接纳下属的意见；害怕谗佞奸邪，就想到端正自身以斥退邪恶小人；加恩于人时，就想到不要因为一时高兴而赏赐不当；施行刑罚时，就想到不要因为正在发怒而滥施刑罚。完全做到上述十个方面，弘扬贤哲九种美好的品德，选拔有才能的人而加以任用，选择好的意见而听从，那么，聪明的人就会竭尽他们的智谋，勇敢的人就会竭尽他们的气力，仁爱的人就会广施他们的恩惠，诚实的人就会奉献他们的忠诚。文臣武将都得到任用，就可以垂衣拱手无为而治了。何必劳神苦思，弋行百官的职务呢！

为徐敬业讨武曌檄

骆宾王

〔题解〕

骆宾王（约638—684年），字观光，婺州义乌（今浙江义乌）人。唐代著名诗人，与王勃、杨炯、卢照邻合称"初唐四杰"。骆宾王出身寒微，却天资聪颖，七岁便能赋诗，被称为"神童"。骆宾王虽有才华，但仕途不顺，一生落魄，后随徐敬业讨伐武则天，兵败后不知所终。他善作五言诗和七言歌行，其中不乏托物寄兴、直抒胸臆的佳作。

骆宾王不仅在诗歌上造诣非凡，写文章的功力也不俗，这篇《为徐敬业讨武曌（zhào）檄》是其代表作。该文立论严正，先声夺人，将武则天置于"被告席"上，列数其罪，借此昭告天下，共同起兵，起到了很大的宣传鼓动作用。

原文

伪临朝武氏者①，性非和顺，地实寒微②。昔充太宗下陈③，曾以更衣入侍④。洎乎晚节⑤，秽乱春宫⑥。潜隐先帝之私⑦，阴图后房之嬖⑧。入门见嫉，蛾眉不肯让人⑨；掩袖工谗⑩，狐媚偏能惑主⑪。践元后于翚翟⑫，陷吾君于聚麀⑬。加以虺蜴为心⑭，豺狼成性，近狎邪僻⑮，残害忠良，杀姊屠兄⑯，弑君鸩母⑰。人神之所同嫉，天地之所不容。犹复包藏祸心，窥窃神器⑱。君之爱子，幽之于别宫⑲；贼之宗盟，委之以重任。呜呼！霍子孟之不作⑳，朱虚侯之已亡㉑。燕啄皇孙，知汉祚之将尽㉒；龙漦帝后，识夏庭之遽衰㉓。

敬业，皇唐旧臣，公侯冢子㉖。奉先君之成业㉗，荷本朝之厚恩。宋微子之兴悲㉘，良有以也，袁君山之流涕㉙，岂徒然哉！是用气愤风云，志安社稷㉚。因天下之失望，顺宇内之推心，爰举义旗，以清妖孽。南连百越㉛，北尽三河㉜，铁骑成群，玉轴相接㉝。海陵红粟㊱，仓储之积靡穷，江浦黄旗㊳，匡复之功何远。班声动而北风起，剑气冲而南斗平。喑呜则山岳崩颓㊶，叱咤则风云变色㊷。以此制敌，何敌不摧！以此图功，何功不克！

公等或居汉地㊸，或叶周亲㊹，或膺重寄于话言㊺，或受顾命于宣室㊻。言犹在耳，忠岂忘心！一抔之土未干㊼，六尺之孤何托㊽？倘能转祸为福㊾，送往事居㊿，共立勤王之勋㉛，无废大君之命㉜，凡诸爵赏，同指山河㉝。若其眷恋穷城㉞，徘徊歧路，坐昧先几之兆㉟，必贻后至之诛㊱。请看今日之域中，竟是谁家之天下！

【字词注解】

①伪：指非法的，表示不为正统所承认的意思。临朝：莅临朝廷掌握政权。

②地：指家庭、家族的社会地位。

③下陈：古代宾主互相馈赠礼物并陈列在堂下，称为"下陈"。因而古代统治者充实于府库、内宫的财物和妾婢，亦称"下陈"。这里指武则天曾充当过唐太宗的才人。

④更衣：换衣。古人在宴会中常以此作为离席休息或如厕的托言。《汉书》记载：歌女卫子夫趁汉武帝更衣时入侍而得宠幸。这里借以说明武则天以不光彩的手段得到唐太宗的宠幸。

⑤洎（jì）：及，到。晚节：后来。

⑥春宫：亦称东宫，是太子居住的地方。后人常借指太子。

⑦私：宠幸。

⑧嬖（bì）：宠爱。

⑨蛾眉：原以蚕蛾的触须比喻女子修长而美丽的眉毛，这里借指美女。

⑩掩袖工谗：说武则天善于进谗害人。《战国策·楚策》记载：楚王夫

人郑袖对楚王所爱美女说："楚王喜欢你的美貌,但讨厌你的鼻子,以后见到楚王,要掩住你的鼻子。"郑袖又对楚王说,美人掩鼻是因为讨厌楚王身上的气味。楚王因而发怒,割去美女的鼻子。这里借此暗指武则天曾偷偷令亲生女儿窒息而死,嫁祸于王皇后,使皇后失宠的事。(见《新唐书·后妃列传》)

⑪狐媚:俗说狐狸善以媚态迷惑害人,所以称用手段迷人为狐媚。

⑫元后:正宫皇后。翬(huī)翟(dí):用美丽的鸟羽织成的衣服,指皇后的礼服。翬,五彩雉鸡。翟,长尾山鸡。

⑬聚麀(yōu):两头公鹿共有一头母鹿。麀,母鹿。语出《礼记·曲礼上》:"夫唯禽兽无礼,故父子聚麀。"这句意谓武则天原是唐太宗的妃妾,现在当上高宗的皇后,使高宗乱伦。

⑭虺(huǐ)蜴(yì):比喻肆意害人者。虺,毒蛇。蜴,蜥蜴,古人以为有毒。

⑮狎:亲近。邪僻:指不正派的人。

⑯忠良:指因反对武后而先后被杀的长孙无忌、上官仪、褚遂良等大臣。

⑰杀姊屠兄:据《旧唐书·外戚列传》记载:武则天被册立为皇后之后,陆续杀死侄儿武惟良、武怀远和姊女贺兰氏。兄武元庆、武元爽也被贬谪而死。

⑱弑君鸩(zhèn)母:谋杀君王,毒死母亲。其实史书中并无武后谋杀唐高宗和毒死自己母亲的记载。弑,臣下杀死君王,下杀上。鸩,传说中的一种鸟,用其羽毛浸酒能毒死人。

⑲窥窃神器:阴谋取得帝位。神器,指皇位。

⑳君之爱子,幽之于别宫:指唐高宗死后,中宗李显即位,后被武后废为庐陵王,改立睿宗李旦为帝,但实际上是被幽禁起来(事见《新唐书·后妃列传》)。二句为下文"六尺之孤何托"张本。

㉑宗盟:家属和党羽。

㉒霍子孟:霍光,西汉大臣,受汉武帝遗诏,辅佐幼主汉昭帝。昭帝死后,昌邑王刘贺即位,荒淫无道,霍光又废刘贺,更立宣帝,是安定西汉王朝的重臣(事见《汉书·霍光传》)。作:兴起。

㉓朱虚侯：汉高祖子齐惠王刘肥的次子，名刘章。高祖死后，吕后专政，重用吕氏，危及刘氏天下，刘章与丞相陈平、太尉周勃等合谋，诛灭吕氏，拥立文帝，稳定了西汉王朝。事见《汉书·高五王传》。

㉔“燕啄皇孙”二句：《汉书·五行志》记载：汉成帝时有童谣说“燕飞来，啄皇孙”。后赵飞燕入宫为皇后，因无子而妒杀了许多皇子，汉成帝因此无后嗣。不久，王莽篡政，西汉灭亡。这里借汉朝故事，指斥武则天先后废杀太子李忠、李弘、李贤，致使唐室倾危。祚，指皇位，国统。

㉕“龙漦（chí）帝后”二句：据《史记·周本纪》记载：当夏王朝衰落时，有两条神龙降临宫廷中，夏帝把龙涎用木盒藏起来，到周厉王时，木盒开启，龙漦溢出，化为玄鼋流入后宫，一宫女感而有孕，生褒姒。后幽王为其所惑，废太子，最终导致西周灭亡。漦，涎沫。

㉖冢子：嫡长子。

㉗先君：指先辈。

㉘宋微子：微子名启，是商纣王的庶兄，被封于宋，所以称“宋微子”。殷亡后，微子去朝见周王，路过荒废了的殷旧都，作《麦秀》之歌来寄托自己亡国的悲哀（见《尚书大传》）。这里是徐敬业的自喻。

㉙良：确实，真的。以：缘由。

㉚袁君山：东汉人，名谭，光武帝时为给事中，因反对当时盛行的谶纬之学而被贬为六安郡丞，赴任途中忧郁而死（事见《后汉书·桓谭列传》）。

㉛社稷：原为帝王所祭祀的土神和谷神，后借指国家。

㉜宇内：天下。推心：指人心所推重。

㉝爰：于是。

㉞百越：通“百粤”。古代越族有百种，故称“百越”。这里指越人所居的偏远的东南沿海。

㉟三河：洛阳附近河东、河内、河南三郡，是当时政治中心所在地。

㊱玉轴：战车的美称。

㊲海陵：古县名。治所在今江苏泰州，地在扬州附近，汉代曾在此置粮仓。红粟：米因久藏而发酵变成红色。

㊳靡：无，不。

㊴江浦：江边沿岸地。浦，水边的平地。黄旗：天子的仪仗之一，表示

王气所在的祥瑞。

㊵班声：马嘶鸣声。

㊶喑（yìn）呜：发怒声。

㊷叱咤（zhà）：发怒时的喝叫声。

㊸公等：诸位。

㊹叶周亲：指身份地位都是皇家的宗室或姻亲。叶，合乎。周亲，至亲。

㊺膺（yīng）：承受。

㊻顾命：君王临死时的遗命。宣室：汉代未央宫前殿正室。

㊼一抔（póu）之土：语出《史记·张释之传》："假令愚民取长陵一抔土，陛下何以加其法乎？"这里借指皇帝的陵墓。

㊽六尺之孤：指继承皇位的新君。

㊾倘：假使，假若。

㊿送往事居：送走死去的，侍奉在世的。往，死者。指高宗。居，在世者。指中宗。

(51)共立勤王之勋：指臣下起兵救援王室。

(52)大君：指已死的皇帝。

(53)"凡诸爵赏"二句：语出《史记》，汉初大封功臣，誓词云："使河如带，泰山若厉，国以永宁，爰及苗裔。"这里意为有功者授予爵位，子孙永享，可以指山河为誓。

(54)穷城：指孤立无援的城邑。

(55)昧：不分明。几：迹象，事情的征兆。

(56)贻（yí）：遗下，留下。后至之诛：意思说迟疑不响应的一定要加以惩治。语见《周礼·大司马》，原句为"比军众，诛后至者"。

【精彩解说】

那个非法把持朝政的武氏，本性就不温和善良，而且出身实在卑下。当初是太宗皇帝的姬妾，曾趁着更衣的机会而得以侍奉太宗左右。到后来，不顾伦常与太子（唐高宗李治）关系暧昧。隐瞒先帝曾对她的宠幸，暗暗图谋皇帝后宫的宠幸。选入宫里的妃嫔美女都遭到她的忌妒，她依仗貌美，不肯让别人分去皇帝的宠爱，像郑袖一样善于挑拨离间谗害别人，像狐狸般妖媚偏偏迷住了皇上。终于穿着华丽的礼服，登上皇后的宝座，把君王推到乱伦的丑恶境地。加上一副毒蛇般的心肠，凶残成性，亲近奸佞，残害忠良，杀戮兄姊，谋杀君王，毒死母亲。这种人为凡人和天神所痛恨，为天地所不容。她还包藏祸心，阴谋夺取帝位。皇上的爱子，被幽禁在冷宫里；而她的亲属党羽，却委派给重要的职位。呜呼！霍光这样忠贞的重臣再也不见出现，刘章那样强悍的宗室也已消亡了。赵飞燕杀害皇子，预示了汉朝的国统将要穷尽；孽龙的口水化为帝后褒姒，标志着夏朝快要衰亡。

　　徐敬业是大唐的老臣下，是公侯的长子。继承先辈所建功业，承受着本朝的优厚恩典。宋微子为故国的覆灭而悲哀，确实是有道理的；桓谭为外戚专权而流泪，难道是无缘无故的吗！因此，由义愤激荡起风云，目的是安定大唐的江山。依随着天下人的失望情绪，顺应着举国推仰的心愿，于是高举正义之旗，用以消除害人的妖物。南至偏远的百越，北到中原的三河诸郡，铁骑成群，战车相连。海陵的粟米多得发酵变红，仓库里的储存无穷无尽，大江之滨旌旗飘扬，光复大唐的伟大功业还会遥远吗？战马在北风中嘶鸣，宝剑之气直冲向天上的星斗。军士怒气填胸使山岳崩毁，怒吼使风云变色。拿这些来对付敌人，什么样的敌人不能打垮！拿这些来谋求功业，有什么功业不能成就！

　　诸位或者是世代蒙受国家的封爵，或者是皇室的姻亲，或者承受口头重托在外肩负重任，或者是在朝廷接受先帝遗命。先帝的话音好像还在耳边，你们的忠诚怎能忘却！先帝的坟土尚未干透，我们的幼主托付给谁？如果能变当前的祸难成为福祉，送走死去的旧主和辅佐当今的皇上，共同建立匡救王室的功勋，不至于废弃先皇的遗命，那么各种封爵赏赐，一定如同泰山、黄河那般牢固长久。如果留恋目前的既得利益，在关键时刻犹疑不决，看不清事先的征兆，就一定会招致严厉的惩罚。请看明白今天的世界，到底是谁家的天下！

滕王阁序

王 勃

〔题解〕

王勃(649或650—676年),字子安,绛州龙门(今山西河津)人,唐朝文学家,因文辞出众,与杨炯、卢照邻、骆宾王共称"初唐四杰"。他出生于书香世家,聪敏好学,少有才名。十四岁中举,后任沛王府修撰,因作游戏文章触怒唐高宗,被逐出王府。676年,王勃往交趾(今越南北部)探亲,渡海时落水,受惊而死,年仅二十七岁。

《滕王阁序》全称《秋日登洪府滕王阁饯别序》,或称《滕王阁诗序》。高宗时期,洪州阎都督重修滕王阁,竣工后,在滕王阁上欢宴宾客。当时王勃正前往交趾去看望父亲,途经洪州,也参加了盛会,并写了这篇序。文中描写滕王阁四周之美景,宴饮游娱的豪华场面,同时即景生情,抒发了作者羁旅之情和怀才不遇的愤懑与感叹。

〔原文〕

南昌故郡,洪都新府①。星分翼、轸②,地接衡、庐③。襟三江而带五湖④,控蛮荆而引瓯越⑤。物华天宝,龙光射牛斗之墟⑥;人杰地灵,徐孺下陈蕃之榻⑦。雄州雾列,俊彩星驰⑨。台隍枕夷夏之交,宾主尽东南之美。都督阎公之雅望⑫,棨戟遥临⑬;宇文新州之懿范⑭,襜帷暂驻⑮。十旬休暇⑯,胜友如云,千里逢迎⑰,高朋满座。腾蛟起凤,孟学士之词宗;紫电清霜,王将军之武库⑱。家君作宰⑲,路出名区⑳,童子何知㉑,躬逢胜饯㉒。

【字词注解】

① 南昌：一作豫章，即今江西南昌。南昌旧为豫章郡治所，故称故郡，唐代改豫州郡为洪州，设中都督府，故称新府。

② 翼、轸（zhěn）：二十八宿中的二星。古人用天上的二十八星宿的位置来划分地上的区域。

③ 衡、庐：衡山和庐山。

④ 三江：说法不一，大多数观点认为是荆江、松江、浙江。五湖：指太湖、鄱阳湖、青草湖、丹阳湖、洞庭湖。

⑤ 蛮荆：指楚地。瓯越：泛指今浙江南部及福建一带。

⑥ "物华"二句：写洪州有珍宝。相传晋代张华看到斗、牛二星宿之间有紫气升腾，便问精通天象的雷焕，雷焕说这是由于丰城（属洪州）有宝剑，其精气上通于天。于是张华派雷焕到丰城掘得两柄宝剑，一柄名为龙泉，一柄名为太阿，紫气即消失不见。后来双剑入水化为双龙。

⑦ "人杰"二句：写洪州有杰出之人。徐孺，即徐稚，字孺子，东汉名士，南昌人。陈蕃，字仲举，豫章太守，他从不接待宾客，但特为徐孺子准备一榻（床），徐孺子来则放下，去则悬起。这里称徐孺子为"徐孺"，是受限于骈体文上下句字数对称的要求。

⑧ 雄州：指洪州。

⑨ 俊彩：俊才。

⑩ 台隍：城楼。夷：夷蛮之地。夏：华夏之地。

⑪ 尽：都是。

⑫ 雅望：美好的声望。

⑬ 棨（qǐ）戟：有缯衣或油漆的木戟，是古时候官吏出行时的仪仗。这里借指阎都督。

⑭ 懿范：美好的风范。

⑮ 襜帷：车的帷幔。这里借指宇文新州的车马。

⑯ 十旬：当时官员十天休息的那一天，叫旬休。此处指适逢十日休息的那一天。

⑰ 千里逢迎：指迎接千里而来的客人。

⑱"紫电"二句：王将军的兵器库里藏有锋利的宝剑，意在赞扬王将军的武略。紫电，古宝剑名。清霜，形容宝剑锋利。王将军，名不详。

⑲家君作宰：指王勃的父亲当时正在交趾任地方长官。

⑳名区：有名的地方，指洪州。

㉑童子：王勃自指，因他当时非常年轻。

㉒躬：亲自。

——•【精彩解说】

这里是汉代的豫章旧郡，如今是洪州都督府的所在。在星座中，处在翼星和轸星分野的位置，在地面上与衡山和庐山接壤。以三江为衣襟，以五湖为腰带，控制着楚地，又连接着闽越。此处物出精华，天产珍宝，宝剑的光芒直射牛、斗二宿之域；人中有俊杰，大地有灵气，陈蕃为徐孺子专设卧榻。雄伟的洪州城的房屋像雾一般排列，杰出的人才像星星一般活跃。城池座落在少数民族与华夏族交界之地，宴会上的宾客与主人都是东南地区的俊杰。都督阎公享有美好的声望，仪仗远临此处；宇文新州是美好风范的楷模，车驾在此暂停。正逢十天一次的休假，胜友如云，迎接千里来宾，高朋满座。文章龙翔凤舞，孟学士是文坛宗匠；紫电清霜，都是王将军的胸中韬略。家父远在交趾任县令，我在探亲途中路过这座名城，我年轻无知，却荣幸地躬逢盛会。

原文

时维九月，序属三秋㉓。潦水尽而寒潭清㉔，烟光凝而暮山紫。俨骖騑于上路㉕，访风景于崇阿㉖。临帝子之长洲㉗，得仙人之旧馆㉘。层峦耸翠，上出重霄，飞阁流丹㉙，下临无地㉚。鹤汀凫渚，穷岛屿之萦回㉛，桂殿兰宫，列冈峦之体势㉜。

——•【字词注解】

㉓三秋：指秋季的第三个月，也就是九月。

㉔潦水：雨后的积水。

㉕骖騑:驾车的马匹。

㉖崇阿:崇高的山陵。

㉗帝子:此指滕王李元婴。长洲:滕王阁前赣江中的沙洲。

㉘仙人:此指滕王。

㉙飞阁:高阁腾空飞起。流:形容彩画鲜艳欲滴。丹:红色油漆,这里泛指彩绘。

㉚临:从高处往下探望。

㉛萦回:迂回曲折。

㉜列冈峦之体势:建筑群构成的山峦起伏连绵之状。

【精彩解说】

时间正是九月,节序恰属深秋。积水消退,潭水寒冷而清澈,云烟凝结在暮霭中,傍晚的山峦呈现一片紫色。驾着整齐的车马行驶在高高的山路上,到崇山峻岭中去寻访风景。来到昔日滕王喜爱的长洲,登上仙人修建的楼阁。重叠的山峦苍翠一片,上达云霄,腾空架起的阁道上,朱红的油彩鲜艳欲滴,从高处向下看,看不到地面。白鹤、野鸭栖止的水边平地和水中小洲,极尽岛屿纡曲回环之势,用桂树、兰木建造的宫殿,高高低低呈现出山峦起伏的态势。

披绣闼,俯雕甍㉝,山原旷其盈视,川泽盱其骇瞩㉞。闾阎扑地㉟,钟鸣鼎食之家㊱;舸舰迷津,青雀黄龙之轴㊲。虹销雨霁,彩彻云衢㊳。落霞与孤鹜齐飞㊴,秋水共长天一色。渔舟唱晚,响穷彭蠡之滨㊵,雁阵惊寒,声断衡阳之浦㊶。遥吟俯畅,逸兴遄飞㊷。爽籁发而清风生,纤歌凝而白云遏。睢园绿竹,气凌彭泽之樽㊸;邺水朱华,光照临川之笔㊹。四美具㊺,二难并㊻。穷睇眄于中天㊼,极娱游于暇日。天高地迥㊽,觉宇宙之无穷;兴尽悲来,识盈虚之有数㊾。望长安于日下,指吴会于云间㊿。地势极而南溟深,天柱高而北辰远。关山难越,谁悲失路之人?萍水相逢,尽是他乡之客。怀帝阍而不见,奉宣室以何年?

【字词注解】

㉝ 披：推开。绣闼（tà）：绘饰华美的门。雕甍（méng）：雕饰华美的栋梁。

㉞ 盱（xū）：张大眼睛。骇瞩：对看到的事物感到吃惊。

㉟ 闾阎：里巷的门，这里代指房屋。扑地：遍地。

㊱ 钟鸣鼎食：古时贵族用餐时要鸣钟列鼎。所以，此处钟鸣鼎食之家指代名门望族。

㊲ "舸舰"二句：意思是渡口停满大船。青雀黄龙，指船的装饰形状。轴，通"舳"。舸，借指船。

㊳ 云衢（qú）：指天空。云朵交错纵横，犹如衢道。"云衢"一作"区明"。

㊴ 鹜（wù）：野鸭。

㊵ 彭蠡：鄱阳湖的古名。

㊶ 浦：水滨。

㊷ 遄（chuán）：疾速。

㊸ 睢园：汉梁孝王在睢水旁修筑的竹园，他常和一些文人在此聚会。

㊹ 彭泽：指东晋末年著名诗人陶渊明。他好饮酒，做过彭泽令。樽：酒杯。

㊺ 邺水朱华：邺（今河北临漳）是曹操兴起的地方。曹操父子常和文人在这里聚会。朱华，即荷花。曹植《公宴》诗："秋兰被长坂，朱华冒绿池。"王勃借"邺水朱华"来比喻滕王阁的盛会。

㊻ 临川：指南朝人谢灵运，曾任临川内史，故称。

㊼ 四美：指良辰、美景、赏心、乐事。具：齐备。

㊽ 二难：指贤主难得，嘉宾难得。

㊾ 睇（dì）眄（miǎn）：流观，环视。中天：半空中。

㊿ 迥：远。

㉖ 盈虚：指盛衰、成败、穷通等。数：运数。

㉗ "望长安"二句：谓西望长安，东指吴会，辽远开阔。长安，唐代京都，今陕西西安。吴会，吴郡和会稽郡，今江浙一带。上述指东南地区名胜

之地。

㊼ "地势极"二句：谓南通南海，北仰北极，高远广大。南溟，指南方的大海。天柱，古代神话中说昆仑山上有铜柱，高耸入天，称天柱。北辰，北极星。

㊄ 失路：比喻不得志。

㊅ 萍水相逢：喻偶然相遇。

㊆ 帝阍：君门，宫门。

㊇ 宣室：汉代未央宫前的正室。贾谊曾在此被汉文帝召见，汉文帝向他问鬼神的事。

【精彩解说】

推开用彩绘装饰的阁门，俯视雕饰华丽的栋梁，山峰、平原尽收眼底，山川湖泽曲折迂回得令人惊叹。里巷房舍遍地，都是名门望族；各种船只布满了渡口，都是青雀黄龙样式。虹消云散，雨过天晴，阳光朗照，天空澄明。晚霞飘浮，孤鹜飞翔，仿佛在一起飞舞，秋水清澈，天空辽阔，相映成水天一色。傍晚归来的渔舟中传来歌声，响彻鄱阳湖滨；成群的大雁因寒意而长鸣，止息于衡阳水滨。远望长吟，登高俯视而畅快，逸兴在云间飞舞。箫声吹起，清风徐来，轻柔舒缓的歌声绵绵不尽，白云为它驻留。今日盛会，好比梁王睢园绿竹之会，酒量豪情超过了陶渊明；今日赋诗，如邺水荷池边的唱和，文采照映于谢临川的诗笔。良辰、美景、赏心、乐事四美俱全，贤明的主人、美好的嘉宾这两种难得的人欢聚一堂。极目眺望长空，在假日里尽情娱乐嬉游。天高地远，感到宇宙间的无穷无尽；兴尽悲来，知道事物变化的盛衰成败均由运数注定。在阳光下遥望长安，从云中指点吴会。地势尽于南方深广的南海，天柱耸于北方，北极遥远。关山难以逾越，谁能同情失意的人？聚散无定，萍水相逢，都是漂泊他乡之客。一心思念朝廷而不能觐见，渴望奉召于宣室，却不知在哪一年！

原文

　　呜呼！时运不齐[58]，命途多舛[59]。冯唐易老[60]，李广难封[61]。屈贾谊于长沙，非无圣主[62]，窜梁鸿于海曲，岂乏明时[63]？所赖君子安贫，达人知命[64]。老当益壮，宁知白首之心[65]，穷且益坚，不坠青云之志。酌贪泉而觉爽[66]，处涸辙以犹欢[67]。北海虽赊[68]，扶摇可接[69]；东隅已逝，桑榆非晚[70]。孟尝高洁，空怀报国之心[71]；阮籍猖狂[72]，岂效穷途之哭？

【字词注解】

[58] 不齐：有蹉跎，有坎坷。

[59] 舛（chuǎn）：不顺。

[60] 冯唐：西汉人。到老也只是个很小的官。

[61] 李广：西汉名将。抗击匈奴数十载，身经百战，战功赫赫，却终身未被封侯。

[62] "屈贾谊"二句：汉文帝本想重用贾谊，但因听信了谗言而疏远了他，将他贬为长沙王太傅。

[63] 梁鸿：东汉人。因受汉章帝猜忌，他改名换姓，和妻子在齐鲁一带隐居。

[64] 达人：豁达知命的人。

[65] 宁（nìng）：难道。

[66] 贪泉：古代传说广州有贪泉，人喝了这里的水就会贪婪。爽：畅快。晋时廉吏吴隐之过此，饮贪泉水并赋诗云："古人云此水，一歃怀千金，试使夷齐饮，终当不易心。"王勃在这里正是引此典故，意思是说，虽饮贪泉，但仍神清气爽。

[67] 涸辙：干涸的车辙。《庄子·外物篇》有一则寓言说，有一条鱼在干涸的车辙里奄奄待毙，哀求一个过路的人给一瓢水，而那人却许诺它引西江的水来救它。鱼生气地说，那样还不如到卖鱼干的地方找它的尸体。此处用鱼处涸辙来比喻处境困难。

[68] 赊：远。

[69] 扶摇：盘旋上升的旋风。

[70] "东隅"二句：东隅，东方日出处，指早晨。桑榆，日落时余光照在桑树、榆树的顶端，因而用桑榆喻黄昏，也用来比喻人的晚年。

⑦①“孟尝”二句：孟尝，字伯周，东汉时一个贤能的官吏，但不被重用。

⑦②阮籍：魏晋间人，性旷达不羁。与嵇康、刘伶等人在竹林啸傲吟咏，为“竹林七贤”之一。

【精彩解说】

唉！时运不好，路途多艰险。冯唐一大把年纪了还不得高官，李广军功显赫却难封列侯。贾谊被贬到长沙，并不是没有圣明的君主；迫使梁鸿在海边隐姓埋名地生活，难道不是在政治清明的时代？只不过由于君子能安于贫困，达观的人能知道自己的命数。年纪大了应当更有志气，难道能在白发苍苍之时改变自己的心志吗？处境艰难时更要坚强，绝不可放弃崇高的志向。有节操的君子，即使喝了贪泉的水仍旧心清无尘，处在干涸的车辙中依然心情乐观。北海虽然遥远，乘着大风也可以到达；早晨虽已逝去，但傍晚时积极有为仍不算晚。孟尝品行高洁，空剩下一片报国的忠心；阮籍狂放不羁，怎么可以仿效他在无路可走时的痛哭流涕？

原文

勃，三尺微命[73]，一介书生[74]。无路请缨[75]，等终军之弱冠[76]，有怀投笔，慕宗悫之长风[77]。舍簪笏于百龄，奉晨昏于万里[78]。非谢家之宝树，接孟氏之芳邻[79]。他日趋庭，叨陪鲤对[80]，今晨捧袂[81]，喜托龙门[82]。杨意不逢[83]，抚凌云而自惜[84]，钟期既遇，奏流水以何惭[85]？

【字词注解】

⑦③三尺微命：指地位低下。三尺，指衣带下垂的长度，指幼小。微命，卑微的性命。周代任官从一命到九命，一命最低。

⑦④一介：一个，谦辞。

⑦⑤请缨：请求皇帝赐给长缨，意为请求赐予杀敌的机会。

⑦⑥终军：西汉人。汉武帝时出使南越，上书请缨，要求缚南越王而回，当时年仅二十岁。

⑦⑦投笔：指投笔从戎。这里引用了汉朝班超投笔从戎的典故。宗悫

（què）：南朝宋人。少年时便有远大的理想，说"愿乘长风破万里浪"。

⑦⑧"舍簪笏"二句：自己愿舍弃一生的功名富贵，到万里之外去侍奉父亲。簪笏，这里借指官职。簪，束发戴冠时用来固定帽子的饰物。笏，朝见皇帝时用来记事的长板子。

⑦⑨"非谢家"二句：谢家之宝树，指谢玄。《世说新语·语言》载：谢安问他的子侄，为什么人们总希望子弟好？侄子谢玄回答："譬如芝兰玉树，欲使其生于阶庭耳。"旧时因此用"芝兰玉树"喻贵家子弟，也用于指有文才的人。孟氏之芳邻，孟子的母亲三次搬家，为了要找个好邻居，以便让儿子处于良好的成长环境。

⑧⑩"他日"二句：趋庭，指承受父教。鲤，孔鲤，孔子的儿子。鲤对，指孔鲤经过孔子门前，孔子对他进行教育。

⑧①捧袂（mèi）：举起衣袖，拱手拜谒，表示谒见时的恭谨。

⑧②喜托龙门：谓以受到接待为荣幸。龙门，在山西、陕西二省间的黄河中。传说鲤鱼登龙门则化为龙。

⑧③杨意：即杨得意。因为他的推荐，司马相如才做官。

⑧④凌云：本意是超出尘世，这里是指司马相如的《大人赋》，因为汉武帝读了《大人赋》后感到"飘飘有凌云之气"。

⑧⑤"钟期"二句：即钟子期，春秋时楚人。据《列子·汤问》记载：伯牙善鼓琴，钟子期善于倾听。伯牙鼓琴，志在高山，钟子期说："善哉，峨峨兮若泰山！"后来志在流水，子期说："善哉，洋洋兮若江河！"钟子期死后，伯牙碎琴绝弦不复鼓琴。

【精彩解说】

我王勃地位卑微，是一介无足轻重的书生。虽然已经到了和终军相同的年龄，却没有机会请缨报国，有班超那样投笔从戎的志向，仰慕宗悫"乘风破浪"的宏愿。而今舍弃一生的功名前程，到万里之外去侍奉父亲。我虽不是像谢玄那样的俊杰，却幸而接触到孟氏所追求的芳邻嘉宾。过些日子我将到父亲那里聆听教诲，要学孔鲤那样趋庭有礼，对答如流。今朝拜见阎公，如登龙门一般荣幸。司马相如假如没有得到杨得意的荐举，只能捧着自己写的赋而独自叹惋，既然已经遇到钟子期，奏起高山流水之曲又有什么羞惭呢？

原文

呜呼！胜地不常，盛筵难再(86)。兰亭已矣(87)，梓泽丘墟(88)。临别赠言，幸承恩于伟饯；登高作赋，是所望于群公。敢竭鄙诚(89)，恭疏短引(90)。一言均赋，四韵俱成。

滕王高阁临江渚，佩玉鸣鸾罢歌舞。画栋朝飞南浦云，朱帘暮卷西山雨。闲云潭影日悠悠，物换星移几度秋。阁中帝子今何在？槛外长江空自流。

【字词注解】

(86)难再：难以第二次遇到。

(87)兰亭：在今浙江绍兴。东晋群贤曾在此宴集，王羲之写了名垂千古的《兰亭集序》。

(88)梓泽：指晋代石崇的金谷园，在今河南洛阳北。

(89)敢竭鄙诚：写出鄙陋的心意。

(90)疏：陈述。短引：小序，在此指本文。

【精彩解说】

唉！名胜之地不能常游，盛大的筵席也难以再遇上。当年兰亭集会的盛况已经成了陈迹，华丽的金谷园已经变成废墟。临别赠言，作为有幸参加这样的盛筵的纪念；登高作诗，那就要仰仗诸公的才气了。请允许我冒昧地倾吐心意，恭敬地写下了这篇小序。我这首诗铺陈出来，成为四韵八句诗。

滕王阁高高地耸立在江边，佩玉叮当，客人散去后歌舞停止。早晨，画栋间飞舞着南浦飘来的云彩；傍晚，卷起的朱帘上飞溅着西山的雨。悠闲的云彩在潭中留下倒影，日日总是清闲安静，景物变换岁月转移，不知经过了多少春秋。阁中的皇子如今在哪里？只有槛外的赣江水空自奔流。

与韩荆州书

李　白

〔题解〕

李白（701—762年），字太白，号青莲居士，唐代伟大的浪漫主义诗人，被后人誉为"诗仙"，与杜甫并称为"李杜"。少年时即才华显露，喜吟诗作赋，并好行侠。二十五岁离开四川，长期漫游。后因举荐被召入京，供奉翰林，受到唐玄宗的特殊礼遇，但他不甘心充当文学侍臣，又受到同僚的谗毁，很快就被"赐金放还"。安史之乱后，他抱着平乱的心志，做了永王李璘的幕僚。后永王败，他受牵连，被流放夜郎。中途遇赦东返，不久病死。

《与韩荆州书》是唐玄宗开元二十一年（733年）左右，李白给韩荆州写的一封自荐书。通过此信我们不难看出李白具有远大的政治抱负，迫切希望得到大展拳脚的机会。本文写得顿挫跌宕，起伏照应，气势雄壮。

【原文】

　　白闻天下谈士相聚而言曰①："生不用封万户侯②，但愿一识韩荆州③。"何令人之景慕一至于此！岂不以周公之风④，躬吐握之事⑤，使海内豪俊，奔走而归之，一登龙门⑥，则声价十倍！所以龙蟠凤逸之士⑦，皆欲收名定价于君侯⑧。君侯不以富贵而骄之、寒贱而忽之，则三千之中有毛遂⑨，使白得颖脱而出⑩，即其人焉。

【字词注解】

① 白：李白自称。古人写信，自称其名以表恭敬。谈士：谈论世事的士人。

② 万户侯：汉代制度，诸侯食邑，大者万户。此处指其官爵显要之意。

③ 韩荆州：韩朝宗。古时用某人任官的地方来称呼，以示尊重。

④ 周公：周文王之子姬旦，辅助武王灭纣，建立周王朝，封于鲁。武王死，成王年幼，周公摄政。

⑤ 吐握：吐哺和握发的省略说法。《史记·鲁周公世家》记载，周公"一沐三捉发，一饭三吐哺（口里嚼着食物），起以待士，犹恐失天下之贤人"。说明他对荐拔人才十分尽心，对人才极为尊重。后人常用吐哺握发代荐拔人才之事。

⑥ 登龙门：传说鲤鱼跃龙门，就会变化成龙，故用龙门比喻德高望重的人。得其接引而提高声誉，叫作登龙门。

⑦ 龙蟠凤逸之士：像龙那样盘旋未起，像凤那样飞逸高渺。意指那些志趣高洁，等待时机，不轻易出来应世的非凡的才士。

⑧ 君侯：汉以后，为对达官贵人的尊称。

⑨ 毛遂：战国时平原君的食客。最初不为平原君所知。后来赵国派平原君出使楚国谈判，毛遂自荐随行，并对这次谈判的胜利做出了决定性的贡献。

⑩ 颖脱而出：毛遂向平原君自荐随行时，平原君表示不信任他的才能，说"贤士之处世也，譬若锥之处囊中，其末立见"。意即在他的门下，从来未有所表现。毛遂回答说："臣乃今日请处囊中耳。使遂蚤得处囊中，乃颖脱而出，非特其末见而已。"颖，锋端。

【精彩解说】

我听说天下一些谈论世事的人聚集在一起时就会说："人生不必封万户侯，只愿结识一下韩荆州。"您为什么使人景仰爱慕到了这样的程度呢！还不是因为您有周公的风度，躬行吐哺、握发接待贤者的美德，才使得海内豪杰俊才都奔集到您的门下，一经接待，如登龙门，立刻名声身价大增十倍于前！所以那些才能超群的读书人，都希望在君侯处获得美名，得到评价。君侯不因为自己的富贵而傲视他们，不因为他们的寒贱而轻忽他们，那么在众多的宾客中定有毛遂那样的奇才，假使我能有脱颖而出的机会，我就是那样的人啊。

> **原文**
>
> 白，陇西布衣⑪，流落楚、汉⑫。十五好剑术，遍干诸侯⑬；三十成文章，历抵卿相。虽长不满七尺，而心雄万夫⑭。皆王公大人许与气义⑮。此畴曩心迹⑯，安敢不尽于君侯哉？

—●【字词注解】

⑪陇西：郡名，李白的祖籍。布衣：平民。

⑫楚、汉：楚，今湖北一带。汉，今汉水一带。

⑬干：求，此处为谒见的意思。诸侯：此指出镇地方的高官。下文的"卿相"指在朝高官。

⑭雄：超过。

⑮王公大人：泛指高级官僚。

⑯畴曩（nǎng）：往昔。心迹：志向与行事。

—●【精彩解说】

我是陇西平民，流落在楚地、汉水一带。十五岁爱好剑术，拜访了许多地方长官；三十岁诗文有了成就，屡次拜谒朝廷高官。尽管我身高不满七尺，但心志却超过万人。王公大臣都赞许我有节操、讲道义。这是我从前的志向和行迹，怎敢不尽情地向您倾诉呢？

> **原文**
>
> 君侯制作侔神明⑰，德行动天地，笔参造化⑱，学究天人⑲。幸愿开张心颜⑳，不以长揖见拒㉑。必若接之以高宴，纵之以清谈，请日试万言，倚马可待㉒。今天下以君侯为文章之司命，人物之权衡㉓，一经品题㉔，便作佳士。而今君侯何惜阶前盈尺之地㉕，不使白扬眉吐气、激昂青云耶？

【字词注解】

⑰ 制作：此处指建功立业，后面的"制作"指文章。侔（móu）：等，齐，与……相等、相齐。

⑱ 造化：创造化育。

⑲ 天人：天道与人事的深微处。

⑳ 开张心颜：开心张颜，意思是和颜悦色，真诚相待。

㉑ 长揖：古代宾主以平等身份相见之礼。见：被。

㉒ 倚马可待：比喻文思敏捷。典出《世说新语·文学》：东晋桓温北征，因立即要写一份文书，唤袁宏起草，袁宏倚在马前，手不停笔，一下就写了七张纸，又快又好。

㉓ 权衡：称量用具。这里指衡量标准。权，秤锤。衡，秤杆，秤。

㉔ 品题：品评人物，定其高下。

㉕ 盈尺之地：满一尺之地，言其小。

【精彩解说】

您的功业堪比神明，德行感动天地，文章阐明了宇宙变化的规律，学问探究了天道与人事的关系。希望君侯敞开胸怀，和颜接纳，不要因为我行长揖之礼而拒绝我的谒见。假如能用盛大的宴席接待我，听任我纵情畅谈，那么我请以日写万言来测试，我将手不停笔，倚马可待。当今天下人以君侯为评论文章的主宰，权衡人物的权威，士人一经您的好评，就成为德才兼备的佳士。君侯为什么吝惜庭阶前一尺见方的地方，不使我扬眉吐气、奋发昂扬于青云之上呢？

【原文】

昔王子师为豫州㉖，未下车即辟荀慈明㉗，既下车又辟孔文举㉘。山涛作冀州㉙，甄拔三十余人，或为侍中、尚书㉚，先代所美。而君侯亦一荐严协律㉛，入为秘书郎㉜，中间崔宗之、房习祖、黎昕、许莹之徒㉝，或以才名见知，或以清白见赏。白每观其衔恩抚躬㉞，忠义奋发，白以此感激，知君侯推赤心于诸贤之腹中㉟，所以不归他人而愿委身国士㊱。倘急难有用，敢效微躯㊲。

— •【字词注解】

㉖ 王子师：名允，东汉太原祁县人。灵帝时任豫州刺史，东汉献帝即位，任司徒、尚书令，后与吕布谋诛杀董卓，不久被董卓部将李傕、郭汜所杀。

㉗ 未下车：这里指未到任。下句"既下车"意思是上任后。辟：任用。荀慈明：东汉人，名爽，一名谞。官至司空。

㉘ 孔文举：孔融，东汉名士，与另一名士祢衡友善。汉献帝时为北海相，立学校，后为太中大夫，因声望过高并反对曹操，为曹所杀。

㉙ 山涛：字巨源，西晋名士，"竹林七贤"之一，曾任冀州刺史，又任吏部尚书。

㉚ 侍中：官名，汉代为加官，在皇帝左右侍应杂事。后汉权力逐渐增大，到南北朝以后，实际上就是宰相，唐代一度为左相。尚书：官名，隋唐置尚书省，下设吏、户、礼、兵、刑、工六部，六部长官为尚书。

㉛ 严协律：据说指唐剑南节度使严武，但史书并没有记载他做过协律郎。

㉜ 秘书郎：官名。掌管图书经籍。

㉝ 崔宗之：唐代人，名成辅。袭封齐国公，历任左司郎中等职，李白的重要交游者之一，杜甫《饮诗中八仙歌》称之为潇洒美少年。房习祖、黎昕、许莹：事迹皆不详。

㉞ 衔恩：感恩。抚躬：省察自己。

㉟ 推赤心于诸贤之腹中：谓以至诚对待贤人。

㊱ 委身：献身，以身事人。

㊲ 敢效微躯：愿意贡献微贱之身。

— •【精彩解说】

从前王允任豫州刺史，尚未到任就征聘荀爽，到任之后又征辟孔融。山涛任冀州刺史，考察选拔了三十余人，有的任侍中，有的做尚书，这都是为前代赞美的。君侯您也曾荐举过严协律进入朝廷担任秘书郎，还有崔宗之、房习祖、黎昕、许莹这班人，有的因为才干和声名而为您所知，有的因品行清白而被您赏识。我每每看到他们感恩戴德，便抚躬自问，以忠义奋发自勉，我也因此而感动，知道君侯对许多贤人赤诚相待，所以不归依他人，而愿把自己托付给您。倘使君侯在急难之际，有用得着我的地方，我自当献身效命。

原文

且人非尧、舜㊳，谁能尽善？白谟猷㊴筹画，安能自矜㊵？至于制作㊶，积成卷轴㊷，则欲尘秽视听㊸，恐雕虫小技㊹，不合大人。若赐观刍荛㊺，请给纸笔，兼之书人，然后退扫闲轩㊻，缮写呈上㊼。庶青萍、结绿㊽，长价于薛、卞之门㊾。幸推下流，大开奖饰㊿，唯君侯图之。

【字词注解】

㊳尧、舜：上古帝王，此处指圣人。
㊴谟猷（yóu）筹画：谋划打算，指政治上的才能。
㊵自矜：自夸，自负。
㊶制作：此处指诗文创作。
㊷卷轴：古代在纸或帛上写作诗文，然后卷在轴上，就是一卷。
㊸尘秽视听：玷污了您的耳目，此乃请别人看自己文章的自谦说法。
㊹雕虫小技：微不足道的技能，此指诗赋作文。
㊺刍荛（ráo）：浅陋的见解。用作谦辞。
㊻轩：小屋。
㊼缮：誊抄。
㊽青萍：宝剑名。结绿：美玉名。
㊾薛：薛烛，春秋时越国人，善相剑。卞（biàn）：卞和。善相玉。
㊿奖饰：称誉。

【精彩解说】

而且人不是尧、舜，谁能十全十美？我在谋略策划方面，怎么能自夸呢？至于写作，已经积累成卷轴，很想呈请君侯抽暇过目，只怕雕虫小技，不能受到大人的赏识。倘蒙垂顾，愿意看看拙作，那么，请赐予纸笔和书写人员，然后我将回去打扫闲置的小屋，誊清呈上。希望这些诗也能像青萍宝剑、结绿美玉一样，在薛烛、卞和的手中提高价值。但愿君侯推恩于我这个身处下位的人，大为嘉奖和鼓励，请君侯考虑一下我的要求吧。

吊古战场文

李 华

〔题解〕

李华（约715—774年），字遐叔，赵州赞皇（今河北赞皇）人，唐代著名散文家。文辞工丽，与萧颖士齐名，世称"萧李"。唐玄宗开元二十三年（735年）进士，又曾中博学宏词科。天宝十一载（752年）迁监察御史，因弹劾当朝权相杨国忠而遭排挤，徙为右补阙。安禄山攻陷长安时，被迫接受凤阁舍人伪职。安史之乱平定后，被贬为杭州司户参军。从此因自惭而淡于宦进。后来，隐居大别山南麓，信奉佛法。

《吊古战场文》是李华的一部重要作品，是有感于玄宗后期内政不修，滥施征伐而发。本文以凭吊古战场起兴，中心是主张实行王道，以仁德礼义悦服远人，达到天下一统。文中把战场描绘得十分荒凉凄惨，揭示了战争的残酷以及给人民造成的灾难，指出必须推行仁政才能制止战争，表达了作者对和平的深切渴望以及对人民尤其是对战士的无限同情。虽用骈文形式，但文字流畅，情景交融，主题鲜明，寄意深切，将写景、叙事、抒情、议论融为一片，是一篇震撼人心、引人深思的佳作。

原文

浩浩乎平沙无垠①，敻不见人②。河水萦带，群山纠纷③。黯兮惨悴④，风悲日曛⑤。蓬断草枯⑥，凛若霜晨。鸟飞不下，兽铤亡群⑦。亭长告余曰⑧：

"此古战场也,常覆三军⑨。往往鬼哭,天阴则闻。"伤心哉!秦欤?汉欤?将近代欤?

吾闻夫齐、魏徭戍,荆、韩召募⑩。万里奔走,连年暴露。沙草晨牧,河冰夜渡。地阔天长,不知归路。寄身锋刃,腷臆谁诉⑪?秦、汉而还,多事四夷⑫,中州耗斁⑬,无世无之。古称戎、夏,不抗王师⑭。文教失宣⑮,武臣用奇⑰。奇兵有异于仁义⑱,王道迂阔而莫为⑲。呜呼噫嘻!

吾想夫北风振漠,胡兵伺便,主将骄敌,期门受战。野竖旄旗㉑,川回组练㉒。法重心骇,威尊命贱。利镞穿骨,惊沙入面。主客相搏,山川震眩。声析江河㉓,势崩雷电。至若穷阴凝闭㉔,凛冽海隅㉕,积雪没胫,坚冰在须,鸷鸟休巢,征马踟蹰,缯纩无温㉖,堕指裂肤。当此苦寒,天假强胡。凭陵杀气㉗,以相剪屠。径截辎重,横攻士卒。都尉新降㉘,将军覆没。尸填巨港之岸㉙,血满长城之窟。无贵无贱,同为枯骨。可胜言哉!鼓衰兮力尽,矢竭兮弦绝,白刃交兮宝刀折,两军蹙兮生死决㉚。降矣哉?终身夷狄。战矣哉?骨暴沙砾。鸟无声兮山寂寂,夜正长兮风淅淅。魂魄结兮天沉沉,鬼神聚兮云幂幂㉛。日光寒兮草短,月色苦兮霜白。伤心惨目,有如是耶?

吾闻之:牧用赵卒㉜,大破林胡,开地千里,遁逃匈奴。汉倾天下,财殚力痛㉟。任人而已,其在多乎?周逐猃狁,北至太原,既城朔方㊲,全师而还。饮至策勋㊳,和乐且闲,穆穆棣棣,君臣之间。秦起长城,竟海为关,荼毒生灵㊵,万里朱殷。汉击匈奴,虽得阴山㊶,枕骸遍野,功不补患。

苍苍蒸民㊸,谁无父母?提携捧负,畏其不寿。谁无兄弟,如足如手?谁无夫妇,如宾如友?生也何恩?杀之何咎?其存其没,家莫闻知。人或有言,将信将疑,悁悁心目㊹,寝寐见之㊺。布奠倾觞,哭望天涯。天地为愁,草木凄悲。吊祭不至㊼,精魂何依?必有凶年,人其流离。呜呼噫嘻!时耶?命耶?从古如斯。为之奈何?守在四夷㊾。

【字词注解】

①浩浩:辽阔的样子。垠(yín):边际。

②敻（xiòng）：远。

③纠纷：重叠交错的样子。

④黯：昏暗，暗淡无光。

⑤曛：赤黄色，形容日色昏暗。

⑥蓬：草名，即蓬蒿。秋枯根拔，随风飘转。

⑦铤（tǐng）：疾走的样子。

⑧亭长：秦汉时每十里为一亭，设亭长一人，掌管捉拿盗贼之事。唐代在尚书省各部衙门设置亭长，负责城门开关和通报传达事务，是流外（不入九品职级）吏职。此借指地方小吏。

⑨三军：周制，天子置六军，诸侯大国可置三军，每军一万二千五百人。此处泛指军队。

⑩"吾闻"二句：齐、魏、荆、韩，战国七雄中的四个国家。荆，即楚国。召募，以钱物招募兵员。

⑪腷（bì）臆：郁结在心头的愤懑和悲哀。

⑫四夷：四方边境的少数民族。夷，古时对异族的贬称。

⑬耗斁（dù）：损耗败坏。

⑭戎：西方少数民族。此处泛指少数民族。夏：华夏，中原民族。

⑮王师：帝王的军队。古称帝王之师是应天顺人、吊民伐罪的仁义之师。

⑯文教：指礼乐法度，文章教化。

⑰用奇：使用阴谋诡计。

⑱奇兵：趁敌不备进行突然袭击的部队。

⑲王道：指礼、乐、仁、义等治理天下的准则。迂阔：迂腐空疏。

⑳期门：军营的大门。

㉑旄旗：用旄牛尾装饰的旗。

㉒组练：组甲和被练，战士的两种衣甲。此处代指军队。

㉓析：分裂，劈开。原作"折"，据《唐文粹》及《李遐叔文集》改。

㉔穷阴：极阴沉的天气。

㉕海隅：西北极远之地。海，瀚海，在蒙古高原东北；一说指今内蒙古自治区之呼伦贝尔湖。

㉖缯（zēng）纩（kuàng）：缯，丝织品的总称。纩，新丝绵。泛指

绵絮。

㉗ 凭陵：凭借，倚仗。

㉘ 辎（zī）重：军用物资的总称。

㉙ 都尉：官名。此指职位低于将军的武官。

㉚ 填：堆积。

㉛ 胜：尽。

㉜ 蹙（cù）：迫近，接近。

㉝ 幂（mì）幂：浓密弥漫的样子。

㉞ 牧：李牧，战国末期赵国良将。守雁门，抵御匈奴的入侵，击败东胡，降服林胡（均为匈奴所属的部族）。其后十余年，匈奴不敢靠近赵国边境。见《史记·廉颇蔺相如列传》。

㉟ 殚（dān）：尽。痡（pū）：衰竭。汉武帝时，多次大举征伐匈奴及大宛、西羌、南越，以致"赋税既竭，犹不足以奉战士""天下虚耗"，甚至"人复相食"。见《史记·平准书》《汉书·食货志》。

㊱ "周逐"二句：出自《诗经·小雅·六月》："薄伐狁（xiǎn）狁（yǔn），至于大原。"狁狁，也作"猃狁""獯鬻""薰育""荤允"等。古代北方的少数民族，匈奴的前身。周宣王时，狁狁南侵，宣王命尹吉甫统军抗击，逐至太原（今宁夏原州北），不再穷追。

㊲ 城：筑城。朔方：北方。一说即今宁夏灵武一带。句出《诗经·小雅·出车》："天子命我，城彼朔方。"

㊳ 饮至：古代盟会、征伐归来后，告祭于宗庙，举行宴饮，称为"饮至"。策勋：把功勋记载在简策上。句出《左传·桓公二年》："凡公行，告于宗庙；反行，饮至，舍爵，策勋焉，礼也。"

㊴ 穆穆：和敬的样子。棣（dì）棣：雍容娴雅的样子。

㊵ 荼（tú）毒：残害。

㊶ 殷（yān）：赤黑色。《左传·成公二年》杜注："血色久则殷。"

㊷ 阴山：今河套以北、大漠以南群山的总称。

㊸ 苍苍：指天。蒸：通"烝"，众，多。

㊹ 悁（yuān）悁：忧愁郁闷的样子。

㊺ 寝寐：梦寐。

㊻ 布奠倾觞：把酒倒在地上以祭奠死者。布，陈列。奠，设酒食以

㊼不至：不能达于死者。

㊽精魂：精气灵魂。古时认为人死后，其精气灵魂能够离开身体而存在。

㊾"必有凶年"二句：凶年，即荒年。语出《道德经》第三十章："大军之后，必有凶年。"大举兴兵造成大量农业劳动力的征调伤亡，再加上双方军队的踩蹦掠夺以及军费负担，必然影响农业生产活动。故此处不仅指自然灾荒。

㊿守在四夷：语出《左传·昭公二十三年》："古者天子，守在四夷。"

【精彩解说】

辽阔无边的旷野啊，极目远望看不到人影。河水像一条带子弯曲萦绕，远处无数的山峰重叠错乱。天空暗淡凄惨，寒风悲啸，日色昏黄。蓬蒿断落，野草枯萎，寒气凛冽犹如降霜的冬晨。鸟儿飞过而不肯落下，野兽奔逃而失散了同伴。亭长告诉我说："这儿就是古代的战场，经常有军队在这里覆没。时常有鬼哭的声音，每逢阴天就会听到。"真令人伤心啊！这是秦朝的战场？汉朝的战场？还是近代的战场呢？

我听说战国时期，齐、魏征集壮丁服役，楚、韩募集兵员备战。士兵们奔走万里边疆，年复一年地在外日晒雨淋。早晨寻找沙漠中的水草放牧，夜晚穿涉结冰的河流。地阔天遥，不知道哪里是归家的道路。把性命寄托于刀枪之间，苦闷的心情向谁倾诉？自从秦、汉以来，四方边境上战争频繁，导致中原地区损耗严重，没有哪个朝代不如此。古时说，外夷和华夏，都不和帝王的军队为敌。后来不再宣扬礼乐教化，武将们就使用奇兵诡计。奇兵不符合仁义道德，王道被认为迂腐不切实际，谁也不去实行。唉，可悲啊！

我想象北风摇撼着沙漠，胡兵伺机来袭，主将骄傲轻敌，敌兵已到营门才仓促迎战。原野上竖起战旗，河谷里奔驰着全副武装的士兵。严峻的军法使人心惊胆战，当官的权威重大，士兵的性命微贱。锋利的箭镞穿透骨头，飞扬的沙粒直扑人面。敌我两军激烈搏斗，山川也被震得头昏眼花。声势之大，足以使江河分裂、雷电奔掣。到了隆冬，天气阴沉，彤云密布，天地闭塞，瀚海边上寒气凛冽，积雪没过小腿，坚冰冻住胡须，凶猛的鸷鸟躲在巢里休息，惯战的军马也徘徊不前，棉衣毫无暖气，人冻得手指掉落，肌肤开裂。在这苦寒之际，老天却帮助强横的胡兵。胡人凭仗寒冬肃杀之气，来斩伐屠戮我们的士兵。他们半途中截取军用物资，拦腰冲断士兵队伍。都尉刚刚投降，将军又战死。尸体堆积在大港沿岸，鲜血淌满了长城下的窟穴。无论高贵还是卑贱，同样成为枯骨。此情此景，岂是言语就能说完的！鼓声微弱啊，战士已经精疲力竭；箭已射尽啊，弓弦也断绝；白刃相交肉搏啊，宝刀已折断；两军迫近啊，以生死相决。投降吧？终身将沦为异族。战斗吧？尸骨将暴露于沙砾。鸟儿无声啊群山沉寂，漫漫长夜啊悲风淅淅。阴魂凝结啊天色昏暗，鬼神聚集啊阴云厚积。日光惨淡啊映照着短草，月色凄苦啊笼罩着白霜。人间还有像这样令人伤心惨目的景况吗？

　　我听说：李牧统率赵国的士兵，大破林胡，开辟疆土千里，匈奴望风远逃。而汉朝倾全国之力和匈奴作战，反而民穷财尽，国力削弱。关键是任人得当，哪在于兵多呢？周朝驱逐猃狁，一直追到太原，在北方筑城防御，尔后全军胜利回京。在宗庙举行祭祀和饮宴，记功授爵，大家和睦愉快而又安适，君臣之间，端庄和蔼，恭敬有礼。而秦朝修筑长城，直到海边都建起关塞，残害了无数百姓，鲜血把万里大地染成了赤黑色。汉朝出兵攻击匈奴，虽然占领了阴山，但阵亡将士的骸骨遍野，互相枕藉，功绩抵不上灾难。

　　天下众多的百姓，谁没有父母？从小拉扯带领，抱着背着，唯恐他们夭折。谁没有亲如手足的兄弟？谁没有相敬如宾、相爱如友的夫妻？他们活着受过什么恩惠？又犯了什么罪过而遭杀害？他们的生死存亡，家中无从知道。即使听到有人传讯，也是疑信参半，整日忧愁郁闷，夜间音容入梦。亲人们陈列祭品，洒酒祭奠，望远痛哭。天地为之忧愁，草木也含悲伤。这样不明不白的吊祭，不能为死者在天之灵所感知，他们的精魂将归依何处，何况战争之后，一定会出现灾荒，百姓难免流离失所。唉！这是时势造成的，还是命运招致的呢？从古以来就是如此。怎样才能避免战争呢？唯有宣扬教化，施行仁义，才能使四方民族为天子守卫疆土啊。

阿房宫赋

杜 牧

〔题解〕

　　杜牧（803—853年），字牧之，号樊川居士，唐京兆万年（今陕西西安）人，宰相杜佑之孙。唐代杰出的诗人、散文家。与李商隐齐名，人称"小杜"，以别于杜甫。文宗大和二年（828年）中进士，复举贤良方正授弘文馆校书郎。历任黄州、池州、睦州、湖州刺史。唐武宗会昌年间迁中书舍人。有《樊川文集》。

　　《阿房宫赋》是一篇古今传诵的名篇，通过对阿房宫建筑的富丽堂皇及宫中声色繁华的描写，生动形象地总结了秦朝统治者骄奢亡国的历史教训，向唐朝统治者发出了警告——勿蹈秦亡覆辙。全文运用了想象、比喻与夸张等手法，描写、铺排与议论等方式融为一体，骈散结合，错落有致。

〖原文〗

　　六王毕①，四海一②；蜀山兀③，阿房出④。覆压三百余里，隔离天日。骊山北构而西折⑤，直走咸阳。二川溶溶⑥，流入宫墙。五步一楼，十步一阁。廊腰缦回⑦，檐牙高啄⑧，各抱地势⑨，钩心斗角⑩。盘盘焉，囷囷焉⑪，蜂房水涡⑫，矗不知其几千万落⑬。长桥卧波，未云何龙？复道行空⑭，不霁何虹？高低冥迷⑮，不知西东。歌台暖响，春光融融，舞殿冷袖，风雨凄凄。一日之内，一宫之间，而气候不齐。

【字词注解】

① 六王：指战国时期韩、魏、赵、燕、齐、楚六国国君。
② 四海：指天下，全中国。一：统一。
③ 蜀山：泛指今四川一带的山。兀：高而上平，形容山已光秃。
④ 阿房：《汉书·贾山传》："又为阿房之殿。"颜师古注："房字或作旁，说云始皇作此殿，未有名，以其去咸阳近，且号阿房。"旧时读"房"为"旁"。出：出现、建成之意。
⑤ 骊山：在今陕西临潼东南。北构：从骊山北边建筑起。
⑥ 二川：渭水和樊川。溶溶：水缓缓流动的样子。
⑦ 廊腰缦回：游廊像缦带一样萦绕。
⑧ 檐牙高啄：飞檐像鸟嘴一样高翘。
⑨ 抱地势：就其地势高低。
⑩ 钩心斗角：谓廊腰互相连接，纡曲如钩；檐牙彼此相向，像螭龙斗角。形容宫殿的错综精密。
⑪ 囷（qūn）囷：曲折回旋的样子。
⑫ 蜂房水涡：谓楼阁如蜂房、水涡。
⑬ 矗：耸立。此字放在句首，形容建筑物高高耸立。落：此处指房屋单位，犹如座、所。
⑭ 复道：楼阁之间架设在空中的通道。
⑮ 霁（jì）：雨过天晴。虹：比喻复道。
⑯ 冥迷：迷蒙，迷茫。

【精彩解说】

六国灭亡，天下统一；蜀地山上的树木砍光了，阿房宫建成了。阿房宫覆盖三百多里，高耸的楼阁遮天蔽日。从骊山北边建起，绵延向西转折，直奔咸阳。渭水、樊川水波荡漾，流入宫墙。五步一幢楼，十步一座阁。连接楼阁的走廊曲折回环，伸向青天的檐牙像群鸟在高处啄食，建筑物各自依地势，相抱相凑四外开拓。盘盘绕绕，曲曲折折，像蜂房那样密集，像漩涡那样一圈圈迂曲，高高地矗立着，不知它有几千万个院落。长长的桥横卧水上，没有风起云涌哪里来的龙？楼阁间的通道横贯空中，没有雨过天晴哪里来的彩虹？高低迷离，不辨西东。台上歌声嘹亮，洋溢着温暖的气息，简直是春意融融；殿中舞袖飘拂，带来了凄清的寒意。一天之内，一宫之中，气候却如此不同。

原文

妃嫔媵嫱⑰，王子皇孙，辞楼下殿，辇来于秦⑱，朝歌夜弦，为秦宫人。明星荧荧，开妆镜也⑲；绿云扰扰，梳晓鬟也⑳；渭流涨腻㉑，弃脂水也㉒；烟斜雾横，焚椒兰也㉓；雷霆乍惊，宫车过也；辘辘远听㉔，杳不知其所之也㉕。一肌一容，尽态极妍㉖，缦立远视，而望幸焉㉗。有不得见者，三十六年㉘。燕、赵之收藏㉙，韩、魏之经营，齐、楚之精英，几世几年，取掠其人㉚，倚叠如山㉛。一旦不能有，输来其间。鼎铛玉石㉜，金块珠砾，弃掷逦迤㉝，秦人视之，亦不甚惜。

【字词注解】

⑰妃嫔媵（yìng）嫱：指六国的妃嫔宫人。嫔、嫱，是宫中女官，妃的等级比嫔、嫱要高。媵，是陪嫁女子，多为后妃之妹或侄女，也可能成为嫔、嫱。

⑱辇：帝王所乘的车。这里用作动词，乘车的意思。

⑲妆镜：梳妆用的镜子。

⑳鬟（huán）：古代女子梳的环形发髻。

㉑涨腻：谓增添一层油腻。

㉒脂水：指含有胭脂香粉的洗脸水。

㉓椒兰：两种香料。

㉔辘辘：车轮滚动声。

㉕杳：无声无响。此字用在句首，形容宫车已走远。

㉖尽态极妍：谓极尽姿态之妍美。

㉗望幸：妃子盼望天子临幸。幸，古代指天子车驾到达某地。此处兼含两种意思。

㉘三十六年：指秦始皇在位的实际年数。按史书记载，秦始皇死的那年是三十七年。此句言六国宫妃在秦宫中，终始皇之世而不得见一面。但秦始皇十七年（公元前230年）始灭韩，至二十六年（公元前221年）尽灭六国，在此之前，六国宫妃并未入秦。此处只能视为夸张说法，不可拘泥。

㉙收藏：与下面句中之"经营""精英"，均指金玉珍宝。

㉚取掠：一作"剽掠"。抢夺而来。

㉛倚叠：堆积。

㉜铛：一种平底的锅。

㉝ 逦迤：绵延不断的样子。

【精彩解说】

六国的妃嫔宫人，王子皇孙，离开本国的楼阁殿庭，坐上车子，被送入秦国，日夜唱歌奏乐，充当秦国的宫人。闪闪星辰，是她们打开了梳妆的镜子；绿云缭绕，是宫人们早晨在梳发髻，理云鬟；渭水上涨浮着一层油腻，是她们倾倒的脂粉水；烟雾纵横弥漫，是宫人在焚烧椒兰；雷声突然使人惊心动魄，原来是宫车驰过；辘辘车声越听越远，不知道前往何处。她们肌肤姿容，修饰得艳丽娇妍，久久地站立着，远远地望着，盼望得到宠幸。有人从来未见过皇帝，整整空等了三十六年。燕国、赵国收藏的财富，韩国、魏国营求的珠玉，齐国、楚国搜罗的奇珍，是他们经历了多少年代，剽窃掠夺而来，堆积得像山一样。一旦国破家亡不能继续占有，便被运输到这里来。在这里宝鼎被当成了铁锅，美玉被看作石子，金子如同土块，珍珠就像沙子，丢弃得到处都是，秦国人看了，也不觉得可惜。

原文

嗟乎㉞！一人之心，千万人之心也。秦爱纷奢㉟，人亦念其家。奈何取之尽锱铢㊱，用之如泥沙？使负栋之柱㊲，多于南亩之农夫；架梁之椽㊳，多于机上之工女。钉头磷磷㊴，多于在庾之粟粒㊵；瓦缝参差，多于周身之帛缕。直栏横槛，多于九土之城郭㊶；管弦呕哑㊷，多于市人之言语。使天下之人，不敢言而敢怒，独夫之心，日益骄固㊸。戍卒叫㊹，函谷举㊺，楚人一炬，可怜焦土㊻。

【字词注解】

㉞ 嗟乎：感叹词。

㉟ 纷奢：繁华奢侈。

㊱ 锱（zī）铢：古代重量单位，六铢为一锱，一铢略等于后来一两的二十四分之一。用来比喻极细微的数量。

㊲ 负栋：承载屋栋。

㊳ 椽：放在梁上支架屋面和瓦片的木条。

㊴ 磷磷：本指水中石头突出，此处形容砖木结构建筑物上突出的钉头很多。

㊴ 庾（yǔ）：粮仓。
㊶ 九土：九州，指广大国土。
㊷ 呕哑：乐声。
㊸ 骄固：骄横顽固。
㊹ 戍卒叫：指陈涉起义。陈涉原是谪戍渔阳的戍卒，后在大泽乡起义。
㊺ 函谷：指函谷关，在今河南灵宝东北。
㊻ "楚人一炬"二句：谓项羽一把大火将阿房宫化为一片焦土。楚人指项羽。

【精彩解说】

可叹啊！一个人的心，也就是千万人的心。秦王喜欢阔气奢华，百姓也顾念自己的家。怎么能取来时连锱铢之微也搜刮尽净，使用它时却像对待泥沙一样毫不珍惜呢？致使承负大梁的柱子，多于田野里的农夫；架在梁上的椽子，多于织机上的织妇。建筑物上的钉头，比粮仓里的谷粒还要多。参差不齐的瓦缝，比人们身上穿的丝缕还要多。纵横连接的栏槛，多于九州的城郭；管弦音乐的声音，多于市民的语言。这使天下的人们，嘴里不敢说而心里却怨怒，而那独裁者的心，竟一天比一天骄横顽固。戍守边疆的士兵登高一呼，函谷关就此守不住，楚国人一把大火，可惜华丽的宫殿便成了一片焦土。

原文

呜呼！灭六国者，六国也，非秦也；族秦者，秦也，非天下也。嗟夫！使六国各爱其人，则足以拒秦；秦复爱六国之人，则递三世，可至万世而为君，谁得而族灭也？秦人不暇自哀，而后人哀之，后人哀之而不鉴之，亦使后人而复哀后人也！

【精彩解说】

唉！消灭六国的，是六国自己，不是秦国；使秦国灭亡的，是秦国自己，而不是天下人。唉！倘使六国各自爱护他们的百姓，就足以抵抗秦国；秦国又爱护六国的百姓，就能传到三世，甚至可以传到万世永远做皇帝，谁能使他们灭亡呢？秦人来不及哀叹自己的灭亡，而让后代人哀怜他们，后代人哀怜他们而不以他们为鉴，那么只好让更后来的人去哀叹那些后世人了！

原道

韩 愈

〔题解〕

韩愈（768—824年），字退之，孟州河阳（今河南孟州）人，唐代杰出的文学家、思想家、哲学家，与柳宗元倡导古文运动，是"唐宋八大家"之首。韩愈出身于官宦家庭，从小受儒学正统思想和文学的熏陶，并且勤学苦读，有深厚的学识。他参加四次科举考试才登进士第，又因考博学宏词科失败，辗转奔走求官。曾两任节度推官，累官监察御史。后因论事被贬为阳山县令。以后又几次升迁。其后又因谏迎佛骨一事被贬至潮州。晚年官至吏部侍郎，后世称为"韩吏部"。死后谥号"文"，故又称为"韩文公"。有《昌黎先生集》。

《原道》是韩愈复古崇儒、攘斥佛老的代表作。隋唐时佛教盛行，儒学在学术界的影响越来越微弱。韩愈作此文，是为了维护儒学思想，扫除佛教的思想影响。此文观点鲜明，有破有立，引证今古，从历史发展、社会生活等方面层层剖析，驳斥佛老之非，论述儒学之是，倡导恢复古道、尊崇儒学。

〔原文〕

博爱之谓仁，行而宜之之谓义①，由是而之焉之谓道②，足乎己无待于外之谓德。仁与义为定名，道与德为虚位。故道有君子小人，而德有凶有吉。老子之小仁义，非毁之也，其见者小也。坐井而观天，曰"天小"

者，非天小也。彼以煦煦为仁③，孑孑为义④，其小之也则宜。其所谓道，道其所道，非吾所谓道也；其所谓德，德其所德，非吾所谓德也。凡吾所谓道德云者，合仁与义言之也，天下之公言也。老子之所谓道德云者，去仁与义言之也，一人之私言也。

周道衰，孔子没，火于秦，黄、老于汉⑤，佛于晋、魏、梁、隋之间。其言道德仁义者，不入于杨⑥，则入于墨⑦，不入于老，则入于佛。入于彼，必出于此。入者主之，出者奴之；入者附之，出者污之。噫！后之人其欲闻仁义道德之说，孰从而听之？老者曰："孔子，吾师之弟子也。"佛者曰："孔子，吾师之弟子也。"为孔子者，习闻其说，乐其诞而自小也⑧，亦曰："吾师亦尝师之云尔⑨。"不惟举之于其口，而又笔之于其书。噫！后之人虽欲闻仁义道德之说，其孰从而求之？甚矣！人之好怪也！不求其端，不讯其末，惟怪之欲闻。

古之为民者四⑩，今之为民者六⑪，古之教者处其一，今之教者处其三。农之家一，而食粟之家六，工之家一，而用器之家六；贾之家一，而资焉之家六⑫。奈之何民不穷且盗也！

古之时，人之害多矣。有圣人者立，然后教之以相生相养之道，为之君，为之师。驱其虫蛇禽兽，而处之中土。寒然后为之衣，饥然后为之食。木处而颠，土处而病也，然后为之宫室⑬。为之工以赡其器用，为之贾以通其有无，为之医药以济其夭死，为之葬埋、祭祀以长其恩爱，为之礼以次其先后，为之乐以宣其湮郁⑭，为之政以率其怠倦，为之刑以锄其强梗⑮。相欺也，为之符玺、斗斛、权衡以信之⑯；相夺也，为之城郭、甲兵以守之。害至而为之备，患生而为之防。今其言曰："圣人不死，大盗不止；剖斗折衡，而民不争⑰。"呜呼！其亦不思而已矣！如古之无圣人，人之类灭久矣。何也？无羽毛鳞介以居寒热也，无爪牙以争食也。

是故君者，出令者也；臣者，行君之令而致之民者也；民者，出粟米麻丝、作器皿、通货财以事其上者也。君不出令，则失其所以为君；臣不行君之令而致之民，则失其所以为臣；民不出粟米麻丝、作器皿、通货财以事其上，则诛。今其法曰⑱："必弃而君臣，去而父子⑲，禁而相生相养之道。"以求其所谓"清净""寂灭"者⑳。呜呼！其亦幸而出于三代之后，不见黜于禹、汤、文、武、周公、孔子也㉑；其亦不幸而不出于三代之前，不见正于禹、汤、文、武、周公、孔子也。

帝之与王，其号虽殊，其所以为圣一也。夏葛而冬裘，渴饮而饥食，其事虽殊，其所以为智一也。今其言曰②："曷不为太古之无事？"是亦责冬之裘者曰："曷不为葛之之易也？"责饥之食者曰："曷不为饮之之易也？"传曰："古之欲明明德于天下者，先治其国；欲治其国者，先齐其家；欲齐其家者，先修其身；欲修其身者，先正其心；欲正其心者，先诚其意。"然则古之所谓正心而诚意者，将以有为也。今也欲治其心，而外天下国家，灭其天常，子焉而不父其父，臣焉而不君其君，民焉而不事其事。孔子之作《春秋》也，诸侯用夷礼则夷之㉕，进于中国则中国之㉖。经曰："夷狄之有君，不如诸夏之亡㉗。"《诗》曰："戎狄是膺，荆舒是惩㉙。"今也举夷狄之法，而加之先王之教之上，几何其不胥而为夷也㉚！

　　夫所谓先王之教者，何也？博爱之谓仁，行而宜之之谓义，由是而之焉之谓道，足乎己无待于外之谓德。其文，《诗》《书》《易》《春秋》；其法，礼、乐、刑、政；其民，士、农、工、贾；其位，君臣、父子、师友、宾主、昆弟、夫妇；其服，麻、丝；其居，宫、室；其食，粟米、果蔬、鱼肉。其为道易明，而其为教易行也。是故以之为己，则顺而祥；以之为人，则爱而公；以之为心，则和而平；以之为天下国家，无所处而不当。是故生则得其情，死则尽其常，郊焉而天神假㉛，庙焉而人鬼飨㉜。曰："斯道也，何道也？"曰："斯吾所谓道也，非向所谓老与佛之道也。尧以是传之舜，舜以是传之禹，禹以是传之汤，汤以是传之文、武、周公，文、武、周公传之孔子㉝，孔子传之孟轲㉞，轲之死，不得其传焉。荀与扬也㉟，择焉而不精，语焉而不详。由周公而上，上而为君，故其事行；由周公而下，下而为臣，故其说长。"然则如之何而可也？曰："不塞不流，不止不行。人其人，火其书，庐其居㊱，明先王之道以道之，鳏寡孤独废疾者有养也。其亦庶乎其可也㊳。"

【字词注解】

①宜：合宜。《礼记·中庸》："义者，宜也。"

②之：往。

③煦（xù）煦：惠爱的样子。这里指小恩小惠。

④孑（jié）孑：细行，小惠。

⑤黄、老：汉初道家学派，把传说中的黄帝与老子共同尊为道家始祖。

⑥杨：杨朱，战国时哲学家，主张"轻物重生""为我"。

⑦墨：墨翟，战国初年的思想家，主张"兼爱""薄葬"。《孟子·滕文公下》："天下之言不归杨则归墨。"

⑧诞：荒诞。自小：自己轻视自己。

⑨云尔：语气词。关于孔子曾向老子请教，《史记·老子韩非列传》及《孔子家语·观周》都有记载。

⑩四：指士、农、工、商四类。

⑪六：指士、农、工、商，加上和尚、道士。

⑫资：依靠。焉：代词，指做生意。

⑬宫室：泛指房屋。

⑭宣：宣泄。湮（yān）郁：郁闷。

⑮强梗：强暴之徒。

⑯符：古代一种凭证，由竹、木、玉、铜等制成，刻有文字，双方各执一半，合以验真伪。玺（xǐ）：印章。斗斛：量器。权衡：秤锤及秤杆。

⑰"圣人不死"四句：语出《庄子·胠箧》。《老子》也说："绝圣弃智，民利百倍；绝仁弃义，民复孝慈；绝巧弃利，盗贼无有。"

⑱其：指佛家。

⑲而：尔，你（们），你（们）的。下同。

⑳清净：佛家以离开一切恶行烦扰为清净。《阿毗达摩俱舍论》卷十六："诸身语意三种妙行，名身语意三种清净，暂永远离一切恶行烦恼垢，故名为清净。"寂灭：梵语"涅槃"的意译。指本体寂静，远离一切诸相（现实世界）。《无量寿经》卷上："超出世间，深乐寂灭。"

㉑黜（chù）：贬斥。

㉒其：指道家。

㉓传（zhuàn）：解释儒家经典的书称"传"。这里的引文出自《礼记·大学》。

㉔天常：天性。

㉕夷：中国古代汉族对其他民族的通称。

㉖进：同化。

㉗经：指儒家经典。二句出自《论语·八佾》。

㉘戎狄：古代西北方的少数民族。膺：打击。

㉙荆舒：古代指东南方的少数民族。

㉚几何：差不多。胥：沦落。

㉛郊：郊祀，古代在郊外祭祀天地。假：通"格"，到。

㉜庙：祭祀宗庙。

㉝文：周文王姬昌。武：周武王姬发。周公：姬旦。

㉞孟轲：战国时邹（今山东邹县）人。孔子再传弟子，被后来的儒家称为"亚圣"。

㉟荀：荀子，名况，又称荀卿、孙卿。战国末年思想家、教育家。扬：扬雄（约公元前53—18年），字子云，西汉末年文学家、思想家。

㊱庐：这里作动词。其居：指佛寺、道观。

㊲鳏（guān）：老而无妻。独：老而无子。

㊳庶乎：差不多，大概。

【精彩解说】

广泛地爱一切人叫作仁，合宜于仁的行为叫作义，遵此而达到仁义的境界叫作道，自身具有而不依赖外界的叫作德。仁和义是意义确定的名称。道和德是意义不确定的名称。所以道有君子之道和小人之道，而德有吉德和凶德。老子轻视仁义，并不是诋毁仁义，而是由于他的眼界狭小。坐在井里看天的人，说天很小，其实天并不小。老子把小恩小惠认为仁，把谨小慎微认为义，他轻视仁义就很自然了。老子所说的道，是把他观念里的道当作道，不是我所说的道；他所说的德，是把他观念里的德当作德，不是我所说的德。凡是我所说的道德，都是结合仁和义说的，是天下的公论。老子所说的道德，是抛开了仁和义说的，只是他一个人的说法。

周道衰落，孔子去世，秦始皇焚烧《诗》《书》，黄、老学说盛行于汉代，佛教盛行于晋、魏、梁、隋之间。那时谈论道德仁义的人，不归入杨朱学派，就归入墨翟学派，不归入道学，就归入佛学。归入了哪一家，必然轻视另外一家。尊崇所归入的学派，就贬低所反对的学派；依附归入的学派，就污蔑反对的学派。唉！后世的人想知道仁义道德的学说，到底该听从谁的呢？道家的人说："孔子，是我们祖师的学生。"佛家的人也说："孔子，是我们祖师的学生。"研究孔学的人，听惯了他们的话，乐于接受他们荒诞的言论而轻视自己，也说："我们的祖师也曾经以他们为师呢。"不仅在口头说，而且又把它写在自己的书上。唉！后世的人即使想要知道关于仁义道德的学说，又该去哪里探求呢？人们喜欢听怪诞的言论，真是太过分了！他们不探求事情的起源，不考察事情的结果，只喜欢听怪诞的言论。

古代的民众只有四类，今天的民众有了六类；古代负有教化民众的任务的，只占四类中的一类，今天却有三类。务农的一家，要供应六家的粮食；务工的一家，要供应六家的器用；经商的一家，依靠他服务的有六家。又怎么能使百姓不因穷困而去偷盗呢！

古时候，民众遭受的灾害很多。有圣人出来，才教给民众互相供给资料、提供生活条件的方法生活，做他们的君王，做他们的老师。替他们驱走那些蛇虫禽兽，把人们安顿在中原。天冷就教他们做衣裳，饿了就教他们种庄稼。栖息在树木上容易掉下来，住在洞穴里容易生病，于是就教他们建造房屋。又教他们做工匠，供应生活用具；教导他们经营商业，调剂货物有无；教给他们医药知识，以拯救那些短命而死的人；为他们制定葬埋、祭祀的制度，以增进人与人之间的恩爱之情；为他们制定礼节，以分别尊卑秩序；为他们制作音乐，以宣泄人们心中的郁闷；为他们制定政令，以督促那些怠惰懒散的人；为他们制定刑罚，以铲除那些强暴之徒。民众互相欺骗，就为他们制作符节、印玺、斗斛、秤尺作为凭信；百姓相互争夺，就为他们设置城池、盔甲、兵器以供守卫。总之，灾害来了就设法防备，祸患将要发生就及早预防。现在道家却说："如果圣人不死，大盗就不会停止；只要砸烂斗斛，折断秤尺，民众就不会争夺了。"唉！这都是没有经过思考的话罢了！如果古代没有圣人，人类早就灭亡了。为什么呢？因为人们没有羽毛鳞甲以适应严寒酷暑，也没有强硬的爪牙来夺取食物。

因此说，君王，是发布命令的；臣子，是执行君王的命令并且实施到百姓身上的；百姓，是生产粟米丝麻、制作器物、交流商品来供奉在上统治的人的。君王不发布命令，就丧失了作为君王的权力；臣子不执行君王的命令并且实施到百姓身上，就失去了作为臣子的职责；百姓不生产粟米丝麻、制作器物、交流商品来供应在上统治的人，就应该受到惩罚。现在佛家的法规却说："一定要抛弃你们的君臣关系，消除你们的父子关系，禁止你们相生相养的办法。"以便追求那些所谓"清净""寂灭"的境界。唉！他们也幸而出生在三代之后，没有被夏禹、商汤、周文王、周武王、周公、孔子所贬斥；他们又不幸而没有出生在三王以前，没有受到夏禹、商汤、周文王、周武王、周公、孔子的教导和纠正。

五帝与三王，他们的名号虽然不同，但他们之所以成为圣人的原因是相同的。夏天穿葛衣，冬天穿皮衣，渴了要喝水，饿了要吃饭，这些事情虽然各不相同，但它们同样是人类的智慧。现在道家却说："为什么不实行远古时的无为而治呢？"这就好像在责怪冬天穿皮衣的人说："为什么不过穿葛衣那样简便的生活呢？"或者怪饿了要吃饭的人说："为什么不过只喝水那样简单的生活呢？"《礼记·大学》说："在古代，想要发扬他的光辉道德于天下的人，一定要先治理好他的国家；要治理好他的国家，一定要先整顿好他的家庭；要整顿好他的家庭，必须先进行自身的修养；要进行自我修养，必须先端正自己的心志；要端正自己的心志，必须先使自己具有诚意。"可见古人所谓的正心和诚意，都是为了要有所作为。现在那些修身养性的人，却想抛开天下，灭绝天性，做儿子的不把他的父亲当作父亲，做臣子的不把他的君上当作君上，做百姓的不做他们该做的事。孔子作《春秋》，对于采用戎狄礼俗的诸侯，就把他们列入夷狄；对于采用中原礼俗的诸侯，就承认他们是中国人。《论语》说："夷狄虽然有君主，还不如中国没有君主。"《诗经》说："戎狄应当攻击，荆舒应当惩罚。"现在，却尊崇夷狄之法，把它抬高到先王的政教之上，那么我们岂不是全都要沦为夷狄了吗？其间又相去几何呢！

我所说的先王的政教，是什么呢？就是广泛地爱一切人叫作仁，合乎仁的行为叫作义，遵此而到达仁义境界的叫作道，自身具有而不依赖外界的叫作德。讲仁义道德的书有《诗经》《尚书》《易经》和《春秋》，体现仁义道德的方法就是礼仪、音乐、刑法、政令，其教育的民众是士、农、工、商，其伦理次序是君臣、父子、师友、宾主、兄弟、夫妇，其衣服是麻布、丝绸，其居处是房屋，其食物是粟米、瓜果、蔬菜、鱼肉。它作为理论是很容易明白的，它作为教化是很容易推行的。所以，用它来教育自己，就能和顺吉祥，用它来对待别人，就能做到博爱公正，用它来修养内心，就能平和而宁静，用它来治理天下国家，就没有不适当的地方。因此，人们活着能够合乎情理地生活，死了就能按礼得到安葬，祭天则天神降临，祭祖就能使祖先的灵魂来享用。有人问："你这个道，是什么道呀？"我说："这是我所说的道，不是刚才所说的道家和佛家的道。尧把它传给舜，舜传给禹，禹传给汤，汤传给文王、武王、周公，文王、武王、周公传给孔子，孔子传给孟轲，孟轲死后，这个道就没有继承的人了。只有荀卿和扬雄，从中选取过一些但选得不精，论述过一些但并不全面。自周公以上，继承的都是在上做君王的，所以儒道能够实行；自周公以下，继承的都是在下做臣子的，所以他们的学说能够长期流传。"那么，怎么才能使儒道得到实行呢？回答说："不堵塞佛老之道，儒道就不得流传；不禁止佛老之道，儒道就不能推行。必须让和尚、道士还俗为民，烧掉佛经道书，把佛寺、道观变成民房，阐明先王的儒道以教导民众，使鳏夫、寡妇、孤儿、老人、残疾人、病人都能得到供养。这样做也就差不多了。"

韩 愈

〔题解〕

《原毁》这篇文章的主要内容是论述和探究毁谤产生的原因。文章先从正面切入，说明一个人应该怎么样对待自己和别人才是有德行的君子行为，然后将一些反面行为和这个准则对照，最后指出其根源及危害性。通篇采用对比手法来突出主题，行文严肃而恳切，句式整齐中有变化，语言生动而形象，逻辑严密，说理透辟，值得反复品读。

古之君子，其责己也重以周①，其待人也轻以约②。重以周，故不怠③；轻以约，故人乐为善。闻古之人有舜者④，其为人也，仁义人也⑤。求其所以为舜者，责于己曰："彼，人也；予，人也。彼能是，而我乃不能是⑥！"早夜以思，去其不如舜者，就其如舜者。闻古之人有周公者⑦，其为人也，多才与艺人也⑧。求其所以为周公者，责于己曰："彼，人也；予，人也。彼能是，而我乃不能是！"早夜以思，去其不如周公者，就其如周公者。舜，大圣人也，后世无及焉；周公，大圣人也，后世无及焉。是人也，乃曰："不如舜，不如周公，吾之病也。"是不亦责于身者重以周乎？其于人也，曰："彼人也，能有是，是足为良人矣；能善是，是足为艺人矣。"取其一，不责其二；即其新，不究其旧。恐恐然惟惧其人之不得为善之利。一善，易修也；一艺，易能也。其于人也，乃曰："能有是，是亦足矣。"曰："能善是，是亦足矣。"不亦待于人者轻以约乎？

今之君子则不然。其责人也详，其待己也廉⑨。详，故人难于为善；廉，故自取也少。己未有善，曰："我善是，是亦足矣。"己未有能，曰："我能是，是亦足矣。"外以欺于人，内以欺于心，未少有得而止矣。不亦待其身者已廉乎⑩？其于人也，曰："彼虽能是，其人不足称也。彼虽善是，其用不足称也。"举其一，不计其十；究其旧，不图其新。恐恐然惟惧其人之有闻也。是不亦责于人者已详乎？夫是之谓不以众人待其身，而以圣人望于人，吾未见其尊己也。

虽然，为是者，有本有原，怠与忌之谓也。怠者不能修，而忌者畏人修。吾尝试之矣。尝试语于众曰："某良士，某良士。"其应者，必其人之与也，不然，则其所疏远不与同其利者也，不然，则其畏也。不若是，强者必怒于言，懦者必怒于色矣。又尝语于众曰："某非良士，某非良士。"其不应者，必其人之与也，不然，则其所疏远不与同其利者也，不然，则其畏也。不若是，强者必说于言⑪，懦者必说于色矣。是故事修而谤兴，德高而毁来。呜呼！士之处此世，而望名誉之光、道德之行，难已！

将有作于上者，得吾说而存之，其国家可几而理欤⑫！

【字词注解】

①重：严格。周：周密，全面。

②轻：宽容。约：简少。"其责己"二句出自《论语·卫灵公》："躬自厚而薄责于人。"

③不怠：指不懈怠地进行道德修养。

④舜：传说中远古时代的君王。

⑤仁义人：符合儒家仁义道德规范的人。

⑥句出《孟子·滕文公上》："颜渊曰：'舜，何人也？予，何人也？有为者亦若是。'"

⑦周公：周文王子，周武王弟。武王死后，成王继位。成王年幼，由周公摄政。

⑧多才与艺人：多才多艺的人。句出《尚书·金縢》："予仁若考，能多材多艺，能事鬼神。"

⑨廉：少。

⑩已：太，甚。

⑪说：同"悦"。

⑫几：庶几，差不多。

【精彩解说】

古时候的君子，要求自己严格而全面，对待别人宽容而简约。严格而全面，所以不怠惰；宽容又简约，所以人家都乐意做好事。听说古代的圣人舜，他为人行事，是个仁义的人。探究舜之所以成为圣人的原因，就责备自己说："他是个人，我也是个人。他能这样，我却不能这样！"早晚都在思考，改掉那些不如舜的行为，靠拢那些近似舜的方面。听说古代的圣人周公，他为人行事，是个多才多艺的人。探究他之所以成为圣人的原因，就责备自己说："他是个人，我也是个人。他能这样，我却不能这样！"早晚都在思考，改掉那些不如周公的方面，靠拢那些近似周公的方面。舜，是大圣人，后代没有能赶得上他的；周公，是大圣人，后代没有能赶得上他的。所以这位古代的君子便说："赶不上舜，赶不上周公，是我的缺点。"这不就是要求自身严格而且全面吗？他对待别人，说道："那个人啊，能做到这点，就够得上是良善的人了；能擅长这个，就算得上是有才能的人了。"肯定他人的一个方面，而不苛求他人别的方面；只论他人今天的表现，而不计较他的过去。小心谨慎地恐怕别人得不到做好事应得的表扬。一件好事，是容易做到的；一种技能，也是容易学得的。他对待别人，却说："能做到这样，就够了。"又说："能擅长这个，也就够了。"岂不是要求别人宽容又简约吗？

现在的君子可不同。他要求别人很多很全，要求自己很少很低。要求别人既多又全，所以人家难以做好事；要求自己又少又低，所以自己进步就小。自己没有什么优点，却说："我有这优点，就够了。"自己没有什么才能，却说："我有这本领，就够了。"对外欺骗别人，对己欺骗良心，还没有多少收获就止步不前。岂不是要求自身太少了吗？他们对于别人，却说：

"他虽然能做这个，但他的人品不值得赞美。他虽然擅长这个，但他的才用不值得称道。"举出他一方面的欠缺，不考虑他多方面的长处；只追究他的既往，不考虑他的今天。心中惶惶不安只怕别人有好的名声。岂不是责求别人太周全了吗？这就叫不用常人的标准要求自身，却用圣人的标准期望别人，我看不出他是尊重自己的啊。

尽管如此，这样做的人是有他的缘由的，就是所谓怠惰和忌妒啊。怠惰的人不能提高自我修养，而忌妒的人害怕别人修身。我曾试验过，曾经尝试对大家说："某人是贤良的人，某人是贤良的人。"那随声附和的，一定是他的同伙，否则，就是和他疏远没有利害冲突的人，再不，就是怕他的人。不然的话，强横的定会厉声反对，软弱的定会满脸不高兴。我又曾经试着对大家说："某人不是贤良的人，某人不是贤良的人。"那不随声附和的人，一定是他的同伙，否则，就是和他疏远没有利害冲突的人，再不，就是怕他的人。倘若不是这样的话，强横的定会连声赞同，软弱的定会喜形于色。因此，事业成功后诽谤便随之产生，德望高了恶言就接踵而来。唉！读书人生活在当今世上，而希求名誉的光大、德行的推广，难极了！

居于上位的人想有所作为，听取我的说法记在心中，那国家大概就可以治理好了！

韩　愈

〔题解〕

《昌黎先生集》中共有四篇《杂说》，这四篇《杂说》是一组杂感式的小品文，也可以说是古代的杂文。本文为四篇《杂说》的第一篇。在这篇文章中，作者把龙比作君王，把云比作臣子，阐明了君臣相互依靠的关系，贤臣需要圣君的赏识和任用才能发挥才能，圣君要想有所作为也离不开贤臣的辅佐，只有圣君和贤臣相互配合，国家才能长治久安。

原文

龙嘘气成云①，云固弗灵于龙也②。然龙乘是气，茫洋穷乎玄间③，薄日月，伏光景④，感震电⑤，神变化，水下土，汩陵谷⑥。云亦灵怪矣哉！

云，龙之所能使为灵也。若龙之灵，则非云之所能使为灵也。然龙弗得云，无以神其灵矣⑦。失其所凭依，信不可欤⑧！异哉！其所凭依，乃其所自为也⑨。《易》曰⑩："云从龙。"既曰龙，云从之矣。

——【字词注解】

①嘘气：吐气。

②灵：神奇灵通。

③穷乎玄间：漫游在辽阔无边的天空中，指无不能到之处。玄，指天

空。玄，青黑色。

④伏：藏匿，遮蔽。光景：日光。古人以为吉祥征兆。

⑤感：通"撼"，动摇。震电：雷电。

⑥汩（gǔ）：淹没。

⑦无以神其灵：龙失去了依凭，无法施展其神灵。

⑧信：确实。

⑨"其所凭依"二句：意为龙吐气成云，而又凭借云施展其神灵。

⑩《易》：《周易》，我国古代卜筮用书。

【精彩解说】

龙吐气就变成云，云当然不比龙灵异。然而，龙乘着这气变成的云，在那辽阔无边的天空里游动，接近日月，遮盖天光，使雷电为之震动，使变化神异，使大雨浸润大地，在丘陵山谷间流动。这云也真是灵妙奇异了！

云，是龙使它变灵异的。龙灵异，就不是云能够使它变成这样子的了。然而，假如龙得不到云，就无法显出它的灵异。失去它所依托凭借的东西，不是确确实实不可以的吗！奇怪啊！龙所依托凭借的，竟然是它自身制造出来的。《易经》中说："云跟着龙。"既然叫龙，云自然跟着龙了。

杂说四

韩　愈

〔题解〕

本文是韩愈《杂说》的第四篇，后人也题为《马说》。本文是一篇托物寓意之作，作者用伯乐比喻知人善任的贤君，用千里马比喻人才，借千里马不为人所识，阐述了封建社会中人才被埋没的原因，表达了作者对统治者不仅不能识别人才，还摧残人才、埋没人才的强烈不满，同时也抒发了自己怀才不遇的愤懑情绪。

【原文】

世有伯乐①，然后有千里马②。千里马常有，而伯乐不常有，故虽有名马，只辱于奴隶人之手，骈死于槽枥之间③，不以千里称也。

马之千里者，一食或尽粟一石④，食马者不知其能千里而食也⑤。是马也，虽有千里之能，食不饱，力不足，才美不外见，且欲与常马等不可得，安求其能千里也！

策之不以其道⑥，食之不能尽其材，鸣之而不能通其意⑦，执策而临之曰："天下无马。"呜呼！其真无马邪？其真不知马也！

【字词注解】

①伯乐：孙阳，字伯乐。春秋时秦人，善相马。

②千里马：指具有日行千里之能的好马。

③骈：并列。槽：盛饲料喂马的器具。枥：马厩。
④尽粟一石：吃完一石粟。极言好马食量大。
⑤食马者：饲养马的人。食，同"饲"。
⑥策：驾驭。不以其道：不按照驾驭马的方法。
⑦不能通其意：养马的人不知马叫的意思。

【精彩解说】

　　世上有了伯乐，然后才会有千里马被发现。千里马是常有的，而伯乐却不常有，所以即使有了名马，也只能辱没在养马的奴隶之手，和普通的马一同死在马厩之中，无人以千里马称呼它。

　　能日行千里的马，一顿可能要吃一石粟米，喂马的人却不知道它能日行千里而像千里马那样喂足饲料。这样的马，虽有日行千里的本领，但是吃不饱，力气不足，才干特长也就表现不出来，即使想求得与平常的马相等的地位都不可得，哪里还能要求它日行千里呢！

　　那些饲养马的人，驾驭马时不能用正确的方法，喂养它时不能供足饲料，对马嘶鸣，又一点儿也听不懂得它的意思，却手里提着鞭子走到它身边说："天下没有好马。"唉！是真没有好马吗？还是人们根本就不能识别好马呢！

拓展阅读

不为五斗米折腰

　　陶渊明担任彭泽县县令期间，该郡太守派出一名督邮督察彭泽县。督邮虽然不是一个品阶多高的职位，但权势却不小，他们在太守面前说的话对一个县令来说至关重要。陶渊明从不愿意趋炎附势，但碍于身在其职，不得不前去参见。动身之前，县吏却将陶渊明拦住说："大人，参见督邮应当身穿官服，束上大带，否则不合体统。如果督邮以此大做文章，对大人是没好处的！"

　　听完这些话，陶渊明再也无法忍受了。他长叹一声，说道："我怎么能够为了五斗米而折腰于乡里小人！"说完，他毅然取出官印，封存好，立即拟就一封辞官信，离开了彭泽。陶渊明的彭泽县令只当了八十多天而已。

卷八 唐文

师 说

韩 愈

〔题解〕

《师说》是韩愈的一篇著名论文,是他在京任国子监四门博士时所作。当时科场黑暗,朝政腐败,吏制弊端重重。上层社会的人,看不起教书之人,士大夫阶层普遍不愿求师,又"羞于为师"。于是,作者借回答李蟠的提问撰写了这篇文章。本文阐述师的作用和从师学习的重要性,抨击当时士大夫以从师学习为耻的坏作风。本文论点鲜明,结构严谨,对比强烈,说理透彻,有极强的说服力和感染力。

【原文】

　　古之学者必有师①。师者,所以传道、受业、解惑也②。人非生而知之者③,孰能无惑?惑而不从师,其为惑也,终不解矣。

　　生乎吾前,其闻道也,固先乎吾,吾从而师之;生乎吾后,其闻道也,亦先乎吾,吾从而师之。吾师道也,夫庸知其年之先后生于吾乎④?是故无贵无贱,无长无少,道之所存,师之所存也。

①学者:指求学的人。
②传道:传授道理。韩愈所说的道乃儒家之道。受业:教授学业。受,

同"授"。解惑：解释疑难。

③生而知之者：生下来就懂得道理、有知识。韩愈在此处不承认有生而知之者。

④庸知其：哪管他。庸，岂，哪管。

——●【精彩解说】

古代求学的人必定有老师。老师，是传授道理、讲授学业、解答疑难问题的人。人并不是一生下来就有知识、懂得道理的，谁能没有疑惑呢？有疑惑不请教老师，他的疑惑，也就始终没法解决。

年岁比我大的人，他懂道理本来比我早，我跟从他学习；年岁比我小的人，他懂得道理如果也比我早，我也跟从他学习。我学习的是道理，哪里管他年纪比我大还是比我小呢？因此，无论地位贵贱，无论年龄长幼，道理在什么地方，老师就在什么地方。

嗟乎！师道之不传也久矣，欲人之无惑也难矣。古之圣人，其出人也远矣，犹且从师而问焉；今之众人，其下圣人也亦远矣，而耻学于师。是故圣益圣⑤，愚益愚。圣人之所以为圣，愚人之所以为愚，其皆出于此乎？

爱其子，择师而教之；于其身也，则耻师焉，惑矣！彼童子之师，授之书而习其句读者也⑥，非吾所谓传其道、解其惑者也。句读之不知，惑之不解，或师焉，或不焉，小学而大遗，吾未见其明也。

巫医、乐师、百工之人⑦，不耻相师⑧；士大夫之族，曰师、曰弟子云者，则群聚而笑之。问之，则曰："彼与彼年相若也⑨，道相似也。位卑则足羞，官盛则近谀。"呜呼！师道之不复，可知矣。巫医、乐师、百工之人，君子不齿，今其智乃反不能及，其可怪也欤！

——●【字词注解】

⑤圣益圣：前一个"圣"指古代圣人，后一个"圣"指聪明、懂道理。下一句中前一个"愚"指今之愚人，后一个"愚"指愚昧而不明事理。

⑥授之书：教他书本上的知识。习其句读（dòu）：学习书上的文句。读，文章中不是一句，但念起来要停顿之处。古书没有标点，故老师教学时，要教断句，句用小圈，读用圆点，也写作"逗"。

⑦巫医：巫师和医师。古人为了治病，常常同时接受巫术和医术治疗。在古代的医术中，也杂和巫术的成分，所以巫医并称。百工：各种工艺匠人。

⑧相师：互相从师，即相互学习。

⑨相若：相似，相近。

【精彩解说】

唉！从师学习的风尚失传已经很久了，要想人们没有困惑也太困难了。古代的圣人，他们超出一般人很远，尚且虚心求师请教；现在的一般人，他们远远不如圣人，却以从师学习为耻。因此，圣人更加圣明，愚人更加愚昧。圣人之所以成为圣人，愚人之所以成为愚人，大概就是这个缘故吧？

人们爱自己的孩子，就选择老师来教孩子；对于他自己，却以从师学习为耻辱，这真是令人迷惑不解！那些小孩的老师，是教他们书本上的内容和做断句练习的，不是我所说的传授道理、解释疑难的人。读书不会断句，疑难不得解决，有的向老师请教，有的不向老师请教，这就是小问题解决了，而重要的知识却遗漏了，我看不出他们高明在哪里。

巫医、乐师、各种手工业者，他们不以互相学习为耻；而士大夫之流，一说到老师、弟子如何如何，就聚在一起讥笑人家。问他们为什么这样做，他们便说："他和他年龄差不多，知识水平也差不多。如果称地位低的人为师，就觉得很羞耻；如果称官位高的人为师，则近于谄谀。"唉！从师学习的风尚不得恢复，从这里就可以知道其中的缘由了。巫医、乐师和各种手工业者，是君子们羞与为伍的，现在君子们的才智反而不如他们，这不太奇怪了吗！

原文

圣人无常师⑩。孔子师郯子、苌弘、师襄、老聃⑪。郯子之徒，其贤不及孔子。孔子曰："三人行，则必有我师⑫。"是故弟子不必不如师，师不必贤于弟子，闻道有先后，术业有专攻⑬，如是而已。

【字词注解】

⑩常师：固定的老师。

⑪郯（tán）子：郯国国君，子爵，故称。孔子曾向郯子请教关于官职的事。苌弘：周敬王时的大夫。孔子曾向他请教关于音乐的问题。见《孔子家语·观周》。师襄：春秋时鲁国乐官，名襄。孔子曾向他学弹琴。

⑫"三人行"二句：语出《论语·述而》："三人行必有我师焉，择其善者而从之，其不善者而改之。"

⑬术业：技术业务。专攻：专门研究。

【精彩解说】

圣人没有固定的老师。孔子曾向郯子、苌弘、师襄、老聃请教过。但这些人的贤明都不如孔子。孔子说："三个人一块儿走路，其中一定有可以让我师从学习的人。"因此，弟子不一定不如老师，老师也不一定要比弟子贤明，懂得道理有先有后，所学技术业务各有专长，不过如此罢了。

原文

李氏子蟠，年十七，好古文，六艺经传皆通习之，不拘于时⑭，学于余。余嘉其能行古道⑮，作《师说》以贻之⑯。

【字词注解】

⑭不拘于时：不为时俗所拘束。

⑮嘉：赞许。

⑯贻（yí）：赠。

【精彩解说】

李家的青年名叫蟠，今年十七岁，爱好古文，六艺经传都已学习过了，不为时俗所拘束，来向我学习。我赞许他能够实行古代从师学习的正道，写了这篇《师说》赠给他。

进学解

韩 愈

[题解]

　　进学，是勉励生徒刻苦学习、不断进步的意思。解，是解说、分析之意。全文表面上看是关于先生劝学、生徒质问、先生再予解答的一篇文章，实际上是感叹怀才不遇、自抒愤懑之作。韩愈虽然才华横溢，但仕途并不是很顺利，几次遭受贬斥。于是他模仿汉代东方朔的《答客难》和扬雄的《自嘲》一类文章，作了此文，借学生之口为自己鸣不平。文章委婉地揭露了唐代统治阶级不以德才取人的问题，又反映了当时作者在统治阶级内部斗争中所处的困境。虽然这种写法古已有之，但这篇文章构思别出心裁，语言新颖、形象，独具艺术魅力。

　　国子先生晨入太学①，招诸生立馆下②，诲之曰："业精于勤③，荒于嬉④；行成于思⑤，毁于随⑥。方今圣贤相逢，治具毕张⑦，拔去凶邪，登崇俊良。占小善者率以录，名一艺者无不庸⑧。爬罗剔抉⑨，刮垢磨光⑩。盖有幸而获选，孰云多而不扬？诸生业患不能精，无患有司之不明，行患不能成，无患有司之不公⑫。"

【字词注解】

①国子先生：对国子监博士的尊称，此处为韩愈自称。国子，指国子

学，唐代教育的主管机构和最高学府。国子监下属的七个部门之一。韩愈任当时的国子博士（也称国子学博士）。太学：此处指国子学。

②诸生：学生们。

③勤：勤奋。

④嬉：游戏，玩乐。

⑤思：思考。此处有强调独立思考、深思的意思。

⑥随：因循随俗。

⑦治具：指法令。《史记·酷吏列传》："法令者，治之具。"

⑧率：大多，大都。录：录用。

⑨名一艺者：通一种经书的人。艺，即经艺，古代称研治儒家经典为经义。庸：任用，使用，采用，录用。

⑩爬罗剔抉：发掘搜罗，挑选抉择。此处指努力去发现、选择人才。

⑪刮垢磨光：刮去尘垢使之光亮，指精心造就人才。

⑫有司：主管官吏。

【精彩解说】

国子先生早晨来到太学，召集学生们站在学舍之下，教导他们说："学业精通在于勤奋，学业荒疏是由于玩乐游荡；德行有成是由于善于思索，德行败坏则是由于因循随俗。现在圣君有贤相辅佐，法制健全又注重实施，除掉奸邪凶恶之徒，提拔和推崇优秀杰出的人才。有一点长处的全被录取，有一技之长的无不被任用。选拔人才，经过搜罗选拔；造就人才，注意刮垢磨光。只有德行和才能不够而侥幸入选的，哪里会有多才多艺的人不被举荐呢？你们只要关心自己的学业能不能精进，不必担忧主管部门的长官眼睛不亮；只要关心自己德行有没有成就，不必担忧主管长官态度不公平。"

言未既⑬，有笑于列者曰："先生欺余哉！弟子事先生，于兹有年矣。先生口不绝吟于六艺之文⑭，手不停披于百家之编⑮，纪事者必提其要⑯，纂言者必钩其玄⑰。贪多务得，细大不捐⑱。焚膏油以继晷⑲，恒兀兀以穷年⑳。先生之业，可谓勤矣。觝排异端㉑，攘斥佛老㉒，补苴罅漏，张皇幽眇㉔，寻坠绪之茫茫㉕，独旁搜而远绍㉖。障百川而东之，回狂澜于既倒。先生之于儒，可谓劳矣。沉浸醲郁，含英咀华㉘，作为文章，其书满家。上规姚、姒㉙，浑浑无涯；周诰殷盘㉚，佶屈聱牙㉛；《春秋》谨严㉜，《左氏》浮夸，《易》奇而法，《诗》正而葩，下逮《庄》《骚》㊱，太史所录㊲，子云、相如㊳，同工异曲。先生之于文，可谓闳其中而肆其外矣㊵。少始知学，勇于敢为，长通于方㊶，左右具宜。先生之于为人，可谓成矣。然而公不见信于人，私不见助于友。跋前疐后，动辄得咎㊹。暂为御史㊺，遂窜南夷㊻。三年博士㊼，冗不见治。命与仇谋，取败几时。冬暖而儿号寒，年丰而妻啼饥，头童齿豁㊿，竟死何裨？不知虑此，反教人为？"

【字词注解】

⑬未既：未终。

⑭六艺：六经，指《易》《礼》《乐》《诗》《书》《春秋》。

⑮披：翻阅。

⑯纪事者：指记事一类的著作，主要指史。要：纲要。

⑰纂言者：指以立论为主的著作。古代称著书立说为"立言"，纂言，即立言，如《论语》《孟子》及诸子百家书。钩其玄：探究其中深奥的道理。

⑱捐：舍弃。

⑲膏油：指灯油。晷（guǐ）：日影。

⑳恒：长久。兀（wù）兀：勤勉的样子。

㉑牴排：抵制排斥。异端：儒家称与其不合的学说。

㉒佛老：佛家与道家。老，老子，道家。

㉓补苴（jū）：弥补。罅（xià）漏：疏漏，遗漏。

㉔张皇：扩大，显扬。幽眇：幽深杳渺。

㉕坠绪：遗迹，遗业。指儒家道统。

㉖绍：继承。

㉗醲郁：浓厚，指儒家典籍。

㉘含英咀华：欣赏、体味（典籍）的要点和精神。

㉙姚、姒：姚，虞舜的姓。姒，夏姓。此处指《尚书》中的《虞书》《夏书》。

㉚周诰：指《尚书》中的《大诰》《康诰》《酒诰》《召诰》《洛诰》

等篇。殷盘：指《尚书》中的《盘庚》三篇。

㉛佶屈聱牙：形容文句艰涩拗口。

㉜谨严：谓《春秋》文辞讲究而寓褒贬。

㉝浮夸：文笔夸张。

㉞奇：奇妙。法：有规律。

㉟正：思想内容雅正。葩（pā）：文辞华美。

㊱《庄》：《庄子》。《骚》：《离骚》。

㊲太史：指司马迁，曾任太史公，著有《史记》。

㊳子云：扬雄。相如：司马相如。

㊴同工异曲：谓乐工技艺相同，而奏出的曲调不同。

㊵闳：大。中：指文章内容。肆：放纵。外：文章形式。

㊶方：道理。

㊷具：全。

㊸跋前疐（zhì）后：比喻进退困难。

㊹咎：罪。

㊺御史：也称御史大夫，专掌监察。

㊻遂窜南夷：终被贬窜到南夷。南夷，南方少数民族地区。此处指贞元十九年（803年），韩愈由监察御史贬为阳山令一事。

㊼三年博士：韩愈在元和元年（806年）至元和四年（809年）共做了三年国子博士。

㊽冗：闲散。指博士为闲职，没有多少公事可办。

㊾命与仇谋：命运的遭遇与仇敌对自己的打击刚刚相合，两者像是同谋一样。

㊿头童：山不长草叫童。此处喻头秃。齿豁：牙齿脱落，露出豁口。

(51)竟：终。裨：补益。

【精彩解说】

话还未说完，有人就在行列里笑着说："先生在欺骗我们啊！我们这些学生跟先生学习，也已经有好几年了。先生嘴里不停地诵读六经的文章，手中不停地翻阅诸子百家的著作，对记事的著作都写出提要，立论的书一定探究其深奥的道理。不厌其多，务求有收获，大小都不放弃。点着灯烛，夜以继日，一年到头都在勤勉地研读。先生从事学业，可以说是勤奋的了。抵制异端邪说，反对佛家与道家，弥补儒家的疏失缺漏，发挥其精深微妙的道理，探寻渺茫失传的儒家之道，广泛搜寻，远继前贤。像拦截洪水那样阻止异端邪说，引导它东流入海，挽回泛滥的狂涛使它复归故道。先生对于儒家学说，可以说是有功劳的。心思沉浸在意味浓厚的典籍之中，细细品味其中的精华，写成文章，您的著作已经堆满了屋子。向上学习《虞》《夏》之书，深远博大，无边无际；周代的诰文和商代的盘铭，文章古奥，艰深难读；《春秋》文辞简约而严谨；《左传》文辞铺张夸大；《易经》变化奇妙而有法则；《诗经》思想雅正，辞采华美，往下到《庄子》《离骚》，太史公的《史记》，扬雄、司马相如的创作，虽然风格不同却同样美妙出众。先生的文章，可以说是内容博大精深，文辞奔放流畅。先生年轻时就喜爱学习，很有勇气，敢作敢为；成年以后，通达事理，处理问题都很恰当。先生的为人，可以说是很成熟了。然而您在公事方面不被人家信任，在私事方面得不到朋友的帮助。进退两难，动不动就会获罪遭灾。刚刚担任御史，就被贬到边远的南方。做了三年博士，被投闲置散，表现不出您的政绩。您的命运就跟您有仇似的，时不时就遭受失败。冬天天气暖和时，您的孩子还喊冷，年成丰收时您的妻子却因饥饿啼哭，您的头顶秃了，牙齿脱落了，就这样直到老死，又有什么好处？您不知道考虑这些问题，怎么反而还来教训别人？"

原文

先生曰："吁！子来前！夫大木为杗[52]，细木为桷[53]，欂栌、侏儒[54]，椳、闑、扂、楔[55]，各得其宜，施以成室者，匠氏之工也。玉札、丹砂、赤箭、青芝，牛溲、马勃、败鼓之皮[57]，俱收并蓄，待用无遗者，医师之良也。登明选公，杂进巧拙，纡余为妍，卓荦为杰[60]，校短量长，惟器是适者[61]，宰相之方也。昔者孟轲好辩，孔道以明，辙环天下[62]，卒老于行[63]。荀卿守正[64]，大论是弘[65]，逃谗于楚，废死兰陵。是二儒者，吐辞为经，举足为法，绝类离伦，优入圣域，其遇于世何如也？今先生学虽勤而不由其统[68]，言虽多而不要其中[69]，文虽奇而不济于用，行虽修而不显于众。犹且月费俸钱，岁靡廪粟[70]，子不知耕，妇不知织；乘马从徒，安坐而食，踵常途之促促(71)，窥陈编以盗窃(72)；然而圣主不加诛(73)，宰臣不见斥，非其幸欤！动而得谤，名亦随之。投闲置散，乃分之宜。若夫商财贿之有亡(74)，计班资之崇庳(75)，忘己量之所称(76)，指前人之瑕疵(77)，是所谓诘匠氏之不以杙为楹(78)，而訾医师以昌阳引年(79)，欲进其豨苓也(80)。"

【字词注解】

(52)杗（máng）：屋梁。

(53)桷（jué）：屋椽。

(54)欂（bó）栌（lú）：斗拱，柱顶上承托栋梁的方木。侏儒：梁上的短柱。

(55)椳（wēi）：门臼，用来承托门的转轴。闑（niè）：古代门中央所竖的短木。扂（diàn）：门闩。楔（xiē）：古代门两旁所竖的长木柱。

(56)玉札：地榆。丹砂：朱砂。赤箭：天麻。青芝：又名"龙芝"。以上四种均是比较贵重的药材。

(57)牛溲：车前草。马勃：又名"马屁菌"。败鼓之皮：破鼓的鼓皮。与牛溲、马勃都是便宜的药材。

(58)杂：一并。

(59)纡余：屈曲的样子。妍：美好。

(60)卓荦（luò）：卓越出众。

(61)惟器是适：根据其才能来任用。

(62)辙：车轮的印迹。

(63)卒老于行：终于老死于游说的途中。卒，终于。

(64)荀卿：荀子，战国时思想家，名况，时人尊为荀卿。守正：信守儒家的正道。

(65)弘：发扬光大。

(66)废死兰陵：荀卿从齐至楚，楚相黄歇（春申君）任命他为兰陵令。黄歇死后，荀卿被免职，居于兰陵，著书数万言，最后死在兰陵（今山东兰陵镇一带）。

(67)"绝类"二句：谓超越了一般学者的造诣，优秀得足以进入圣人的境界。

(68)不由其统：不成系统。统，系统。

(69)要（yāo）：要求，追求。中：要害。

(70)縻（mí）：耗费。廪（lǐn）：米仓。

⑦促促：拘谨的样子。
⑦盗窃：指抄袭，这里是作者自谦的说法。
⑦诛：责备。
⑦商：商度。财贿：财物。亡：通"无"。
⑦班资：品级。崇庳（bì）：高低。
⑦量：自己的分量。称：相称。
⑦前人：此处指当权的人。瑕疵：过失。
⑦诘：责问。杙（yì）：小木桩。楹：柱子。
⑦引年：延年。
⑧豨（xī）苓：猪苓，菌类植物，可作利尿导泻之药。

【精彩解说】

先生说："喂！你到前面来！用大木材做梁，小的木头做椽子，斗拱、短椽、门臼、门橛、门闩、门柱，各自得到合适的安排，用以建造宫室，这是木匠师傅的技艺。玉札、丹砂、赤箭、青芝、牛溲、马勃、破鼓的皮，兼收并蓄，等到需用时就不会缺漏，这是医师的高明。提拔选用人才时贤明公正，乖巧和笨拙的都加以引进，处事周备、温婉潇洒的是佳士，旷达豪放、才能卓越是杰出的品德，比较人才的优劣短长，不论具有什么样的能力、才干，全都安排合适，发挥作用，这是宰相的治国之术。从前孟轲喜好辩论，使孔子之道得以发扬，他游历的车辙遍天下，在奔波中结束了一生。荀子恪守孔孟之道，使伟大的理论得以弘扬，后来逃避谗言自齐国逃到楚国，最后被免职而死在兰陵。这两位大儒，言论成为经典，行为成为法则，他们远远超过了一般的士人，其优秀杰出足以达到圣人的境界，可是他们在世上的遭遇又怎样呢？现在我作为先生，学业虽然勤奋，但不成系统；言论虽然很多，但不切中要旨；文章虽然巧妙，却无益于实用；品德虽然有修养，但不够明显出众。就这样，尚且每月耗费公家的俸钱，每年消耗仓库中的粮食，儿子不会种田，妻子不懂纺织；出门有车马可乘，有仆从跟随，安安稳稳地坐吃俸禄，拘谨地按着常规道路前进，剽窃些旧书而无创见；然而圣主不加以惩罚，宰相未加斥逐，这难道不是幸运吗！动不动就遭到毁谤，名声也随之败坏。安置在闲散位置上，乃是分所应当。若还讨论财物的有无，计较官位的高低，忘记了与自己的才能是否相称，却指责前人的毛病，这就如同责问木匠师傅为什么不用小木桩做厅堂的大柱子，批评医师用菖蒲来延年益寿，却不用猪苓去做一样荒谬啊。"

讳 辩

韩 愈

[题解]

《讳辩》是韩愈写的一篇关于避讳问题的议论文。封建时代对于君主和尊长的名字、谥号等，不能直接写出或说出，必须用其他字来代替，刻印古书时，也要把当世应讳的字改掉或缺笔，这便是避讳。避讳的要求很严格，违犯者会招致非议，甚至获罪。当时著名的诗人李贺因避父亲的名讳而不能参加进士科考，以致前途受到影响。韩愈对此十分愤慨，于是便写下了这篇文章，表达了他反对将避讳搞得太泛滥的主张。

原文

愈与李贺书①，劝贺举进士②。贺举进士有名，与贺争名者毁之，曰："贺父名晋肃，贺不举进士为是，劝之举者为非。"听者不察也，和而倡之，同然一辞。皇甫湜曰："若不明白，子与贺且得罪。"愈曰："然。"

律曰："二名不偏讳。"释之者曰："谓若言'徵'不称'在'、言'在'不称'徵'是也。"律曰："不讳嫌名。"释之者曰："谓若'禹'与'雨'、'丘'与'蓲'之类是也④。"今贺父名晋肃，贺举进士，为犯二名律乎？为犯嫌名律乎？父名"晋肃"，子不得举进士。若父名"仁"，子不得为人乎？

——【字词注解】

①李贺：字长吉，唐皇室远支，家世早已衰落，曾任奉礼郎。因避父亲晋肃名讳，被迫不得参加进士考试。他的诗富有浪漫特色，亦表现出不得志

的苦闷，颇受韩愈等人的赏识。

②举进士：此处指唐代科举制度中的进士科考试。唐代举进士，由地方举荐送中央考试，被举荐应试的人通称举人。

③皇甫湜（shí）：中唐时文学家，字持正，曾从韩愈学习古文。

④"律曰"几句：此处所引律文及其解释均见《礼记》及汉代郑玄的注释。《礼记·曲礼上》："礼不讳嫌名，二名不偏（遍）讳。"郑玄注："为其难辟（避）也。嫌名，谓音声相近。若'禹'（夏禹）与'雨'、'丘'（孔子名）与'蓲'也。偏，谓二名不一一讳也。孔子之母名徵在，言'徵'不称'在'。"称说与名中音近的字有称名之嫌，故叫嫌名。

【精彩解说】

我写信给李贺，劝李贺参加进士科考试。李贺只要参加过士考试就应该榜上有名，与他竞争的人就毁谤他，说："李贺的父亲名晋肃，他不参加进士科考试是正确的，劝他参加考试的人是错误的。"听到这种言论的人未经思索，就随声附和，众口一词。皇甫湜劝我说："此事如不辩明，你与李贺将一起获罪。"我说："是这样。"

《礼记》说："两个字的名字不必对两个字都避讳，一个就可以了。"解释此规定的人说："譬如孔子的母亲'徵在'，说'徵'就不说'在'，说'在'就不说'徵'字。"《礼记》又规定说："人名所用字中声音相近的字不避讳。"解释此规定的人说："说的就像夏禹的'禹'字和'雨'字、'丘'字和'蓲'字这类情况啊。"现在李贺父亲名晋肃，李贺参加进士考试，是犯了二名律呢，还是嫌名律呢？父亲名字叫"晋肃"，儿子就不能应举参加进士科考试。那么如果父亲叫"仁"，儿子就不能做人了吗？

夫讳始于何时？作法制以教天下者，非周公、孔子欤⑤？周公作诗不讳⑥，孔子不偏讳二名⑦，《春秋》不讥不讳嫌名⑧。康王钊之孙，实为昭王⑨。曾参之父名晳，曾子不讳"昔"⑩。周之时有骐期⑪，汉之时有杜度⑫，此其子宜如何讳？将讳其嫌，遂讳其姓乎？将不讳其嫌者乎？汉讳武帝名"彻"为"通"⑬，不闻又讳"车辙"之"辙"为某字也；讳吕后名"雉"为"野鸡"⑭，不闻又讳"治天下"之"治"为某字也。今上章及诏，不闻讳"浒""势""秉""机"也⑮。惟宦官宫妾，乃不敢言"谕"

及"机"⑯,以为触犯。士君子立言行事⑰,宜何所法守也?今考之于经,质之于律,稽之以国家之典⑱,贺举进士为可邪?为不可邪?

【字词注解】

⑤周公:周文王子,周武王弟,周王朝开国大臣。相传周朝礼乐典章制度均由他主持制定。

⑥"周公作诗"句:指《诗经·周颂》中的《噫嘻》及《雝》,相传为周公所作。《噫嘻》中有"骏发尔私"句,《雝》中有"克昌厥后"句。"发"为周武王名,"昌"为周文王名,而周公都用在诗中,并不避讳。此处首举"周公作诗不讳",反映了韩愈对避讳礼法的合理性持怀疑态度。

⑦"孔子不偏讳"句:《论语·八佾》记载孔子说:"夏礼,吾能言之,杞不足徵也。"《论语·卫灵公》记载孔子说:"某在斯。"都证明孔子分别说到了他母亲的名字"徵"和"在"。

⑧"《春秋》不讥"句:例如卫桓公名完,"桓""完"音近,但《春秋》并没有加以讽刺。

⑨"康王钊之孙"二句:据《史记·周本纪》载,周康王名钊,子为昭王。"钊""昭"同音。本文说昭王是康王之"孙",或系韩愈误论。

⑩"曾参(shēn)之父"二句:曾参是孔子的弟子,素以孝行著称。他的父亲名点,字皙(xī)。《论语·泰伯》记载曾参有"昔者吾友"之语,"昔"与"皙"同音。

⑪骐期:春秋时楚国人。

⑫杜度:东汉章帝时人。

⑬"汉讳武帝名"句:汉武帝姓刘名彻,为避他的名讳,"彻侯"改称"通侯","蒯彻"改为"蒯通"。"彻"与"通"的意思相通。

⑭"讳吕后名"句:汉高祖刘邦后吕氏名雉。雉原是一种像鸡的鸟,汉人因避吕雉名讳,改称雉为"野鸡"。

⑮浒、势、秉、机:唐太祖(唐高祖李渊之父)名虎,太宗名世民,世祖名昞,玄宗名隆基,"浒""势""秉""机"四字与"虎""世""昞""基"同音。

⑯谕:这个字与唐代宗的名"豫"同音。

⑰士君子:古代对官僚及乡绅等人物的通称。

⑱稽:核查。国家之典:此处指典籍中有关前代避讳的种种记载,唐代

法律中有关避讳的规定。

【精彩解说】

避讳从什么时候开始的？制定礼法制度来教导天下的人，不就是周公、孔子吗？周公作诗并不避讳，孔子对母亲名中的两个字也并不都避讳，《春秋》也不曾讥讽那些不避讳人名字音相近的。周康王名钊，他的孙子却谥为昭王。曾参的父亲名叫晳，曾子并不讳说"昔"字。周朝时有个叫骐期的人，汉朝有人叫杜度，这样他们的儿子应该如何避讳呢？是为了避讳和名字声音相近的字而连他们的姓也避掉呢，还是不避讳和名字声音相近的字呢？汉代为回避汉武帝之名"彻"字，而把它改为"通"，但不曾听说再讳"车辙"的"辙"字，而把它改为别的字啊；回避吕后"雉"字之讳而把它改为"野鸡"，但不曾听说再避讳"治天下"的"治"字，而把它改成别的字啊。现在呈给皇帝的奏章和皇帝的诏书中，也不曾听说避讳"浒""势""秉""机"这些字啊。只有那些太监、宫女，才不敢说"谕"和"机"字，以为说了就会触犯皇上。士人君子著书办事，应该遵守什么礼法呢？现在考据经书，查询律文，用国家法典来检核，李贺参加进士考试是可以呢，还是不可以呢？

原文

凡事父母，得如曾参，可以无讥矣。作人得如周公、孔子，亦可以止矣。今世之士，不务行曾参、周公、孔子之行，而讳亲之名则务胜于曾参、周公、孔子，亦见其惑也。夫周公、孔子、曾参，卒不可胜，胜周公、孔子、曾参，乃比于宦官、宫妾。则是宦官宫妾之孝于其亲，贤于周公、孔子、曾参者邪？

【精彩解说】

大凡侍奉父母的，能够做到像曾参一样，就没什么可以指责的。做人能够像周公、孔子那样，也可以算达到极致了。现在那些读书人，不努力学习曾参、周公、孔子的品行，却在对亲长名字避讳方面力求胜过曾参、周公、孔子，由此也可以看到他们是多么糊涂啊。周公、孔子、曾参，终究是不会被他们超过的，要在避讳上胜过周公、孔子、曾参的，只不过是向太监、宫女的水平看齐。那么岂不是说太监、宫女孝敬他们的尊亲，反而比周公、孔子、曾参做得还好吗？

送孟东野序

韩 愈

〔题解〕

《送孟东野序》是唐代文学家韩愈为孟郊去江南就任溧阳县尉而作的一篇赠序。孟郊是中唐著名诗人，可他屡试不第，四十六岁才中进士，五十岁时才出任溧阳县尉，一生怀才不遇。在他上任之际，韩愈便写了此文加以赞扬和宽慰，同时流露出对朝廷忽视人才的感慨和不满。

全文主要针对孟郊"善鸣"而终生怀才不遇的遭遇进行论述，作者用了一种极其委婉含蓄的表达，说这是由天意决定的，实则是在控诉统治者用人不当、浪费人才。

原文

大凡物不得其平则鸣。草木之无声，风挠之鸣；水之无声，风荡之鸣。其跃也或激之①，其趋也或梗之，其沸也或炙之②。金石之无声，或击之鸣。人之于言也亦然，有不得已者而后言。其歌也有思，其哭也有怀。凡出乎口而为声者，其皆有弗平者乎！

乐也者，郁于中而泄于外者也，择其善鸣者而假之鸣③。金、石、丝、竹、匏、土、革、木八者④，物之善鸣者也。维天之于时也亦然，择其善鸣者而假之鸣。是故以鸟鸣春，以雷鸣夏，以虫鸣秋，以风鸣冬。四时之相推夺⑤，其必有不得其平者乎！

其于人也亦然。人声之精者为言，文辞之于言，又其精也，尤择其善鸣者而假之鸣。其在唐、虞⑥，咎陶⑦，禹⑦，其善鸣者也，而假以鸣。夔弗能以文辞鸣⑧，又自假于《韶》以鸣⑨。夏之时，五子以其歌鸣⑩。伊尹鸣殷⑪，周公鸣周⑫。凡载于《诗》《书》六艺⑬，皆鸣之善者也。周之衰，孔子之徒鸣之⑭，其声大而远。传曰："天将以夫子为木铎⑮。"其弗信矣乎？其末也，庄周以其荒唐之辞鸣⑯。楚，大国也，其亡也，以屈原鸣⑰。臧孙辰、孟轲、荀卿，以道鸣者也。杨朱、墨翟、管夷吾、晏婴、老聃、申不害、韩非、慎到、田骈、邹衍、尸佼、孙武、张仪、苏秦之属，皆以其术鸣。秦之兴，李斯鸣之⑳。汉之时，司马迁、相如、扬雄㉑，最其善鸣者也。其下魏、晋氏，鸣者不及于古，然亦未尝绝也。就其善者，其声清以浮，其节数以急㉒，其辞淫以哀，其志弛以肆㉓，其为言也，乱杂而无章。将天丑其德莫之顾邪？何为乎不鸣其善鸣者也？

　　唐之有天下，陈子昂、苏源明、元结、李白、杜甫、李观㉔，皆以其所能鸣。其存而在下者，孟郊东野始以其诗鸣。其高出魏、晋，不懈而及于古，其他浸淫乎汉氏矣㉕。从吾游者，李翱、张籍其尤也㉖。三子者之鸣信善矣。抑不知天将和其声而使鸣国家之盛邪？抑将穷饿其身、思愁其心肠而使自鸣其不幸邪？三子者之命，则悬乎天矣。其在上也，奚以喜？其在下也，奚以悲？东野之役于江南也㉗，有若不释然者，故吾道其命于天者以解之。

【字词注解】

①激：阻遏水势。《孟子·告子上》："今夫水，搏而跃之，可使过颡；激而行之，可使在山。"后世也用以称石堰之类的挡水建筑物为"激"。

②炙：烤。这里指烧煮。

③假：借助。

④金、石、丝、竹、匏（páo）、土、革、木：我国古代用这八种材料制成各类乐器，也称"八音"。如钟属金类，磬属石类，瑟属丝类，箫属竹类，笙属匏类，埙（xūn）属土类，鼓属革类，柷（zhù）属木类。

⑤推夺：推移，转移。

⑥唐、虞：尧帝国号为唐，舜帝国号为虞。

⑦咎（gāo）陶（yáo）：也作咎繇、皋陶。传说为舜帝之臣，主管刑狱之事。《尚书》有《皋陶谟》篇。禹：夏朝开国君主。传说治洪水有功，舜

让位于他。《尚书》有《大禹谟》《禹贡》篇。

⑧夔（kuí）：传说是舜时的乐官。

⑨《韶》：舜时乐曲名。

⑩五子：夏王太康的五个弟弟。太康耽于游乐而失国，五子作歌讽谏。《尚书》载有《五子之歌》，系伪托。

⑪伊尹：名挚，商初的宰相，曾佐汤伐桀。《尚书》载有他所作《咸有一德》《伊训》《太甲》等文。或说系后人伪作。

⑫周公：名旦，武王之弟。辅佐武王伐纣灭商，建立周王朝。后又辅佐幼主成王，曾代行政事，制礼作乐。《尚书》载有他《金縢》《大诰》等多篇文章。

⑬六艺：汉以后对《诗经》《尚书》《易》《礼》《乐》《春秋》六种儒家经典的统称。

⑭孔子：字仲尼，春秋时鲁国人，儒家学说的主要代表人物。

⑮天将以夫子为木铎：语出《论语·八佾》。木铎，以木为舌的铃。古代发布政策教令时，先摇木铎以引起人们注意。后遂以木铎比喻宣扬教化的人。

⑯庄周：庄子，战国时宋国蒙人，道家学说的代表人物之一。荒唐：广大，漫无边际。《庄子·天下》说庄周文章有"以谬悠之说，荒唐之言，无端崖之辞，时恣纵而不傥"的特色。

⑰屈原：名平，字原；又名正则，字灵均。战国时楚人。楚怀王时任左徒、三闾大夫，主张联齐抗秦。后遭谗被贬。楚顷襄王时，国事日非。秦兵攻破郢都，屈原投汨罗江自尽。著有《离骚》等不朽诗篇。

⑱臧孙辰：春秋时鲁国大夫臧文仲。《左传》《国语·鲁语》载有他的言论。孟轲：孟子。战国时邹（今山东邹县）人，是继孔子之后最著名的儒学大师。著有《孟子》。荀卿：荀子。战国时赵人，儒家学者，著有《荀子》。

⑲杨朱：字子居，战国时魏人。其说重在为我贵己，拔一毛以利天下不为。言论散见于《孟子》《庄子》《荀子》《韩非子》。墨翟（dí）：墨子。春秋战国之际宋国人，后长期住在鲁国。墨家学说的创始者，主张"兼爱""非攻""尚贤"等。其言行主要见于《墨子》。管夷吾：字仲，春秋时齐国人，辅佐齐桓公称霸。后人辑有《管子》一书。晏婴：晏子，春秋时齐景公的贤相，以节俭力行显名诸侯。其言行见于《晏子春秋》。老聃（dān）：老子。春秋时楚国人。道家学说的始祖，相传《老子》（又名《道德经》）即其所作。申不害：战国时郑国人。韩昭侯时为相，十五年，国治兵强。其说本于黄老而主刑名。著有《申子》。韩非：战国时韩国公子，后出使秦国，最后为李斯所杀。法家著名代表，其说见《韩非子》。慎到：

战国时赵国人。著有《慎子》。田骈（pián）：战国时齐国人。著《田子》二十五篇，今已佚。邹衍：战国时齐国人，阴阳家的代表人物，时称"谈天衍"。尸佼：战国时晋国人。著有《尸子》。《汉书·艺文志》将其列入杂家。孙武：孙子。春秋时齐国人。著名军事家，著有《孙子兵法》。张仪：战国时魏国人，纵横家的代表人物。秦惠文王时入秦为相，主"连横"说，游说六国与秦结盟，以瓦解"合纵"战略。苏秦：战国时东周洛阳人，著名的纵横家。曾游说燕、赵、韩、魏、齐、楚六国，合纵抗秦，身佩六国相印，为纵约长。

⑳李斯：战国时楚国人。秦始皇时任廷尉、丞相。他对秦统一天下起过重要作用。有《谏逐客书》。

㉑司马迁：字子长。西汉夏阳（今陕西韩城南）人。著名史学家，著有《史记》。相如：司马相如，字长卿，蜀郡成都人。著名辞赋家，著有《子虚赋》《上林赋》等。扬雄：字子云，蜀郡成都人。辞赋家，著有《甘泉赋》《羽猎赋》《长杨赋》等，又有《太玄》《法言》等专著。

㉒节数（shuò）：节奏短促。数，屡次。

㉓弛：放，放纵。肆：放纵，恣意而行。

㉔陈子昂：字伯玉，梓州射洪（今属四川）人。著名诗人，韩愈《荐士》诗称其"国朝盛文章，子昂始高蹈"。著有《陈伯玉集》。苏源明：字弱夫，武功（今属陕西）人，天宝进士。诗文散见于《全唐诗》《全唐文》。元结：字次山，河南洛阳人。有《元次山集》。李白：字太白，有《李太白集》。杜甫：字子美，有《杜工部集》。李观：字元宾，赵州赞皇县人。贞元八年（792年）与韩愈同登进士第。擅长散文，有《李元宾文集》。

㉕浸淫：逐渐接近。

㉖李翱：字习之，陇西成纪（今甘肃秦安东）人。他是韩愈的学生和侄女婿。有《李文公集》。张籍：字文昌，吴郡人。善作乐府诗，有《张司业集》。

㉗役于江南：指赴溧阳就任县尉。唐代溧阳属江南道。

【精彩解说】

一般说来各种事物处在不平静的时候就会发出声音。草木本来没有声音，风摇动它就发出声响；水本来没有声音，风震荡它就发出声响。水波腾涌是有东西在阻遏水势，水流湍急是有东西阻塞了水道，水花沸腾是有火在烧煮它。金属石器本来没有声音，有人敲击它就发出音响。人说话也同样如此，往往到了不得不说的时候才发言。人们唱歌是为了寄托情思，人们哭泣是因为有所怀恋。凡是从口中发出而成为声音的，大概都有其不能平静的原因吧！

音乐，是人们心中郁闷抒发出来的心声，人们选择最适合发音的东西来奏乐。金、石、丝、竹、匏、土、革、木这八种乐器，是各类物质中发音最好的。上天对于一年四季也是这样，选择善于发声的事物借它来发声。因此春天让百鸟啁啾，夏天让雷霆轰鸣，秋天让虫声唧唧，冬天让寒风呼啸。一年四季推移变化，一定也有其不能平静的原因吧！

对于人来说也是这样。人类声音的精华是语言，文辞对于语言来说，又是它的精华，所以尤其要选择善于表达的人，依靠他们来表达意见。在唐尧、虞舜时，咎陶、禹是善于表达的，因而借助他俩来表达。夔不能用文辞来表达，他就借演奏《韶》乐来表达。夏朝的时候，太康的五个弟弟用他们的歌声来表达心声。殷朝善于表达的是伊尹，周朝善于表达的是周公。凡是记载在《诗经》《尚书》等儒家六种经典上的诗文，都是表达得很高明的。周朝衰落时，孔子和他的弟子发表看法，他们的声音洪大而传播得遥远。《论语》上说："上天将使孔子成为宣扬教化的人。"这难道不是真的吗？周朝末年，庄周用他那玄远恣肆的文辞来表达。楚国，是大国，它危亡的时候，由屈原来歌吟。臧孙辰、孟轲、荀卿等人，用他们的学说来表达。杨朱、墨翟、管夷吾、晏婴、老聃、申不害、韩非、慎到、田骈、邹衍、尸佼、孙武、张仪、苏秦这些人，都通过各自的主张来表达。秦朝兴起时，李斯为它颂唱。在汉朝，司马迁、司马相如、扬雄，是其中最善于表达的人。此后的魏朝、晋朝，能表达的人赶不上古代，可是也并未绝迹。就其比较好的人来说，他们作品的声音清轻而高浮，节奏短促而急迫，辞藻艳丽而伤感，意志松弛而恣肆，他们的文辞言论，杂乱而没有章法。莫非上天厌弃这个时代的丑德败行而不愿关照他们吗？不然为什么不让那些善于表达的人出来表达呢？

唐朝建立以后，陈子昂、苏源明、元结、李白、杜甫、李观，都凭他们的出众才华来表达心声。今天仍然健在却处于下位的人当中，孟郊开始用他的诗歌来唱叹。这些作品超过了魏、晋，有些经过不懈的努力已达到了上古诗作的水平，其他作品也都接近了汉朝的水准。同我交往的人中间，李翱、张籍大概是最引人注目的。他们三位的文辞表达确实是很好的。但不知道上天将应和他们的声音使他们的作品表达国家的强盛呢，还是将让他们贫穷饥饿、愁肠百结，使他们吟唱自身的不幸遭遇呢？他们三位的命运，就掌握在上天的手里了。那他们身居高位有什么可喜的？身沉下僚有什么可悲的？东野将到江南地区去就任县尉，心里好像有想不开的地方，所以我讲这番命由天定的话来宽解他。

送李愿归盘谷序

韩愈

〔题解〕

《送李愿归盘谷序》是唐代文学家韩愈写给友人李愿的一篇赠序。自中进士以来将近十年的时间里，韩愈一直在为仕途而奔走，然而始终没有得到大展拳脚的机会，处境艰难，内心愁苦。于是，他借送友人李愿归盘谷隐居之机，写下了这篇赠序，一吐胸中的不平之气。文中借李愿之口，运用两宾夹一主的手法，写了三种人：一种是有权有势的达官贵人，一种是志向高洁的隐士，一种是趋炎附势的小人。通过映衬和对比，表达他对官场黑暗、腐朽的风气的憎恶和对友人的隐居之志的赞赏。

太行之阳有盘谷①。盘谷之间，泉甘而土肥，草木藂茂，居民鲜少。或曰："谓其环两山之间，故曰盘。"或曰："是谷也，宅幽而势阻，隐者之所盘旋②。"友人李愿居之。

愿之言曰："人之称大丈夫者，我知之矣。利泽施于人，名声昭于时。坐于庙朝③，进退百官④，而佐天子出令。其在外，则树旗旄⑤，罗弓矢，武夫前呵，从者塞途，供给之人，各执其物，夹道而疾驰。喜有赏，怒有刑。才畯满前⑥，道古今而誉盛德，入耳而不烦。曲眉丰颊，清声而便体⑦，秀外而惠中⑧，飘轻裾⑨，翳长袖⑩，粉白黛绿者⑪，列屋而闲居，妒宠而负恃[12]，争妍而取怜[13]。大丈夫之遇知于天子，用力于当世者之所为也。吾非恶此而逃之[14]，是有命焉，不可幸而致也。

"穷居而野处，升高而望远，坐茂树以终日，濯清泉以自洁。采于山，美可茹，钓于水，鲜可食。起居无时，惟适之安。与其有誉于前，孰若无毁于其后；与其有乐于身，孰若无忧于其心。车服不维[15]，刀锯不加[16]，理乱不知[17]，黜陟不闻[18]。大丈夫不遇于时者之所为也，我则行之。

"伺候于公卿之门，奔走于形势之途[19]，足将进而趑趄[20]，口将言而嗫嚅[21]，处污秽而不羞，触刑辟而诛戮[22]，侥幸于万一，老死而后止者，其于为人贤不肖何如也？"

昌黎韩愈[23]，闻其言而壮之，与之酒而为之歌曰："盘之中，维子之宫。盘之土，可以稼[24]。盘之泉，可濯可沿。盘之阻，谁争子所？窈而深[25]，廓其有容[26]，缭而曲[27]，如往而复。嗟盘之乐兮，乐且无央。虎豹远迹兮，蛟龙遁藏。鬼神守护兮，呵禁不祥。饮且食兮寿而康，无不足兮奚所望？膏吾车兮秣吾马，从子于盘兮，终吾生以徜徉[28]。"

―● 【字词注解】

① 阳：山的南面叫阳。盘谷：在今河南济源北二十里。

② 盘旋：同"盘桓"，流连，逗留。

③ 庙朝：宗庙和朝廷。古代有时在宗庙发号施令。庙朝连称，指中央政权机构。

④ 进退：这里指任免升降。

⑤ 旗旄（máo）：旗帜。旄，旗杆上用旄牛尾装饰的旗帜。

⑥ 才畯：才能出众的人。畯，通"俊"。

⑦ 便（pián）体：体态轻便。

⑧ 惠中：聪慧的资质。惠，通"慧"。

⑨ 裾（jū）：衣服的前襟。泛指衣襟。

⑩ 曀（yì）：通"曳"，拖着。

⑪ 黛：青黑色颜料。古代女子用以画眉。

⑫ 负恃：依仗。这里指自恃貌美。

⑬怜：爱。

⑭恶（wù）：厌恶。

⑮车服：代指官职。古代以官职的品阶高下确定所用车子和服饰。

⑯刀锯：指刑具。

⑰理：治。唐代避高宗李治的名讳，以"理"代"治"。

⑱黜（chù）陟（zhì）：指官吏的降免或升迁。

⑲形势：权势。

⑳趑（zī）趄（jū）：踌躇不前。

㉑嗫（niè）嚅（rú）：欲言又止。

㉒刑辟（pì）：刑法，刑罚。

㉓昌黎：韩氏的郡望。唐代重世族，所以作者标郡望。

㉔稼：种庄稼。

㉕窈（yǎo）：幽远。

㉖廓其有容：广阔而有所容。其，犹"而"。

㉗缭（liáo）：缠绕，回环。

㉘徜（cháng）徉（yáng）：徘徊。

【精彩解说】

太行山的南面有个盘谷。盘谷中间，泉水甘甜，土地肥沃，草木繁茂，人烟稀少。有人说："因为这山谷环绕在两山之间，所以称作盘。"也有人说："这个山谷，位置幽僻而地势阻塞，是隐者盘桓逗留的地方。"我的朋友李愿就住在这里。

李愿的话是这样说的："人们称为大丈夫的人，我是了解的。他们把利益恩惠施给别人，名声显扬于当世。在朝廷上参与政事，任免百官，辅佐皇帝发号施令。他们到了朝廷外面，便树起旗帜，陈设弓箭，武夫在前面呼喝开道，侍从塞满道路，负责服侍的仆役各自拿着物品，在路的两边飞快地奔跑。他们高兴时就赏赐，发怒时就处罚。才能出众的人挤满跟前，论古说今，赞扬他们盛大的功德，这些话叫人听在耳中而不感到厌烦。那些眉毛弯弯，面颊丰腴，声音清脆，体态轻盈美好，外貌秀丽，资质聪慧，起舞时轻薄的衣襟飘然而动，长长的衣袖遮掩面容，白粉搽脸，青黛画眉的女子，在一排排后房中清闲地住着，自恃貌美，忌妒别的姬妾得到宠爱，争着比美，一心要获取主人的怜爱。这就是受到皇帝的知遇，掌握了很大权力的大丈夫的所作所为啊。我并非厌恶这些而躲开，只是命中注定而不能侥幸得到啊。

"穷困地住在山野，登上高处眺望远方，在繁茂的树下整日悠然静坐，在清澈的泉水里洗涤以保持自身的洁净。从山上采来的果蔬，甜美可食；从水中钓来的鱼虾鲜嫩可口。日常作息没有定时，只要感到舒适就安于如此。与其当面受到赞誉，不如背后不受诋毁；与其肉体享受安乐，不如心中没有忧虑。既不受官职的约束，也不受刑罚的惩处；既不问天下的治乱，也不管官吏的升降。这些都是遭遇不好、生不得志的人的所作所为，我就这样做了。

"还有人侍候在达官贵人的门下，在通往地位权势的路上奔走，想要抬脚进门却行止不定，想要开口说话却欲言无声，身处卑贱污辱而不知羞耻，触犯了刑法将要受到诛杀，希冀着获得名利的微弱机会，直到老死才罢休，这样的人在为人方面究竟是好还是不好啊？"

昌黎韩愈，听了李愿的话，称赞他讲得有气魄，给他斟上酒，并为他作了一首歌："盘谷之中，是您的房屋。盘谷的土地，可供您种植。盘谷的泉水，可以用来洗涤和沿着它去散步。盘谷地势险要，谁会来争夺您的住所？谷中幽远深邃，天地广阔足以容身，山谷回环曲折，像是走了出去却又回到了原处。盘谷中的快乐啊，乐到无穷。虎豹远离这儿啊，蛟龙逃避躲藏。鬼神守卫保护啊，呵斥禁绝不祥。有吃有喝啊长寿而健康，没有不满足的事啊，还有什么奢望？用油抹我的车轴啊，用粮草喂我的马，我要随着您到盘谷去，终生在那里悠游徜徉。"

送董邵南序

韩　愈

〔题解〕

该作品是赠给屡试不第而选择到河北充任幕僚的友人的一篇序。董邵南在京城参加进士考试屡次受挫，准备去河北投靠藩镇割据势力。当时藩镇正在招揽人才，用以对抗朝廷。许多仕途不顺的人为了谋求出路会投奔藩镇。韩愈是个爱惜人才的人，他对董邵南深表同情，并为之抱不平，但他又是国家统一的坚决维护者，他反对封建割据势力，所以对董邵南效割据势力的行为是不赞成的，他深感惋惜，所以序中隐含有规劝之意。

〔原文〕

燕、赵古称多感慨悲歌之士①。董生举进士②，连不得志于有司③，怀抱利器④，郁郁适兹土⑤，吾知其必有合也⑥。董生勉乎哉！

【字词注解】

①燕、赵：原来是周朝的两个诸侯国，战国时属于七个强国中的两个，以多刺客侠义之士著称。燕国辖今河北、辽宁一带。赵国辖今河北、山西一带，在唐代相当于河北一带。

②生：旧时对读书人的通称。举进士：指乡贡（地方推举）到京城参加

进士科考试。

③有司：古代设官分司，各有所司，故称官吏为"有司"。此处指主考官吏。

④利器：比喻杰出的才能。

⑤郁郁：忧愁烦闷的样子。

⑥有合：有所遇合。

—•【精彩解说】

燕赵一带自古多有慷慨仗义、悲壮高歌的豪杰之士。董生参加进士考试，连续多次没被主考官录取，他只好怀抱优异的才能，内心抑郁地要到河北那个地方去，我预料他此去定会遇到机遇。董生努力吧！

原文

夫以子之不遇时，苟慕义强仁者⑦，皆爱惜焉，矧燕、赵之士出乎其性者哉⑧？然吾尝闻风俗与化移易，吾恶知其今不异于古所云邪⑨？聊以吾子之行卜之也⑩。董生勉乎哉！

—•【字词注解】

⑦苟：假如。慕义强仁者：指仰慕高义、力行仁道的人。强，努力做到。

⑧矧（shěn）：况且。

⑨恶（wū）：怎么。

⑩聊：姑且。吾子：对人尊敬的称呼。此处指董邵南。

—•【精彩解说】

像您这样没有好机遇的贤才，只要是仰慕正义、力行仁道的人，都会爱护您的，何况燕赵一带的豪杰之士，他们仰慕正义、力行仁道是出于本性吗？然而我曾听说过，社会风俗习惯是随着教化而转变的，我哪里知道那边现在的社会风俗和古代所说的没有不同呢？姑且以您此行作为一番测验吧。

董生努力吧!

原文

吾因之有所感矣。为我吊望诸君之墓⑪,而观于其市,复有昔时屠狗者乎⑫?为我谢曰:"明天子在上⑬,可以出而仕矣⑭!"

【字词注解】

⑪望诸君:乐毅,战国时赵人,辅佐燕昭王击破齐国,先后攻下七十多座城池。晚年避祸归赵。赵封其于观津(今河北武邑东南),称"望诸君"。

⑫屠狗者:指高渐离。荆轲的好友,以屠狗为业。荆轲刺秦王不遂而被杀,高渐离替他报仇,也未遂而死。此处泛指不得意之士。

⑬明天子:圣明的天子。此处指唐宪宗。

⑭仕:古代称做官为仕。

【精彩解说】

我因您的出行而有所感触。到了河北以后请您替我凭吊一下望诸君乐毅的坟墓,并且到那里的集市去看看,还有像从前的屠狗者高渐离一类的豪杰人物吗?替我向他们致意:"圣明天子在上面当政,可以出来做官为国家效力了!"

祭十二郎文

韩 愈

〔题解〕

《祭十二郎文》是韩愈为他的侄子韩老成写的一篇祭文,是祭文中的千古绝唱。韩老成是韩愈二哥韩介的儿子,在家族排行十二,故称十二郎。因为韩愈的大哥韩会没有儿子,便养育了十二郎。韩愈幼年丧父,由大哥、大嫂抚养长大,他从小便和十二郎一起生活,两人感情甚笃。后来韩愈的家人相继去世,只剩下韩愈和十二郎。可韩愈为了谋生长期在外漂泊,叔侄俩总难团圆。正当韩愈做了监察御史,情况有所好转,筹划与侄儿团聚之时,十二郎却骤然离世。韩愈悲痛欲绝,写下了这篇凄楚动人的祭文。韩愈写此文的目的不在于称颂死者,而在于倾诉自己的痛悼之情,寄托自己的哀思。文章既没有铺排,也没有张扬,而是将浓烈的感情融于朴实的叙事中,表现出对兄嫂及侄儿深切的怀念和痛惜,感人肺腑。

原文

年、月、日①,季父愈闻汝丧之七日②,乃能衔哀致诚③,使建中远具时羞之奠④,告汝十二郎之灵:

【字词注解】

①年、月、日:《文苑英华》作"贞元十九年(803年)五月二十六日"。

②季父:最小的叔父。

③衔哀致诚:忍着悲哀向死者表达诚意。

④建中:人名。一般认为是韩愈的家人。时羞:时鲜食品。奠:以酒食祭死者。此处指祭品。

【精彩解说】

某年某月某日,小叔叔韩愈在听到你去世消息的第七天,才能忍着悲痛向你表达心意,派遣建中赶远路带去时鲜味美的祭品,祭告十二郎的灵魂:

呜呼!吾少孤⑤,及长,不省所怙⑥,惟兄嫂是依。中年,兄殁南方⑦,吾与汝俱幼,从嫂归葬河阳⑧。既又与汝就食江南⑨,零丁孤苦,未尝一日相离也。吾上有三兄⑩,皆不幸早世,承先人后者,在孙惟汝,在子惟吾,两世一身,形单影只。嫂尝抚汝指吾而言曰:"韩氏两世,惟此而已!"汝时尤小,当不复记忆,吾时虽能记忆,亦未知其言之悲也。

吾年十九,始来京城。其后四年,而归视汝⑪。又四年,吾往河阳省坟墓⑫,遇汝从嫂丧来葬⑬。又二年,吾佐董丞相于汴州⑭,汝来省吾,止一岁,请归取其孥⑮。明年,丞相薨⑯,吾去汴州,汝不果来。是年,吾佐戎徐州⑰,使取汝者始行,吾又罢去⑱,汝又不果来。吾念汝从于东⑲,东亦客也,不可以久。图久远者,莫如西归⑳,将成家而致汝。呜呼!孰谓汝遽去吾而殁乎!吾与汝俱少年,以为虽暂相别,终当久相与处,故舍汝而旅食京师,以求斗斛之禄㉑。诚知其如此,虽万乘之公相㉒,吾不以一日辍汝而就也㉓!

【字词注解】

⑤孤:幼年丧父。韩愈父仲卿卒于唐代宗大历五年(770年)。《新唐书·韩愈传》:"愈生三岁而孤,随伯兄会贬官岭表。会卒,嫂郑鞠(抚养)之。"

⑥省(xǐng):知道。怙(hù):依靠。《诗经·小雅·蓼莪》:"无父何怙?无母何恃?"后世因此用"所怙"代父,"所恃"代母,丧父叫"失怙"。

⑦"中年"二句：大历十二年（777年），韩会由起居舍人贬为韶州（今广东韶关）刺史，次年死于任所，年四十二岁，故称"中年"。

⑧河阳：在今河南孟州市，韩愈祖坟所在地。

⑨就食江南：韩氏有别业在宣州（今安徽宣城），德宗建中二年（781年），中原兵祸不息，韩愈随嫂移家前往。

⑩三兄：指韩会、韩介和另一个早死的哥哥。

⑪"吾年十九"四句：德宗贞元二年（786年），韩愈十九岁，自宣州游长安，应进士举，至贞元八年（792年）春始登进士第，中间曾回宣州一次。又据韩愈《答崔立之书》，至长安为二十岁，则是贞元三年（787年）；《欧阳生哀辞》也说："贞元三年，余始至京师举进士。"与本篇所记相差一年。视，探望。上对下叫视。

⑫省（xǐng）坟墓：扫墓，探望、祭奠先人的坟墓。

⑬嫂丧：韩愈嫂卒于贞元九年（793年）。

⑭董丞相：指董晋。贞元十二年（796年）七月，董晋以检校尚书左仆射、同中书门下平章事出任宣武军节度使，汴、宋、亳、颍等州观察使。韩愈在他手下任节度推官。汴州：宣武军节度使驻地，治所在今河南开封。

⑮孥：妻子和儿女的统称。

⑯薨（hōng）：唐代二品以上的官员死了都称薨。

⑰佐戎徐州：担任宁武军节度使张建封的节度推官。佐戎，协助军务。徐州，今属江苏，唐为宁武军节度使治所。

⑱使取汝者始行：派去接你来（徐州）的人刚一走。吾又罢去：贞元十六年（800年），张建封卒，韩愈调为四门博士，迁监察御史。

⑲东：指汴州、徐州，均在河阳之东。

⑳西：指河阳。

㉑斗斛之禄：比喻微薄的俸禄。斛（hú），古代量器，唐时十斗为一斛。

㉒万乘之公相：此处泛指地位显赫的官职。乘，古时一车四马为一乘。公，公卿。相，宰相。

㉓辍：废去，舍弃。

——●【精彩解说】

唉！我从小就成了孤儿，等到长大，都不记得父亲的模样，只能依靠哥哥嫂嫂。哥哥中年时在南方去世，那时我和你都还年幼，跟随嫂嫂送哥哥的灵柩回河阳安葬。后来又和你一起到江南谋生,虽孤苦伶仃,却未曾分离过一天啊。我上面有三个哥哥,均不幸早已去世,为先人后嗣的,在孙子辈里只有你,在儿子辈里只有我,两代都是独苗,形影孤单。嫂嫂曾一边抚摩着你,一边指着我说:"韩家两代,就只剩你们两个人了!"那时你比我小,大概已不再记得了,我那时虽然能够记忆,却也没有懂得她话中的悲痛。

我十九岁时,初次来到京城。过了四年,才回去看你。又过了四年,我回河阳拜谒先人坟墓,遇到你送嫂嫂的灵柩来安葬。又过了两年,我在汴州做幕僚辅佐董丞相,你来看我,仅住了一年,你请求回去接家眷来。次年,董丞相去世了,我离开汴州,你最终没有来成。这年,我去徐州协助军务,派去接你的人刚起程,我又被罢职离开徐州,你又没有来成。我想就算你跟我到东边,东边也是客地啊,不能永久住下来。从长远打算,不如回到西边去,等把家人安顿好再把你接来。唉!谁能料到你竟会这样仓促地离开我而去世了呢!我和你都还年轻,以为虽然暂时别离,终究还是要长远在一起的,所以离开你到京师去旅居谋生,以便求得微薄的俸禄。如果确实知道会这样,就是有万乘车辆的公卿宰相职位,我也不愿离开你一天而去就任啊!

原文

去年,孟东野往,吾书与汝曰:"吾年未四十㉔,而视茫茫,而发苍苍㉕,而齿牙动摇。念诸父与诸兄,皆康强而早世,如吾之衰者,其能久存乎?吾不可去,汝不肯来,恐旦暮死,而汝抱无涯之戚也㉖。"孰谓少者殁而长者存,强者夭而病者全乎?呜呼!其信然邪?其梦邪?其传之非其真邪?信也,吾兄之盛德而夭其嗣乎?汝之纯明而不克蒙其泽乎?少者强者而夭殁、长者衰者而存全乎?未可以为信也!梦也,传之非其真也!东野之书、耿兰之报㉗,何为而在吾侧也?呜呼!其信然矣!吾兄之盛德而夭其嗣矣!汝之纯明宜业其家者㉘,不克蒙其泽矣!所谓天者诚难测,而神者诚难明矣!所谓理者不可推㉙,而寿者不可知矣!

虽然,吾自今年来,苍苍者或化而为白矣,动摇者或脱而落矣,毛血日益衰㉚,志气日益微,几何不从汝而死也!死而有知,其几何离?其无知,悲不几时,而不悲者无穷期矣!汝之子始十岁㉛,吾之子始五岁,少而强者不可保,如此孩提者,又可冀其成立邪?呜呼哀哉!呜呼哀哉!

【字词注解】

㉔ 吾年未四十：贞元十八年（802年），韩愈三十五岁。
㉕ 苍苍：灰白色。
㉖ 无涯之戚：无尽的忧伤。
㉗ 耿兰：十二郎的仆人。
㉘ 业其家：继承其家业。
㉙ 理者不可推：命运的道理不可推测。
㉚ 毛血：气血。此处指身体。
㉛ 汝之子：十二郎韩老成有二子，韩湘、韩滂。

【精彩解说】

去年，孟东野去你那边，我写了一封信托他带给你说："我年龄还不到四十，视力已经模糊，头发灰白，牙齿开始动摇。想到我的几位父辈和几位兄长，都是在身强力壮时过早去世，像我这样衰弱的人，怎么能长久地活着呢？我不能离开这里，你又不肯来，只怕我早晚死了，你就要怀着无穷的悲哀了。"谁又想到年轻的会死去而年纪大的反而活着，强壮的死去而衰弱的竟能活在世间呢？唉！这是真的吗？难道是做梦吗？难道传来的消息不确实吗？如果是真的，我哥哥有美好的德行而老天反使他的后嗣早死吗？你聪明淳厚还不能承受他的德泽吗？为什么年少身强的早死，年长身弱的反而生存保全了呢？不能相信这是真实的！这是在做梦吧，是传来的消息不确实吧！但是孟东野的信、耿兰的报丧，又为什么到我的身边来了呢？唉！这大概是真的了！我哥哥有美好的德行，却使他的儿子短命夭亡！你这样淳朴聪明，理应承受他的家业的，现在却不能承受他的德泽了！真所谓天意实在难推测，而神灵也实在难以明察呀！所谓事理实在难以推究，寿命也是无法预知的啊！

尽管如此，我从今年以来，灰白的头发有的变成全白了，松动的牙齿有的脱落了，气血一天比一天衰退，精神一天比一天萎靡，用不了多少时间就会随你而去！如果死后仍有知觉，那我们分离的日子还会有多久呢？如果死后没有知觉，我的悲痛也就不会有多久，而没有悲伤的日子却将是无穷无尽的！现在你的儿子才十岁，我的儿子刚五岁，年轻而强壮的人都不能保全，像这么大的孩子，又怎么希望他们成人立业呢？唉，真悲哀啊！唉，真悲哀啊！

原文

汝去年书云："比得软脚病㉜，往往而剧。"吾曰："是疾也，江南之人常常有之。"未始以为忧也。呜呼！其竟以此而殒其生乎㉝？抑别有疾而致斯乎？汝之书，六月十七日也。东野云，汝殁以六月二日，耿兰之报无月日。盖东野之使者，不知问家人以月日，如耿兰之报，不知当言月日。东野与吾书，乃问使者，使者妄称以应之耳。其然乎？其不然乎？

【字词注解】

㉜软脚病：脚气病。这种病从脚起，足胫肿大，全身软弱无力。
㉝殒（yǔn）：死亡。

【精彩解说】

你去年来信说："近来得了脚气病，时常发作得很厉害。"我回信说："此种病，江南的人是经常有的。"未曾把它当作值得忧虑的事。唉！难道就是这种病让你丧失了生命吗？还是有其他疾病导致这样呢？你的信是六月十七日写的。孟东野说你是六月二日去世的，耿兰的报丧信没有说你去世的月日。大概孟东野的使者没有向你家人询问你去世的月日，而像耿兰那样报丧的信不懂得应该说明你去世的月日。或者是孟东野在给我写信时问了使者，使者就胡乱说了个日期应付罢了。是这样呢，还是不是这样呢？

原文

今吾使建中祭汝，吊汝之孤与汝之乳母。彼有食可守以待终丧，则待终丧而取以来㉞；如不能守以终丧，则遂取以来。其余奴婢，并令守汝丧。吾力能改葬，终葬汝于先人之兆㉟，然后惟其所愿。

呜呼！汝病吾不知时，汝殁吾不知日，生不能相养以共居，殁不能抚汝以尽哀，敛不凭其棺，窆不临其穴㊱，吾行负神明，而使汝夭，不孝不慈，而不得与汝相养以生、相守以死。一在天之涯，一在地之角，生而影不与吾形相依，死而魂不与吾梦相接，吾实为之，其又何尤！彼苍者天㊲，曷其有极㊳！

自今以往，吾其无意于人世矣！当求数顷之田于伊、颍之上[39]，以待余年。教吾子与汝子，幸其成；长吾女与汝女，待其嫁。如此而已。呜呼！言有穷而情不可终，汝其知也邪？其不知也邪？呜呼哀哉！尚飨[40]！

【字词注解】

㉞终丧：古礼，父母丧三年除服，称为终丧。

㉟兆：墓地。

㊱窆（biǎn）：落葬。

㊲彼苍者天：语出《诗经·秦风·黄鸟》。

㊳曷其有极：哪里有尽头。语出《诗经·唐风·鸨羽》。

㊴顷：一百亩。伊、颍：伊水、颍水。此处借指韩愈故乡。

㊵尚飨：古代祭文结尾用语，也作“尚享”，意为希望死者来享用祭品。

【精彩解说】

现在我派建中来祭奠你，慰问你的儿子和你的奶妈。如果他们的生活供应可以守你的灵到丧期终了，那就等丧期终了再接他们到我这里来；如果生活困难不能守满丧期，那就把他们立即接过来。其他奴婢，都让他们为你守丧。我如果有能力为你改葬，最终一定将你葬到河阳祖先的墓地里，这才算了却了我的心愿。

唉！你生病我不知道时间，你去世我不知道日期，你活着我不能和你生活在一起互相照顾，死了未能抚摩你的遗体充分表达我的哀痛，入殓时我没能在你的棺木旁凭吊，落葬时我未能亲临你的墓穴，我的行为对不起神明，因而使你夭折，我对上不孝顺，对下不慈爱，因而不能和你互相照顾一起生活、相互厮守一直到死。如今我们一个在天边，一个在地角，你活着不能与我形影相依，死后的灵魂也不能与我梦中相聚，这都是我造成的，又能怨谁呢！那苍茫无涯的上天啊，我的悲痛哪里才是尽头呢！

从今以后，我对人世间的事情再也没有什么心思去考虑了！我打算回到家乡去，在伊水和颍水旁买几顷田地，来度过我的晚年。教育我的儿子和你的儿子，期望他们长大成人；养育我的女儿和你的女儿，等到她们出嫁。就是如此罢了。唉！语言有说完的时候，而哀伤之情却没有终绝，你是知道呢，还是不知道呢？唉！真悲伤啊！希望你来享用祭品啊！

祭鳄鱼文

韩　愈

〔题解〕

元和十四年（819年），韩愈因谏迎佛骨一事，令唐宪宗震怒，险些被杀，幸亏宰相裴度相救才被贬为潮州刺史。据《新唐书·韩愈传》记载，韩愈到潮州上任后不久就听说境内的恶溪中有鳄鱼，把附近百姓的牲口都吃掉了。于是韩愈便写下了这篇《祭鳄鱼文》，劝诫鳄鱼搬迁。不久，恶溪之水西迁六十里，潮州境内鳄鱼之患自此便消失了。这一传说我们听听便可，但这篇文章确实值得品读，体现了韩愈为民除害的思想。一般祭文的内容或表达哀悼或表达祷祝，这篇文章却和檄文相似，带着兴师问罪的口吻，义正词严，跌宕有力，可见韩愈作文的大胆。

原文

维年月日①，潮州刺史韩愈，使军事衙推秦济②，以羊一、猪一投恶溪之潭水③，以与鳄鱼食④，而告之曰：

昔先王既有天下，列山泽⑤，罔绳擉刃⑥，以除虫蛇恶物为民害者，驱而出之四海之外。及后王德薄，不能远有，则江、汉之间，尚皆弃之以与蛮、夷、楚、越⑦，况潮，岭海之间⑧，去京师万里哉！鳄鱼之涵淹卵育于此，亦固其所。今天子嗣唐位⑨，神圣慈武，四海之外，六合之内，皆抚而有之，况禹迹所揜⑩，扬州之近地⑪，刺史、县令之所治，出贡赋以供天地宗庙百神之祀之壤者哉！鳄鱼其不可与刺史杂处此土也！

刺史受天子命，守此土，治此民，而鳄鱼睅然不安溪潭⑫，据处食民、畜、熊、豕、鹿、獐，以肥其身，以种其子孙，与刺史亢拒，争为长雄⑬。刺史虽驽弱⑭，亦安肯为鳄鱼低首下心，伈伈睍睍⑮，为民吏羞，以偷活于此邪？且承天子命以来为吏，固其势不得不与鳄鱼辨。

鳄鱼有知，其听刺史言：潮之州，大海在其南，鲸、鹏之大⑯，虾、蟹之细，无不容归，以生以食，鳄鱼朝发而夕至也。今与鳄鱼约，尽三日，其率丑类南徙于海，以避天子之命吏。三日不能，至五日。五日不能，至七日。七日不能，是终不肯徙也，是不有刺史、听从其言也。不然，则是鳄鱼冥顽不灵⑰，刺史虽有言，不闻不知也。夫傲天子之命吏、不听其言、不徙以避、与冥顽不灵而为民物害者，皆可杀。刺史则选材技吏民，操强弓毒矢，以与鳄鱼从事，必尽杀乃止。其无悔！

【字词注解】

①维：句首语气词。

②潮州：州名，治所海阳（今广东潮安），辖境相当于今广东平远县、梅县区、丰顺县、普宁市、惠来县以东地区。刺史：州的行政长官。军事衙推：州刺史的属官。

③恶溪：在潮安境内，又名鳄溪、意溪，韩江经此，合流后向南流。

④鳄（è）鱼：爬行动物。

⑤列：同"迾"，阻挡。

⑥罔：同"网"。擉（chuò）：刺。

⑦蛮：古时对南方少数民族的贬称。夷：古时对东方少数民族的贬称。楚、越：泛指东南方偏远地区。

⑧岭海：岭，即越城、都庞、萌渚、骑田、大庾五岭，地处今湘、赣、桂、粤边境。海，南海。

⑨今天子：指唐宪宗李纯。

⑩禹：大禹，传说中古代部落联盟的领袖。曾奉舜之命治理洪水，足迹遍于九州。故称九州大地为"禹迹""禹域"。拚：遮蔽，掩盖。

⑪扬州：传说大禹治水以后，把天下划为九州，扬州即其一。据《尚书·禹贡》："淮海惟扬州。"《传》曰："北据淮，南距海。"《尔雅·释地》："江南曰扬州。"潮州古属扬州地域。

⑫睅（hàn）：眼睛突出的样子。

⑬长（zhǎng）：用作动词。

⑭ 驽：软弱，无力。

⑮ 伈（xǐn）伈：恐惧貌。睍（xiàn）睍：不敢正视的样子。

⑯ 鹏：传说中的巨鸟，由鲲变化而成，也能在水中生活。见《庄子·逍遥游》。

⑰ 冥顽：愚昧无知。

【精彩解说】

某年某月某日，潮州刺史韩愈，派遣部下军事衙推秦济，把一只羊、一头猪投入恶溪的潭水中，送给鳄鱼吃，同时又警告它：

古时候的帝王拥有天下后，封锁高山大泽，用绳索去网捉，用利刃去刺杀，以除灭毒虫、毒蛇等那些给百姓带来危害的可恶动物，并把它们驱逐到四海之外去。到了后世，帝王的德行威望不够，不能统治远方，于是，长江、汉水之间的大片土地只得扔给蛮、夷、楚、越，更何况潮州地处五岭和南海之间，离京城有万里之遥呢！鳄鱼之所以潜伏生息在此地，也就很自然了。当今天子继承了大唐帝位，神明圣伟，仁慈英武，四海之外，天地四方之内，都在他的安抚统辖之下，更何况潮州是大禹到过的地方，是古代扬州的地域，是刺史、县令治理的地区，又是交纳贡品、赋税以供应皇上祭天地、祭祖宗、祭神灵的地方呢！鳄鱼，你们是不可以同刺史一起生活在这块土地上的！

刺史受天子之命，镇守这块土地，治理这里的民众，而鳄鱼竟敢不安分守己地待在溪水和潭水中，却占据一方，吞食民众、牲畜、熊、猪、鹿、獐，来养肥自己的身体，繁衍自己的后代，又胆敢与刺史抗衡，争当统领一方的英雄。刺史虽然软弱无能，又怎么肯向鳄鱼低头屈服，胆怯害怕，给治理百姓的官吏丢脸，并在此地苟且偷安呢？而且刺史是奉天子的命令来这里当官的，他势必不得不与鳄鱼辨明。

你们鳄鱼如果有灵性，就听刺史说：潮州这地方，大海在它的南面，大至鲸、鹏，小至虾、蟹，没有不在大海里归宿藏身，依靠大海生活取食的，鳄鱼早上从潮州出发，晚上就能到达大海。现在，刺史与鳄鱼约定：至多三天，务必率领同类南迁到大海去，以躲避天子任命的地方官。三天办不到，就放宽到五天。五天办不到，就放宽到七天。七天还办不到，那就表明最终不肯迁移了，这就是不把刺史放在眼里、不肯听他的话。不然的话，就是鳄鱼愚蠢顽固，虽然刺史已经有言在先，但鳄鱼还是听不进、不理解。凡对天子任命的官吏傲慢无礼、不听他的话、不肯迁移躲避，以及愚蠢顽固而又残害民众的东西，都应该处死。刺史就要挑选有才干有技能的官吏和民众，操起强硬的弓弩，安上有毒的箭镞，来同鳄鱼周旋，一定要把鳄鱼全部杀尽才肯罢手。你们可不要后悔啊！

柳子厚墓志铭

韩　愈

〔题解〕

此文是韩愈为已故好友柳宗元所作的墓志铭。墓志铭是古代文体的一种，刻石纳入墓内或墓旁，表示对死者的纪念，以便后人稽考。韩愈和柳宗元同是古文运动的倡导者，交情极其深厚。柳宗元去世后，韩愈写过诸多哀悼和纪念文字，这是其中比较有名的一篇。文章涉及柳宗元的家世、生平、交友、文章等多个方面，着重论述其政绩和文学成就。韩愈对柳宗元的文章学问、政治才能和道德品行进行了高度赞扬，对柳宗元遭受排挤、多次遭贬、四处漂泊的经历给予了深切的同情。文章没有一味按照传统碑志文的形式来写，形成了夹叙夹议、议论横生、诚挚委婉的独特风格。

〔原文〕

子厚，讳宗元[1]。七世祖庆，为拓跋魏侍中[2]，封济阴公。曾伯祖奭[3]，为唐宰相，与褚遂良、韩瑗俱得罪武后[4]，死高宗朝。皇考讳镇[5]，以事母弃太常博士[6]，求为县令江南。其后以不能媚权贵[7]，失御史。权贵人死[8]，乃复拜侍御史[9]。号为刚直[10]，所与游皆当世名人[11]。

子厚少精敏，无不通达。逮其父时[12]，虽少年，已自成人[13]，能取进士第[14]，崭然见头角[15]，众谓柳氏有子矣。其后以博学宏词授集贤殿正字[16]。俊杰廉悍[17]，议论证据今古[18]，出入经史百子[19]，踔厉风发[20]，率常屈其座人[21]，名声大振，一时皆慕与之交。诸公要人，争欲令出我门下[22]，交口荐誉之[23]。

贞元十九年，由蓝田尉拜监察御史。顺宗即位，拜礼部员外郎。遇用事者得罪，例出为刺史。未至，又例贬州司马。居闲益自刻苦，务记览，为词章，泛滥停蓄，为深博无涯涘，而自肆于山水间。元和中，尝例召至京师，又偕出为刺史，而子厚得柳州。既至，叹曰："是岂不足为政邪？"因其土俗，为设教禁，州人顺赖。其俗以男女质钱，约不时赎，子本相侔，则没为奴婢。子厚与设方计，悉令赎归。其尤贫力不能者，令书其佣，足相当，则使归其质。观察使下其法于他州，比一岁，免而归者且千人。衡、湘以南为进士者，皆以子厚为师。其经承子厚口讲指画为文词者，悉有法度可观。

　　其召至京师而复为刺史也，中山刘梦得禹锡亦在遣中，当诣播州。子厚泣曰："播州非人所居，而梦得亲在堂，吾不忍梦得之穷，无辞以白其大人，且万无母子俱往理。"请于朝，将拜疏，愿以柳易播，虽重得罪，死不恨。遇有以梦得事白上者，梦得于是改刺连州。呜呼！士穷乃见节义。今夫平居里巷相慕悦，酒食游戏相征逐，诩诩强笑语以相取下，握手出肺肝相示，指天日涕泣，誓生死不相背负，真若可信。一旦临小利害，仅如毛发比，反眼若不相识，落陷阱，不一引手救，反挤之，又下石焉者，皆是也。此宜禽兽夷狄所不忍为，而其人自视以为得计，闻子厚之风，亦可以少愧矣。

　　子厚前时少年，勇于为人，不自贵重顾藉，谓功业可立就，故坐废退。既退，又无相知有气力得位者推挽，故卒死于穷裔，材不为世用，道不行于时也。使子厚在台、省时，自持其身，已能如司马、刺史时，亦自不斥；斥时，有人力能举之，且必复用不穷。然子厚斥不久，穷不极，虽有出于人，其文学辞章，必不能自力以致必传于后，如今，无疑也。虽使子厚得所愿，为将相于一时，以彼易此，孰得孰失，必有能辨之者。

　　子厚以元和十四年十一月八日卒，年四十七。以十五年七月十日归葬万年先人墓侧。子厚有子男二人，长曰周六，始四岁，季曰周七，子厚卒乃生。女子二人，皆幼。其得归葬也，费皆出观察使河东裴君行立。行立有节概，重然诺，与子厚结交，子厚亦为之尽，竟赖其力。葬子厚于万年之墓者，舅弟卢遵。遵，涿人，性谨慎，学问不厌。自子厚之斥，遵从而家焉，逮其死不去。既往葬子厚，又将经纪其家，庶几有始终者。

　　铭曰：是惟子厚之室，既固既安，以利其嗣人。

【字词注解】

①子厚：柳宗元的字。作墓志铭例当称死者官衔，因韩愈和柳宗元是笃交，故称字。讳：名。生者称名，死者称讳。

②七世：史书记柳宗元七世祖柳庆在北魏时任侍中，入北周封为平齐公。子柳旦，任北周中书侍郎，封济阴公。韩愈所记有误。拓跋魏：北魏国君姓拓跋（后改姓元），故称。侍中：门下省的长官，掌管传达皇帝的命令。北魏时侍中位同宰相。

③曾伯祖奭（shì）：柳奭，字子燕，柳旦之孙，柳宗元高祖子夏之兄。当为高伯祖，此作曾伯祖误。柳奭贞观时为中书舍人，因外甥女王氏为皇太子（李治）妃，擢升为兵部侍郎。王氏当了皇后后，又升为中书侍郎。永徽三年（652年）代褚（chǔ）遂良为中书令，位相当于宰相。后来高宗欲废王皇后立武则天为皇后，韩瑗（yuàn）和褚遂良力争，武则天一党人诬说柳奭要和韩、褚等谋反，被杀。

④褚遂良：字登善，曾做过吏部尚书、同中书门下三品、尚书右仆射等官。唐太宗临终时命他与长孙无忌一同辅助高宗。后因劝阻高宗改立武后，遭贬忧病而死。韩瑗：字伯玉，官至侍中，为救褚遂良，也被贬黜。

⑤皇考：对亡父的尊称。

⑥太常博士：太常寺掌宗庙礼仪的属官。柳镇于肃宗朝授左卫率府兵曹参军，佐郭子仪守朔方。后调长安主簿，居母丧，服除，命为太常博士。镇以有尊老孤弱在吴，再三辞谢，愿为宣城（今属安徽）令。此云"以事母弃太常博士"，恐误。

⑦权贵：此指窦参。柳镇曾迁殿中侍御史，因不肯与御史中丞卢佋、宰相窦参一同诬陷侍御史穆赞，后又为穆赞平反冤狱，得罪窦参，被窦参以他事陷害贬官。

⑧权贵人死：窦参因罪被贬，第二年被德宗赐死。

⑨侍御史：御史台的属官，职掌纠察百僚，审讯案件。

⑩号为刚直：郭子仪曾表柳镇为晋州录事参军，晋州太守骄悍好杀戮，吏莫敢与争，而柳镇独能抗之以理，故云。

⑪所与游皆当世名人：柳宗元有《先君石表阴先友记》，记载他父亲相与交游者计六十七人，书于墓碑之阴，并曰："先君之所与友，凡天下善士举集焉。"

⑫逮（dài）其父时：柳宗元童年时代，其父柳镇去江南，他和母亲留在长安。柳宗元至十二三岁时，柳镇在湖北、江西等地做官，柳宗元随父同去。柳镇卒于贞元九年（793年），柳宗元年二十一岁。逮，及，到。

⑬已自成人：柳宗元十三岁即作《为崔中丞贺平李怀光表》，刘禹锡作集序云："子厚始以童子，有奇名于贞元初。"

⑭取进士第：贞元九年（793年）柳宗元进士及第，年二十一。

⑮崭然：高峻突出貌。见（xiàn）：同"现"。

⑯有子：意谓有光耀门楣之子。

⑰博学宏词：柳宗元贞元十二年（796年）中博学宏词科，年二十四。唐制，进士及第者可应博学宏词考选，取中后即授予官职。集贤殿：集贤殿书院，掌刊辑经籍，搜求佚书。正字：集贤殿置学士、正字等官，正字掌管编校典籍、刊正文字的工作。柳宗元二十六岁授集贤殿正字。

⑱廉悍：峭厉。

⑲证据今古：引据今古事例为证。

⑳出入：融会贯通，深入浅出。

㉑踔（chuō）厉风发：议论纵横，言辞奋发，见识高远。踔，远。厉，高。

㉒率：每每。屈：使之屈服。

㉓令出我门下：意谓都想叫他做自己的门生以沾光彩。

㉔交口：异口同声。

㉕蓝田：今属陕西。尉：县府管理治安，缉捕盗贼的官吏。监察御史：御史台的属官，掌分察百僚，巡按郡县，纠视刑狱，整肃朝仪诸事。

㉖礼部员外郎：官名，掌管辨别和拟定礼制之事及学校贡举之法。柳宗元得做此官是王叔文、韦执谊等所荐引。

㉗用事者：掌权者，指王叔文。顺宗做太子时，王叔文任太子属官，顺宗登位后，王叔文任户部侍郎，深得顺宗信任。于是引用新进，施行改革。旧派世族和藩镇宦官拥立其子李纯为宪宗，将王叔文贬黜，后来又将其杀戮。和柳宗元同时贬为司马的共八人，时称"八司马"。

㉘例出：按规定遣出。永贞元年（805年），柳宗元被贬为邵州（今湖南邵阳）刺史。

㉙例贬：依照"条例"贬官。司马：本是州刺史属下掌管军事的副职，唐时已成为有职无权的冗员。

㉚居闲：指公事清闲。

㉛记览：记诵阅览。此喻刻苦为学。

㉜泛滥：形容文章气势浑厚。停蓄：含蓄深沉。

㉝无涯涘（sì）：无边际。涯、涘，均是水边的意思。

㉞肆：放情。

㉟偕出：元和十年（815年），宗元等"八司马"同时被召回长安，但又同被迁往更远的地方。

㊱柳州：唐置，属岭南道，即今广西柳州。

㊲是岂不足为政邪：意谓柳州地虽僻远，也可以做出政绩。是，指柳州。

㊳因：顺着，按照。土俗：当地的风俗。

㊴教禁：教谕和禁令。

㊵顺赖：顺从信赖。

㊶质：典当，抵押。

㊷不时赎：不按时赎取。

㊸子：子金，即利息。本：本金。相侔（móu）：相等。

㊹没：没收。

㊺与设方计：替债务人想方设法。

㊻悉：全部。

㊼书：写，记下。佣：当雇工。此指雇工劳动所值，即工资。

㊽足相当：意谓佣工所值足以抵销借款本息。质：人质。

㊾观察使：又称观察处置使，是中央派往地方考察政绩的官。下其法：推行赎回人质的办法。

㊿比：及，等到。

㉛衡、湘：衡山、湘水，泛指岭南地区。为：应试。

㉜法度：规范。

㉝中山：今河北定州市。刘梦得：名禹锡，彭城（今江苏徐州铜山区）人，中山为郡望。其祖先汉景帝子刘胜曾封中山王。王叔文失败后，刘被贬为郎州司马，这次召还入京后又被贬为播州刺史。

㉞诣：前往。播州：今贵州绥阳。

㉟亲在堂：母亲健在。

㊱穷：困窘。

㊼ 大人：父母。此指刘母。句谓这种不幸的处境难以向老母讲。

㊽ 拜疏（shū）：向皇帝上疏。

㊾ 以柳易播：意指柳宗元自愿到播州去，让刘禹锡去柳州。

㉞ 重（chóng）得罪：再加一重罪。

㉠ "遇有"句：指当时御史中丞裴度、崔群上疏为刘禹锡陈情一事。

㉢ 刺：用作动词。担任州刺史或郡守。连州：唐属岭南道，州治在今广东连州。

㉣ 征逐：指朋友间邀请宴乐。

㉤ 诩（xǔ）诩：融洽地聚合在一起的样子。强（qiǎng）：勉强。取下：指采取谦下的态度。

㉥ 出肺肝相示：喻做出非常诚恳和坦白的样子。

㉦ 背负：背叛，变心。

㉧ 如毛发比：喻事情之细微。比，类似。

㉨ 陷阱（jǐng）：圈套，祸难。

㉩ 少：稍微。

㉪ 为人：助人。此处有认为柳宗元参加王叔文集团是政治上的失慎之意。故下云"不自贵重"。

㉫ 顾藉：顾惜。

㉬ 立就：即刻成功。

㉭ 坐：因他人获罪而受牵连。废退：指远谪边地，不用于朝廷。

㉮ 有气力：有权势和力量的人。推挽：推举提携。

㉯ 穷裔：穷困的边远地方。

㉰ 台、省：御史台和尚书省。

㉱ 自力：自我努力。

㉲ 为将相于一时：被贬"八司马"中，只有程异后来得到李巽推荐，位至宰相，但不久便死，也没有什么政绩。此处暗借程异做比。

㉳ 元和：唐宪宗年号。十四年：819年。十一月八日：一作"十月五日"。

㉴ 万年：在今陕西长安区境内。先人墓：在万年县之栖凤原。见柳宗元《先侍御史府君神道表》。

㉵ 周七：柳告，字用益，柳宗元遗腹子。

㉶ 河东：今山西永济。裴君行立：裴行立，绛州稷山（今属山西）人，时任桂管观察使，是柳宗元的上司。

㊃节概：节操气概。
㊄重然诺：看重许下的诺言。
㊅尽：尽心，尽力。
㊆卢遵：柳宗元舅父之子。
㊇涿（zhuó）：今河北涿州。
㊈从而家：跟从柳宗元以为己家。
㊉庶几：近似，差不多。
⑩惟：就是。室：幽室，即墓穴。
⑪嗣人：子孙后代。

【精彩解说】

子厚，名叫宗元。七世祖柳庆，做过北魏的侍中，被封为济阴公。曾伯祖柳奭，做过唐朝的宰相，同褚遂良、韩瑗一起得罪了武则天皇后，在高宗时被处死。父亲叫柳镇，为了侍奉母亲放弃了太常博士的官位，请求到江南做县令。后来因为他不肯向权贵献媚，丢掉了御史的官职。直到那位权贵死了，才又被任命为侍御史。人们都说他刚毅正直，与他交往的都是当时的名人。

子厚少年时就聪明能干，没有不明白通晓的事。当他的父亲还在世的时候，他虽然很年轻，但已经成才，能够考取进士科第，显露出出众的才华，大家都说柳家有个光耀门楣的好儿子。后来又通过博学宏词科的考试被授为集贤殿正字。他才智突出，清廉刚毅，发表议论时能征引古今经典，精通经史典籍和诸子百家学说，言谈纵横上下，意气风发，常常使满座的人为之叹服，因此名声大振，一时之间人们都敬慕他，希望与他交往。那些公卿贵人，争着要收他做自己的门生，不约而同地一再夸赞他。

贞元十九年，子厚由蓝田县尉调任监察御史。顺宗即位后，又升为礼部员外郎。逢遇当权人获罪，他也被援例贬出京城当刺史。还未到任，又被依例贬为永州司马。身处清闲之职，自己更加刻苦为学，专心诵读，写作诗文，文章气势浑厚，含蓄深沉，像无边的海水那样精深博大，而他自己则纵情于山水之间。元和年间，他曾经与一同被贬的人一起奉召回到京师，又一起被遣出做刺史，这次子厚分在柳州。到任之后，他慨叹道："这里难道不值得做出政绩吗？"于是按照当地的风俗，为柳州制定了教谕和禁令，全州百姓都顺从并信赖他。当地习惯于用儿女做抵押向人借钱，约定如果不能按时赎回，等到利息与本金相等时，债主就把人质没收做奴婢。子厚为此替借债人想方设法，都让他们把子女赎了回来。那些特别穷困没有能力赎回的，就让债主记下子女当佣工的工钱，到应得的工钱足够抵销债务时，就让债主归还被抵押的人质。观察使把这个办法推广到别的州县，到一年后，被免除奴婢身份回家的将近一千人。衡山、湘水以南准备考进士的人，都把子厚当作老师。那些经过子厚亲自讲授和指点的人所写的文章，全都可以看得出是合乎规范的。

他被召回京师又再次被遣出做刺史时，中山人刘梦得（禹锡）也在被遣之列，应当去播州。子厚流着泪说："播州不是一般人能住的地方，况且梦得有老母在堂，我不忍心看到梦得处境困窘，他没有办法把这事告诉他的老母，况且绝没有母子一同前往贬地的道理。"准备向朝廷请求，并呈递奏章，情愿拿柳州换播州，表示即使因此再度获罪，死也无憾。正遇上有人把梦得的情况告知了皇上，梦得因此改任连州刺史。唉！士人到了穷境时才看得出他的节操和义气。现在一些人，平日街坊居处互相仰慕讨好，吃喝玩乐来往频繁，夸夸其谈，强作笑脸，互相表示愿居对方之下，手握手做出掏肝挖肺之状给对方看，指着天流泪，发誓不论生死谁都不背弃朋友，简直像真的一样可信。一旦遇到小小的利害冲突，仅仅像头发丝般细小，便翻脸不认人，朋友落入陷阱，也不伸一下手去救，反而借机推挤他，再往下扔石头，到处都是这样的人啊。这应该是连那些禽兽和野蛮人都不忍心干的，而那些人却自以为得计，他们听到子厚的高尚风节，也应该觉得有点惭愧了。

从前子厚年轻时，勇于帮助别人，自己不看重和爱惜自己，认为功名事业可以一蹴而就，所以受到牵连而被贬斥。贬谪后，又没有熟识有权力、有地位的人推荐与引进，所以最后死在荒僻的边远之地，才干不能为世间所用，抱负不能在当时施展。如果子厚当时在御史台、尚书省做官时，能谨慎约束自己，也像在做司马、刺史时那样，自然也不会被贬官了；贬官后，如果有人能够推举他，一定会再次被任用，不至于穷困潦倒。然而若是子厚被贬斥的时间不久，穷困的处境未达到极点，虽然能够在官场中出人头地，但他的文学辞章一定不能这样下功夫，从而像今天这样流传后世，这是毫无疑问的。即使让子厚实现他的愿望，一度官至将相，但拿那个换这个，何者为得，何者为失，一定有能辨别它的人。

元和十四年十一月初八,子厚去世,终年四十七岁。在十五年七月初十安葬在万年县他祖先坟墓的旁边。子厚有两个儿子,大的叫周六,才四岁,小的叫周七,是子厚去世后才出生的。两个女儿,都还小。他的灵柩能够回乡安葬,费用都是观察使河东人裴行立所付的。行立为人有气节,重信用,与子厚是朋友,子厚对他也很尽心尽力,最后竟仰赖他的力量办理了后事。把子厚安葬到万年县墓地的,是他的表弟卢遵。卢遵,涿州人,生性谨慎,做学问永不满足。自从子厚被贬斥之后,卢遵就跟随他和他的家人住在一起,直到他去世也没有离开。送子厚归葬后,又准备安置子厚的家属,可以称得上是有始有终的人了。

铭文说:这是子厚的墓室,既牢固又安适,对子厚的子孙会有好处。

拓展阅读

古文运动

古文运动是唐宋时期的文学革新运动,它以复兴儒学为主要内容,反对骈文,倡导古文。

这里的"古文"仅是针对骈文而言的。先秦和汉朝的散文大多质朴自由,格式不受拘束,能够很好地反映现实生活,表达思想感情。南北朝之后,骈文盛行,一味注重对偶、声律、典故、辞藻等形式,以致空有华丽的外表,实用性差。隋文帝还曾下诏禁止"文表华艳",当时有志人士也都上书请求革文华,但颓风依然不见扭转。

唐朝初期,骈文在文坛中依然盛行。唐太宗所作文章也崇尚浮华。唐玄宗天宝年间至中唐前期,萧颖士、李华、元结、独孤及、梁肃、柳冕,相继提出应当宗经明道,主张以散体做文,成为古文运动的先驱。

之后,韩愈、柳宗元总结出一套完整的古文理论,积极倡导并创作出相当数量的优秀古文作品,一些学生和追随者对此积极响应。随着不断革新,古文运动最终在文坛中形成声势,而散文也由此迎来了一个新的发展阶段。

卷九 唐宋文

捕蛇者说

柳宗元

〔题解〕

柳宗元（773—819年），字子厚，河东（今山西运城）人，"唐宋八大家"之一，唐代文学家、哲学家、散文家和思想家。柳宗元一生所写诗文众多，其中散文的成就最卓著，有《河东先生集》。

本文为作者被贬永州期间所作。在永州的十年期间，柳宗元与下层人民有了密切接触，他目睹了当地人民的悲惨生活，于是有感而发，构思了这篇《捕蛇者说》。文中以蒋氏一家及其乡邻因捕蛇而招致灾难为核心，揭露了当时农民的悲惨生活，进而指出了"苛政猛于虎"这一古老话题的现实意义。本文笔锋犀利，文情并茂，是一篇脍炙人口的佳作。

原文

永州之野产异蛇①，黑质而白章，触草木尽死，以啮人，无御之者。然得而腊之以为饵，可以已大风、挛踠、瘘、疠，去死肌，杀三虫②。其始，太医以王命聚之，岁赋其二，募有能捕之者，当其租入，永之人争奔走焉。

【字词注解】

①永州：今湖南零陵。

②三虫：人体内的寄生虫。

【精彩解说】

永州的野外出产一种奇蛇，黑色的身上长着白色花纹，它接触到草木后，草木都死了，蛇咬人后，人也无法治疗。可是捉到它后把它风干制成药饵，可以医治麻风、肢体弯曲、颈肿、毒疮，消除腐肌，杀死人体内的寄生虫。开始时，太医奉皇帝诏命去征集这种蛇，每年收两次，招募善于捉蛇的人，用蛇来抵充赋税，永州的百姓就争着去捕蛇。

原文

有蒋氏者，专其利三世矣。问之，则曰："吾祖死于是，吾父死于是，今吾嗣为之十二年，几死者数矣。"言之，貌若甚戚者。余悲之，且曰："若毒之乎？余将告于莅事者③，更若役，复若赋，则何如？"

【字词注解】

③莅事者：负责的人。

【精彩解说】

有一姓蒋的人家，专以捕蛇为业来抵税已有三代了。我问姓蒋的那个人有关的情况，他说："我祖父死在捕蛇这件事上，我父亲也死在这件事上，现在我继承父业去捕蛇已有十二年了，有多次几乎被蛇咬死。"说这番话时，脸色好像显得很难过。我对他家的遭遇感到悲痛，便接着说："你怨恨捕蛇这件事吗？我打算告诉有关的官吏，更换你捕蛇的差役，恢复你原来的赋税，怎么样？"

蒋氏大戚，汪然出涕曰："君将哀而生之乎？则吾斯役之不幸，未若复吾赋不幸之甚也。向吾不为斯役，则久已病矣。自吾氏三世居是乡，积于今六十岁矣，而乡邻之生日蹙，殚其地之出，竭其庐之入，号呼而转徙，饥渴而顿踣，触风雨，犯寒暑，呼嘘毒疠，往往而死者相藉也④。曩与吾祖居者⑤，今其室十无一焉，与吾父居者，今其室十无二三焉，与吾居十二年者，今其室十无四五焉，非死则徙尔，而吾以捕蛇独存。悍吏之来吾乡，叫嚣乎东西，隳突乎南北⑥，哗然而骇者，虽鸡狗不得宁焉。吾恂恂而起，视其缶⑦，而吾蛇尚存，则弛然而卧。谨食之，时而献焉。退而甘食其土之有，以尽吾齿⑧。盖一岁之犯死者二焉，其余则熙熙而乐⑨，岂若吾乡邻之旦旦有是哉！今虽死乎此，比吾乡邻之死则已后矣，又安敢毒邪？"

─●【字词注解】

④相藉：横七竖八地堆在一起。

⑤曩：从前，当初。

⑥隳突：骚扰，横行霸道。

⑦缶（fǒu）：口小腹大的瓦罐。

⑧齿：指人的年龄。

⑨熙熙：欢乐的样子。

─●【精彩解说】

姓蒋的听说后更为难过了，他眼泪汪汪地说："大人您想怜悯我，想让我活下去吗？那么我因捕蛇这种差役带来的不幸，还比不上恢复我的赋税后带来的不幸厉害呢。如果过去我不干这种差役，早已困苦不堪了。自从我家三代住在这个地方，到如今已经有六十年了，乡邻们的生活一天比一天困苦，把田地里出产的东西都交出去了，把家里的收入都用光了，然后乡邻们哭喊着外出逃荒，因又饥又渴卧倒在地，忍受风雨寒暑的折磨，呼吸着混浊的毒气，因此死去的人横七竖八地堆在一起。过去和我祖父住在一起的邻居，现在十家中剩不到一家了；和我父亲住在一起的，现在十家中剩不到两三家；和我住在一起十二年的，现在十家中剩不到四五家了，不是死了就是逃荒去了，可是我由于以捕蛇为业才能独存。凶恶的官吏来到我的家乡时，从东面吆喝到西面，从南面骚扰到北面，乡邻们吓得连声叫苦，即便是鸡狗也不得安宁。我小心翼翼地爬起来，看一看装蛇的瓦罐，我捕捉的蛇还在，便放心地躺下睡觉了。平时加倍小心地喂蛇，按规定的日期献给官府。回家后便可以有滋有味地吃自己田地里出产的东西，度过我有生之年。一年之中因捕蛇而冒生命危险的时刻只有两次，其余的时间就可以安然度日了，哪里会像我的乡邻一样每天都会受到死亡的威胁呢！现在我即便死在捕蛇上，比起我那已经死去的乡邻，已经算是死得够晚的了，又怎敢怨恨呢？"

原文

余闻而愈悲。孔子曰："苛政猛于虎也⑩。"吾尝疑乎是，今以蒋氏观之，犹信。呜呼！孰知赋敛之毒，有甚是蛇者乎！故为之说，以俟夫观人风者得焉⑪。

【字词注解】

⑩苛政猛于虎：这句话的背景是：孔子有一次路过泰山，看到一个妇女坐在那里痛哭。孔子问她为什么哭，妇人说："我家中有三口人都先后被猛虎吃了。"孔子说："附近老虎多，你为什么不搬到别处呢？"妇人说："因为这里没有苛政。"孔子于是说了上面这句话。

⑪人风：民风民情。应作"民风"，唐人因避唐太宗李世民的名讳，故改为"人风"。

【精彩解说】

我听了他说的这番话后更加悲伤。孔子说："苛捐杂税比老虎还要凶狠啊。"我曾经怀疑过这句话，现在从蒋姓一家的遭遇来看，才相信了这句话。唉！谁知道苛捐杂税的毒害，比这种毒蛇还厉害呢！所以把这一点加以述说，留待考察民风民情的官吏参考。

种树郭橐驼传

柳宗元

〔题解〕

这是一篇寓言式的传记。此文针对当时官吏烦政扰民的现象,通过对郭橐驼种树之道的记叙,说明"顺木之天,以致其性"是"养树"的法则,并由此推论出"养人"的道理,指出为官治民不能"好烦其令",抨击了当时唐朝地方官吏扰民、伤民的行为,反映出作者希望改革弊政,让人民休养生息的愿望。

【原文】

郭橐驼,不知始何名,病偻,隆然伏行,有类橐驼者①,故乡人号之"驼"。驼闻之曰:"甚善,名我固当。"因舍其名,亦自谓"橐驼"云。其乡曰丰乐乡,在长安西②。驼业种树,凡长安豪家富人为观游及卖果者,皆争迎取养。视驼所种树,或迁徙,无不活,且硕茂,蚤实以蕃③。他植者虽窥伺效慕,莫能如也。

【字词注解】

①橐(tuó)驼:骆驼。
②长安:唐代国都,今陕西西安。

③蚤：通"早"。

【精彩解说】

　　郭橐驼，不知道他原来叫什么名字，他患有伛偻病，走路时耸背脸面向地面，有点像骆驼，因此当地人称呼他"驼"。郭橐驼听说后说："很好，这样称呼我确实恰当。"从此便放弃了原名，也就自称为"橐驼"了。他住的地方叫丰乐乡，在长安城西面。郭橐驼以种树为职业，凡是长安城里的富豪人家为了观赏树木以及贩卖果树的，都争着雇用供养他。人们看到郭橐驼所种的树，或是移植的树，没有一棵不成活的，而且长得高大茂盛，果实结得又早又多。别的种树的人虽然暗地里效仿他，却没人能赶上他。

原文

　　有问之，对曰："橐驼非能使木寿且孳也，能顺木之天，以致其性焉尔。凡植木之性，其本欲舒，其培欲平，其土欲故，其筑欲密。既然已，勿动勿虑，去不复顾。其莳也若子④，其置也若弃，则其天者全而其性得矣。故吾不害其长而已，非有能硕茂之也，不抑耗其实而已，非有能蚤而蕃之也。他植者则不然，根拳而土易，其培之也，若不过焉则不及。苟有能反是者，则又爱之太殷，忧之太勤，旦视而暮抚，已去而复顾，甚者爪其肤以验其生枯，摇其本以观其疏密，而木之性日以离矣。虽曰爱之，其实害之；虽曰忧之，其实仇之。故不我若也，吾又何能为哉！"

【字词注解】

④莳（shì）：栽种。

【精彩解说】

　　有人问他技艺高超的关键是什么，他回答说："我并没有特殊的本领能让树木活得长久并且繁殖得快，只是能顺着树木的天性，从而发展这种天性罢了。种树的特点是，要让树木的根部舒展开，培土要平整，根部周围的土要用原来的，要把它拍打结实。种好以后，不要摇晃也不必担心，离开后就不必管它了。栽种时要像爱护自己的孩子那样,种好以后就离开它不要再管了,这样就能使树木的天性得到保全,它的本性也能正常发展。因此我不过是不妨碍它的成长而已,并不是有什么特殊的手段使它长得高大茂盛,不过是不损伤它的果实而已,并不是有什么特殊的手段使它早熟高产。别人种树就不是这样了,种树时让树根缩成一团而且根部都换了新土,培土时不是用力过猛就是用力不够。即便有人不是这样做,却又爱护得太过分了,担心得太过头了,一清早便去看,晚上又去乱摸一气,离开后还要回来再看看,甚至有人抓破树皮来检查它的死活,摇晃着树身来观察培土的松实,这就与树木的天性越来越背离了。虽说是爱护它,其实是害它;虽说是为它担忧,其实是与它为敌。所以说他们只是在上述几点不如我,其实,我又能有什么特殊的本领呢!"

原文

问者曰:"以子之道,移之官理可乎⑤?"驼曰:"我知种树而已,官理非吾业也。然吾居乡,见长人者好烦其令⑥,若甚怜焉,而卒以祸。旦暮吏来而呼曰:'官命促尔耕,勖尔植⑦,督尔获,蚤缫而绪,蚤织而缕,字而幼孩,遂而鸡豚。'鸣鼓而聚之,击木而召之。吾小人辍飧饔以劳吏者⑧,且不得暇,又何以蕃吾生而安吾性邪?故病且怠。若是,则与吾业者其亦有类乎?"

──●【字词注解】

⑤官理:做官治理百姓。理,治。唐人因避唐高宗李治的名讳,用"理"代"治"。

⑥长人者:官吏。

⑦勖(xù):勉励,鼓励。

⑧飧(sūn):晚饭。饔(yōng):早饭。

──●【精彩解说】

问他的人说:"把你所讲的这些种树的道理,移用到做官治民上面可以吗?"郭橐驼说:"我只知道种树而已,做官治民不是我的职业。但是我住在乡下的时候,看到那些当官的喜欢三番五次地发布命令,好像十分爱护百姓,可是到头来只会给百姓带来灾难。官吏们一天到晚地下乡来呼叫:'长官命令你们赶快耕耘,鼓励你们及时种植作物,督促你们抓紧收获,早一点儿煮茧抽丝,早一点儿纺线织布,抚养好你们的小孩,饲养好你们的鸡和猪。'一会儿击鼓集合百姓,一会儿敲梆子召集百姓。我们这些小小的平民百姓即便是一天到晚顾不上吃饭来款待这些官吏还来不及,哪还有时间考虑提高生产、安安稳稳过日子呢?所以只能落得个困苦劳累。像这样的情形,和我从事的种树的职业也有点儿类似吧?"

原文

问者嘻曰:"不亦善夫!吾问养树,得养人术。"传其事以为官戒也[9]。

【字词注解】

[9] 传(zhuàn):记。

【精彩解说】

问他的人赞叹说:"这不就很好吗!我本来是问种树的事,却得到了治理百姓的方法。"因此我记下了这件事用来作为官吏们的鉴戒。

小石城山记

柳宗元

〔题解〕

本文是《永州八记》中的最后一篇。这篇散文先详细介绍了小石城山的形状、布局，突出其酷似石城，赞叹山石树木的布局，好像出自高明者之手，然后自然过渡到"造物主之有无"这一重大哲学命题的议论。这篇散文写景生动，抒情自然，说理透彻，将自己不被重用的愤懑心情寄托在景物描写中，借景抒情，意境深远。

原文

自西山道口径北①，逾黄茅岭而下，有二道。其一西出，寻之无所得；其一少北而东，不过四十丈，土断而川分，有积石横当其垠。其上为睥睨梁欐之形②，其旁出堡坞，有若门焉。窥之正黑，投以小石，洞然有水声，其响之激越，良久乃已。环之可上，望甚远。无土壤而生嘉树美箭，益奇而坚，其疏数偃仰，类智者所施设也。

—— 【字词注解】

①西山：我国以西山命名的地方很多，这里指湖南零陵西的西山。
②睥（pì）睨（nì）：城上的矮墙。梁欐：栋梁。

—— 【精彩解说】

从西山路口一直往北，经过黄茅岭往下走，有两条道路。其中一条向西,找不到任何美景;一条稍微偏北朝东,向前走不过四十丈,道路被一条河分开,有一堆积石横在路上。积石中有的堆成了城墙栋梁的形状,积石向旁边延伸后形成一座石堡的样子,中间好像是一扇门。向门里看去漆黑一团,扔进去一块小石头,发出了"扑通"以石击水的声音,声音响亮清脆,余音回荡好久才消失。环绕着石堡可以攀登上去,站在上面可以看得很远。在那里并没有土壤,却能生长出姿态美好的树木和箭竹,形状奇特,质地坚硬,林竹的疏密高低生长适中,好像是经过聪明的人精心设计似的。

原文

噫!吾疑造物者之有无久矣。及是,愈以为诚有。又怪其不为之于中州③,而列是夷狄④,更千百年不得一售其伎,是固劳而无用。神者傥不宜如是,则其果无乎?或曰:"以慰夫贤而辱于此者。"或曰:"其气之灵,不为伟人,而独为是物。故楚之南少人而多石⑤。"是二者,余未信之。

【字词注解】

③中州:古代称今河南为中州,后泛指黄河中游广大地区。这里在古代为政治、经济和文化发达的地区。

④夷狄:古代称东方少数民族为夷,称北方少数民族为狄,后泛指边远少数民族地区。在这里特指作者贬居的永州一带。

⑤楚:楚国。楚国为春秋战国时期南方的一个大国,它的南部疆域延伸到今湖南南部。

【精彩解说】

唉!我怀疑创造万物的神灵是否存在已经很久了。到了这时,越发相信确实是有神灵。可是,我又责怪创造万物的神灵不把小石城山这样的美景设置到中原地区,却安排到这个偏僻的地方,使得它千百年来得不到向人们展示自己美好姿态的机会,这就叫作劳而无用。神灵或许不应该这样做,那么神灵果真是没有吗?有人说:"把美景安排到这里是为了安慰那些被贬斥到这里的贤人志士。"也有人说:"这里的天地之间的灵秀之气,不造就伟大的人物,而只创造这类美景。所以楚国的南部贤人少而奇石多。"这两种说法,我都不相信。

严先生祠堂记

范仲淹

〔题解〕

范仲淹（989—1052年），字希文，吴县（今江苏苏州）人，北宋著名的政治家、文学家。官至参知政事，曾领导"庆历新政"。范仲淹幼年贫困，苦读及第，为官后政绩卓著，文学成就突出。他倡导的"先天下之忧而忧，后天下之乐而乐"的思想和仁人志士节操，对后世影响深远。有《范文正公文集》传世。

严先生，即严光，字子陵，东汉初人，是光武帝刘秀的同学。刘秀称帝后，多次征召严光入京，授以官职，但严光坚持不受，后来隐姓埋名，在富春山过起了隐居生活。本文是范仲淹在严光故乡任职时，为新修的严光祠堂所写的纪念性短文。文章中赞扬了严光高风亮节、不慕名利的高尚节操。

【原文】

先生，光武之故人也，相尚以道。及帝握《赤符》①，乘六龙②，得圣人之时，臣妾亿兆，天下孰加焉？惟先生以节高之。既而动星象③，归江湖，得圣人之清，泥涂轩冕，天下孰加焉？惟光武以礼下之。

——【字词注解】

①《赤符》：汉代的一种谶（chèn）语，又称《赤伏符》。据《后汉

书》记载，刘秀早年在长安时曾得到一种《赤伏符》，上面写着他将来会登帝位的预言。

②六龙：古代传说六龙为太阳驾车，而天子有六马驾车，故以"六龙"借指天子乘坐的车。

③动星象：古人认为，世上的要人在天上都有与之相应的星宿。据传说，严光曾与光武帝共卧，无意中将脚放在光武帝腹上。次日，太史奏称：观察天象，有客星犯帝座甚急。光武帝说："这是我和故人严子陵共卧之故。"

【精彩解说】

严先生是光武帝的老朋友，他们以道义精神相处。当光武帝手握《赤伏符》，乘坐天子车辇登上帝位之时，达到了圣人顺应时势的地步，统治了全国亿兆百姓，全国有谁能超过他的地位呢？只有先生凭借高风亮节超过他。当先生惊动了天上的星象，先生便归隐江湖，具备了圣人超逸清高的品性，把高官厚禄视同泥土，全国又有谁能超过他的谦下呢？只有光武帝能用礼节对待他。

原文

在《蛊》之上九④，众方有为，而独"不事王侯，高尚其事"，先生以之；在《屯》之初九，阳德方亨，而能"以贵下贱，大得民也"，光武以之。盖先生之心，出乎日月之上；光武之量，包乎天地之外。微先生不能成光武之大，微光武岂能遂先生之高哉？而使贪夫廉，懦夫立，是大有功于名教也⑤。

【字词注解】

④《蛊》：《易经》中的卦名。"蛊"解释为"事"。《易经》共有六十四卦，"蛊"和下文的"屯"都是其中的卦名。上九：《易经》中以阳爻为"九"，如"初九""上九"等。

⑤名教：以等级名分为核心的封建礼教。

——•【精彩解说】

在《蛊》卦的"上九"一爻里说,正当众人刚刚大有作为的时候,唯独有一个人"不事王侯,行事高蹈绝俗",先生正是这样去做的;在《屯》卦的"初九"一爻里说,当阳气开始亨通时,有人却能"以高贵的身份去礼敬卑贱的人,这就大得民心了",光武帝正是这样做的。由此可见,先生的胸怀超出了日月之上;光武帝的度量,能囊括天地之外。如果没有先生,就不能显示出光武帝度量的宏大;如果没有光武帝,哪能成就先生的高尚品德?先生使得贪婪之徒变得廉洁,懦弱之辈变得坚强,这对于维护名教来说是大有功劳的了。

原文

仲淹来守是邦,始构堂而奠焉。乃复为其后者四家,以奉祠事。又从而歌曰:云山苍苍,江水泱泱。先生之风,山高水长。

——•【精彩解说】

我来到睦州任职,开始给严先生建造祠堂用来祭奠。接着又免除了先生的四家后代的赋税,让他们管理有关祠堂的事宜。又写了一首颂扬的诗歌:云山苍苍,江水泱泱。先生之风,山高水长。

岳阳楼记

范仲淹

〔题解〕

　　《岳阳楼记》是作者应好友巴陵郡太守滕子京之请为重修岳阳楼而创作的一篇散文。岳阳楼在湖南岳阳城西门上,为著名风景区,始建于唐。其后败坏,至宋初时又重加修葺。这篇文章通过写岳阳楼的景色,以及阴雨和晴朗时带给人的不同感受,写出了"不以物喜,不以己悲"的境界,也表达了自己"先天下之忧而忧,后天下之乐而乐"的胸怀。《岳阳楼记》之所以能够广为传颂,与作者所表达出的崇高的思想境界是分不开的。

原文

　　庆历四年春①,滕子京谪守巴陵郡②。越明年,政通人和,百废具兴③。乃重修岳阳楼,增其旧制,刻唐贤、今人诗赋于其上,属予作文以记之④。

【字词注解】

①庆历四年:1044年。庆历为北宋仁宗的年号。

②滕子京:名宗谅,河南人,与范仲淹同年中进士。曾在泾州任知州,后因被人诬告"枉费公用钱"而贬至巴陵郡(治所在今湖南岳阳)。

③具:皆,都。

④属:请托,嘱咐。

【精彩解说】

庆历四年的春天，滕子京被贬到巴陵郡任知州。到了第二年，这地方政务通达顺利，人们安居乐业，许多被搁置下来的事业都兴办起来了。他便重修了岳阳楼，扩大了原来的规模，把唐朝名士和当代人的诗赋刻在上面，并委托我写篇文章记下这件事。

原文

予观夫巴陵胜状，在洞庭一湖⑤。衔远山，吞长江，浩浩汤汤，横无际涯；朝晖夕阴⑥，气象万千。此则岳阳楼之大观也，前人之述备矣。然则北通巫峡⑦，南极潇湘⑧，迁客骚人，多会于此，览物之情，得无异乎？

【字词注解】

⑤洞庭：洞庭湖，在湖南岳阳西。
⑥晖：阳光。
⑦巫峡：长江三峡之一，在四川。
⑧潇湘：两条河名，流经湖南，注入洞庭湖。

【精彩解说】

我看巴陵郡的美景，全在洞庭湖上。它衔接远山，吞吐长江，浩浩荡荡，漫无边际；朝阳夕照，气象千变万化。这就是岳阳楼一带的壮观美景，前人对它的描绘已经很详尽了。然而它的北面通向巫峡，南面直抵潇水、湘江，贬官、诗人常在这里聚会，他们观赏景物时的心情只怕也会有所不同吧？

原文

若夫霪雨霏霏⑨，连月不开，阴风怒号，浊浪排空，日星隐曜⑩，山岳潜形，商旅不行，樯倾楫摧，薄暮冥冥，虎啸猿啼。登斯楼也，则有去国怀乡⑪，忧谗畏讥，满目萧然，感极而悲者矣。

【字词注解】

⑨霪（yín）雨：下了很长时间的雨。霏霏：雨盛貌。

⑩曜：光辉，光芒。
⑪国：在这里指国都。

【精彩解说】

　　有时细雨连绵不断，数月不见阳光的日子里，湖面上阴风怒吼，浊浪腾空而起，日月星辰的光芒消失，山岳也隐没了它的躯体，商人旅客无法通行，桅杆倾斜，船桨折断，傍晚一片昏暗，虎低啸猿哀啼。这时登上了岳阳楼，就会产生远离京城，怀念家乡，担心受人中伤讥笑的心情，满目都会是萧瑟凄凉的景象，从而极度伤感，悲痛不已。

原文

　　至若春和景明，波澜不惊，上下天光，一碧万顷，沙鸥翔集，锦鳞游泳，岸芷汀兰⑫，郁郁青青。而或长烟一空，皓月千里，浮光耀金，静影沉璧，渔歌互答，此乐何极！登斯楼也，则有心旷神怡，宠辱皆忘，把酒临风，其喜洋洋者矣。

【字词注解】

⑫芷（zhǐ）：一种多年生草本植物，花为白色。

【精彩解说】

　　到了春光和煦，景色明媚的季节，风停浪静的日子，水天一色，碧波万里，沙鸥飞翔云集，锦鲤游动嬉戏，岸边的芷草和沙洲上的兰花都郁郁葱葱。有时云雾消散一空，月光一泻千里，湖面似金光闪烁，月影如碧玉浮沉，用渔歌互相问答，其乐无穷！这时登上岳阳楼看景，就会令人感到心旷神怡，一切宠辱都被置之度外，临风酌饮，真是心花怒放啊。

原文

　　嗟夫！予尝求古仁人之心，或异二者之为。何哉？不以物喜，不以己悲。居庙堂之高⑬，则忧其民；处江湖之远⑭，则忧其君。是进亦忧，退亦忧,然则何时而乐耶?其必曰"先天下之忧而忧,后天下之乐而乐"欤!噫!微斯人,吾谁与归!

【字词注解】

⑬庙堂:宗庙和明堂,代指朝廷。
⑭江湖:泛指五湖四海,唐以后往往用于指代落魄流浪之处。

【精彩解说】

唉!我曾经探求过古代仁人志士的胸怀,他们却与上述两种人的表现不一样。为什么呢?因为他们不因外界环境称心而兴高采烈,也不因自己的失意困窘而悲痛欲绝。身居朝廷高位,就会为百姓担忧;身处边远江湖,就会为皇帝担忧政治得失。这样升官也担忧,贬斥在外也担忧,那么他们何时才会感到快乐呢?他们一定会说"先天下之忧而忧,后天下之乐而乐"吧!唉!如果没有这种博爱之人,我还能去追随谁呢!

拓展阅读

范仲淹修筑范公堤

1021年,有一个叫范仲淹的官员被派到了泰州西溪(今江苏东台),他的工作是监督盐的储存和运输,以及盐的销售。西溪这个地方靠近黄海,有一条旧海堤,是唐朝时期李承修筑的。但是,因为时间太久了,海堤很多地方都坏了,海水倒灌进来,盐分很高的水也到处都是,导致很多好的田地被淹没,盐灶也被破坏了,老百姓的生活非常艰难。于是范仲淹写信给负责江淮地区运输的官员张纶,重新修建捍海堰。最终,朝廷批准了范仲淹的修堤计划。范公堤成为范仲淹忧乐观思想的历史见证,激励着后人不断传承和发扬这种高尚的精神。

卷十 宋文

五代史宦者传论

欧阳修

〔题解〕

欧阳修（1007—1072年），字永叔，号醉翁，晚号六一居士，吉州永丰（今江西吉安）人，"唐宋八大家"之一，北宋政治家、文学家。欧阳修历仕仁宗、英宗、神宗三朝，官至翰林学士、枢密副使、参知政事。死后累赠太师、楚国公，谥号"文忠"，故世称欧阳文忠公。在宋代文学史上，欧阳修是开创一代文风的文坛领袖，领导了北宋诗文革新运动，在文学、史学方面，均有较高成就。

本文是作者史论中的名篇之一。宦者，即宦官，俗称"太监"。本文通过论述宦官制度的各种弊端，说明君主应提高警惕，防止宦官作乱于内而导致国家衰亡的道理。全文首尾呼应，结构合理，说理层层递进，是古今传诵的名篇佳作。

自古宦者乱人之国，其源深于女祸①。女，色而已，宦者之害，非一端也。

盖其用事也近而习，其为心也专而忍。能以小善中人之意，小信固人之心，使人主必信而亲之。待其已信，然后惧以祸福而把持之。虽有忠臣、硕士列于朝廷②，而人主以为去己疏远，不若起居饮食、前后左右之亲为可恃也。故前后左右者日益亲，则忠臣、硕士日益疏，而人主之势日益孤。势孤，则惧祸之心日益切，而把持者日益牢。安危出其喜怒，祸患伏于帷闼③，则向之所谓可恃者，乃所以为患也。

【字词注解】

① 女祸：古代史书中称宠信女子或女主执政败坏国事为女祸。
② 硕士：贤能之士，学问渊博的人。
③ 帷闼（tà）：比喻宫内。帷，帐幕。闼，指门内。

【精彩解说】

自古以来，宦官扰乱国家，其根源比女人带来的祸害更深。女人带来的祸害，不过是用美色迷惑人而已，宦官的祸害，就不止一点了。

他们在后宫服役能接近皇帝并熟悉其性情，他们的内心专横而凶残。会利用小的善行迎合皇帝的心意，利用小的信义巩固皇帝对他们的信任，使得君主深信并亲近他们。等到君主对他们深信不疑时，然后便用吉凶祸福之类的话来恐吓，从而控制住他。虽有忠臣、贤士位列朝廷，但是皇帝却认为他们和自己的关系疏远，不如伺候自己起居饮食、不离自己前后左右的那些人可靠。所以皇帝和前后左右的人日益亲近，与忠臣、贤士便日益疏远，皇帝的势力自然也就会日益孤单。势力孤单了，惧怕祸患的心情便日益迫切，宦官对皇帝的控制也会日益牢固。皇帝的安危出自宦官的喜怒，祸患就潜伏在皇宫帷帐和大门的左右，那么，过去认为可以依靠的人，正是酿成祸患的根源啊。

原文

患已深而觉之，欲与疏远之臣图左右之亲近，缓之则养祸而益深，急之则挟人主以为质。虽有圣智，不能与谋。谋之而不可为，为之而不可成，至其甚，则俱伤而两败。故其大者亡国，其次亡身，而使奸豪得借以为资而起，至抉其种类，尽杀以快天下之心而后已。此前史所载宦者之祸常如此者④，非一世也。

【字词注解】

④ "此前"句：关于奸豪诛杀宦官的史实，最典型的为汉、唐两朝。东汉末年，宦官专权，大将军何进谋诛宦官，密召郎中董卓入京。董卓入朝后，大肆诛戮宦官，并乘机自称相国，一时人心惶惶。其后各地豪强纷纷起兵讨卓，形成混乱局面。唐昭宗时，宦官把持朝政，宣武军节度使朱温乘机进军长安，尽杀宦官，并迫使皇帝封他为梁王。不久，朱温便废帝自立。

【精彩解说】

祸患已经严重时，君主才察觉出异常，想和平日疏远的大臣商议除掉左右的亲信，如果行动迟缓了，就会使祸患加深；如果操之过急，宦官就会挟持皇帝作为人质。这时即便是有圣人的智慧，也想不出好的办法。就算想出好的办法也无法实行，即便是实行了也不会成功，甚至到了严重的地步，就会两败俱伤。因此最坏的结局是亡国，其次也要丧身，从而使得某些奸雄乘机兴兵作乱，直到把宦官及其党羽全部挖出来，把他们斩尽杀绝使天下人心大快才罢休。以前史书上所记载的宦官之祸，往往都是如此，不是一朝一代的事了。

原文

夫为人主者，非欲养祸于内而疏忠臣、硕士于外，盖其渐积而势使之然也。夫女色之惑，不幸而不悟，则祸斯及矣。使其一悟，捽而去之可也⑤。宦者之为祸，虽欲悔悟，而势有不得而去也，唐昭宗之事是已⑥。故曰"深于女祸"者，谓此也。可不戒哉？

【字词注解】

⑤捽（zuó）：抓，揪住。

⑥唐昭宗：名李晔，被宦官杨复恭等拥立为帝，宦官权势因之大振。昭宗恐危及自身安全，谋杀宦官，反被宦官刘季述等挟持，后虽被宰相崔胤救出，但节度使朱温却借机作乱，唐室不久便灭亡。

【精彩解说】

那些做君主的人，并不是存心要在宫中酿造祸患，而在宫外疏远忠臣、贤士的，这只是由于逐渐发展而形成的局面才使得他这样去做。女色所产生的蛊惑，如果君主一直没有觉醒，祸患就会降临身边。如果他一旦觉醒，揪住她撵出去就可以了。宦官带来的祸患，君主即使有悔悟之心，而在形势上却无法把祸患除掉，唐昭宗的事就是如此。所以说"宦官所造成的祸害比女人更深"，就是指上述情况而言。君主能不引起警惕吗？

醉翁亭记

欧阳修

〔题解〕

本文是欧阳修的一篇著名的游记,是他被贬为滁州知州时所写。文中通过对醉翁亭周围的景物的描绘,反映了作者在宴饮时的欢乐情景和"与民同乐"的胸怀,抒发了作者的政治理想和娱情山水以排遣抑郁的复杂感情。这篇散文构思精巧,条理清晰,富有诗情画意,是一篇不可多得的佳作。

【原文】

环滁皆山也。其西南诸峰,林壑尤美。望之蔚然而深秀者,琅琊也①。山行六七里,渐闻水声潺潺,而泻出于两峰之间者,酿泉也。峰回路转,有亭翼然临于泉上者,醉翁亭也。作亭者谁?山之僧智仙也。名之者谁?太守自谓也②。太守与客来饮于此,饮少辄醉,而年又最高,故自号曰醉翁也。醉翁之意不在酒,在乎山水之间也。山水之乐,得之心而寓之酒也。

【字词注解】

① 琅琊:山名,在今安徽滁州西南。据说,东晋元帝在当琅琊王时,曾在此山避难,故名。
② 太守:汉代郡的长官称太守,这里是作者沿用旧称。

【精彩解说】

环绕着滁州城的都是山。西南方的几座山峰,树林和山谷尤其秀丽。

远望过去那个草木茂盛而幽静秀丽的地方,就是琅琊山。顺着山路行走六七里,逐渐听到潺潺的流水声,那从两座山峰之间倾泻而出的,就是酿泉。顺着山峰回转曲折的路上,有座亭子像鸟一样展翅落在酿泉之上的,是醉翁亭。修建亭子的是谁?是山上的僧人智仙。给亭子命名的人是谁?是自号醉翁的滁州太守。太守和客人们来到这里饮酒,稍微喝一点儿就醉了,而且他的年龄又最大,所以自己号称醉翁。醉翁的心意并不在酒上,而是在山水之间。游山玩水的乐趣,从心里能感受到,并把它寄托在酒中。

【原文】

若夫日出而林霏开③,云归而岩穴暝,晦明变化者,山间之朝暮也。野芳发而幽香,佳木秀而繁阴,风霜高洁,水落而石出者,山间之四时也。朝而往,暮而归,四时之景不同,而乐亦无穷也。

【字词注解】

③霏:这里指林中的雾气。

【精彩解说】

太阳一出来,林中的雾气便散开了,云烟积聚,山岩洞穴便昏黑难辨,这种阴暗晴明的变化,就是山间的清晨和傍晚。野花盛开而幽香,佳木秀顾而成荫,天高气爽而风霜出现,水位低落而山石露出,这是山间的四季景色。早晨进山,傍晚归来,四季的景色不同,乐趣也是无穷的啊。

【原文】

至于负者歌于涂,行者休于树,前者呼,后者应,伛偻提携④,往来而不绝者,滁人游也。临溪而渔,溪深而鱼肥,酿泉为酒,泉香而酒洌⑤。山肴野蔌⑥,杂然而前陈者,太守宴也。宴酣之乐,非丝非竹⑦,射者中,弈者胜,觥筹交错⑧,起坐而喧哗者,众宾欢也。苍颜白发,颓乎其中者,太守醉也。

【字词注解】

④伛偻:驼背。

⑤ 洌：清醇。这里指酒清而不浊。
⑥ 蔌（sù）：蔬菜的总称。
⑦ 丝：弦乐。竹：管乐。
⑧ 觥（gōng）：古代饮酒用的大杯，用木或铜制。筹：用竹子制成的计数用具。在这里指记饮酒数量的筹码。

【精彩解说】

至于背着东西的人在路上唱着歌，行路的人在树下休息，前面的人打招呼，后面的人应和，弯腰驼背的老人和被人牵引着的孩子，往来不断的是滁州人在这里游览。到河边去垂钓，水深而鱼肥，用泉水来酿酒，水香而酒清。各种野味和蔬菜，错杂地摆放在面前，是太守在举行宴会。宴会高潮时的乐趣，不是丝竹演奏的乐曲，而是投壶的人投中了目标，下棋的人获胜了，酒杯和酒筹杂乱交错，坐着的人和站起来的人在嬉笑喧哗，这是宾客们在尽情欢乐。有一个面貌苍老，头发斑白，倒在人们之中的，那是喝醉了的太守。

原文

已而夕阳在山，人影散乱，太守归而宾客从也。树林阴翳⑨，鸣声上下，游人去而禽鸟乐也。然而禽鸟知山林之乐，而不知人之乐；人知从太守游而乐，而不知太守之乐其乐也。醉能同其乐，醒能述以文者，太守也。太守谓谁？庐陵欧阳修也⑩。

【字词注解】

⑨ 翳（yì）：障蔽，掩蔽。
⑩ 庐陵：今江西吉安。欧阳修先代为庐陵望族，故称。

【精彩解说】

过了一会儿，夕阳落山，人影散乱，这是客人们随从太守回去了。树林浓密遮蔽成荫，飞鸟上下发出鸣声，这是游人离去后鸟儿在欢唱。可是鸟儿只知道在山林中的乐趣，而理解不了人的乐趣；人们只知道跟随太守去游览的乐趣，却不知太守是为了他们的快乐而感到快乐。醉了能和大家共同享受乐趣，醒了又能把这件事用文章记下来的，这个人就是太守。太守是谁？是庐陵的欧阳修。

管仲论

苏　洵

〔题解〕

苏洵（1009—1066年），字明允，号老泉，眉山（今属四川）人，北宋文学家，他和二子苏轼、苏辙并称"三苏"，又同列名于"唐宋八大家"中。早年受到欧阳修的赏识，向朝廷举荐，授秘书省校书郎。他为文奇崛雄拔，一时成为学者仿效的对象。著有《嘉祐集》。

管仲是历史上的名相之一。他辅佐齐桓公称霸天下，他的功绩一向为人称道。可是作者却选择从其不能推荐贤人这一角度进行评说，立论新奇，又合乎情理。本文批评了管仲在临死前未能荐贤自代，以致在他死后齐国发生了内乱。全文章句多变，奇诡莫测，起伏照应，具有雄辩恣肆的特点。

原文

管仲相威公①，霸诸侯，攘夷狄。终其身齐国富强，诸侯不敢叛。管仲死，竖刁、易牙、开方用②，威公薨于乱③，五公子争立，其祸蔓延，讫简公，齐无宁岁④。

【字词注解】

①管仲：名夷吾，字仲，颍上（今属安徽）人，春秋时期重要的政治家。他在齐国推行了一系列改革措施，使齐国日益富强。威公：齐桓公，宋人因避宋钦宗（赵桓）名讳而改，名小白。在管仲帮助下，成为春秋时期第一个霸主。

②竖刁：桓公宠信的一个宦官。易牙：桓公宠信的近臣，因擅长烹饪而受宠。开方：卫国公子。以上三人在管仲死后，把持朝政。

③薨：诸侯或大夫死称薨。据史书记载，桓公病，五公子各树党争立。桓公死，宫中竟无人为他料理后事，以致尸体腐烂。

④齐无宁岁：桓公死后至齐简公，齐国国势一直衰败。

【精彩解说】

管仲为相辅佐齐桓公，称霸诸侯，攘斥夷狄。管仲在世时，齐国一直富强，各国诸侯不敢背叛。管仲一死，竖刁、易牙、开方受到桓公重用，导致桓公死于内乱，五个公子争夺王位，齐国的灾难蔓延不断，直到简公时，齐国没有一年安宁过。

原文

夫功之成，非成于成之日，盖必有所由起；祸之作，不作于作之日，亦必有所由兆。故齐之治也，吾不曰管仲，而曰鲍叔⑤；及其乱也，吾不曰竖刁、易牙、开方，而曰管仲。何则？竖刁、易牙、开方三子，彼固乱人国者，顾其用之者，威公也。夫有舜而后知放四凶⑥，有仲尼而后知去少正卯⑦。彼威公何人也？顾其使威公得用三子者，管仲也。

【字词注解】

⑤鲍叔：鲍叔牙，春秋时期齐国大夫，少时与管仲为好友。在齐国的公子小白和公子纠的争权事件中，他辅佐小白，而管仲辅佐纠。小白获胜后，即位为桓公，任他为相，他坚辞不就，并保举管仲出任。

⑥四凶：这里指共、骓兜、三苗、鲧四凶。

⑦仲尼：孔子，名丘，字仲尼。少正卯：春秋时鲁国大夫，与孔子同时在鲁国讲学，曾多次把孔子的门徒吸引到自己门下。孔子出任鲁国司寇时，以"五恶"的罪名将其处死。少正，复姓，一说为古代官名。

【精彩解说】

事业的成功，并不是成就于宣告成功之日，而是必定有其成功的起因；祸患的发生,并不是出现在发生之日,也必定有形成的预兆。因此,齐国的强盛,我不认为是由于管仲,而是说由于鲍叔牙;之后齐国发生了内乱,我不认为是竖刁、易牙、开方引起的,而是说由于管仲。为什么这样说呢?竖刁、易牙、开方这三个人,他们固然是扰乱国家的坏人,但重用他们的是齐桓公。有了舜,而后才知道应该流放四凶;有了孔子,而后才知道应该除掉少正卯。与圣人相比,那齐桓公是什么样的人呢?使齐桓公得以重用这三个坏人的,正是管仲。

原文

仲之疾也,公问之相。当是时也,吾意以仲且举天下之贤者以对,而其言乃不过曰竖刁、易牙、开方三子,非人情,不可近而已。

呜呼!仲以为威公果能不用三子矣乎?仲与威公处几年矣,亦知威公之为人矣乎?威公声不绝于耳,色不绝于目,而非三子者则无以遂其欲。彼其初之所以不用者,徒以有仲焉耳。一日无仲,则三子者可以弹冠而相庆矣⑧。仲以为将死之言可以絷威公之手足耶⑨?

夫齐国不患有三子,而患无仲,有仲,则三子者,三匹夫耳⑩。不然,天下岂少三子之徒哉?虽威公幸而听仲,诛此三人,而其余者,仲能悉数而去之耶?呜呼!仲可谓不知本者矣。因威公之问,举天下之贤者以自代,则仲虽死,而齐国未为无仲也。夫何患三子者?不言可也。

【字词注解】

⑧弹冠而相庆:比喻因一人即将做官而其他人互相庆贺,多用于贬义。弹冠,用手指弹去帽子上的灰尘。

⑨絷(zhí):捆绑。

⑩匹夫:平常的人(带有轻蔑的语气)。

【精彩解说】

管仲病重的时候,桓公问他谁能继他为国相。在这时,我个人以为管仲将会推荐天下的贤人来答复,可是他的回答不过是说竖刁、易牙、开方这三个人不近人情,不可亲近他们而已。

唉!管仲以为桓公果真能够不重用这三个人吗?管仲已经和桓公相处好

些年了，也应该了解桓公的为人了吧？桓公的耳朵离不开声乐，眼睛离不开女色，如果不重用这三个人，就无法满足他的欲望。当初他之所以不重用这三个人，只是因为有管仲在朝中。一旦朝中没有了管仲，那么这三个人就会弹冠相庆了。管仲以为他临死时对桓公说的话，就可以束缚住桓公的手脚吗？

齐国不怕有这三个人，就怕没有管仲，有管仲在，这三个人不过是三个匹夫而已。不然的话，难道天下还缺少像这三个人一样的小人吗？即使桓公侥幸听从了管仲的话，杀掉这三个人，而其余的小人，管仲能让桓公把他们都杀掉吗？唉！管仲可以说是不懂得治国大计的人了。如果趁着桓公问他的机会，推荐天下的贤人来接替自己，那么虽然管仲死了，而齐国也不能说是没有管仲这样的人才。那三个人还有什么可怕的呢？这中间的道理不说世人都明白。

原文

五伯莫盛于威、文⑪。文公之才，不过威公，其臣又皆不及仲；灵公之虐⑫，不如孝公之宽厚⑬。文公死，诸侯不敢叛晋，晋袭文公之余威，犹得为诸侯之盟主百余年。何者？其君虽不肖，而尚有老成人焉。威公之薨也，一败涂地，无惑也，彼独恃一管仲，而仲则死矣。

【字词注解】

⑪五伯：五霸，指春秋时先后称霸的五个诸侯：齐桓公、晋文公、宋襄公、秦穆公、楚庄王。伯，通"霸"。文：晋文公。

⑫灵公：指晋灵公，晋文公之孙。

⑬孝公：指齐孝公，齐桓公之子。

【精彩解说】

春秋五霸中没有谁能超过齐桓公、晋文公的。晋文公的才干，超不过齐桓公，他的大臣又都比不上管仲；晋灵公为人暴虐，不如齐孝公宽厚。晋文公死后，诸侯们不敢背叛晋国，晋国承袭晋文公的余威，还能够当诸侯的盟主一百多年。这是什么原因呢？因为晋国的国君虽然平庸无能，但朝中还有年高有德之臣。齐桓公一死，齐国便一败涂地，这是毫无疑问的事，因为齐国只能依靠管仲一个人，然而管仲已经死了。

【原文】

夫天下未尝无贤者,盖有有臣而无君者矣。威公在焉,而曰天下不复有管仲者,吾不信也。仲之书,有记其将死论鲍叔、宾胥无之为人⑭,且各疏其短,是其心以为数子者皆不足以托国,而又逆知其将死,则其书诞谩不足信也。吾观史鳅⑮,以不能进蘧伯玉⑯,而退弥子瑕⑰,故有身后之谏⑱;萧何且死,举曹参以自代⑲。大臣之用心,固宜如此也。夫国以一人兴,以一人亡。贤者不悲其身之死,而忧其国之衰,故必复有贤者,而后可以死。彼管仲者,何以死哉?

【字词注解】

⑭宾胥无:齐国的贤大夫。

⑮史鳅:春秋时期卫灵公的大夫。

⑯蘧(qú)伯玉:卫灵公时贤大夫。

⑰弥子瑕:卫灵公的宠臣,以善于逢迎而获宠。

⑱身后之谏:即"尸谏",死后不入殓,陈尸窗前,以此表示进谏。

⑲"萧何"二句:汉丞相萧何和曹参并无深交。萧何病重将死时曾向汉惠帝示意曹参可以接替自己为相。

【精彩解说】

天下从来不会没有贤人,往往是有贤臣却没有明君去重用他。齐桓公在世时,说天下再也没有像管仲那样的人了,我不相信这种说法。在管仲写的书中,有一处记载他在临死时曾评论过鲍叔、宾胥无的为人,并且分别指出他们的短处,这说明他的心里认为这几个人都不足以授予他们以治国的重任,同时他还预料到自己快要死了,可见这部书是荒诞而不足信的。我看史鳅这个人,由于自己在生前没能举荐蘧伯玉而斥退弥子瑕,所以在身死以后以尸谏君;萧何在将死时,举荐曹参代替自己为丞相。大臣的用心,本来就应该是这样的。国家往往由于一个贤者而兴盛,也由于一个贤者而衰亡。贤人并不为他本身的死而悲哀,而是担心他的国家衰落,所以必须再找一个贤者接替他,然后才可以死去。可管仲,为什么不这样做就死了呢?

张益州画像记

苏　洵

〔题解〕

这是一篇杂记性的散文。张益州，即张方平，字道安，曾任益州（治所在今四川成都）知州。他在任时，平定了骚乱，将益州治理得很好，受到当地百姓的爱戴，百姓特地为他建立了殿堂供奉画像。本文先记事，后议论，末尾以诗作结，以多种手法塑造了一个宽政爱民的封建官吏形象，肯定了他宽政爱民的作风。

　　至和元年秋①，蜀人传言有寇至边②。边军夜呼，野无居人。妖言流闻，京师震惊。方命择帅，天子曰："毋养乱，毋助变，众言朋兴③，朕志自定。外乱不作，变且中起。既不可以文令④，又不可以武竞，惟朕一二大吏。孰为能处兹文、武之间，其命往抚朕师。"乃推曰："张公方平其人⑤。"天子曰："然。"公以亲辞，不可，遂行。冬十一月，至蜀。至之日，归屯军，撤守备，使谓郡县："寇来在吾，无尔劳苦。"明年正月朔旦⑥，蜀人相庆如他日，遂以无事。又明年正月，相告留公像于净众寺⑦。公不能禁。

【字词注解】

①至和：宋仁宗年号。至和元年即1054年。

②有寇至边：当时谣传南诏首领侬智高即将向益州进攻，当地守将调兵筑城，日夜不停，以致民心惶惶。

③朋：同，齐。

④文令：公文命令。

⑤公：对人的尊称。

⑥朔：农历每月的初一。

⑦净众寺：又名万福寺，在成都西北。

【精彩解说】

至和元年秋天，蜀人传言有敌寇侵犯边界。边防军将士在夜间惊呼，城郊没人敢住了。谣言四处流传，连国都的人也感到震惊了。朝廷在选派将帅的时候，皇帝说："不要由于姑息而酿成大的乱子，也不要妄自行动扩大动乱，尽管大家纷纷提出建议，但是朕的主意已经决定。外部动乱如果不解决，动乱将会在内部发生。既不能用一纸空文的形式去阻止，又不能用武力激化事态，只需要派一两个大臣前去。谁能协调好用文的感召教化的方法和用武力较量的方法两者之间的关系，朕就派他前去安抚朕的军队。"于是大家推荐说："张公方平正是这样的人。"皇帝说："可以。"张方平以侍奉双亲为理由进行推辞，没有得到皇帝同意，于是便出发了。冬天十一月，到了四川的成都。到达的当天，便命令戍守的军队退回原驻地区，撤去守备人员，并通知下属各郡县说："敌寇来了由我对付他们，不用辛苦你们了。"第二年正月初一早晨，蜀地人像往常一样相互拜年，从此也就太平无事了。又过了一年的正月，人们商量着要把张方平的画像留在净众寺中。张方平也没法禁止。

原文

眉阳苏洵言于众曰⑧："未乱易治也，既乱易治也。有乱之萌，无乱之形，是谓将乱，将乱难治，不可以有乱急，亦不可以无乱弛。惟是元年之秋，如器之欹⑨，未坠于地。惟尔张公，安坐于其旁，颜色不变，徐起而正之。既正，油然而退⑩，无矜容。为天子牧小民不倦，惟尔张公。尔繄以生⑪，惟尔父母。且公尝为我言：'民无常性，惟上所待。人皆曰蜀人多变，于是待之以待盗贼之意，而绳之以绳盗贼之法。重足屏息之民，而以碪斧令⑫，于是民始忍以其父母妻子之所仰赖之身，而弃之于盗贼，故每每大乱。夫约之以礼，驱之以法，惟蜀人为易。至于急之而生变，虽齐、鲁亦然⑬。吾以齐、鲁待蜀人，而蜀人亦自以齐、鲁之人待其身。若夫肆意于法律之外，以威劫齐民⑭，吾不忍为也！'呜呼！爱蜀人之深，待蜀人之厚，自公而前，吾未始见也。"皆再拜稽首曰⑮："然。"

【字词注解】

⑧眉阳：眉山之阳（山南为阳）。作者为眉山人，故云。

⑨攲（qī）：倾斜欲倒的样子。

⑩油然：自然而然的样子。

⑪繄（yī）：句中语气词。

⑫碪（zhēn）斧：板和斧子。古刑具，置人于砧上以斧砍之。后泛指严峻的刑罚、杀戮。碪，同"砧"。

⑬齐、鲁：齐国和鲁国，都是春秋时位于今山东的国家，文教发达，被视为礼仪之邦。

⑭齐民：普通百姓。

⑮稽首：行跪拜礼时，头接触到地。

【精彩解说】

眉阳人苏洵对众人说："没有乱起来的时候容易治理，已经乱起来了也容易治理。只有乱的萌芽，还没有乱的行动，这叫作将乱，将乱是难以治理的，既不可由于发现了有乱的萌芽而操之过急，又不可由于还没正式形成乱而放松。在至和元年的秋天，成都的形势就好像器皿已经倾斜了，但还没有掉在地上。只有你们的张公，安稳地坐在一旁，脸色不变，缓慢地站起来把它扶正。扶正之后，不声不响地从容引身而退，毫无居功自傲的神色。为皇帝治理百姓而乐此不疲，只有你们的张公了。你们靠他才能平安度日，他就是你们的父母。而且张公曾对我说：'百姓没有永久不变的习性，就看当官的怎样去对待他们。人们都说蜀地爱发生变乱，于是当官的就用对付盗贼的态度去对待他们，用惩罚盗贼的法令去制裁他们。对那些战战兢兢连大气也不敢出的百姓，还要用酷刑来约束他们，于是百姓才忍心将父母妻儿所赖以为生的躯体，沉沦为与盗贼同伍，所以常常发生动乱。如果用礼义来约束百姓，用法令来引导他们，只有蜀人是最容易治理的。至于为政太严苛逼迫他们而发生变乱，即便是齐、鲁那样的礼仪之邦，也是同样的。我用对待齐、鲁之邦的方法来对待蜀地百姓，蜀地百姓也就会以齐、鲁之人的标准要求自己。超出法律范围而为所欲为，用淫威来欺凌百姓，我不忍心这样做！'唉！爱护蜀人这样深切，对待蜀人这样宽厚，在张公以前的官员中，我从未见过。"众人听后都再次叩首说："是这样的。"

原文

苏洵又曰："公之恩在尔心，尔死，在尔子孙。其功业在史官，无以像为也。且公意不欲，如何？"皆曰："公则何事于斯？虽然，于我心有不释焉。今夫平居闻一善，必问其人之姓名与其邻里之所在，以至于其长短、小大、美恶之状，甚者或诘其平生所嗜好⑯，以想见其为人。而史官亦书之于其传，意使天下之人，思之于心，则存之于目。存之于目，故其思之于心也固。由此观之，像亦不为无助。"苏洵无以诘⑰，遂为之记。

●【字词注解】

⑯诘：询问，追问。

⑰诘：在这里是反驳的意思。

●【精彩解说】

苏洵又说："把张公的恩情留在你们心中，你们死了，还会留在子孙心中。他的功业有史官会记载的，不必画像了。况且张公的心里也不希望这样，大家以为怎样？"众人都说："张公又怎么会在意这张画像？虽然如此，可在我们心里却感到不安啊。现在就是平时在家乡听说有人做了一件好事，都一定会问一问那个人的姓名，家住何处，一直到他的身材的高矮、年龄的大小、容貌的美丑等，甚至还会问一问他的生平嗜好，以便想象他的为人。同时史官也会把这些写进他的传记，用意在于让天下的人，不仅在内心怀念他，而且也能在眼里看到他的事迹。能够在眼里看到他的容貌，因而怀念之心会更加真切。由此看来，画像也不是对人没有帮助的。"苏洵无法再进行辩驳，便写下了这篇记。

原文

公南京人⑱，为人慷慨有大节，以度量雄天下。天下有大事，公可属。系之以诗曰：天子在祚⑲，岁在甲午⑳。西人传言，有寇在垣㉑。庭有武臣，谋夫如云。天子曰嘻㉒，命我张公。公来自东，旗纛舒舒㉓。西人聚观，于巷于涂。谓公暨暨㉔，公来于于㉕。公谓西人："安尔室家，无敢或讹。讹言不祥，往即尔常。春尔条桑，秋尔涤场。"西人稽首，公我父兄。公在西囿㉖，草木骈骈㉗。公宴其僚，伐鼓渊渊㉘。西人来观，祝公万年。有女娟娟，闺闼闲闲㉙。有童哇哇㉚，亦既能言。昔公未来，期汝弃捐。禾麻芃芃㉛，仓庾崇崇㉜。嗟我妇子㉝，乐此岁丰。公在朝廷，天子股肱㉞。天子曰归，公敢不承？作堂严严，有庑有庭㉟。公像在中，朝服冠缨。西人相告，无敢逸荒。公归京师，公像在堂。

【字词注解】

⑱南京：北宋有四个京城，其中应天府为南京，在今河南商丘一带。

⑲祚：指皇位。

⑳甲午：在这里指宋仁宗至和元年，即1054年。

㉑垣：城墙，引申为边境。

㉒嘻：表示赞美的叹词。

㉓纛（dào）：军队或仪仗队的大旗。

㉔暨（jì）暨：果断刚毅的样子。

㉕于于：悠然自得的样子。

㉖囿：花园，花圃。

㉗骈骈：草木繁茂的样子。

㉘渊渊：象声词。鼓声。

㉙闺闼：女子居住的内室。闲闲：从容自得的样子。

㉚哇哇：形容幼儿刚学话时发出的声音。

㉛芃芃：草木生长茂盛的样子。

㉜庾（yǔ）：露天堆谷的地方。

㉝嗟：表示赞叹的意思。

㉞股肱：大腿和手臂。比喻辅佐帝王的得力大臣。

㉟庑（wǔ）：正室周围的廊屋。

【精彩解说】

张公是南京人，为人慷慨而且具有高尚的节操，以宽宏的度量闻名天下。假如天下发生了大的变故，张公是可以委以重任的。最后我附上赞诗一首：大宋天子在皇位，当时正逢甲午年。西方传来坏消息，敌寇逼近我边关。朝廷武将真不少，又有谋士多如云。天子有旨志自定，命令张公安边塞。张公自东来赴任，大旗飘扬在天空。蜀人聚观齐敬仰，充满大街和小巷。都说张公貌刚毅，从容不迫可称奇。张公劝说众百姓："各自安顿好家室，谣言不要再传播。谣言是害真不祥，应该生活像平常。春天抓紧养蚕桑，秋天清扫晒谷场。"百姓磕头拜张公，张公真像我父兄。张公来到西囿里，草木葱葱色碧绿。张公宴请众官员，鼓声咚咚响彻天。百姓簇拥齐来观，祝公高寿万万年。闺阁少女貌娇艳，长在深闺性淑娴。还有儿童学话声，好像也能对人言。当年张公未来时，几乎沟壑抛弃之。禾麻长势真茂盛，粮仓充盈谷满壅。全家老小都高兴，丰收之年多欢庆。张公昔日在朝中，天子视他如股肱。天子命他回朝廷，张公怎敢不答应？修建殿堂真庄严，庑庭都有真齐全。张公画像挂当中，身穿朝服帽有缨。百姓纷纷相告诫，不敢偷懒和松懈。张公已经回京城，画像还在厅堂中。

范增论

苏 轼

[题解]

　　苏轼（1037—1101年），字子瞻，号铁冠道人、东坡居士，眉州眉山人，北宋著名文学家、书法家、画家。苏轼是北宋中期文坛领袖，更是古今难得一见的全才，在诗、词、散文、书、画等方面均成绩卓著。然而苏轼在仕途上却极其坎坷，屡遭贬谪，但他生性豁达、宠辱不惊。

　　《范增论》属于史论，是一篇翻案文章。苏轼善于读书，并能从独特的视角分析问题。范增是项羽最重要的谋士。他在七十岁时，辅佐项羽称霸诸侯，曾被项羽尊称为"亚父"。范增曾多次劝说项羽铲除刘邦，项羽均没有采纳。后刘邦离间项羽和范增的关系，项羽中计，范增愤而离去，在途中病死。作者在本文中批评了范增看不到"去就之分"，认为"增之去善矣""独恨其不早耳"。作者对范增的谋略、才干表示了肯定，对项羽不能知人善任进行否定。

[原文]

　　汉用陈平计①，间疏楚君臣②。项羽疑范增与汉有私③，稍夺其权。增大怒曰："天下事大定矣，君王自为之，愿赐骸骨归卒伍。"归未至彭城，疽发背死④。苏子曰：增之去善矣，不去，羽必杀增。独恨其不早耳。

　　然则当以何事去？增劝羽杀沛公⑤，羽不听，终以此失天下，当于是去耶？曰：否。增之欲杀沛公，人臣之分也；羽之不杀，犹有君人之度也，增曷为以此去哉？《易》曰："知几其神乎⑥！"《诗》曰："相彼雨雪，先集维霰⑦。"增之去，当于羽杀卿子冠军时也⑧。

【字词注解】

①汉：汉王刘邦。秦末农民起义时，项羽曾封刘邦为汉王。陈平：秦末阳武（今河南原阳东南）人，初投项羽，后归刘邦，为人有谋略，成为刘邦手下重要的谋士，曾建议用反间计使项羽疏远范增。汉朝建立后，官至丞相，为汉初重臣之一。

②楚：指秦末项羽建立的西楚政权。

③项羽：秦末下相（今江苏宿迁西南）人，秦末举兵，自称"西楚霸王"，建都彭城（今江苏徐州），分封诸侯。其后在与刘邦的争斗中失败，自刎于乌江。

④疽（jū）：结成块状的毒疮。

⑤沛公：刘邦。他在秦末时起义于沛（今江苏沛县），被立为沛公。

⑥知几其神乎：几，微细的苗头。原文见《易经·系辞》。

⑦"相彼"二句：见《诗经·小雅·頍弁》。相，视。霰，小雪粒。意思是下大雪之前，先降落小雪粒。

⑧卿子冠军：即宋义，楚怀王的上将军，因作战不力为项羽所杀。卿子，对人的尊称。冠军，指上将。

【精彩解说】

汉王刘邦采用了陈平的计谋，离间了西楚君臣之间的关系。于是项羽怀疑范增和汉王私下有交往，便逐渐削弱他的权力。范增大怒说："天下大势已成定局了，君王您自己去治理吧，希望您允许我这把老骨头回到故乡去。"他回家时还没走到彭城，由于脊背上恶疮发作而死。苏子说：范增离开了项羽是对的，如果不离开，项羽一定会杀死他。只是遗憾他没有早些离开罢了。

那么，他应当因何事而离开呢？范增曾劝说项羽杀掉沛公刘邦，项羽不听，最终因此而失掉天下，应当在这个时候离开吗？我说：不是的。范增想杀掉刘邦，是作为人臣的分内职责，项羽不杀刘邦，说明他还有作为人君的度量，范增为什么要因此事而离去呢？《易经》说："预先能觉察到事物的细微变化的人是聪明绝顶的！"《诗经》说："在下雪之前，首先降落的是霰。"范增的离去，应当在项羽杀死卿子冠军宋义的时候。

陈涉之得民也⑨，以项燕、扶苏⑩。项氏之兴也，以立楚怀王孙心⑪。而诸侯叛之也，以弑义帝⑫。且义帝之立，增为谋主矣。义帝之存亡，岂独为楚之盛衰,亦增之所与同祸福也。未有义帝亡而增独能久存者也。羽之杀卿子冠军也,是弑义帝之兆也。其弑义帝,则疑增之本也,岂必待陈平哉?物必先腐也,而后虫生之;人必先疑也,而后谗入之。陈平虽智,安能间无疑之主哉?

【字词注解】

⑨陈涉:秦末农民起义的领袖陈胜,字涉,阳城(今河南登封东南)人。秦二世元年(公元前209年),他和吴广揭竿而起,以项燕、扶苏的名义,向陈县(今河南淮阳)进军,建立政权,后为秦军击败,被叛徒杀害。

⑩项燕:项羽的祖父,为战国末期楚国名将。秦灭楚时,项燕曾率军抗击,兵败自杀。扶苏:秦始皇长子,因不满秦始皇的焚书坑儒政策,被派往北方监军。秦始皇死后,被赵高阴谋杀害。

⑪心:熊心。楚怀王之孙。项羽的叔父项梁举兵反秦,为了争取民心,从民间找来熊心,拥立他为首领,仍称怀王。后项梁战死,项羽自立为西楚霸王,尊熊心为义帝,后项羽派人将其击杀。

⑫弑:杀。专指臣杀君,下杀上。

【精彩解说】

陈胜能得到民众的拥护,是因为借用了项燕、扶苏的名义。项家的兴起,是因为拥立了楚怀王的孙子熊心。而后来诸侯背叛项羽,是因为他杀了义帝。况且义帝被拥立,范增还是主谋。义帝的存亡,岂止关系到楚国的盛衰,也是和范增的祸福密切相关的。绝不会有义帝被害而范增却能单独久存之理。项羽杀掉卿子冠军宋义,就是杀害义帝的预兆。他杀害义帝,就是怀疑范增的开始,哪里一定要等到陈平的反间计呢?物体一定是本身先腐烂了,然后才会生虫;人一定是本身先存了疑心,然后谗言才会乘虚而入。陈平虽然足智多谋,又怎么能够离间得了没有疑心臣下的君主呢?

原文

吾尝论义帝天下之贤主也:独遣沛公入关,不遣项羽,识卿子冠军于稠人之中,而擢以为上将,不贤而能如是乎?羽既矫杀卿子冠军,义帝必不能堪。非羽弑帝,则帝杀羽,不待智者而后知也。增始劝项梁立义帝,诸侯以此服从,中道而弑之,非增之意也,夫岂独非其意,将必力争而不听也。不用其言而杀其所立,羽之疑增,必自是始矣。

方羽杀卿子冠军,增与羽比肩而事义帝⑬,君臣之分未定也。为增计者,力能诛羽则诛之,不能则去之,岂不毅然大丈夫也哉?增年已七十,合则留,不合则去,不以此时明去就之分,而欲依羽以成功名,陋矣!

【字词注解】

⑬比肩:并肩,比喻处于平等地位。

【精彩解说】

我曾经评论过义帝,认为他是一个贤明的君主:他只派沛公攻打关中,而不派遣项羽,能够在众多的部下中识别出卿子冠军宋义,而提拔他为上将军,如果不贤明的话能这样做吗?项羽既然假借义帝的命令杀了卿子冠军宋义,义帝一定会不堪忍受。不是项羽杀害义帝,就是义帝杀死项羽,这是不需要聪明人就能明白的事情。范增当初劝项梁拥立义帝,因此各路诸侯才听从指挥,中途杀害义帝,这不是范增的主意,非但不是他的主意,并且他一定会极力劝阻,而项羽不听。不听范增的意见而杀害他主张拥立的人,项羽怀疑范增,一定是从这时就开始了。

当项羽杀害卿子冠军宋义时,范增和项羽还是并肩而立同属义帝的部下,二人之间的名分尚未确定。如果为范增着想的话,有力量杀掉项羽就把他杀掉,没有这种力量就应该离他而去,这样做岂不是一个果断的大丈夫吗?当时范增已七十高龄,合得来就留,合不来就离开,不在这时确定该走或是该留,还想依靠项羽来成就自己的功名,真是见识浅陋啊!

虽然,增,高帝之所畏也⑭。增不去,项羽不亡。呜呼!增亦人杰也哉!

【字词注解】

⑭高帝:汉高祖刘邦。

【精彩解说】

话虽如此,范增毕竟是汉高祖所畏惧的人。范增不走,项羽也不会灭亡。唉!范增也可以算得上是人中豪杰了!

留侯论

苏 轼

〔题解〕

《留侯论》是苏轼根据《史记·留侯世家》所记张良圯下受书及辅佐刘邦夺取天下的事例,论证了"忍小忿而就大谋""养其全锋而待其敝"的策略的重要性。留侯,即张良,字子房,其先人曾五世担任韩国相国。秦灭韩后,张良广纳豪杰,力图反秦。秦末农民起义时,刘邦乘机起兵,张良开始辅助刘邦。刘邦建立汉朝后,张良被封于留(今江苏沛县),称为留侯。后退隐。本文并没有去评论张良一生的功绩,而是评论从他当初的"不忍"而转变为"忍"的事实,全文突出了一个"忍"字。

【原文】

古之所谓豪杰之士,必有过人之节,人情有所不能忍者。匹夫见辱,拔剑而起,挺身而斗,此不足为勇也。天下有大勇者,卒然临之而不惊①,无故加之而不怒,此其所挟持者甚大,而其志甚远也。

【字词注解】

①卒:同"猝",突然。

【精彩解说】

古代所说的豪杰之士，必定有超过一般人的节操，有一般人在感情上不能容忍的度量。市井小民受到了侮辱，便会拔剑而起，挺身与之搏斗，这不能称为勇敢。天下有一种堪称大勇的人，突然遇到变故而不惊慌，无故受到侮辱而不愤怒，这是由于他的抱负极大，而志向又极其高远。

原文

夫子房受书于圯上之老人也②，其事甚怪。然亦安知其非秦之世有隐君子者，出而试之？观其所以微见其意者，皆圣贤相与警戒之义，而世不察，以为鬼物，亦已过矣。且其意不在书。当韩之亡、秦之方盛也，以刀锯鼎镬待天下之士③，其平居无事夷灭者不可胜数。虽有贲、育④，无所获施。夫持法太急者，其锋不可犯，而其势未可乘。子房不忍忿忿之心，以匹夫之力，而逞于一击之间⑤。当此之时，子房之不死者，其间不能容发，盖亦危矣。千金之子，不死于盗贼。何者？其身可爱，而盗贼之不足以死也。子房以盖世之才，不为伊尹、太公之谋⑥，而特出于荆轲、聂政之计⑦，以侥幸于不死，此圯上老人所为深惜者也。是故倨傲鲜腆而深折之⑧，彼其能有所忍也，然后可以就大事，故曰："孺子可教也。"

【字词注解】

②圯（yí）：桥。据史书记载，张良年轻时曾在下邳（pī）的桥上遇见一个老人。老人故意把鞋落在桥下，命张良拾起来给他穿上，张良照办了。老人说："孺子可教也。"随后命张良在五天后的清晨到那里见他。后来，张良在前两次赴约时都比老人去得晚，老人严厉地批评了他。第三次张良半夜里就到了那里，老人到那里后，很是高兴，赠送给他一部兵书，叫他认真揣摩，说"读此则为王者师矣"。

③刀锯鼎镬（huò）：都是古代的刑具，引申为残酷的刑罚。镬，大锅。

④贲、育：孟贲、夏育，传说中的勇士。

⑤逞于一击：张良年少时，为了刺杀秦始皇，曾雇大力士用铁锥在秦始皇东巡至博浪沙时进行伏击，但未成功。张良因此逃亡在外。

⑥伊尹：商朝开国功臣。太公：姜太公，吕尚，周朝开国功臣。
⑦荆轲：战国时刺客，曾为燕太子刺秦王。聂政：也是战国时刺客，曾为严仲子刺杀韩国韩傀。
⑧鲜腆：无礼。

【精彩解说】

　　张良从桥上的老人那里得到了兵书，这件事很奇怪。怎哪里知道那个老人不是秦朝隐居的高士，前来试探张良的呢？看那老人在言谈话语中微露出来的用意，都是古代圣贤相互警诫的道理，可是世人对此却不细察，认为那个老人是鬼怪，这就不对了。况且老人的本意并不在兵书上。当韩国灭亡、秦国正强大时，秦国用刀、锯、鼎、镬来对待天下的读书人，那些平日居家并无罪行而遭到诛杀的人，多得不可胜数。即使有孟贲、夏育那样的勇士，也无法施展他们的本领。执法太严峻的君主，他的锋芒是不能触犯的，在形势上也没有可乘之机。但张良克制不住愤恨的心情，想以个人的力量，在一次伏击的行动中得逞。在这时，张良能脱险和遇难而死之间的距离短得容不下一根头发，实在是危险啊。富有千金的人家的子弟，不会死于盗贼之手。为什么呢？因为他们爱惜自己的生命，不值得和盗贼去拼死。张良凭着他盖世的奇才，不去效仿伊尹、太公那样的深谋远虑，而只采取荆轲、聂政那样的伎俩，只是由于侥幸而未遇难，这就是桥上老人为之深感痛惜的事情。因此，老人才用傲慢无礼的态度狠狠地折辱他，使他能忍受这种折辱，然后才能成就大的事业，所以老人说："这个青年人是可以教育的。"

原文

　　楚庄王伐郑⑨，郑伯肉袒牵羊以迎⑩。庄王曰："其主能下人，必能信用其民矣。"遂舍之。句践之困于会稽⑪，而归臣妾于吴者，三年而不倦。且夫有报人之志，而不能下人者，是匹夫之刚也。夫老人者，以为子房才有余，而忧其度量之不足，故深折其少年刚锐之气⑫，使之忍小忿而就大谋。何则？非有平生之素，卒然相遇于草野之间，而命以仆妾之役，油然而不怪者⑬，此固秦皇之所不能惊，而项籍之所不能怒也。

【字词注解】

⑨ 楚庄王伐郑：楚庄王，春秋时五霸之一。公元前597年，楚庄王攻打郑国，逼近郑国国都，郑襄公出城请罪，庄王遂退兵。

⑩ 肉袒牵羊：古代战败者脱去上衣，裸露肢体，并牵一羊到对方军营，以表示降服之意。

⑪ 句践：春秋末期越国国君。公元前494年越国被吴国打败，越王句践投降后备受屈辱，句践都一一忍受，终被吴王放归。其后句践奋发图强，励精图治，最后消灭了吴国。

⑫ 折：摧折。

⑬ 油然：自然而然，平平常常。

【精彩解说】

楚庄王讨伐郑国，郑襄公袒胸牵羊去迎接。庄王说："这个国家的君主能够屈居人下，一定能获得百姓的信任。"便撤兵回国了。越王句践被吴国围困在会稽山上，就像奴隶那样臣服吴国，且侍奉吴王长达三年之久而不敢懈怠。如果有了报仇雪耻的雄心大志，却不能屈己从人，不过是普通人的刚强之性。桥上老人认为张良的才华有余，但是担心他的度量不足，所以才狠狠地打掉他年轻人刚强的禀性，使他能够忍耐小的愤怒而成就大业。为什么这样说？老人和张良素不相识，偶然在野外相遇，竟命令他去做像奴仆、姬妾那样伺候人的事，而张良却非常自然地不以为怪，这正是秦始皇不能使他惊怕，楚霸王也不能把他激怒的原因。

原文

观夫高祖之所以胜、项籍之所以败者⑭，在能忍与不能忍之间而已矣。项籍唯不能忍，是以百战百胜而轻用其锋；高祖忍之，养其全锋而待其敝，此子房教之也。当淮阴破齐而欲自王⑮，高祖发怒，见于词色。由是观之，犹有刚强不能忍之气，非子房其谁全之？

【字词注解】

⑭项籍：项羽，羽是项籍的字。

⑮淮阴破齐而欲自王：淮阴，淮阴侯韩信，秦末淮阴（今属江苏）人，初从项羽，后归刘邦。据史书载，韩信为刘邦手下得力大将，他率兵攻下齐国后，派人向刘邦提出请求，希望封自己为假（临时代理的意思）齐王。刘邦大怒，痛斥韩信的无理要求。当时张良暗示刘邦不能得罪韩信，刘邦便立即改口同意韩信的请求，说："大丈夫定诸侯即为真王，何以假为？"于是封他为齐王。后有人告发韩信欲谋反，遂降为淮阴侯。最后为吕后所杀。

【精彩解说】

考察一下高祖之所以取胜、项羽之所以失败的原因，就在于一个能忍耐而另一个不能忍耐而已。项羽只因为不能忍耐，所以在百战百胜的情况下轻易地消耗了他的精锐力量；高祖能够忍耐，积蓄他的全部实力而等待敌方疲惫，这是张良教给他的策略。当淮阴侯攻下齐国后想自立为王时，高祖大怒，言谈和面色上都表露出来了。由此看来，他还是有刚强而不能忍耐的性情，如果不是张良及时提醒他，还有谁能成全他的事业呢？

原文

太史公疑子房以为魁梧奇伟⑯，而其状貌乃如妇人女子，不称其志气。呜呼！此其所以为子房欤！

【字词注解】

⑯太史公：指《史记》的作者司马迁。

【精彩解说】

太史公猜测张良一定是个身材魁梧、容貌出奇的人，但实际上他的容貌却如同妇人女子，和他的志向、气质不大相称。唉！这也许正是张良之所以成为张良的原因吧！

贾谊论

苏 轼

〔题解〕

《贾谊论》是苏轼创作的又一篇人物评论文章,评论对象为西汉初年文帝时期的政治家贾谊。贾谊年少时就显露出了出众的才华。文帝时召为博士,他多次上疏议论政事,揭露各种弊端,损害了一些大臣的利益,遭到排挤。后来,文帝命他先后担任长沙王和梁怀王的太傅。后梁怀王坠马而死,贾谊抑郁而终,年仅三十三岁。全文紧扣贾谊抑郁而终展开,对贾谊的性格进行了深入分析,同时剖析了当时的历史背景,虚实结合,正反对比,最后作者得出贾谊的悲剧源于他不能"自用其才""不善处穷""志大而量小"的结论。作者认为一个人要想有所建树,要自爱其身,善于自用其才,经得住种种磨难。

原文

非才之难,所以自用者实难。惜乎!贾生,王者之佐,而不能自用其才也。

—•【精彩解说】

具有才能并不难,如何发挥、使用自己的才能确实不容易。可惜啊!贾生具有辅佐帝王的才能，却不能发挥自己的才能。

　　夫君子之所取者远，则必有所待；所就者大，则必有所忍。古之贤人，皆负可致之才，而卒不能行其万一者，未必皆其时君之罪，或者其自取也。

　　愚观贾生之论①，如其所言，虽三代何以远过②？得君如汉文③，犹且以不用死，然则是天下无尧、舜，终不可有所为耶？仲尼圣人④，历试于天下，苟非大无道之国，皆欲勉强扶持，庶几一日得行其道。将之荆⑤，先之以冉有⑥，申之以子夏。君子之欲得其君，如此其勤也。孟子去齐⑦，三宿而后出昼⑧，犹曰："王其庶几召我。"君子之不忍弃其君，如此其厚也。公孙丑问曰⑨："夫子何为不豫？"孟子曰："方今天下，舍我其谁哉？而吾何为不豫？"君子之爱其身，如此其至也。夫如此而不用，然后知天下果不足与有为，而可以无憾矣。若贾生者，非汉文之不能用生，生之不能用汉文也。

【字词注解】

①愚：古代自称的谦辞。用于发表议论时，表示自己的意见不成熟。

②三代：指夏、商、周三个朝代。

③汉文：汉文帝，他在位时，经济较发达，政治稳定，是极为后人称道的明君。

④仲尼：孔子的字。

⑤荆：楚国。楚原建国于荆山（今湖北南漳西）一带，故名。

⑥冉有：和下文的"子夏"都是孔子的弟子。

⑦去：古籍中的"去"和现代的用法很不相同，在大多数情况下，是"离开，距离"的意思。

⑧昼：齐国边境地名，在今山东淄博西北。

⑨公孙丑：孟子的学生。

—•【精彩解说】

君子要想实现长远的目标，就必须有所等待；要想成就伟大的事业，就必须有所忍耐。古代的贤人，都具有建功立业的才能，但最终也没能施展其才能的万分之一，未必都是当时的君主的过错，也可能是他们自己造成的。

我看过贾生的议论文章，如果像他所说的那样治理国家，即便是号称盛世的三代又怎能超过？他遇到了像汉文帝这样的君主，竟然由于不受重用而忧郁致死，难道说天下没有尧、舜那样的君主时，就永远不能有所作为了吗？孔子是位圣人，曾周游列国试图施展自己的抱负，只要不是暴虐无道的国家，都尽力地加以扶持，为的是有朝一日可以实行自己的治国之道。他在将要到达楚国时，先派冉有去联系，又派子夏去重申自己的来意。君子希望得到国君的任用，是如此不厌其烦。孟子在离开齐国时，在昼地住了三天后才走，还说："齐王也许还会召我回去。"君子不忍心舍弃自己的君主，是如此情深意厚。公孙丑问孟子："先生为什么不高兴？"孟子说："如今天下，除了我之外还有谁能把它治理好？我又怎么会不高兴呢？"君子爱惜尊重自己，是这样的细致周到。如果做到了这种程度而仍得不到重用，然后才断定自己不能和这样的君主在一起有所作为，从而也就没有遗憾了。像贾生这样的人，并不是汉文帝不重用他，而是他不能设法让汉文帝重用他。

【原文】

夫绛侯亲握天子玺而授之文帝⑩，灌婴连兵数十万⑪，以决刘、吕之雌雄，又皆高帝之旧将，此其君臣相得之分，岂特父子骨肉手足哉？贾生，洛阳之少年，欲使其一朝之间，尽弃其旧而谋其新，亦已难矣。为贾生者，上得其君，下得其大臣，如绛、灌之属，优游浸渍⑫，而深交之，使天子不疑，大臣不忌，然后举天下而唯吾之所欲为，不过十年，可以得志。安有立谈之间，而遽为人"痛哭"哉⑬？观其过湘为赋以吊屈原，萦纡郁闷，趯然有远举之志⑭，其后以自伤哭泣，至于夭绝，是亦不善处穷者也。夫谋之一不见用，则安知终不复用也？不知默默以待其变，而自残至此。呜呼！贾生志大而量小，才有余而识不足也。

【字词注解】

⑩绛侯：周勃，随刘邦起兵的将领之一，汉立国后，因功封为绛侯。刘邦死后，吕后独断朝政，大用吕氏宗亲。吕后死后，诸吕作乱，周勃及灌婴等老臣平定了叛乱，拥立文帝登基。

⑪灌婴：辅佐刘邦建国的功臣之一，封为颍阴侯。

⑫优游：从容不迫的样子。

⑬痛哭：贾谊曾以《治安策》上书汉文帝，其中有这样的话："臣窃惟事势，可为痛哭者一，可为流涕者二，可为长太息者六。"企图用这种愤懑的心情打动文帝。

⑭趯然：超然远去的样子。

【精彩解说】

绛侯亲手捧着天子的玉玺交给汉文帝，灌婴联合几十万军队，决定了刘、吕两家谁胜谁负，他们又都是汉高祖的旧将，那种君臣之间的亲密情分，岂止是父子骨肉和亲兄弟之间才能有的吗？贾生，只是洛阳的一个青年，却想让汉文帝在一天之内，完全抛弃他的旧臣而向他这个新人来讨教，这也太难了。作为贾生，应该上能获得文帝的信任，下能得到绛侯、灌婴这些大臣的支持，从容不迫、逐步深入地和他们结为深交，使皇帝不猜疑，大臣不忌恨，然后才能使整个天下按照自己的主张来治理，不过十年，就可以实现自己的志愿。哪能够在交谈片刻之后，就立即表现出痛哭流涕的激动心情呢？我看他在路过湘水时写了一篇凭吊屈原的赋，迂回地反映出他的郁闷之情，大有远走退隐之心，后来最终因为过度自伤哭泣而英年早逝，这可以说是不善于应付逆境的人了。自己的谋略一次没有被采用，怎能知道永远不会被采用呢？不懂得默默地等待形势的变化，却自我摧残到如此地步。唉！贾生真是志向大而器量小，才能有余而见识不足啊。

【原文】

古之人，有高世之才，必有遗俗之累。是故非聪明睿智不惑之主，则不能全其用。古今称苻坚得王猛于草茅之中⑮，一朝尽斥去其旧臣，而与之谋。彼其匹夫略有天下之半，其以此哉！愚深悲生之志，故备论之。亦使人君得如贾生之臣，则知其有狷介之操⑯，一不见用，则忧伤病沮，不能复振，而为贾生者，亦谨其所发哉⑰！

【字词注解】

⑮苻坚：南北朝时前秦君主，氐族人。前秦为当时在北方先后建立的十六国中的最强者。其后在与晋军激战于淝水时大败，国势日衰。王猛：字景略，前秦人。少贫，隐居华山（今属陕西），后被苻坚赏识，以王猛为中书侍郎，任当时的重臣。他在临终时，劝苻坚不应攻晋，苻坚不听，最后招致淝水之败。

⑯狷介：孤高正直，不与人苟合。

⑰发：发表，发布。

【精彩解说】

古代的人，如果有出类拔萃的才能，必定会有因鄙夷世俗而给自己带来的不利。因此，如果不是聪明仁智而不受他人蒙蔽的君主，就不会充分地使用他。从古到今，人们称赞苻坚能在平民之中发现了王猛，随即斥退原来的旧臣而和他在一起谋划国事。不过是一个凡夫俗子的苻坚却能占据了半个天下，大概是由于这个原因吧！我深深地同情贾生的志向，所以对他进行了详尽的评论。同时也是为了使君主们明白，如果得到了贾生这样的臣子，应该知道他们有耿直孤傲的情操，一旦不被重用，就会忧郁伤感，甚至沮丧颓废，再也不能振作，而对贾生这样的人来说，也应该小心谨慎地对待自己的一言一行才行啊！

晁错论

苏 轼

〔题解〕

晁错是西汉时期的大臣，在文帝时颇受倚重，被称为"智囊"。景帝即位后，又擢升晁错为御史大夫。当时诸侯王的势力日益膨胀，对皇权构成了威胁，晁错便建议景帝进行"削藩"，结果激起了吴、楚等七国借口诛晁错而发动的叛乱。后景帝采纳了袁盎的意见，将晁错处死。这篇文章总结了晁错被杀的原因。作者认为是由他的"自祸"造成的，也由于他在国家危难之时只图自全，才给了政敌以可乘之机。同时，作者通过对晁错被杀的叹惋，表达出自己有愿意为国效力之志却无处施展的抑郁心情。

【原文】

天下之患，最不可为者，名为治平无事，而其实有不测之忧。坐观其变，而不为之所，则恐至于不可救。起而强为之，则天下狃于治平之安①，而不吾信。惟仁人君子豪杰之士，为能出身为天下犯大难，以求成大功。此固非勉强期月之间②，而苟以求名之所能也。天下治平，无故而发大难之端，吾发之，吾能收之，然后有辞于天下。事至而循循焉欲去之③，使他人任其责，则天下之祸，必集于我。昔者晁错尽忠为汉，谋弱山东之诸侯④。山东诸侯并起，以诛错为名。而天子不之察，以错为之说⑤。天下悲错之以忠而受祸，不知错有以取之也。

【字词注解】

① 狃（niǔ）：惯习。
② 期月：一整月。
③ 循循：有顺序的样子。
④ 山东：各朝代所指不同，汉时称崤山或华山以东为山东，又称关东。
⑤ 说：通"悦"，高兴。此处为使动用法。

【精彩解说】

天下的祸患，最不好处理的是表面上看来太平无事，而实际上却存在着不可预测的隐忧。要是坐等着任其发展变化而不去解决，恐怕就会发展到不可挽救的地步。如果立即动手去强行解决，天下之人又会习惯于太平盛世的表面现象而不信任我们。只有仁人君子、豪杰人物，才能挺身而出，为天下之事而甘冒风险，以求成就伟大的功业。这本来就不是只靠一个月的时间，只用应付的手段来博取个人名利的人所能做到的。在天下太平时，无缘无故地去挑起一场大难的爆发，我能发动它，我也能收拾残局，然后才能在天下人面前有话可说。如果事到临头自己却犹豫不止且想走开，让别人去承担这个责任，那么由大难而形成的祸患，必然会集中到自己的身上。从前晁错对汉朝忠心耿耿，想办法削弱崤山以东一带的诸侯王的势力。山东诸侯王联合出兵，以诛杀晁错为借口。皇帝没有觉察到他们的阴谋，便杀掉晁错来使诸侯国高兴。天下人悲悯晁错由于忠心皇室而遭到杀身之祸，却不明白晁错被杀是咎由自取。

原文

古之立大事者，不唯有超世之才，亦必有坚忍不拔之志。昔禹之治水⑥，凿龙门⑦，决大河⑧，而放之海。方其功之未成也，盖亦有溃冒冲突可畏之患，惟能前知其当然，事至不惧，而徐为之图，是以得至于成功。夫以七国之强，而骤削之，其为变岂足怪哉？错不于此时捐其身，为天下当大难之冲而制吴、楚之命，乃为自全之计，欲使天子自将而己居守。且夫发七国之难者谁乎？己欲求其名，安所逃其患？以自将之至危，与居守之至安，己为难首，择其至安，而遗天子以其至危，此忠臣义士所以愤怨而不平者也。当此之时，虽无袁盎⑨，亦未免于祸。何者？已欲居守，而使人主自将，以情而言，天子固已难之矣，而重违其议⑩，是以袁盎之说得行于其间。使吴、楚反，错以身任其危，日夜淬砺⑪，东向而待之，使不至于累其君，则天子将恃之以为无恐。虽有百盎，可得而间哉？

【字词注解】

⑥禹之治水：据史书记载，虞舜时洪水泛滥成灾，舜命令夏后氏首领禹治理洪水。

⑦龙门：在今山西河津西北。据古书记载，禹治理洪水时曾在此处凿石疏导河水。旧日传说，大鱼积聚此处，能跃上者可变成龙，故称。

⑧大河：黄河。古代典籍中多称为"大河"或"河"，后世因河水多泥沙而色黄，故称黄河。

⑨袁盎（àng）：亦作"爰盎"。汉景帝时吴相，晁错曾令人告发他有受贿行为，被废为庶人，因此袁、晁二人不和。吴、楚七国叛乱时，袁盎劝景帝诛晁错以退兵，景帝采纳其言。叛乱平定后，袁盎任楚相。

⑩重违：古籍中惯用的词语，意思是由于某种原因难以违背。重，难，难以。

⑪淬：用水浸泡烧红的兵器，使之坚韧。砺：打磨兵器。

【精彩解说】

古代成就伟大事业的人，不仅有超出世俗的才能，也一定有坚忍不拔的意志。从前大禹治水，凿开龙门，疏通黄河，放洪水流入大海。当这项功业还没有完成的时候，大概也会有堤岸崩溃、洪水奔腾那样可怕的灾难发生，只是他在事前能预料到这些可能会出现的情况，事到临头，毫不畏惧，而是从容不迫地设法加以解决，因而终于取得了成功。试想七国这样的强大势力，要想骤然之间削弱它们，它们发动叛乱还有什么奇怪的吗？晁错不在这时豁出自己的性命，为天下人站到抗击大难的前列，从而扼制吴、楚等国的命脉，却只为保全自己，想让景帝亲自出征而自己留守国都。再说，挑起七国叛乱的是谁呢？自己既想博得效忠汉室的美名，又怎能逃脱由此而来的灾难呢？面对亲自率兵出征的极端危险和留守国都的绝对安全，自己又是引发这场叛乱的首要人物，他却选择了最安全的一条道路,而把极端危险的事情留给了皇帝,这就是忠臣义士感到愤怒不平的原因。在这时,即使没有袁盎,晁错也免不掉杀身之祸。为什么这样说?因为自己想留守国都,却让皇帝亲自率兵征讨,从情理上来讲,皇帝对这样的安排肯定会感到很难忍受,又不便反对他的建议,所以袁盎的坏话便在其间起作用了。如果在吴、楚七国发动叛乱时,晁错亲自承担危险的任务,日夜不停地做好准备,面向东方严阵以待,使叛敌不至于连累到皇帝,那么皇帝将会依靠他而不会感到恐惧。在这种情况下,即使有一百个袁盎,还能找到可乘之机进行挑拨离间吗?

原文

嗟夫!世之君子欲求非常之功,则无务为自全之计。使错自将而讨吴、楚,未必无功。惟其欲自固其身,而天子不悦,奸臣得以乘其隙。错之所以自全者,乃其所以自祸欤?

【精彩解说】

唉!世上的君子想要获取不寻常的功业,就不要专为保全自己而打算。如果晁错亲自率军去征讨吴、楚七国,未必不能建功。正是由于他想保全自己,而使得皇帝不悦,奸臣这才乘隙而入。如此看来,晁错用来保全自己的打算,岂不正是他自取杀身之祸的原因吗?

拓展阅读

千古伯乐

欧阳修非常爱惜人才,一旦发现有真才实学的后生都会极力推荐,使得许多默默无闻的青年才俊得以发挥自身的才能,甚至是名垂后世,欧阳修可谓是千古伯乐。被欧阳修举荐的人包括苏轼、苏辙、曾巩等文坛巨匠,还包括张载、程颢、吕大钧等大儒。欧阳修一生桃李满天下,包拯、韩琦、文彦博、司马光都曾得到他的赞赏和推荐。"唐宋八大家"中有五人出自欧阳修门下。

卷十一 宋文

超然台记

苏 轼

〔题解〕

苏轼在密州（治所在今山东诸城）任知州时，修复了一座破旧的高台，用以登高远眺。他的弟弟苏辙将此台命名为"超然台"，以此来表示苏轼超然物外的豁达性格，苏轼因此创作了这篇《超然台记》。这篇文章用"乐"字贯穿全文，反映了作者知足常乐、超然达观的人生态度，但作者在官场上屡遭贬谪，漂泊不定，心情自然苦闷，所以字里行间也隐含了一些失意。

【原文】

凡物皆有可观。苟有可观，皆有可乐，非必怪奇伟丽者也。餔糟啜醨①，皆可以醉；果蔬草木，皆可以饱。推此类也，吾安往而不乐？

——【字词注解】

①餔：吃。啜：喝。醨：薄酒。

——【精彩解说】

任何东西都有值得观赏的地方。只要值得观赏，那就都可以感到快乐，并不一定是稀奇古怪、雄伟瑰丽的东西。吃酒糟饮薄酒，都会令人醉倒；吃瓜果蔬菜、野菜野果，都可以充饥。以此类推，我到哪里去会不感到欢乐呢？

原文

夫所为求福而辞祸者，以福可喜而祸可悲也。人之所欲无穷，而物之可以足吾欲者有尽。美恶之辨战于中②，而去取之择交乎前，则可乐者常少，而可悲者常多，是谓求祸而辞福③。夫求祸而辞福，岂人之情也哉？物有以盖之矣。彼游于物之内，而不游于物之外。物非有大小也，自其内而观之，未有不高且大者也；彼挟其高大以临我，则我常眩乱反复④，如隙中之观斗，又乌知胜负之所在⑤？是以美恶横生而忧乐出焉，可不大哀乎？

【字词注解】

② 中：内心。
③ 辞：离去，舍弃。
④ 眩：两眼昏花的样子。
⑤ 乌：怎么。

【精彩解说】

为了求得幸福而躲避灾祸的人们，认为幸福可以使人欢乐，而灾祸使人悲哀。人们的欲望是无穷无尽的，但可以满足我们欲望的东西却是有限的。如果内心总是为了辨别美和丑而进行斗争，眼前总是为了抉择取舍而纠缠，那么值得快乐的事往往很少，而使人悲哀的事往往很多，这可以说是求得祸患而弃掉幸福。求得祸患而弃掉幸福，难道说是人之常情吗？这是由于身外之物遮蔽所致啊。一些人只知纠缠于事物内部，而不知超然于事物外部。事物本身并没有大小之分，从它的内部来看，没有不是既高且大的；它们依仗着既高且大的优势来面对我们，使得我们常常会感到头晕目眩而心潮起伏，就好像从门缝里看外面的人在厮打，又怎么能够知道谁胜谁负呢？因而美和丑就在眼前交错出现，忧愁和快乐就在心中错杂产生，能不感到莫大的悲哀吗？

原文

予自钱塘移守胶西⑥，释舟楫之安而服车马之劳，去雕墙之美而庇采椽之居⑦，背湖山之观而行桑麻之野。始至之日，岁比不登⑧，盗贼满野，狱讼充斥，而斋厨索然⑨，日食杞菊⑩。人固疑予之不乐也，处之期年而貌加丰，发之白者，日以反黑。予既乐其风俗之淳，而其吏民亦安予之拙也⑪。于是治其园囿，洁其庭宇，伐安丘、高密之木⑫，以修补破败，为苟完之计⑬。而园之北，因城以为台者旧矣，稍葺而新之。

【字词注解】

⑥胶西：山东胶河以西地区。这里指密州。
⑦采椽：将采伐来的未经细加工的木料用作屋椽，引申为粗陋之意。
⑧岁：年景，收成。比：屡屡。
⑨斋厨：厨房。斋，屋舍，多指书房、学员宿舍、厨房。
⑩杞菊：枸杞和菊花，苗嫩时都可食。这里泛指野菜。
⑪拙：笨，古人常用作自谦之辞。
⑫安丘、高密：当时密州的两个县。
⑬苟：暂且。

【精彩解说】

我从钱塘调任胶西，失去了在江河中乘船的安逸环境，承受着骑马坐车的劳累；离开了雕梁画栋的华丽住宅，栖身于不加装饰的陋室；告别了湖光山色的美景，奔走于遍地桑麻的郊野。开始到任的时候，庄稼连年歉收，盗贼充斥四处，狱讼案件积压如山，而厨房里也是空空荡荡的，每天吃的都是杞、菊一类的野菜。人们自然会怀疑我不高兴，这样生活了一年之后，我的面容却丰腴了，原来的白发也日渐黑了起来。我已经喜欢这里社会风气的淳朴，而这里的下属和百姓也习惯了我这个庸才。于是我便整修了官府的园囿，清扫了庭院屋宇，采伐了安丘、高密的树木，用来修复破损败坏之处，做简单修缮的打算。在园圃的北面,有一个背倚城墙修筑的高台已破旧不堪,我便稍加修整,使它面貌一新。

原文

时相与登览,放意肆志焉。南望马耳、常山⑭,出没隐见,若近若远,庶几有隐君子乎?而其东则庐山⑮,秦人卢敖之所从遁也⑯。西望穆陵⑰,隐然如城郭,师尚父、齐威公之遗烈犹有存者⑱。北俯潍水⑲,慨然太息,思淮阴之功⑳,而吊其不终。台高而安,深而明,夏凉而冬温,雨雪之朝,风月之夕,予未尝不在,客未尝不从。撷园蔬㉑,取池鱼,酿秫酒㉒,瀹脱粟而食之㉓,曰:"乐哉!游乎!"

【字词注解】

⑭马耳:山名,在今山东诸城附近。常山:山名,在今山东诸城附近。

⑮庐山:山名,在今山东诸城城东。非今之江西庐山。

⑯卢敖:燕国人,秦始皇时任博士,秦始皇命他入东海寻找仙人以求仙药,未得。卢敖借机逃到密州东部隐居,相传庐山上有卢敖洞。

⑰穆陵:关名,故址在今山东临朐(qú)东南,春秋时为齐国南境,有"齐南天险"之称。

⑱师尚父:吕尚,又称姜子牙、姜太公,商末人,曾助周武王灭商,故被尊称为师尚父,封于齐。齐威公:齐桓公,春秋时齐国国君,为五霸之一。

⑲潍(wéi)水:今称潍河。秦末,汉将韩信攻打齐国,楚国派大将龙且援齐,韩信在潍水一带大破楚军。

⑳淮阴:淮阴侯韩信,淮阴人,因辅佐刘邦有功,被封为齐王。后因涉嫌谋反,降为淮阴侯,终被吕后诛杀。

㉑撷:采摘。

㉒秫酒:黄米酒。

㉓瀹(yuè):用热水煮物。脱粟:去壳的小米。

【精彩解说】

我时常和友人一起登台游览,毫无拘束地尽情欢乐。向南望去可以看到马耳山和常山在云雾中时隐时现,若近若远,大概那里有隐居不出的君子吧?而在高台之东则是庐山,那是秦人卢敖逃匿隐藏之地。向西望去是穆陵关,隐隐约约像座城堡,从前姜太公和齐桓公留下的遗迹还有保存下来的。向北俯视潍水,令人感慨叹息,追念淮阴侯韩信当年立下的战功,又哀悼他最后不得善终。这座台子既高又稳固,既深广又明亮,冬暖夏凉,无论是雨洒雪飘的早晨,还是月明风清的晚上,我从来没有不来的时候,客人也从来没有不跟我一同前来的。采摘园里的蔬菜,捕捞池中的鲜鱼,酿黄米酒,吃着糙米粗饭,大家边品尝边赞叹:"真是快乐啊!在这里畅游!"

原文

方是时,予弟子由适在济南[24],闻而赋之,且名其台曰"超然",以见予之无所往而不乐者,盖游于物之外也。

【字词注解】

[24] 子由:苏辙,字子由,苏轼之弟。熙宁三年(1070年)任齐州掌书记(节度使属下主管文牍的官员)。齐州治所在济南(今属山东)。苏辙作有《超然台赋》,今尚存。

【精彩解说】

我的弟弟子由,这时恰巧在济南任职,听说这件事后便写了一篇赋,还把这座高台命名为"超然",用以说明我是一个无论到哪里都会快乐的人,因为我能超然于物外啊。

石钟山记

苏 轼

〔题解〕

《石钟山记》是苏轼在游石钟山后所写的一篇考察性的游记。石钟山在今江西湖口的鄱阳湖边。作者在本文中考证了石钟山名字的由来,并详尽地记叙了他亲身游览的过程,从而确定了旧说中的谬误,得出了要准确判断一件事必须实际去调查的结论。全文结构独特,有叙有议,语言流畅,修饰巧妙,在作者的游记作品中脱颖而出。

《水经》云①:"彭蠡之口有石钟山焉②。"郦元以为下临深潭③,微风鼓浪,水石相搏,声如洪钟。是说也,人常疑之。今以钟磬置水中,虽大风浪不能鸣也,而况石乎!至唐李渤始访其遗踪④,得双石于潭上,扣而聆之,南声函胡⑤,北音清越⑥,枹止响腾⑦,余韵徐歇。自以为得之矣。然是说也,余尤疑之。石之铿然有声者,所在皆是也,而此独以钟名,何哉?

【字词注解】

① 《水经》:我国古代第一部记载水流分布概况的专著,传为汉代桑钦所作。

② 彭蠡(lí):今称鄱阳湖。

③郦元：郦道元，字善长，南北朝时北魏人。他认为《水经》的内容过于简略，便详加注释。注中引用古代典籍甚多，是保存至今的一部古代地理名著，且富有文学价值。

④李渤：字濬之，唐代洛阳人。宪宗时曾任江州（今江西九江）刺史，写过《辨石钟山记》。

⑤函胡：模糊不清。

⑥清越：声音清亮而高扬。

⑦枹（fú）：鼓槌。

【精彩解说】

《水经》上说："彭蠡湖的出口处有座石钟山。"郦道元认为这座山的下面是个深潭，微风吹动波浪，潭水和石头相互碰撞，发出的声音像洪钟一样。这种说法，人们常常怀疑它。现在我们把钟磬之类的乐器放到水里，即使是大风大浪也不能使它发出响声，更何况是石头呢！到了唐朝，李渤开始寻访它的遗迹，在潭上发现了两块石头，敲打后一听，南面那块发出的声音低沉混浊，北面那块发出的声音清脆响亮，鼓槌停止敲击后，响声仍在回荡，余音片刻才缓慢消失。他便认为找到了石钟山命名的原因。然而对于他的说法，我更加怀疑了。石头被敲打后能够发出铿铿声音的到处都是，然而唯独这里用"钟"来命名，这是什么缘故呢？

原文

元丰七年六月丁丑⑧，余自齐安舟行适临汝⑨，而长子迈将赴饶之德兴尉⑩，送之至湖口⑪，因得观所谓石钟者。寺僧使小童持斧，于乱石间择其一二扣之，硿硿然⑫，余固笑而不信也。至其夜月明，独与迈乘小舟至绝壁下。大石侧立千尺，如猛兽奇鬼，森然欲搏人；而山上栖鹘，闻人声亦惊起，磔磔云霄间⑬。又有若老人咳且笑于山谷中者⑭，或曰："此鹳鹤也⑮。"余方心动欲还，而大声发于水上，噌吰如钟鼓不绝⑯。舟人大恐。徐而察之，则山下皆石穴罅⑰，不知其浅深，微波入焉，涵澹澎湃而为此也⑱。舟回至两山间⑲，将入港口⑳，有大石当中流，可坐百人，空中而多窍，与风水相吞吐，有窾坎镗鞳之声㉑，与向之噌吰者相应，如乐作焉。因笑谓迈曰："汝识之乎？噌吰者，周景王之无射也㉒，窾坎镗鞳者，魏庄子之歌钟也㉓。古之人不余欺也！"

【字词注解】

⑧元丰：宋神宗年号。元丰七年即1084年。丁丑：古代以天干地支纪日，六月丁丑即六月初九。

⑨齐安：今湖北黄冈西北。那时作者在当地任团练使，奉命移贬到临汝。临汝：今属河南。

⑩迈：苏轼长子，字伯达，当时将去任德兴（今属江西）县尉。

⑪湖口：今属江西，为石钟山所在地。

⑫硿（kōng）硿：象声词。击打金石声。

⑬鹘（hú）：类似鹰的一种猛禽。

⑭磔（zhé）磔：象声词。鸟鸣声。

⑮咳：咳嗽，喘。

⑯鹳（guàn）鹤：一种水鸟。

⑰噌（chēng）吰：象声词。钟鼓声。

⑱罅（xià）：缝隙。

⑲涵澹（dàn）：水摇荡的样子。

⑳两山：石钟山分为南北两山，分别称为上钟山、下钟山。

㉑港口：水的分流处。

㉒窾（kuǎn）坎：打击声。镗（tāng）鞳（tà）：钟鼓声。

㉓周景王：东周时国君。无射：周景王时铸成的大钟。

㉔魏庄子：魏绛，春秋时魏国大夫，庄子为其谥号。魏绛因有功，晋悼公曾将别国所赠编钟、女乐分一半给他。

【精彩解说】

元丰七年六月初九那天，我从齐安坐船到临汝去，同时长子苏迈要到饶州的德兴县去任县尉，便送他到湖口，因而得以看到人们所说的石钟山。庙里的和尚叫一个小孩子拿着斧头，在一堆乱石中选出一两块来敲打，发出了硿硿的声音，我只是笑了一笑，不肯相信。到了夜间月光明亮时，我单独和苏迈坐小船来到了峭壁之下。旁边巨大的岩石倾斜着立在那里高达千尺，形状好像是猛兽和奇异的鬼怪，阴森森的，像是要抓人。而山上栖息着的鹘鸟，听到人的声音后也惊慌地飞起来，磔磔地鸣叫着冲向云霄。又有一种像是老年人在山谷中发出的边咳嗽边笑的声音，有人说："这是鹳鹤。"我心里正有些害怕，想要返程，这时在水面上发出一种很大的声音，轰隆隆的，好像钟鼓的响声连续不断。船夫十分害怕。我慢慢地察看，发现山下都是一些岩石的洞穴和裂缝，不知道它们的深浅，遇到了小的波浪冲进去，在里面激荡起伏才形成了这种声音。小船回到两山中间，将要进入湖水的分流处，有块巨大的岩石挡在了水流的中间，上面可以坐得下上百人，这块岩石的中间是空的，还有很多孔隙，当吞吐着风和水时，便会发出窾坎镗鞳的声音，和刚才听到的轰隆隆的声音相呼应，好像在奏乐一样。我便笑着对苏迈说："你知道吗？轰隆隆的声音，像是周景王的无射钟发出的，窾坎镗鞳的声音，像是魏庄子的歌钟发出的。古人把这座山命名为石钟山并没有欺骗我们啊！"

【原文】

事不目见耳闻而臆断其有无，可乎？郦元之所见闻殆与余同，而言之不详；士大夫终不肯以小舟夜泊绝壁之下，故莫能知；而渔工水师虽知而不能言㉕，此世所以不传也。而陋者乃以斧斤考击而求之㉖，自以为得其实。余是以记之，盖叹郦元之简，而笑李渤之陋也。

【字词注解】

㉕水师：水手。师，古代对具有某种技艺的人的一种敬称，如石师、乐师等。

㉖考击：敲打。考，敲击。

【精彩解说】

事物不经过耳闻目睹，只凭着个人想象来推断它的有无，可以吗？郦道元看到的和听到的大概和我一样，可是他在书里说得并不详细；一般士大夫始终不肯乘坐小船在夜间来到峭壁之下，因而无法知道事情的真相；而渔民和船工虽然知道真相却又讲不出道理来，这就是石钟山命名的真相不能传播到世上的原因。而那些知识浅薄的人竟然用斧头敲打石头来寻求真相，还自以为找到了正确的答案。我因此写出了这篇文章，既叹惜郦道元记事太简略，又讥笑李渤的见识太浅陋。

前赤壁赋

苏 轼

〔题解〕

本文是苏轼被贬为黄州（今湖北黄冈）团练副使和宾客游览赤壁时所作。作者曾两次到赤壁，分别写下了《前赤壁赋》和《后赤壁赋》。这篇文章记叙了作者与朋友们月夜泛舟游赤壁所见到的景象和内心的感受，以作者的主观感受为线索，通过主客问答的形式，叙述了作者从月夜泛舟的畅快，到怀古伤今的悲哀，再到精神解脱的达观。全赋在布局与结构安排中映现了其独特的艺术构思，情、景、理相融合，是当之无愧的赋中佳作。

原文

　　壬戌之秋①，七月既望②，苏子与客泛舟游于赤壁之下。清风徐来，水波不兴。举酒属客，诵《明月》之诗③，歌"窈窕"之章④。少焉，月出于东山之上，徘徊于斗、牛之间⑤。白露横江，水光接天。纵一苇之所如，凌万顷之茫然。浩浩乎如冯虚御风⑥，而不知其所止，飘飘乎如遗世独立，羽化而登仙⑦。

【字词注解】

①壬戌：按照古代干支纪年推算，壬戌为宋神宗元丰五年（1082年）。

②既望：十六日。望为十五日。既，过了。

③《明月》之诗：指《诗经·陈风·月出》。

④"窈窕"之章：指《月出》一诗的首章，其中有"舒窈纠兮"之句。

⑤斗、牛：二十八星宿中的斗宿和牛宿。

⑥冯虚：腾空而起。冯，同"凭"。御：驾驶。

⑦羽化：指飞升上天成了神仙。

—●【精彩解说】

壬戌年的秋天，七月十六日那天，我和客人们划着船到赤壁之下去游览。清风缓慢地吹过来，江面没有激起波浪。我举起酒杯向客人敬酒，朗诵《诗经·陈风·月出》之诗，歌唱"窈窕"之篇。过了片刻，月亮从东山上升起，在斗、牛两个星宿之间踟蹰。白茫茫的雾气横跨江面，水面的月光和天空连成一片。我们听任苇叶般的小船自由自在地漂流，越过茫茫无边的江面。在浩瀚的江水中好像要乘风飞去，不知将要飞向何处，我们飘飘然好像远离尘世而独自存在，又好像变成了神仙一样。

于是饮酒乐甚，扣舷而歌之，歌曰："桂棹兮兰桨⑧，击空明兮溯流光⑨。渺渺兮予怀，望美人兮天一方⑩。"客有吹洞箫者，依歌而和之。其声呜呜然，如怨如慕，如泣如诉，余音袅袅，不绝如缕，舞幽壑之潜蛟，泣孤舟之嫠妇⑪。

—●【字词注解】

⑧棹（zhào）：划船工具，前推者为"桨"，后推者为"棹"。

⑨泝：同"溯"。

⑩美人：古文中常以"美人"指贤人或所思念的人，这是一种借代的修辞方法。

⑪嫠（lí）妇：寡妇。

—●【精彩解说】

这时，大家喝着酒十分高兴，敲打着船舷唱起歌来，歌词是："桂木做的棹啊，兰木做成的桨，迎着透明的月色击打着清澈的江水啊，让小船逆流而上迎来流动的波光。我的胸怀无比广阔，遥望心中的美人啊，天各一方。"客人中有位能吹洞箫的，按照歌词的旋律进行伴奏。箫声呜呜地响，好像哀怨又好像思慕，好像哭泣又好像倾诉，箫声停后仍旧余音袅袅，好像一缕细丝连绵不断，这种声音能使潜伏在深渊中的蛟龙起舞，使独处孤舟中的寡妇为之哭泣。

原文

苏子愀然[12]，正襟危坐而问客曰："何为其然也？"客曰："'月明星稀，乌鹊南飞'，此非曹孟德之诗乎[13]？西望夏口[14]，东望武昌[15]，山川相缪[16]，郁乎苍苍，此非孟德之困于周郎者乎[17]？方其破荆州[18]，下江陵[19]，顺流而东也，舳舻千里[20]，旌旗蔽空，酾酒临江，横槊赋诗，固一世之雄也，而今安在哉？况吾与子渔樵于江渚之上，侣鱼虾而友麋鹿，驾一叶之扁舟，举匏樽以相属[23]。寄蜉蝣于天地[23]，渺沧海之一粟，哀吾生之须臾[24]，羡长江之无穷，挟飞仙以遨游，抱明月而长终。知不可乎骤得[25]，托遗响于悲风[25]。"

【字词注解】

⑫ 愀（qiǎo）：忧愁不乐的样子。

⑬ 曹孟德：曹操，字孟德。

⑭ 夏口：地处汉水入长江之口，因汉水自沔阳以下兼称夏水，故名夏口，故址在今湖北武汉黄鹄山。

⑮ 武昌：今湖北鄂城。

⑯ 缪（liáo）：缠绕。

⑰ 周郎：周瑜，字公瑾，年少时被人昵称为"周郎"，三国时东吴名将。汉献帝建安十三年（208年），曹操率军南下，周瑜与刘备合兵，大败曹兵于赤壁。

⑱ 荆州：今湖北襄阳。

⑲ 江陵：今属湖北。

⑳ 舳（zhú）舻（lú）：舳，船尾。舻，船头。泛称船只。一说为大船。

㉑ 酾（shī）：斟酒。

㉒ 槊（shuò）：古代兵器，似长矛。

㉓ 渚（zhǔ）：江中的小洲。

㉔ 匏樽：匏制的酒樽。泛指饮具。

㉕ 蜉蝣：一种昆虫，据说只能活几个小时，朝生暮死。

㉖ 粟：小米。

㉗ 须臾：片刻之间。佛教认为一日一夜有三十须臾。

㉘ 骤：迅速。

㉙ 遗响：余音。

【精彩解说】

我这时面现忧愁之色，整理衣襟而端正地坐着问客人说："这箫声为什么这样伤感呢？"客人说："'月明星稀，乌鹊南飞'，这不是曹操写的诗句吗？从这里向西望到夏口，向东望到武昌，山川缭绕，郁郁苍苍，这不就是曹操被周郎围困的地方吗？当初曹操攻占了荆州，拿下了江陵，大军顺着长江东下的时候，战船连接，绵延千里，旗帜遮蔽天空，站在船上洒酒祭江，横握槊赋诗明志，确实是一世的英雄啊，可如今又到哪里去了呢？何况我和你在江边沙洲上钓鱼砍柴，与鱼虾做伴，与麋鹿为友，驾着一叶小舟，举起酒杯互相劝酒。像蜉蝣一样在天地间寄托着短促的生命，渺小得像沧海中的一粟，哀叹我们的生命太短促了，羡慕长江流水的无穷无尽，希望追随着仙人遨游于太空，更希望怀抱明月而永存于天地。我知道这些希望不会立即实现，只有借箫声的余音把无穷的遗憾诉诸江上的秋风。"

原文

苏子曰："客亦知夫水与月乎？逝者如斯㉚，而未尝往也；盈虚者如彼，而卒莫消长也㉛。盖将自其变者而观之，则天地曾不能以一瞬，自其不变者而观之，则物与我皆无尽也。而又何羡乎？且夫天地之间，物各有主，苟非吾之所有，虽一毫而莫取。惟江上之清风，与山间之明月，耳得之而为声，目遇之而成色，取之无禁，用之不竭，是造物者之无尽藏也㉜，而吾与子之所共适㉝。"

【字词注解】

㉚逝者如斯：这原是孔子说的话，见《论语·子罕》："子在川上曰：逝者如斯夫。"逝，消失，流失。斯，如此，这样。

㉛卒：最后，最终。

㉜造物者：创造万物的主宰。

㉝适：满足，安适。

【精彩解说】

我对客人说："您也知道那江水和月亮吗？江水虽然日夜不停地流去，但长江本身并没有因之而消失；月亮虽然那样时圆时缺，但月亮本身并没有丝毫增减。如果从变化的方面来看，天地之间的万物用不了一眨眼的工夫就会变了；如果从不变的方面来看，万物和我都永远存在着。那又何必羡慕它们呢？况且天地之间，万物都各自有主，如果不是为我所有的，即便是一丝一毫也不能去取。只有那江上的清风和山间的明月，用耳朵就能听到它们的声音，用眼睛就能看到它们的颜色，取走它们无人禁止，享用它们也从不会枯竭，这是大自然留下的无穷无尽的宝藏，也是我和您可以共同享受的。"

原文

客喜而笑，洗盏更酌，肴核既尽㉞，杯盘狼藉㉟，相与枕藉乎舟中㊱，不知东方之既白。

【字词注解】

㉞肴核：肉类果类食物。

㉟狼藉：杂乱无序的样子。

㊱枕藉：枕头和褥子。在这里用作动词，意思是杂乱地躺在一起。

【精彩解说】

客人听后高兴地笑了，洗了酒杯重新斟酒，直到菜肴和果品都吃完了，酒杯和盘子放得凌乱不堪，大家互相依偎着在船中睡着了，不知不觉东方已经露出了白色。

后赤壁赋

苏　轼

〔题解〕

　　苏轼初游赤壁后仅隔三个月，又来到了这个地方，游览之后，又写了一篇文章，便是这篇《后赤壁赋》。同是一地，但时令不同：《前赤壁赋》写的是秋景，刻画的是清风吹拂明月照耀下江面上静谧祥和的环境；而《后赤壁赋》描绘的是冬景，刻画的是肃杀的场面。《后赤壁赋》沿用了赋体主客问答的格局，描写了长江在月夜中的优美景色，抒发了作者的人生哲学，表现了作者内心怅然若失的苦闷。

原文

　　是岁十月之望①，步自雪堂②，将归于临皋③。二客从予，过黄泥之坂④。霜露既降，木叶尽脱，人影在地，仰见明月，顾而乐之，行歌相答。

【字词注解】

　　①是岁：指初游赤壁之年，即宋神宗元丰五年（1082年）。

　　②雪堂：苏轼在黄州建造的住宅，因在雪天竣工，同时四壁皆绘有雪景，遂命名为"雪堂"。

　　③临皋（gāo）：亭名。故址在今湖北黄冈南长江旁，为苏轼初到黄州时的住所。

　　④黄泥之坂：黄泥，山坡名。坂，山坡。

【精彩解说】

　　这一年的十月十五日，我从雪堂走出，将要回到临皋。有两位客人跟随着我，经过黄泥坂。当时霜露已经降临，树木的叶子全部凋落了，人的影子倒映于大地，抬头看到明月，主客环顾四周感到很高兴，便一边走一边吟诗，互相唱和。

原文

　　已而叹曰："有客无酒，有酒无肴。月白风清，如此良夜何！"客曰："今者薄暮⑤，举网得鱼，巨口细鳞，状如松江之鲈⑥。顾安所得酒乎？"归而谋诸妇⑦。妇曰："我有斗⑧酒，藏之久矣，以待子不时之需。"

【字词注解】

　　⑤薄暮：傍晚。薄，逼近。
　　⑥松江之鲈：松江（今属上海）出产的鲈鱼，为鱼中之佳品。
　　⑦诸："之于"的合音。
　　⑧斗：古代酒器。

【精彩解说】

　　过了一会儿，我叹气说："有客人却没有酒，即便有了酒又没有下酒的菜品。月色皎洁而晚风清凉，叫我们如何度过这个良宵呢！"客人说："今天傍晚时，我撒网捕到一条鱼。嘴大鳞细，外形好像是松江的鲈鱼。可是到哪里才能弄到酒呢？"我就回家和妻子商量。妻子说："我有一斗酒，已存放很久了，为的就是以备你的临时需要。"

原文

　　于是携酒与鱼，复游于赤壁之下。江流有声，断岸千尺⑨。山高月小，水落石出。曾日月之几何⑩，而江山不可复识矣！予乃摄衣而上，履巉岩⑪，披蒙茸⑫，踞虎豹，登虬龙⑬，攀栖鹘之危巢⑭，俯冯夷之幽宫⑮。盖二客不能从焉。划然长啸⑯，草木震动，山鸣谷应，风起水涌。予亦悄然而悲,肃然而恐,凛乎其不可留也。反而登舟,放乎中流,听其所止而休焉。时夜将半,四顾寂寥。适有孤鹤,横江东来,翅如车轮,玄裳缟衣⑰,戛然长鸣⑱,掠予舟而西也。

【字词注解】

⑨断岸：直上直下的峭岸，犹如斧劈刀断一样。

⑩曾：乃。在这里有料想不到之意。相当于"竟""却""简直"。

⑪巉（chán）岩：险峻的山石。

⑫蒙茸：（毛发、草木等）蓬松、纷乱的样子。

⑬虬（qiú）龙：古代传说中的一种龙。这里比喻弯曲的树枝。

⑭鹘（hú）：能搏击飞鸟的一种猛禽。

⑮冯（féng）夷：传说中的黄河之神。

⑯啸：张口发出一种悠长的声音。古人常以此作为一种健身或抒发情结的手段。

⑰玄裳：黑色的下衣（裙）。缟（gǎo）衣：白色的上衣。缟，一种白色的丝织品。

⑱戛（jiá）：象声词，形容尖叫声。

【精彩解说】

于是我们带着酒和鱼，再次到赤壁之下游览。长江的流水哗哗地发出响声，陡峭的江岸高达千尺。山峦高耸衬托着不大的月亮，水位下降后露出了礁石。仅仅过了不长的时间，上次所见到的江景山色竟再也认不出来了！我便撩起衣襟上岸，脚踏险峻的岩石，拨开杂乱的野草，坐在形似虎豹的怪石上休息，然后又攀上虬龙般的树枝，手攀鹘鸟栖身的高高的鸟巢，俯视着水神冯夷所居的深宫。此时，那两位客人已经无力跟着我爬上来了。我撮口一声长啸，草木为之震动，山谷也发出了回声，风在吹动而江水汹涌。我暗自感到悲伤，真是恐慌之至，吓得我不敢在那里停留了。我返回到岸边登上小舟，把小舟驶到江心，任凭它随意漂荡后再停止。这时已将近午夜，四下环顾一片沉寂。正好有只孤鹤横穿大江上空从东飞来，展开的双翅像车轮一样，好像穿着白衣黑裙一样，戛然一声长鸣，掠过我们乘坐的小舟向西飞去。

原文

须臾客去，予亦就睡。梦一道士，羽衣蹁跹[19]，过临皋之下，揖予而言曰："赤壁之游乐乎？"问其姓名，俛而不答。"呜呼噫嘻！我知之矣！畴昔之夜，飞鸣而过我者，非子也耶？"道士顾笑，予亦惊寤。开户视之，不见其处。

【字词注解】

[19] 羽衣：用羽毛编织的衣服，取其似能飞翔之意。后世常称道士或神仙所穿衣服为羽衣。

【精彩解说】

不久客人离去，我也睡下了。梦见有一位道士，穿着羽衣飘然而来，经过临皋亭下，向我拱手作揖说："赤壁之游高兴吗？"问他的姓名，他低着头并不回答。"唉！嘻嘻！我知道了！昨夜，从我船上飞叫着过去的，不就是您吗？"道士听到这句话后对着我笑了笑，我也惊醒了。开门一看，看不到他在何处。

六国论

苏 辙

〔题解〕

苏辙（1039—1112年），字子由，眉山人，北宋文学家，"唐宋八大家"之一。宋仁宗时曾任商州军事推官，神宗时因反对王安石变法，由制置三司条例司出为河南府推官。哲宗时官至翰林学士、门下侍郎。苏辙生平学问深受其父兄影响，以散文著称，擅长政论和史论，诗的风格淳朴无华，书法潇洒自如，工整有序。

六国，指战国时期除了秦国以外的另外六个大诸侯国。本文分析了六国最终被秦国吞并的原因，着重探讨了六国当时应采取的自安之计，全文抓住一个"势"字，站得高，看得远，从大处着笔，高谈阔论，说短论长。

【原文】

尝读六国世家①，窃怪天下之诸侯以五倍之地、十倍之众，发愤西向，以攻山西千里之秦②，而不免于灭亡。常为之深思远虑，以为必有可以自安之计。盖未尝不咎其当时之士虑患之疏而见利之浅，且不知天下之势也。

——【字词注解】

①六国：指史记中记载的齐、楚、燕、赵、韩、魏六个诸侯国。世家：

《史记》中专门记载世袭诸侯的史实的一种传记。

②秦：战国时位于崤山以西的国家，位于今陕西、甘肃一带。

【精彩解说】

我曾经读过《史记》中的六国世家，私下里感到奇怪的是当时的各国诸侯拥有五倍于秦国的土地、十倍于秦国的人口，发愤向西方大规模进军，去攻打崤山以西的方圆千里的秦国，却不免最后灭亡。我常常对这个问题认真思考，认为一定会有一个使六国可以保全自己的策略。因而不得不责怪当时的那些谋士，他们考虑问题太疏忽大意，而只是目光短浅地追求眼前利益，并且不了解天下的形势。

原文

夫秦之所与诸侯争天下者，不在齐、楚、燕、赵也，而在韩、魏之郊③；诸侯之所与秦争天下者，不在齐、楚、燕、赵也，而在韩、魏之野。秦之有韩、魏，譬如人之有腹心之疾也。韩、魏塞秦之冲④，而蔽山东之诸侯⑤，故夫天下之所重者，莫如韩、魏也。

【字词注解】

③郊：古代称城邑之外为郊，五十里为近郊，一百里为远郊，引申为城外、国土。下文的"野"同义。行文中变换一个同义词以避免重复，在古文中较常见。

④塞：挡住，阻挡。冲：交通或军事要道。

⑤山东：崤山之东。在这里特指齐、楚、燕、赵四国。

【精彩解说】

秦国和各国诸侯争夺天下的关键地带，不在于齐、楚、燕、赵，而在于韩、魏的国土；各国诸侯和秦国争夺天下的关键地带，也不在于齐、楚、燕、赵，而在于韩、魏的领地。对秦国来说，韩、魏两国的存在，就如同人有了心腹之患。韩、魏的位置正好堵塞了秦国的交通要道，同时蔽护了崤山以东的各国，所以说那时天下最重要的地带，没有比得上韩、魏两国的了。

原文

昔者范雎用于秦而收韩⑥，商鞅用于秦而收魏⑦。昭王未得韩、魏之心，而出兵以攻齐之刚、寿⑧，而范雎以为忧，然则秦之所忌者可见矣。

秦之用兵于燕、赵，秦之危事也。越韩过魏而攻人之国都，燕、赵拒之于前，而韩、魏乘之于后，此危道也。而秦之攻燕、赵，未尝有韩、魏之忧，则韩、魏之附秦故也。夫韩、魏诸侯之障，而使秦人得出入于其间，此岂知天下之势耶？委区区之韩、魏，以当强虎狼之秦，彼安得不折而入于秦哉？韩、魏折而入于秦，然后秦人得通其兵于东诸侯，而使天下遍受其祸。

【字词注解】

⑥范雎（jū）：战国时魏国人，在秦昭王时任秦相。他向昭王提出了"远交近攻"的策略，主张先攻取邻近秦国而又国势衰败的韩国，然后再攻打其他各国。

⑦商鞅：战国时卫国人，在秦孝公时任秦相，辅佐孝公变法图强，曾劝孝公攻打魏国，他认为吞并魏国后，可以向东完成统一大业。

⑧"昭王"二句：秦昭王三十七年（公元前270年），秦出兵攻齐，夺取了刚、寿两邑。范雎不同意这一行动，认为越过韩、魏去攻打齐国是错误的。刚，今山东宁阳。寿，今山东东平。

【精彩解说】

从前范雎被秦国重用后就主张拿下韩国，商鞅被秦国重用后就主张拿下魏国。秦昭王在没有得到韩、魏真心归顺时，就去攻打齐国的刚、寿地带，范雎便为之担忧，那么秦国所顾虑的事情也就可以一目了然了。

秦国对燕、赵用兵，对秦国来说是一件危险的事。因为穿越韩、魏的领土而去攻打别人的国都，燕、赵会在前面抵抗，而韩、魏也会在后面乘机袭击，这是一条危险的用兵道路。然而秦国在攻打燕、赵时，没有出现韩、魏乘机袭击的忧患，那是因为韩、魏已经归附了的缘故。韩、魏两国是其他几个诸侯国的屏障，却让秦国人在那里随便出入，这难道说是了解天下的大势吗？丢弃小的韩、魏两国，让它们去抵挡虎狼一般强大的秦国，它们怎能不屈服而投入秦国的怀抱呢？韩、魏屈服而投入秦国的怀抱，然后秦国人就可以在它们那里畅行无阻地出兵攻打东方各诸侯国，从而使整个天下都遭受战祸。

原文

夫韩、魏不能独当秦，而天下之诸侯藉之以蔽其西，故莫如厚韩亲魏以摈秦⑨。秦人不敢逾韩、魏以窥齐、楚、燕、赵之国，而齐、楚、燕、赵之国，因得以自完于其间矣。以四无事之国，佐当寇之韩、魏，使韩、魏无东顾之忧，而为天下出身以当秦兵。以二国委秦，而四国休息于内，以阴助其急，若此可以应夫无穷，彼秦者将何为哉？不知出此，而乃贪疆场尺寸之利⑩，背盟败约，以自相屠灭。秦兵未出，而天下诸侯已自困矣。至于秦人得伺其隙，以取其国，可不悲哉！

【字词注解】

⑨摈（bìn）：排斥，抛弃，引申为抗拒。
⑩疆场：疆界，边界。

【精彩解说】

韩、魏不能独自抵挡秦国，然而天下的诸侯国却需要它们作为自己西方的屏障，所以不如用优厚的条件来亲近韩、魏以抗拒秦国。这样秦国人就不敢越过韩、魏来窥伺齐、楚、燕、赵等国，而齐、楚、燕、赵等国，便可以凭借这种局面来保全自己了。让四个没有发生战事的国家，帮助面对强寇的韩、魏两国，使韩、魏两国没有东顾之忧，它们就能够为天下的诸侯国挺身而出以抵挡秦兵的进攻。用两个国家对付秦国，而让另外四个国家在后方休养生息，在暗地里帮助解决两国的急难，如果这样的话，就可以应付所有的情况，那秦国又能够有什么作为呢？不知道从这个方面来考虑，却贪图边境线上的尺寸之地的小利，背弃盟约，甚至自相残杀。秦国军队还没有出动，而天下的诸侯国已经把自己弄得疲惫不堪了。以至于秦国人得以钻他们的空子，攻取了他们的国家，这能不令人为其悲痛吗！

上枢密韩太尉书

苏 辙

〔题解〕

枢密韩太尉，即韩琦，北宋仁宗时的名相，曾任枢密副使。本文是苏辙在仁宗嘉祐二年（1057年）写给韩琦的信，希望能得到韩琦的召见。虽然是有求于人，但在字里行间却并无卑微奉承的意思，而是先谈自己养气的方法，从而很自然地引入拜见韩太尉的话题，从而表达出了自己希望得到太尉接见的意思。

【原文】

太尉执事①：辙生好为文，思之至深。以为文者气之所形，然文不可以学而能，气可以养而致。孟子曰②："我善养吾浩然之气。"今观其文章，宽厚宏博，充乎天地之间，称其气之小大。太史公行天下③，周览四海名山大川，与燕、赵间豪俊交游④，故其文疏荡⑤，颇有奇气。此二子者，岂尝执笔学为如此之文哉？其气充乎其中而溢乎其貌，动乎其言而见乎其文，而不自知也。

【字词注解】

①执事：长官手下办事的人。古人在给有一定地位的人写信时常用作套语，表示不敢向对方直陈，只能向手下的人陈述之意。

②孟子：孟轲，孔子再传弟子，是孔子儒家学说的继承人。

③太史公：指司马迁。司马迁曾任太史令（史官及历官之长），故称。

④燕、赵：指今河北、山西、辽宁等的部分地区，战国时为燕、赵两国

属地，故称。古代认为这一地带的人多慷慨悲歌之士。

⑤疏荡：形容文章的风格通畅奔放，富于变化。

【精彩解说】

太尉执事：我生性喜好写作，对此曾进行过深刻思考。我认为文章就是一个人气质的外在表现，然而文章并不是只通过学习词句就能写好的，气质却可以通过修养而得到。孟子说："我善于培养我的正大刚正之气。"现在看看他的文章，宽厚宏博，充盈于天地之间，和他那种正大刚正之气的大小是相称的。太史公周游天下，遍观全国的名山大川，与燕、赵之间的豪杰志士交游，所以他的文章疏放而跌宕，很有奇特的气概。他们二位，难道说是只靠执笔学习词句才写出这样的文章吗？这是因为他们的气质充满胸中而流露于形体之外，表现在他们的言谈话语中而反映在他们的文章中，而他们自己却并没有意识到这一点。

辙生年十有九矣。其居家所与游者，不过其邻里乡党之人⑥；所见不过数百里之间，无高山大野可登览以自广。百氏之书⑦，虽无所不读，然皆古人之陈迹，不足以激发其志气。恐遂汩没⑧，故决然舍去，求天下奇闻壮观，以知天地之广大。过秦、汉之故都⑨，恣观终南、嵩、华之高⑩，北顾黄河之奔流，慨然想见古之豪杰。至京师，仰观天子宫阙之壮，与仓廪府库、城池苑囿之富且大也⑪，而后知天下之巨丽。见翰林欧阳公⑫，听其议论之宏辨，观其容貌之秀伟，与其门人贤士大夫游，而后知天下之文章聚乎此也。太尉以才略冠天下，天下之所恃以无忧，四夷之所惮以不敢发⑬，入则周公、召公⑭，出则方叔、召虎⑮。而辙也未之见焉。

【字词注解】

⑥乡党：周代以五百家为一党，一万二千五百家为一乡。这里泛指乡里。

⑦百氏之书：春秋战国时诸子百家的著作，如《荀子》《庄子》等，后泛指各种不同流派的带有哲理性的著作。

⑧汩（gǔ）没：埋没，一生平庸而无所作为。

⑨秦、汉之故都：指秦朝国都咸阳（今属陕西），西汉的国都长安（今

⑩终南：终南山，在今陕西西安南。嵩：嵩山，在今河南登封。华：华山，在今陕西华阴。

⑪囿（yòu）：古代帝王豢养动物的园林。

⑫欧阳公：欧阳修，当时任翰林学士。苏辙在考中进士后，曾去拜谒欧阳修。

⑬四夷：原指四方各少数民族，在这里特指北宋边境的辽、西夏政权。夷，古代对少数民族的蔑称。

⑭周公、召公：都是周文王的儿子，他们都是周代的开国功臣，其后又辅佐成王治国。

⑮方叔、召虎：都是周宣王时的大臣，以战功著称。

【精彩解说】

我出生已经十九年了。我在家居住时所交往的人，不过是自己的邻里和同乡村民；所见到的不过是几百里之内的景物，没有高山旷野可供登临以开阔自己的胸怀。诸子百家的书，虽然没有不读的，但其中记载的都是古人的陈旧遗迹，不足以激发我的志气。我深恐就此埋没了自己，所以毅然离开故乡，去寻求天下的奇闻壮观，借以了解天地的广大。我经过了秦、汉时期的故都，尽情地观赏了终南山、嵩山、华山的崇高险峻；北望黄河奔腾的流水，感慨地想起了古代的豪杰志士。到了京城后，瞻仰了皇帝宫殿的宏伟壮观，以及粮仓、府库、城池、园林的富丽和广大，然后才知道天下是如此广阔美好。见到了翰林学士欧阳公，听到了他那雄辩的议论，看到了他那清秀而伟岸的容貌，又和他的门生那些贤士大夫交往，然后我才知道天下出类拔萃的文章都集中到这里了。太尉的文才武略可称得起是称雄天下，国家倚仗您而可以高枕无忧，四夷因对您恐惧折服而不敢贸然进犯，在朝廷内，您就好像周公、召公；出外领兵，又好像方叔、召虎一样。可是我却没有机会拜见您。

原文

且夫人之学也，不志其大⑯，虽多而何为？辙之来也，于山见终南、嵩、华之高，于水见黄河之大且深，于人见欧阳公，而犹以为未见太尉也。故愿得观贤人之光耀，闻一言以自壮，然后可以尽天下之大观而无憾者矣。

【字词注解】

⑯志：有志于。"志"在这里用作动词。

【精彩解说】

况且人在学习方面，如果缺乏远大的志向，即使读书再多又有什么用处？我这一次到京城来，对于山，见到了终南山、嵩山、华山的高峻；对于水，见到了黄河的巨大和深广；对于人，见到了欧阳公，只是还没有见到太尉您。所以我希望能看到像您这样贤德之人的风采，听一听您的只言片语以激励自己，然后就可以说我已经尽览天下的洋洋大观而不会有遗憾了。

原文

辙年少，未能通习吏事。向之来，非有取于斗升之禄⑰，偶然得之，非其所乐。然幸得赐归待选⑱，使得优游数年之间⑲，将以益治其文，且学为政。太尉苟以为可教而辱教之⑳，又幸矣！

【字词注解】

⑰禄：俸禄，官吏的薪俸。
⑱待选：古代在考中进士后，已取得做官资格，但还不能马上授予官职，在等待期间称为待选。
⑲优游：悠闲自在地度日。
⑳辱教：降低自己的身份来指教别人。"辱"是古文中为了尊敬对方常用的套语。

【精彩解说】

我还年轻，还不熟悉官场上的情况。先前来京城应试，并不是为了做官后可以有微薄的收入，偶然获得一官半职，也不是值得我高兴的事。现在有幸得到恩赐让我回家等待朝廷选用，这就使得我可以在今后几年里有悠闲的时间，我将用来进一步钻研写作，并且学习如何从政。太尉如果认为我还可以教导而屈尊指教我的话，那我就感到不胜荣幸了！

赠黎安二生序

曾　巩

〔题解〕

曾巩（1019—1083年），字子固，世称"南丰先生"，建昌南丰（今属江西）人，后居临川（今江西抚州），北宋政治家、散文家，"唐宋八大家"之一。曾巩祖父、父亲均为北宋名臣。他天资聪慧，记忆力超群，年十二即能为文，嘉祐二年（1057年）与苏轼、苏辙、程颢、张载等同中进士。后历任多州知州，廉洁奉公，勤于政事，关心民生疾苦。他的文章质朴平实，义理精深，自成一家。

本文是一篇赠序，是曾巩应好友苏轼的请求写给黎生、安生二人的。作者针对黎生提出的写作古文遭到时人非议讥笑一事，发表了自己的见解，委婉地告诫黎、安二生不要因怕他人嘲笑就去曲意迎合，放弃原则，鼓励他们顺应自己的心意，大胆学习写作古文。

【原文】

赵郡苏轼①，予之同年友也②。自蜀以书至京师遗予③，称蜀之士曰黎生、安生者。既而黎生携其文数十万言，安生携其文亦数千言，辱以顾予。读其文，诚闳壮隽伟④，善反复驰骋，穷尽事理，而其材力之放纵，若不可极者也。二生固可谓魁奇特起之士，而苏君固可谓善知人者也。

【字词注解】

①赵郡：赵州，治所在今河北赵县，苏轼的祖先为赵郡栾城（今属河

北）人，后被贬至眉州（今四川眉山），其后代遂世居眉州。

②同年：古代称同榜考中的人。曾巩与苏轼都是在宋仁宗嘉祐二年（1057年）考中的进士，故称同年。

③遗（wèi）：赠给。

④闳（hóng）壮：宏大，雄伟。

【精彩解说】

赵郡人苏轼，是和我同科中试的好友。他从四川写了一封信带到京城给我，信中称赞了四川的读书人黎生和安生。后来黎生带着他写的几十万字的文章，安生也带着他写的几千字的文章，屈尊来看望我。我读了他们的文章后，觉得确实气势雄伟而意味深远，善于反复论证，纵横驰骋，能透彻地说明事理，而且才华奔放横溢，似乎不可估量。二位确实可称得上是奇特、杰出的人才，而苏君也确实可称得上是善于发现人才的人了。

【原文】

顷之，黎生补江陵府司法参军⑤，将行，请予言以为赠。予曰："予之知生，既得之于心矣，乃将以言相求于外邪？"黎生曰："生与安生之学于斯文，里之人皆笑以为迂阔⑥，今求子之言，盖将解惑于里人。"

【字词注解】

⑤补：古代对取得功名即取得为官资格的人，并不立即授予官职，须等待有缺额时才实授官职，称为"补"。江陵：今属湖北。司法参军：地方上负责狱讼的官吏。

⑥里之人：周代以二十五家为一里。这里泛指同乡的人。迂阔：不切实际。

【精彩解说】

过了不久，黎生补官做了江陵府司法参军，临行前，请我写几句话作为临别赠言。我说："我对你的了解，已经是心中有数了，难道说还要用语言这种外在的形式来表达吗？"黎生说："我和安生学习写作古文，乡里的人都讥笑我们不合时宜，现在请您写几句赠言，目的是解除他们的误解。"

原文

予闻之，自顾而笑。夫世之迂阔，孰有甚于予乎？知信乎古，而不知合乎世；知志乎道⑦，而不知同乎俗。此予所以困于今而不自知也。世之迂阔，孰有甚于予乎？今生之迂，特以文不近俗，迂之小者耳，患为笑于里之人。若予之迂大矣，使生持吾言而归，且重得罪，庸讵止于笑乎⑧？然则若予之于生，将何言哉？谓予之迂为善，则其患若此。谓为不善，则有以合乎世，必违乎古，有以同乎俗，必离乎道矣。生其无急于解里人之惑，则于是焉必能择而取之。遂书以赠二生，并示苏君以为何如也。

【字词注解】

⑦道：古书中的"道"含义较为复杂，泛指道义。在这里特指以孔子为代表的儒家学说，如仁、义等。

⑧庸讵（jù）：难道，怎么。

【精彩解说】

我听了他的话后，想到自己，不由得笑了。要说起世上不合时宜的人，还有谁能胜过我呢？我只知道相信古人的教导，而不懂得迎合当世；只知道有志于道义，而不懂得与世俗随波逐流。这就是我困顿到现在而不能领悟的原因。世上不合时宜的人，还有谁能胜过我呢？现在你们二人的不合时宜，只不过是由于文章不能接近流俗，这不过是不合时宜中的小的表现罢了，所担心的仅仅是为乡里人所讥笑。像我这样的不合时宜可就大了，你们如果把我的这些话带回去，更会招致非难，哪能只是讥笑而已呢？那么我对你们，应该说些什么话才好呢？如果说我的不合时宜是好的，那么它就会给我带来这样的后患。如果说我的不合时宜是不好的，那就应该迎合世俗，但又一定会违背古训，和世俗合流了，又一定会背离道义。你们不必急于去解除乡里人的误解，在这个问题上一定会通过选择以获得正确的结论。于是我便写下了这些话赠给你们二人，并请你们交给苏君看看，看他认为我的看法怎么样。

读孟尝君传

王安石

〔题解〕

王安石（1021—1086年），字介甫，号半山，临川（今江西抚州）人，北宋著名的政治家、文学家。曾两次任宰相，力主改革变法，晚年退职后被封为荆国公，故世称"王荆公"。在文学上，王安石成就突出，他的散文具有独特的风格，短小精悍，论点鲜明，逻辑严密，有很强的说服力，充分发挥了古文的实际功用。有《王临川集》《临川集拾遗》等存世。

孟尝君，战国时齐国大臣田文，为当时"战国四公子"之一，以好客养士著称。据史书记载，他曾养士数千人，被传为美谈。《读孟尝君传》是王安石创作的一篇驳论文。作者在文中别出心裁，认为孟尝君的门下之士良莠不齐，不值得称颂。全文结构严谨，转折有力，严劲紧束，体现了笔力之绝。

世皆称孟尝君能得士，士以故归之①，而卒赖其力以脱于虎豹之秦②。嗟乎！孟尝君特鸡鸣狗盗之雄耳③，岂足以言得士？不然，擅齐之强④，得一士焉，宜可以南面而制秦⑤，尚何取鸡鸣狗盗之力哉？鸡鸣狗盗之出其门，此士之所以不至也。

【字词注解】

① 归：投奔，归顺。

② "而卒"句：秦昭王十年（公元前297年），孟尝君曾被秦王囚禁，当时孟尝君派人向秦王的宠妃求救，宠妃提出要用一件昂贵的狐裘作为交换条件，孟尝君有一个善学狗叫的门客夜入秦宫偷来宫中的狐裘献上，才得以获释。孟尝君率众连夜逃至秦国的边境函谷关，天尚未亮，关门还紧闭着。有一个善学鸡鸣

的门客学鸡叫声，守关人以为天亮了，便开关放行，孟尝君便得以脱险回国。

③雄：头目。

④"擅齐"句：当时齐国是东方的一个强国，其国力远在韩、赵、魏、燕各国之上。擅，依靠，凭借。

⑤南面：古代国君或帝王的座位都是坐北朝南，故称居帝位为南面。

【精彩解说】

世上的人都称赞孟尝君能收揽士人，士人因此都去投奔他，而他最终因依靠这些人的力量从虎豹般凶残的秦国逃了出来。唉！其实孟尝君只不过是鸡鸣狗盗之辈的首领罢了，哪里谈得上能收揽士人？不然的话，就凭齐国的强大，只要得到一个有真才实学的士人，就可以南面称王而制服秦国，哪还需要用什么鸡鸣狗盗之辈的力量呢？鸡鸣狗盗之辈在他的门下出出进进，这正是有真才实学的士人不去投奔他的原因。

拓展阅读

乌台诗案

宋神宗熙宁年间，王安石主张变法，他得到了宋神宗的重用。苏轼因与王安石政见不合，被迫自请离京外放。神宗元丰二年（1079年）七月，御史何正臣上表弹劾苏轼，认为其在到任湖州后谢恩的上表中，用语有暗自讥刺朝政之意，同时冠之以"愚弄朝廷，妄自尊大"的罪名。神宗看罢奏章后勃然大怒，他下令拘捕苏轼入京，并严加审问。这件事一出，苏轼的亲友、家人都吓得六神无主，苏轼也做好了赴死的准备。这就是著名的文字狱"乌台诗案"。所谓乌台，指的就是御史台，因官署内种植着许多柏树，所以也叫"柏台"。而乌台则因常有乌鸦在柏树上栖息筑巢而得名。

苏轼入狱之后，经苏轼的弟弟苏辙和其他大臣多方营救，苏轼才逃过一死，但是被贬到了黄州（今湖北黄冈）。在黄州，苏轼表面上是个官员，实际却为囚犯身份，处境艰难。这件事对苏轼影响很大，每每回忆起来，苏轼都心有余悸，说自己"只影自怜，命寄江湖之上；惊魂未定，梦游缧绁之中"。

◎ 卷十二 明文 ◎

送天台陈庭学序

宋　濂

〔题解〕

　　宋濂（1310—1381年），字景濂，号潜溪，浦江（今属浙江）人，元末明初政治家、文学家、思想家。明太祖起兵反元时，与刘基同时被征，累官至翰林学士，为明朝的"开国文臣之首"。后因胡惟庸谋逆案牵连被贬外地，在途中病逝。宋濂善诗文，为明初一大家。他推崇台阁文学，文风淳厚飘逸，为其后"台阁体"作家的文学创作提供了范本。传世有《宋学士文集》。

　　《送天台陈庭学序》是宋濂为天台学士陈庭学所做的序。一般赠序多是对所赠人物进行劝勉，宋濂的这篇序也少不了这方面的内容，但更多的是称道游览名山大川对写作上的裨益，同时在文中也透露出作者自身的豪气和对知识的不懈追求。

〔原文〕

　　西南山水，惟川蜀最奇①。然去中州万里②，陆有剑阁栈道之险③，水有瞿唐滟滪之虞④。跨马行，则竹间山高者，累旬日不见其巅际。临上而俯视，绝壑万仞，杳莫测其所穷⑤，肝胆为之掉栗。水行，则江石悍利，波恶涡诡⑥，舟一失势尺寸，辄糜碎土沉，下饱鱼鳖。其难至如此！故非仕有力者，不可以游；非材有文者，纵游无所得；非壮强者，多老死于其地。嗜奇之士恨焉。

【字词注解】

①川蜀：四川。四川，古代为蜀国地，故称川蜀。
②中州：泛指中原地区。
③剑阁：今属四川，当地有在山峦峭壁上架设的栈道。
④瞿唐：瞿塘峡，长江三峡之一，在今四川奉节东，江面狭窄，历来视为危途。滟滪：滟滪堆，为瞿塘峡江口突出的巨石，俗名"燕窝石"。
⑤杳：在这里形容看不清楚。
⑥诡：奇异，奇怪。

【精彩解说】

西南地区的山水，只有川蜀境内最为奇特。但它距离中原地区有万里之遥，陆路有剑阁栈道的险峻，水路有瞿塘峡、滟滪堆那样的危境。骑马行走在竹林之间，山岭高峻，一连走十来天还看不到它的顶峰。站在山顶向下俯视，陡峭的山谷有万丈之深，一眼看不到它的底部，令人肝胆为之颤抖。乘船航行，长江中的礁石既坚硬又锐利，波涛汹涌，漩涡变化不定，船行时万一稍微偏离了航道，就会被撞成粉末，像破碎的泥块那样沉入江底，人坠落江水中便会成为鱼鳖的美食。那个地区行路竟然如此之难！因此，除非是官场中人而又有财力，不然是不能去游览的；除非是饱学之士而又善写文章，不然即使游览了也一无所得；除非是身强力壮的，不然即便去了大多也会老死在那里。喜好涉猎奇山异水的人对此深感遗憾。

原文

天台陈君庭学⑦，能为诗。由中书左司掾⑧，屡从大将北征⑨，有劳，擢四川都指挥司照磨⑩，由水道至成都。成都，川蜀之要地，扬子云、司马相如、诸葛武侯之所居⑪，英雄俊杰战攻驻守之迹，诗人文士游眺饮射、赋咏歌呼之所，庭学无不历览。既览必发为诗，以纪其景物时世之变，于是其诗益工。越三年，以例自免归，会予于京师⑫。其气愈充，其语愈壮，其志意愈高，盖得于山水之助者侈矣⑬。

【字词注解】

⑦天台：今属浙江。

⑧中书左司掾（yuàn）：中书省左司的属官，负责监督等工作。

⑨北征：向北方征讨。明初，北方尚存在元代遗留的残余武装，明太祖为了实现统一，多次派遣大将转战北方。

⑩照磨：负责文书工作的属官。

⑪扬子云：扬雄，字子云，蜀郡成都人，西汉文学家。司马相如：字长卿，蜀郡成都人，西汉文学家，擅长辞赋。诸葛武侯：诸葛亮，字孔明，三国时任蜀汉丞相，封为武侯。

⑫京师：京城，明初建都于金陵（今南京）。

⑬侈：多。

【精彩解说】

天台的陈庭学君，善于写诗。他以中书左司掾的身份，多次跟随大将北征，立下了功劳，被提升为四川都指挥司照磨，经水路到成都去赴任。成都，是川蜀的重镇，又是扬子云、司马相如、诸葛武侯居住过的地方，凡是从前那些英雄豪杰征战驻守的遗迹，文人墨客游览眺望、饮酒投壶、吟诗作赋、引吭高歌的场所，庭学没有不去一一游览的。游览之后一定写出诗篇，用来记叙景物和时世的变化，因此他的诗越写越好。过了三年，按照朝廷的惯例自己请求免职还乡，在京城和我会面了。他的精神更加饱满了，言谈更加豪迈了，志向意趣更加高远了，这大概是因为他在蜀地山水那里获益匪浅吧。

原文

予甚自愧，方予少时，尝有志于出游天下，顾以学未成而不暇。及年壮可出，而四方兵起⑭，无所投足。逮今圣主兴而宇内定⑮，极海之际，合为一家，而予齿益加耄矣⑯。欲如庭学之游，尚可得乎？

【字词注解】

⑭四方兵起：元末政治腐败，导致全国各地爆发了农民起义，战争连绵不断，最后由朱元璋推翻了元政权，建立了明朝政权。

⑮圣主：指朱元璋。

⑯齿：借代为年龄。耄（mào）：这里泛指垂老之年。

【精彩解说】

我自己内心感觉很惭愧，当我年轻时，曾立志要外出游览天下，但是由于学业尚无成就而找不到空闲时间。等到壮年能够外出时，又赶上四处战乱的局势，无处可以落脚。到了今天圣明的皇帝崛起，平定了天下，四海之内都统一为一个国家，可是我的年纪却越来越老了。想要像庭学君那样游览名山大川，还能办得到吗？

原文

然吾闻古之贤士，若颜回、原宪⑰，皆坐守陋室，蓬蒿没户⑱，而志意常充然，有若囊括于天地者，此其故何也？得无有出于山水之外者乎？庭学其试归而求焉，苟有所得，则以告予，予将不一愧而已也。

【字词注解】

⑰颜回、原宪：二人都是孔子的弟子。颜回，字子渊。原宪，字子思。他们都是一生贫困而不以为忧，曾受到孔子的称赞。

⑱蓬蒿：泛指野草。

【精彩解说】

然而，我听说古代的贤士，像颜回、原宪等人，都是坐守在简陋的屋子里，很少与人交往，以致野草掩遮了门户，但他们的志向和意志却总是充沛坚定，好像能囊括天地一样，这是什么原因呢？是不是在他们的胸怀中有超出山水之外的东西存在？庭学君回乡以后，试着探求一下，如果有什么心得的话，请告诉我，那么我将不会只是感到惭愧而已。

阅江楼记

宋　濂

〔题解〕

阅江楼,位于今天的南京狮子山,是明太祖朱元璋下令建造的。宋濂为明初重臣,阅江楼建成后,朱元璋命文臣为阅江楼写文章,于是就有了这篇《阅江楼记》。本文是宋濂奉诏所写的一篇歌颂性的散文,其中自然免不了有一些歌功颂德的溢美之词。但作者并没有仅仅写这些,而是援引历史,特别是六朝覆灭的史实,规劝统治者要以史为鉴,安抚内外,体恤民生,体现了作者忠君忧民的思想。

原文

金陵为帝王之州①,自六朝迄于南唐②,类皆偏据一方,无以应山川之王气。逮我皇帝,定鼎于兹③,始足以当之。由是声教所暨,罔间朔南④,存神穆清,与天同体,虽一豫一游⑤,亦可为天下后世法。京城之西北,有狮子山,自卢龙蜿蜒而来⑥,长江如虹贯,蟠绕其下。上以其地雄胜,诏建楼于巅,与民同游观之乐,遂锡嘉名为"阅江"云⑦。

【字词注解】

①金陵:今江苏南京。州:这里指地方。
②六朝:指三国时的吴,东晋,南朝时的宋、齐、梁、陈,共六个朝

代，它们都以今南京为国都。南唐：五代十国之一。

③定鼎：建立国都。相传夏禹曾铸九鼎，象征天下九州，作为传国的宝物，后世遂称建立国都为"定鼎"。

④间：分离，分开。

⑤豫：与"游"同义，巡游。

⑥卢龙：卢龙山。在今江苏江宁。

⑦锡：通"赐"。云：语气助词，用于句首、句中或句末，无实际意义。

【精彩解说】

金陵是帝王建都的地方，然而从六朝至南唐，大都是偏安于一方的政权，无法和金陵的山水所呈现的帝王气魄相适应。直到我大明皇帝在这里建都后，才开始与这种气魄相称。从此以后，声威教化所到之处，不分南方和北方，皇帝修身养性，秉承天地清和之气，与上天融为一体，即使是一次游赏和一次娱乐，也可以为天下后世效法。京城的西北方有一座狮子山，山脉从卢龙蜿蜒地延伸过来，长江像彩虹一样，横贯盘绕在山麓下。皇帝认为这个地方雄伟壮观，便下诏令在山顶修建一座楼，和万民共同享受登临览胜的乐趣，于是赐给这座楼美名叫作"阅江"。

登览之顷，万象森列，千载之秘，一旦轩露⑧。岂非天造地设，以俟大一统之君，而开千万世之伟观者欤？当风日清美，法驾幸临⑨，升其崇椒⑩，凭阑遥瞩，必悠然而动遐思。见江汉之朝宗⑪，诸侯之述职，城池之高深⑫，关阨之严固⑭，必曰："此朕栉风沐雨，战胜攻取之所致也。"中夏之广，益思有以保之。见波涛之浩荡，风帆之上下，番舶接迹而来庭，蛮琛联肩而入贡⑮，必曰："此朕德绥威服，覃及内外之所及也⑯。"四陲之远，益思有以柔之。见两岸之间、四郊之上，耕人有炙肤皴足之烦⑰，农女有捋桑行馌之勤⑱，必曰："此朕拔诸水火，而登于衽席者也⑲。"万方之民⑳，益思有以安之。触类而思，不一而足。臣知斯楼之建，皇上所以发舒精神，因物兴感，无不寓其致治之思，奚止阅夫长江而已哉㉑！

【字词注解】

⑧轩露：显露出来。

⑨法驾：指皇帝乘坐的车辇。幸：专指皇帝到来。

⑩崇椒：高高的山顶。椒，山顶。

⑪朝宗：原指诸侯入朝，引申为江河之水流入大海。

⑫诸侯：这里指各重臣大吏。

⑬城池：城墙和护城河。

⑭陇：险要的地方。

⑮蛮琛（chēn）：国外进贡的物品。蛮，古代对南方少数民族的蔑称。琛，宝物。

⑯覃（tán）：延长。

⑰皲（jūn）：手脚被冻裂。

⑱饁（yè）：给在田间劳动的人送饭。

⑲衽（rèn）席：床上的席子，引申为平平安安地睡觉。

⑳万方：各方。

㉑奚止：何止。

【精彩解说】

在登楼观览之际，万千景象一一呈现于眼前，千百年来就已经存在的秘密，一下子便暴露无遗。这难道不是天地的神灵早有安排，以等待统一天下的圣君而展现出的千秋万世的奇观吗？当风和日丽时，皇帝驾临此处，登上狮子山的顶峰，倚靠栏杆放眼远望，一定会悠然自得地产生深思。看到长江、汉水等向大海奔流，各地大吏奔赴国都述职，金陵的城池既高又深，关隘防守无比严密坚固时，皇帝一定会说："这大好江山，是我奔波劳碌、不避风雨、战胜顽敌、攻城略地才获得的成果啊。"从而联想到华夏大地如此广阔，就更应该考虑如何保护国家。看到长江中波涛浩荡汹涌，帆船来往不断，外国的航船相继来朝，各国使者带着珍宝竞相前来进贡，皇帝一定会说："这是我以恩德感化，以威力震慑，影响波及海内外才达到的啊。"从而联想到四方边境如此遥远，就更应该考虑如何安抚那里的人心。看到长江两岸、四方的郊野之上，农夫们有夏天时被阳光烤炙、冬天时手足冻裂的辛苦,农妇们有采桑养蚕、田间送饭的劳累,皇帝一定会说:"是我把他们从水深火热之中拯救出来,使他们能安稳地睡在枕席之上。"从而联想到四面八方的百姓,就更应该使他们安居乐业。像这样触景生情的例子,实在是数不胜数。为臣的深知这座楼的修建,是皇上用来振奋精神的,由不同的事物而产生的感慨,无不寄托着致力于天下大治的思想,哪里仅仅是为了观览长江美景而已呢!

原文

彼临春、结绮㉒,非不华矣;齐云、落星㉓,非不高矣,不过乐管弦之淫响,藏燕、赵之艳姬㉔,一旋踵间而感慨系之㉕,臣不知其为何说也。虽然,长江发源岷山㉖,委蛇七千余里而入海,白涌碧翻,六朝之时,往往倚之为天堑。今则南北一家,视为安流,无所事乎战争矣。然则果谁之力欤?逢掖之士㉗,有登斯楼而阅斯江者,当思圣德如天,荡荡难名,与神禹疏凿之功同一罔极。忠君报上之心,其有不油然而兴耶?

【字词注解】

㉒临春、结绮:楼名,南北朝时陈后主所建。
㉓齐云:楼名,唐曹恭王所建,故址在今江苏苏州。落星:楼名,三国时吴孙权所建,故址在今江苏南京。
㉔燕、赵:战国时的两国。据旧日说法,"燕赵多美女",故在这里泛指面容姣好的女子。
㉕旋踵:转足后跟,极言时间过得极快。
㉖岷山:在今四川北部。其实长江并不发源于此地,这是古人的误解。
㉗逢掖:袖子宽大的衣服,为古代儒士所穿。

【精彩解说】

临春阁、结绮阁,并不是不华丽;齐云楼、落星楼,并不是不高大,只不过是演奏淫词艳曲,聚藏燕、赵美女的场所,因此在转瞬间便烟消云散而令后人为之感叹,对此为臣真不知道应该如何评价才是。虽然如此,长江发源于岷山,曲折盘旋七千余里流入大海,白浪碧波上下翻腾,六朝的时候常常倚靠它作为天然的屏障。今天大江南北天下统一，人们只是把它视为一条平静的河流，不必再成为战事上的需要了。那么，这到底是谁的力量呢？那些身穿儒服的读书人中，有登上这座楼而观赏长江胜景的，就应当想到皇上的恩德浩荡如天，广阔得难以形容，这和大禹疏导洪水的功业同样是无穷无尽的。想到这一点，忠君报国之心，难道说还不会自然而然地产生吗？

原文

臣不敏，奉旨撰记。欲上推宵旰图治之功者[28]，勒诸贞珉[29]。他若留连光景之辞，皆略而不陈，惧亵也。

【字词注解】

[28] 宵旰（gàn）：原为"宵衣旰食"。意为天未明即起床穿衣，天已晚才进食，比喻从政勤劳。旰，晚，迟。

[29] 珉（mín）：像美玉一样的石头。

【精彩解说】

我很愚钝，奉圣旨撰写这篇《阅江楼记》。只是想把皇上废寝忘食、励精图治的功德刻在精美的石碑上。至于其他流连于风光美景的词语，都略而不写，这是怕亵渎了皇上建造此楼的本意。

司马季主论卜

刘 基

〔题解〕

刘基(1311—1375年),字伯温,号郁离子,处州青田(今属浙江)人,明初政治家、文学家。元末时曾任高安县丞,后因遭受排挤而归隐。朱元璋领导农民起义后,刘基做了朱元璋的谋士,受到重用,为明代开国元勋之一,封为诚意伯,谥号"文成"。刘基对天文、兵法、数理等都颇为精通,尤以诗文见长,与宋濂、高启并称"明初诗文三大家"。

《司马季主论卜》是一篇假托古人言行以反映社会现实的文章。司马季主,西汉初年人,擅长占卜。关于他论卜一事,在史书上并无记载,作者只是借此事来抒发自己的一些观点。这篇文章具有深刻的哲理,能启人心性。

东陵侯既废①,过司马季主而卜焉。

【字词注解】

①东陵侯:即邵平。秦时为东陵侯,秦亡后,被废为平民,以种瓜为生。

【精彩解说】

东陵侯被废黜为平民后,去拜访司马季主,请他为自己占卜。

原文

季主曰："君侯何卜也？"东陵侯曰："久卧者思起，久蛰者思启②，久懑者思嚏③。吾闻之，蓄极则泄，闷极则达，热极则风，壅极则通。一冬一春，靡屈不伸，一起一伏，无往不复。仆④窃有疑，愿受教焉。"季主曰："若是，则君侯已喻之矣，又何卜为？"东陵侯曰："仆未究其奥也，愿先生卒教之。"

【字词注解】

② 蛰：原指动物冬眠，这里引申为藏伏不能出。
③ 懑（mèn）：郁闷。
④ 仆：代词，自称的一种谦辞。

【精彩解说】

季主问："您要占卜什么事？"东陵侯说："睡得太久的人就想起床，长久困居室内的人就想打开窗户，长久憋闷的人就想打个喷嚏。我听说，水积蓄太多了就会四外横溢，气憋闷到极点就会抒发出来，热到极点就会刮风，堵塞到极点就必然通畅。历冬经春，没有任何事物只是弯曲而不伸展的，一起一伏，没有任何事物只去不来的。对上述现象我私下有些疑惑，愿得到先生的指教。"季主说："照您方才所说的，您已经明白其中的道理了，又何必占卜呢？"东陵侯说："我还没有彻底弄清其中的奥秘，希望先生还是透彻地指教我一下。"

原文

季主乃言曰："呜呼！天道何亲⑤？惟德之亲。鬼神何灵？因人而灵。夫蓍⑥，枯草也，龟⑦，枯骨也，物也。人，灵于物者也，何不自听而听于物乎？且君侯何不思昔者也？有昔者必有今日。是故碎瓦颓垣，昔日之歌楼舞馆也；荒榛断梗⑧，昔日之琼蕤玉树也；露蚕风蝉⑩，昔日之凤笙龙笛也⑪；鬼磷萤火，昔日之金釭华烛也⑫；秋荼春荠⑬，昔日之象白驼峰也⑭；丹枫白荻⑮，昔日之蜀锦齐纨也⑯。昔日之所无，今日有之不为过，昔日之所有，今日无之不为不足。是故一昼一夜，华开者谢⑰；一秋一春，物故者新。激湍之下，必有深潭；高丘之下，必有浚谷。君侯亦知之矣，何以卜为？"

【字词注解】

⑤ 天道：上天的意志。
⑥ 蓍（shī）：一种野草，古人采其茎作占卜之用。
⑦ 龟：龟甲。古人用火烤炙龟甲，视其裂纹的形状以决定吉凶。
⑧ 榛（zhēn）：丛生的荆棘。梗：草木枝、茎。
⑨ 琼蕤（ruí）：美好的花朵。
⑩ 露：露水。蚕：有作"蛩"，即蟋蟀。
⑪ 凤笙龙笛：制作成凤、龙之形的笙笛乐器，在这里指奏出的乐曲。
⑫ 金釭：用金属制作的油灯。釭有作"红"。
⑬ 荼（tú）：苦菜。荠（jì）：荠菜，带甜味。
⑭ 象白驼峰：象脂和骆驼的肉峰，古人认为是名贵的佳肴。
⑮ 荻：多年生草本植物，生长在水边，其花白色。
⑯ 蜀锦齐纨（wán）：四川出产的锦缎和山东出产的白色细绢，在古代都是名贵的织物。
⑰ 华：通"花"。

【精彩解说】

季主便说："唉！天道和什么人亲近呢？只和有德之人亲近。鬼神有什么灵验的地方呢？只有凭借人才能显出灵验。蓍草，只不过是枯草；龟甲，只不过是枯骨，它们都是物。人比物要有灵性，为什么不相信自己而去相信物呢？再说，君侯为什么不想想过去？有了过去就一定会有现在。所以，现在的破瓦断壁，就是过去的歌楼舞馆；现在的荒草枯树，就是过去的琼花玉树；现在的蟋蟀鸣蝉，就是过去的凤笙龙笛的音律；现在的磷火萤光，就是过去的金灯彩烛；秋日的苦菜，春天的荠菜，就是过去的象脂驼峰；现在的红枫白荻，就是过去的蜀锦齐绢。过去所没有的，现在有了也不算过分；过去有了的，现在没有了也不算不足。因此，白昼过去了是黑夜，盛开的花朵会凋谢；春天过去了还有秋天，旧的消失了会出现新的。激流之下，必有深潭；高山之下，必有深谷。您已经明白这个道理了，为什么还要占卜呢？"

豫让论

方孝孺

〔题解〕

方孝孺（1357—1402年），字希直，又字希古，人称正学先生，浙江宁海人。本文是方孝孺创作的一篇史论。豫让，战国初年晋国人，为古代著名的刺客之一。他曾受到智伯的重用，后智伯被赵襄子所灭，豫让为了替智伯报仇，多次行刺赵襄子均失败，最后被捕自杀。豫让的举动曾轰动当时，后世对他也称颂颇多。然而方孝孺对此却有独到的见解。他认为豫让不能算是真正的国士，真正的忠臣烈士应以国家的利益为重，具有远见卓识，而豫让是在凭自己的匹夫之勇以沽名钓誉。文章据实说理，剖析透彻，文章层层深入，逻辑性很强。

原文

士君子立身事主，既名知己①，则当竭尽智谋，忠告善道，销患于未形，保治于未然，俾身全而主安。生为名臣，死为上鬼，垂光百世，照耀简策②，斯为美也。苟遇知己，不能扶危于未乱之先，而乃捐躯殒命于既败之后，钓名沽誉，眩世炫俗③，由君子观之，皆所不取也。

【字词注解】

①名：动词，称为。

② 简策：指史书。古人将字写或刻在竹片上称为"简"，把许多竹片连缀起来称为"册"。

③ 眩：迷惑。

【精彩解说】

君子修养立身，侍奉君主，既然称君主为知己，就应该用尽自己的一切智谋，忠诚地劝告，善意地劝说，把祸患消除于尚未形成之时，确保国家安定于动乱发生之前，这就可以使自己能够保全而君主安然无恙。活着时是名臣，死后成为英灵，其事迹可以流芳百世，光照史册，这才是最值得赞美的。如果遇上了知己，不能解除危机于发生动乱之前，却在君主已经失败之后去拼着一死，为自己沽名钓誉，迷惑世俗之人，在君子看来，这都是不足取的。

原文

盖尝因而论之。豫让臣事智伯④，及赵襄子杀智伯⑤，让为之报仇，声名烈烈，虽愚夫愚妇，莫不知其为忠臣义士也。呜呼！让之死固忠矣，惜乎处死之道有未忠者存焉。何也？观其漆身吞炭⑥，谓其友曰："凡吾所为者极难，将以愧天下后世之为人臣而怀二心者也。"谓非忠可乎？及观斩衣三跃⑦，襄子责以不死于中行氏而独死于智伯⑧，让应曰："中行氏以众人待我，我故以众人报之。智伯以国士待我⑨，我故以国士报之。"即此而论，让有余憾矣。

【字词注解】

④ 智伯：晋国六卿之一，名瑶。他先会同韩、赵、魏三家瓜分了范氏、中行氏的领地，其后智伯又被三家所灭。

⑤ 赵襄子：赵孟，晋六卿之一，与韩、魏两家联合击败并杀死智伯，其后赵襄子曾漆智伯的头骨为饮器以泄愤。

⑥ 漆身吞炭：豫让在行刺赵襄子前，为了防止被别人识破，便漆身以改变容貌，吞炭以使发音沙哑。

⑦ 斩衣三跃：豫让在行刺赵襄子时被抓获，于是请求让自己用剑击刺赵

襄子的外衣，说是这样做后"虽死不恨"。赵襄子满足了他的请求，把外衣脱下给他。豫让持剑三跃，呼天后击衣，最后自杀而死。

⑧中行氏：晋卿，豫让曾为其家臣。

⑨国士：一国之中勇力或才能最杰出的人。

【精彩解说】

我曾按照上述原则来评论豫让。豫让做智伯的家臣，在赵襄子杀了智伯之后，豫让为智伯复仇，他的名声从此大为显赫，即便是愚昧无知的百姓，没有不知道他是忠臣义士的。唉！豫让的死确实可以说是忠心耿耿了，但可惜他在处理死亡的方式上还有不忠的地方。为什么这样说呢？看一看他采用漆身吞炭的手段，并对友人说："我做的这些都是极难办到的事，我的用意是让天下后世那些身为人臣却有二心的人感到羞愧。"难道说他还不够忠心吗？再看看他三次跳跃后用剑击刺赵襄子的外衣时，赵襄子指责他不去为中行氏而死，而偏偏为智伯而死，豫让回答说："中行氏用对待平常人的态度来对待我，所以我就用平常人的行为来报答他。智伯用对待国士的态度对待我，所以我就用国士的行为来报答他。"就从这段话来说，豫让确实有不足的地方。

原文

段规之事韩康⑩，任章之事魏献⑪，未闻以国士待之也，而规也、章也，力劝其主从智伯之请，与之地以骄其志，而速其亡也⑫。郄疵之事智伯⑬，亦未尝以国士待之也，而疵能察韩、魏之情以谏智伯，虽不用其言以至于灭亡，而疵之智谋忠告，已无愧于心也。让既自谓智伯待以国士矣，国士，济国之士也。当伯请地无厌之日，纵欲荒暴之时，为让者，正宜陈力就列⑭，谆谆然而告之曰："诸侯大夫，各安分地，无相侵夺，古之制也。今无故而取地于人，人不与，而吾之忿心必生；与之，则吾之骄心以起。忿必争，争必败，骄必傲，傲必亡。"谆切恳告，谏不从，再谏之；再谏不从，三谏之；三谏不从，移其伏剑之死，死于是日。伯虽顽冥不灵，感其至诚，庶几复悟⑮，和韩、魏，释赵围，保全智宗，守其祭祀。若然，则让虽死犹生也，岂不胜于斩衣而死乎？让于此时，曾无一语开悟主心，视伯之危亡犹越人视秦人之肥瘠也⑯。袖手旁观，坐待成败，国士之报曾若是乎？智伯既死，而乃不胜血气之悻悻⑰，甘自附于刺客之流，何足道哉？何足道哉？

【字词注解】

⑩ 段规：韩康子的家臣。韩康：韩康子。晋国大夫。智伯曾向韩康子提出索要土地的要求，段规劝韩康子同意其要求，以使其日益骄横，从而自取灭亡。

⑪ 任章：魏献子的家臣。魏献：魏献子。晋国大夫。智伯也曾向魏献子提出索要土地的要求，任章劝魏献子同意其要求，以便使其日益骄横，最后必致失败。

⑫ 速：加速。

⑬ 郗（xī）疵（cī）：智伯的家臣。当智伯攻打赵氏时，曾胁使韩、魏一并出兵，郗疵曾规劝智伯不应树敌过多，但智伯不听。其后，赵、韩、魏联合起来，消灭了智氏。

⑭ 列：本职，职位。

⑮ 庶几：差不多，也许。

⑯ "视伯之危亡"句：秦国在西北（今陕西、甘肃一带），越国在东南（今浙江、福建一带），两国距离甚远，彼此漠不关心。这里比喻遇事袖手旁观之意。

⑰ 悻悻：愤恨不平的样子。

【精彩解说】

段规侍奉韩康子，任章侍奉魏献子，没听说过韩康子、魏献子用对待国士的态度来对待他们，而段规、任章都竭力劝说他们的家主接受智伯的要求，把土地割让给他，使之更加骄横，从而加速其灭亡。郗疵侍奉智伯，智伯也不曾用对待国士的态度来对待他，而郗疵能观察到韩、魏两家的意图并以此去规劝智伯，虽然智伯没有采纳他的意见而导致灭亡，可是郗疵的智谋和忠心，已经做到问心无愧了。豫让既然自称智伯用对待国士的态度来对待他，而所谓国士，应该是济世安邦的人才。当智伯企图侵占别人的领地贪得无厌之日，放纵私欲、荒淫残暴之时，作为豫让，正应当发挥自己的才智、恪守自己的职责，诚恳地规劝智伯说："诸侯、大夫之间，应该各自安守自己的领地，不要互相侵犯争夺，这是自古以来的规定。现在无缘无故地索取别人的土地，人家不给的话，我们就会产生愤怒之心；人家给了的话，我们又会产生骄横之心。愤怒必然会引起争斗，而争斗的结果必然要失败，骄横必然会狂妄，而狂妄的结果必然导致灭亡。"这样耐心恳切地进行规劝，一次不被采纳就再次规劝；再次规劝还是不被采纳，就第三次规劝；第三次规劝仍不被采纳，就应该把拔剑自杀的行动改在此时。智伯纵然顽固愚昧，但在他至诚之心的感动下，也许会醒悟过来，跟韩、魏两家和好，解除对赵家的包围，从而保全智氏的家族，使他们能香火不断，延续不绝。如果这样的话，豫让即使自杀而死也会像活着一样受人尊敬，这难道不比用剑击赵襄子的衣服后再自杀更好吗？豫让在当时，并没有说过一句开导家主的话，看着智伯的危难和覆灭就好像越国人看待秦国人的胖瘦一般。袖手旁观，坐待他的成败，国士对知己家主的报答难道就是这样的吗？智伯已经死了，这才控制不住自己愤恨不平的心情，甘愿把自己纳入刺客之流，这又有什么值得称道的？这又有什么值得称道的？

原文

虽然，以国士而论，豫让固不足以当矣。彼朝为仇敌，暮为君臣，靦然而自得者⑱，又让之罪人也。噫！

【字词注解】

⑱靦然：恬不知耻的样子。

【精彩解说】

虽然如此，拿国士的标准衡量豫让，他确实是够不上的。然而那些在早上还是自己的仇敌，到了晚上就成了君臣的关系，像这种厚着脸皮而又得意的人，他们又是豫让的罪人了。唉！

信陵君救赵论

唐顺之

〔题解〕

唐顺之（1507—1560年），字应德，亦字义修，号荆川，武进（今江苏常州）人，明代文学家、军事家、抗倭英雄。唐顺之曾是翰林院编修，后来倭寇入侵，他率军出征，立下了战功，因而被擢升为右佥都御史。唐顺之是明朝后期十分著名的诗文大家，"唐宋派"的领袖，其作品有《荆川先生文集》。

《信陵君救赵论》是唐顺之创作的一篇散文。信陵君，即魏国公子无忌，是"战国四公子"之一。信陵君为救被秦军围困的赵国，曾请求魏王的宠妾如姬暗中潜入魏王的寝殿偷出虎符，率领兵马跟赵国一起击退了秦兵。信陵君的做法被很多人称为义勇之举。但作者认为信陵君救下赵国虽然是一件大功，但他心中缺乏对魏王的敬畏。作者不赞同这种目无君主的擅权行为，认为后世应当以此为鉴，要加强中央集权。

【原文】

论者以窃符为信陵君之罪①，余以为此未足以罪信陵也。夫强秦之暴亟矣，今悉兵以临赵，赵必亡。赵，魏之障也。赵亡，则魏且为之后。赵、魏，又楚、燕、齐诸国之障也，赵、魏亡，则楚、燕、齐诸国为之后。天下之势，未有岌岌于此者也。故救赵者，亦以救魏；救一国者，亦以救六国也。窃魏之符以纾魏之患，借一国之师以分六国之灾，夫奚不可者？

【字词注解】

①信陵君：也就是魏国公子无忌，战国时期魏国国君安釐（xī）王的弟弟，曾任魏国上将军，他的姐姐嫁给赵相平原君为妻。

【精彩解说】

评论家将盗窃兵符这件事当作信陵君的罪过，我认为这件事还不足以怪罪信陵君。当时实力强大的秦国真是暴虐至极，现在以全部的军队来攻打赵国，赵国必然会灭亡。赵国是魏国的屏障。倘若赵国灭亡了，那么魏国随后就会灭亡。而赵国和魏国又是楚、燕、齐等国的屏障，如果赵国和魏国灭亡了，那么楚、燕、齐等国就会随后灭亡。天下的形势，再没有比这还危险的了。所以，救了赵国，就等于救了魏国；救了这一个国家，就等于救了六国。用偷盗魏国虎符的方式来纾解魏国的灾患，借用一国军队的力量分担了六国的灾难，这又有什么不行的呢？

然则信陵果无罪乎？曰：又不然也。余所诛者，信陵君之心也。

信陵一公子耳，魏固有王也。赵不请救于王，而谆谆焉请救于信陵，是赵知有信陵，不知有王也。平原君以婚姻激信陵②，而信陵亦自以婚姻之故，欲急救赵，是信陵知有婚姻，不知有王也。其窃符也，非为魏也，非为六国也，为赵焉耳；非为赵也，为一平原君耳。使祸不在赵，而在他国，则虽撤魏之障、撤六国之障，信陵亦必不救。使赵无平原，或平原而非信陵之姻戚，虽赵亡，信陵亦必不救。则是赵王与社稷之轻重，不能当一平原公子，而魏之兵甲所恃以固其社稷者，只以供信陵君一姻戚之用。幸而战胜，可也；不幸战不胜，为虏于秦，是倾魏国数百年社稷以殉姻戚，吾不知信陵何以谢魏王也③？

夫窃符之计，盖出于侯生④，而如姬成之也。侯生教公子以窃符，如姬为公子窃符于王之卧内，是二人亦知有信陵，不知有王也。

【字词注解】

②平原君：战国时赵惠文王的弟弟，名赵胜，曾任赵相，"战国四公子"之一。

③谢:请罪。

④侯生:即侯嬴,本来是魏国国都夷门的守门人,后来成了信陵君家中的门客。

【精彩解说】

但是信陵君就真的没有丝毫过错吗?我说:不是这样的。我所责怪的,是信陵君的私心。

信陵君只不过是一个王室公子而已,魏国本来就有国君。赵国不向魏王求救,反而恳切地向信陵君求救,这意味着赵国只知道魏国有信陵君,却不知道还有魏王。平原君用姻亲的关系来激信陵君出兵救赵,而信陵君也正是碍于姻亲关系,所以才想尽快支援赵国,就意味着信陵君只知道有自己的姻亲,而不知道还有魏王。他之所以盗窃兵符,并不是为了救援魏国,也并不是为了帮助六国,而是为了赵国;其实也不是为了赵国,只是为了平原君一人而已。倘若战祸发生的地点不在赵国,而是在其他国家,那么即使撤掉了魏国的屏障、撤掉了六国的屏障,信陵君也必然不会去援救的。倘若赵国没有平原君,或者平原君没有与信陵君结为姻亲,那么即使赵国灭亡了,信陵君也必然不会去援救。因此赵王与赵国江山社稷的重量,加起来还抵不上一个平原君,而魏国原本为了巩固自己的国家而组建的军队,却拿来给信陵君的一个姻亲使用了。幸好魏国取得了战争的胜利,这还算是好的;倘若魏国军队不幸没有得胜,为秦国所俘虏,这就是倾尽魏国数百年建立的基业去给信陵君的姻亲殉葬,我不知道信陵君要以什么来向魏王请罪呢?

偷窃兵符的计谋,是由侯生想出来,而后由如姬完成的。侯生教唆信陵君去盗窃魏国的兵符,如姬给信陵君从魏王的卧室里偷来兵符,这表明这两个人也是只知道有信陵君,却不知道有魏王。

【原文】

余以为信陵之自为计,曷若以唇齿之势激谏于王⑤,不听,则以其欲死秦师者而死于魏王之前,王必悟矣。侯生为信陵计,曷若见魏王而说之救赵,不听,则以其欲死信陵君者而死于魏王之前,王亦必悟矣。如姬有意于报信陵⑥,曷若乘王之隙而日夜劝之救,不听,则以其欲为公子死者而死于魏王之前,王亦必悟矣。如此,则信陵君不负魏,亦不负赵,二人不负王,亦不负信陵君。何为计不出此?信陵知有婚姻之赵,不知有王。内则幸姬,外则邻国,贱则夷门野人⑦,又皆知有公子,不知有王。则是魏仅有一孤王耳。

呜呼！自世之衰，人皆习于背公死党之行而忘守节奉公之道。有重相而无威君，有私仇而无义愤，如秦人知有穰侯⑧，不知有秦王；虞卿知有布衣之交⑨，不知有赵王。盖君若赘瘤久矣⑩。由此言之，信陵之罪，固不专系乎符之窃不窃也。其为魏也，为六国也，纵窃符犹可。其为赵也，为一亲戚也，纵求符于王，而公然得之，亦罪也。

虽然，魏王亦不得为无罪也。兵符藏于卧内，信陵亦安得窃之？信陵不忌魏王，而径请之如姬，其素窥魏王之疏也；如姬不忌魏王，而敢于窃符，其素恃魏王之宠也。木朽而蛀生之矣。古者人君持权于上，而内外莫敢不肃。则信陵安得树私交于赵？赵安得私请救于信陵？如姬安得衔信陵之恩？信陵安得卖恩于如姬？履霜之渐⑪，岂一朝一夕也哉！由此言之，不特众人不知有王，王亦自为赘瘤也。

故信陵君可以为人臣植党之戒，魏王可以为人君失权之戒。《春秋》书葬原仲、翚帅师⑫，嗟夫！圣人之为虑深矣！

【字词注解】

⑤曷（hé）若：何如，如何。

⑥"如姬"句：如姬打算报答信陵君。当初如姬的父亲被杀，信陵君曾替她为父报仇，所以如姬非常感激信陵君。

⑦夷门野人：指侯生。

⑧穰（ráng）侯：即魏冉。秦昭襄王之母宣太后的弟弟，曾任将军、相国等职，有很大的权势。

⑨虞卿：战国时期的游说之士，赵孝成王曾让他出任相国。他为了帮助自己的朋友魏齐，竟然愿意舍弃相位，跟魏齐一起出走。

⑩赘（zhuì）瘤（liú）：多余的瘤子。

⑪履霜之渐：踩到霜，就知道冬天即将到来，比喻未雨绸缪，要提早预防。

⑫原仲：陈国大夫。他死后，他旧时的好友季友暗中到陈国埋葬了他。翚（huī）：即羽父，鲁国大夫。宋国等一些国家攻打郑国，也让鲁国出兵，鲁隐公不同意，羽父没有经过允许就执意带兵前去。

【精彩解说】

　　我认为信陵君假如替自己打算的话，不如用赵国和魏国当前唇亡齿寒的形势去努力劝导魏王，假如魏王不听，就用他原本想要战死在秦军阵前的决心死在魏王面前，魏王必然会醒悟过来。侯生与其给信陵君出谋划策，不如面见魏王来劝说他援助赵国，假如魏王不听，就用他原本想要为信陵君赴死的决心死在魏王面前，魏王必然会醒悟过来。如姬打算报答信陵君的恩情，不如趁魏王闲暇的时候日夜不停地劝他救援赵国，假如魏王不听，就用她原本想要为信陵君赴死的决心死在魏王面前，魏王也必定会醒悟过来。这样一来，信陵君就不会愧对魏国，也不会愧对赵国；侯生和如姬既不会愧对魏王，也不会愧对信陵君。为什么无法提出这样的计划呢？这是由于信陵君只知道自己的姻亲赵国平原君，而不知道还有魏王。宫内有备受宠爱的侍妾，国外有邻国，低贱者有侯生那样的村野之人，都是只知道有信陵君，却不知道有魏王。这样的话，魏王就只不过是一个孤立的君王罢了。

　　唉！自从世道衰落以来，人们都习惯了不顾公益而努力维护小团体利益，而忘记了奉公守节的道理。因此就形成了只有手握重权的宰相而没有威严的国王，只有一己私仇而没有被违反正义的事情所激怒的局面，就如同秦人只知道有穰侯，而不知道有秦王；虞卿只知道有地位低下时结交的朋友，而不知道有赵王。大概那时国君就像一个多余的瘤子已经很久了。这样说来，信陵君的过错，原本就不是只有是否窃取兵符。倘若他是为了魏国的安危，为了六国的安危，即使他盗窃了兵符也是无可厚非的。但倘若只是为了赵国的安危，只是为了自己姻亲的安危，即便向魏王求取兵符，而且公然得到了它，信陵君也是有过错的。

　　话虽如此，魏王也不是完全没有过错的。兵符好好地藏在卧房里，信陵君又怎能偷到它呢？信陵君不顾忌魏王，而直接请如姬帮忙，说明他平时就已经发现了魏王的疏漏；如姬不顾忌魏王，敢于盗取兵符，说明她平时就恃宠而骄。木头腐朽了才会生出蛀虫。古代的君王高高在上，手握重权，朝廷内外的人都没有敢不肃然听令的。这样一来信陵君怎么能和赵国产生私交呢？赵国又怎么能暗中求助于信陵君呢？如姬怎么能始终记挂着信陵君的恩德呢？信陵君又怎么能向如姬施卖恩德呢？《周易·坤》中所说的脚踩到寒霜就知道严冬的到来，哪里是一朝一夕就可以形成的啊！这样说来，不仅是众人心中不知道有魏王，就连魏王自己都把自己当作是多余的瘤子了。

　　因此，信陵君可以当作臣子们结党营私的鉴戒，魏王可以当作君王大权旁落的鉴戒。从《春秋》中记载的季友私葬原仲和公子翚率军伐郑的事来看，唉！圣人考虑问题非常深远啊！

沧浪亭记

归有光

[题解]

归有光（1507—1571年），字熙甫，又字开甫，别号震川，苏州府昆山县（今江苏昆山）人，明朝中期散文家。科考之路坎坷，遂徙居嘉定安亭江上，读书谈道，学徒众多。六十岁进士及第后历官长兴知县、顺德通判、南京太仆寺丞等职。一度留掌内阁制敕房，参与编修《世宗实录》。归有光崇尚唐宋古文，其散文风格质朴，感情真挚，后人称赞其散文为"明文第一"。

沧浪亭，原为北宋名臣苏舜钦所修建的园林盛景，而且他亲自为之写过《沧浪亭记》。沧浪亭至明代已荒废，晚明时僧人文瑛又将其重建，并请归有光为其写一篇记，遂有此文。本文并不着眼于描摹当地之胜景，而颇多触景伤情、凭吊古人之意，抒发了作者对世事变化的感慨，表现了自己对名利的淡泊胸怀。

【原文】

浮图文瑛①，居大云庵，环水，即苏子美沧浪亭之地也②。亟求余作《沧浪亭记》③，曰："昔子美之记，记亭之胜也，请子记吾所以为亭者。"

【字词注解】

①浮图：也作浮屠。梵语音译，所指不一，这里特指信奉佛事的僧人。

②苏子美：苏舜卿，字子美，北宋初年人，曾营建沧浪亭，自号"沧浪翁"，并作《沧浪亭记》。沧浪亭：苏州名园，原属五代时吴越广陵王钱元琼，后为苏舜卿所有。苏舜卿在园内修建沧浪亭，后遂以亭名园。

③亟（qì）：屡次。

【精彩解说】

文瑛和尚住在大云庵,那里四面被水环绕,从前是苏子美建造沧浪亭的地方。文瑛曾多次请求我写一篇《沧浪亭记》,说:"从前苏子美作《沧浪亭记》,是记叙沧浪亭的胜景的,您就记叙一下我重修这座亭子的缘由。"

原文

余曰:昔吴越有国时④,广陵王镇吴中⑤,治南园于子城之西南,其外戚孙承佑⑥,亦治园于其偏。迨淮海纳土⑦,此园不废。苏子美始建沧浪亭,最后禅者居之⑧,此沧浪亭为大云庵也。有庵以来二百年,文瑛寻古遗事,复子美之构于荒残灭没之余,此大云庵为沧浪亭也。

【字词注解】

④吴越:五代十国之一,由唐末时镇海节度使钱镠(liú)建立,辖地包括今浙江、江苏西南、福建东北部地区。
⑤广陵王:指钱元瓘,他是吴越王钱镠的儿子。
⑥外戚:帝王的母族或妻族。
⑦淮海纳土:指吴越国降宋,将淮海一带的土地献出。
⑧禅者:僧人。

【精彩解说】

我说:从前吴越建国时,广陵王在吴中镇守,在内城的西南修建了一座园林,他的外戚孙承佑,也在旁边修建了一座园林。等到吴越王降宋献出淮海一带的土地时,这些园林还没有荒废。起初,苏子美在这里修建了沧浪亭,后来这里住进了僧人,这就是沧浪亭到大云庵的演变过程。大云庵出现至今已有二百年了,文瑛寻访亭子的遗迹,又在废墟的基础上重新修复了苏子美所建的沧浪亭,于是,大云庵又变成了沧浪亭。

原文

夫古今之变,朝市改易。尝登姑苏之台⑨,望五湖之渺茫⑩,群山之苍翠,太伯、虞仲之所建⑪,阖闾、夫差之所争⑫,子胥、种、蠡之所经营⑬,今皆无有矣,庵与亭何为者哉?虽然,钱镠因乱攘窃,保有吴、越,国富兵强,垂及四世。诸子姻戚，乘时奢僭，宫馆苑囿，极一时之盛。而子美之亭，乃为释子所钦重如此⑭，可以见士之欲垂名于千载，不与澌然而俱尽者⑮，则有在矣。

● 【字词注解】

⑨姑苏之台：姑苏台，又称胥台，位于今苏州城西南姑苏山上。为吴王夫差所建，工程浩大。

⑩五湖：泛指太湖一带所有湖泊。

⑪太伯、虞仲：相传为周太王（古公亶父）的长子和次子，二人为了让位于三弟季历，便逃避到了江南，建立了吴国。

⑫阖闾：春秋时吴王。在与越王勾践作战时受伤身死。夫差：春秋时吴王，阖闾之子。即位后为了报仇雪恨，曾击败越国，使之臣服，其后又为越王勾践所灭。

⑬子胥：伍员，字子胥，曾助吴王夫差击败越国。种：文种，字少禽，越国大夫。蠡（lǐ）：范蠡，字少伯，越国大夫。

⑭释子：僧人。佛教的始祖为释迦牟尼，僧人为尊崇其始祖，故自称释子。

⑮澌（sī）然：冰块融化的样子。澌，同嘶，解冻时流动的冰。

● 【精彩解说】

从古至今，历史在变迁，朝代在更替。我曾经登上姑苏台，远眺五湖的浩渺，群山的苍翠，太伯、虞仲所建立的吴国，阖闾、夫差所争夺的土地，伍子胥、文种和范蠡所谋划的事业，现在都已经不存在了，那大云庵和沧浪亭的兴废又算得了什么呢？虽然这样，钱镠乘天下动乱夺取政权，占据了吴、越一带的土地，国富兵强，政权传了四代。他的后代亲属也借着权势大肆挥霍，修建的宫观园林，盛极一时。而苏子美修建的沧浪亭，却被僧人如此看重，由此可以看出，士人要想名垂千古，而不像冰块那样片刻之间消失殆尽，其中自有一定道理在啊！

文瑛读书喜诗，与吾徒游，呼之为沧浪僧云。

● 【精彩解说】

文瑛喜爱读书、作诗，经常和我们这些人游玩，我们称呼他为"沧浪僧"。

徐文长传

袁宏道

[题解]

袁宏道（1568—1610年），字中郎，又字无学，号石公，公安（今属湖北）人，明朝晚期文学家。袁宏道历任吴县知县、礼部主事、吏部验封司主事、稽勋郎中、国子博士等职。后辞官退隐，专注于文学创作。他与其兄袁宗道、其弟袁中道均有才名，并称"公安三袁"，他们创作的诗文被称为"公安体"。他们反对文学上的复古运动，反对"文必秦汉，诗必盛唐"的主张，认为创作应该"独抒性灵，不拘格套"，对文坛有较大影响。

徐文长（1521—1593年），名渭，初字文清，后改字文长，晚号青藤道人，明代著名书画家、文学家、历史学家。他早年考中秀才，但其后屡试不第，曾出任浙闽总督胡宗宪的幕宾，后来胡宗宪获罪下狱，自此他便潦倒浪游，最终因贫病交加而死。这篇传记充分体现了作者袁宏道对这位落魄奇才的敬仰之情与惋惜之意。

原文

徐渭，字文长，为山阴诸生①，声名籍甚。薛公蕙校越时②，奇其才，有国士之目。然数奇③，屡试辄蹶④。中丞胡公宗宪闻之⑤，客诸幕⑥。文长每见，则葛衣乌巾⑦，纵谈天下事，胡公大喜。是时公督数边兵，威镇东南，介胄之士⑧，膝语蛇行，不敢举头，而文长以部下一诸生傲之，议者方之刘真长、杜少陵云⑨。会得白鹿⑩，属文长作表，表上，永陵喜⑪。公以是益奇之，一切疏计，皆出其手。

【字词注解】

①山阴：今浙江绍兴。诸生：生员，即明清时代经过各级考试被录取为府、州、县学的学生。

②薛公蕙：即薛蕙，字君采，明正德九年（1514年）进士，曾任刑部主事。

③奇（jī）：命运不好。

④蹶（jué）：挫败。

⑤胡公宗宪：胡宗宪，字汝贞，明嘉靖年间任浙江巡抚，后又加右都御史衔。

⑥幕："幕府"的简称，古代将帅的府署。

⑦葛衣：麻布的衣服。乌巾：黑色的角巾。

⑧介胄之士：披甲戴盔的人，泛指将士。介，甲。胄，盔。

⑨刘真长：刘惔（dàn），字真长，东晋名士，曾任宰相之职，性情不拘小节。杜少陵：杜甫，唐代著名诗人，曾长期居住在少陵，自号"少陵野老"。

⑩白鹿：古人认为白色的鹿预兆着国家风调雨顺。

⑪永陵：明世宗嘉靖帝的陵墓之名。这里是代指嘉靖皇帝。

【精彩解说】

徐渭，字文长，是山阴县的生员，名声赫赫。薛蕙出任浙江试官时，惊艳于他的才华，把他视为国家的杰出之士。但是徐渭运势不佳，屡屡落第。中丞胡宗宪听说了此事后，便请他来做自己的幕僚。徐渭每次面见胡宗宪的时候，都身穿粗布长衫，头戴黑头巾，对天下大事侃侃而谈，胡宗宪听后十分赞赏。当时，胡宗宪统领着军队，威名震慑着东南一带，将士们在他面前，都跪着回话，像蛇一样爬着前进，不敢抬头，而徐渭只是胡宗宪帐下的一介生员竟然敢傲视他，喜欢评论的人将他比作刘惔、杜甫之类的人物。恰巧碰上胡宗宪捕获了一头白鹿，嘱托徐渭撰写一篇表文，表文呈到嘉靖帝那里，嘉靖帝很高兴。因此胡宗宪更加器重徐渭了,后来所有的上疏和文牍,都是出自徐渭之手。

原文

文长自负才略,好奇计,谈兵多中,视一世事无可当意者。然竟不偶。文长既已不得志于有司⑫,遂乃放浪曲蘖⑬,恣情山水,走齐、鲁、燕、赵之地⑭,穷览朔漠⑮。其所见山奔海立,沙起云行,雨鸣树偃,幽谷大都,人物鱼鸟,一切可惊可愕之状,一一皆达之于诗。其胸中又有勃然不可磨灭之气,英雄失路、托足无门之悲,故其为诗,如嗔如笑⑯,如水鸣峡,如种出土,如寡妇之夜哭、羁人之寒起。虽其体格时有卑者,然匠心独出,有王者气,非彼巾帼而事人者所敢望也。文有卓识,气沉而法严,不以摸拟损才,不以议论伤格,韩、曾之流亚也⑰。文长既雅不与时调合,当时所谓骚坛主盟者⑱,文长皆叱而奴之,故其名不出于越,悲夫!喜作书,笔意奔放如其诗,苍劲中姿媚跃出,欧阳公所谓"妖韶女,老自有余态"者也⑲。间以其余,旁溢为花鸟,皆超逸有致。卒以疑杀其继室,下狱论死。张太史元汴力解,乃得出。晚年愤益深,佯狂益甚,显者至门,或拒不纳。时携钱至酒肆,呼下隶与饮。或自持斧击破其头,血流被面,头骨皆折,揉之有声。或以利锥锥其两耳,深入寸余,竟不得死。

【字词注解】

⑫有司:官吏,这里特指选拔人才的官吏。

⑬曲蘖(niè):酒。

⑭齐、鲁、燕、赵:均为战国时期的古国名,后世用国名代替其原本所在之处。此泛指山东、河北等地。

⑮穷览朔漠:遍观北方地区。朔漠,北方沙漠地带,泛指北方。

⑯嗔:发怒,生气。

⑰韩、曾:唐代的韩愈、宋代的曾巩,他们是"唐宋八大家"中的两位。流亚:同一类人。

⑱骚坛:文坛。

⑲欧阳公:指欧阳修。北宋政治家、文学家。

—•【精彩解说】

　　徐渭觉得自己才能过人，谋略出众，喜欢谋划奇妙的计策，谈论用兵方略时往往可以切中要害，他恃才傲物，觉得世间的事物没有合乎他的心意的。然而他一生都没有得到大展拳脚的机会。徐渭因为不能被选拔官吏的官员赏识，便放纵饮酒，寄情山水，他踏遍了齐、鲁、燕、赵各地，又饱览塞外大漠的风光。他见到的山峦起伏、海浪壁立、胡沙漫天、雷声震天、风雨交加、树木倒伏、山谷清幽、城池繁盛、奇人异士、鸟兽鱼虫等所有令人惊讶的情状，都一一反映在他的诗篇当中。他胸中有一股强烈的不可磨灭的气概，以及英雄失意、无处安身的悲愤，所以他所作的诗篇，似怒似笑，犹如激流奔腾在峡谷之中，犹如萌芽破土而出，犹如寡妇在夜晚悲泣，游子在寒夜中起身徘徊。虽然他在诗歌的范式格调上尚有不足之处，但是他的立意别出心裁，有一种超凡的尊严风度，不是那种如同以色事人的女子一般媚俗的诗作能够匹敌的。他创作的文章有独到的见解，气势沉稳且章法严谨，不会因为模仿而损伤文章的才气，也不会因为议论而致使自己的风格有所损伤，可以算得上是韩愈、曾巩一流的作品了。徐渭志趣高雅，与当时主流的格调不相合，他对当时所谓文坛的领袖人物，都予以斥责，视他们为奴，所以他的名声无法传出越地，可悲可叹啊！　徐渭喜爱书法，笔意跟他的诗作一样奔放，在苍劲中带有一些妩媚之姿，这就是欧阳修口中的"娇艳的女子，就算容颜已衰也风韵犹存"。他有时凭借余力涉笔画成的花鸟画，也都超逸有致。后来，徐渭因为猜疑误杀了自己的继室，获罪入狱被判处死刑。张太史元汴极力替他辩解，他才得以获释出狱。晚年时，徐渭愤世之心更深了，假装疯癫的样子也变得更加厉害，有达官名士上门拜访他，他有时竟然会拒而不见。他还常常带着钱去酒肆，让下人仆隶和他一起喝酒。有一次，他竟然拿着斧子砍自己的头，弄得自己血流满面，甚至连头骨都被砍断了，用手一按碎骨就会发出声音。他还曾用尖锐的锥子刺入自己的双耳，刺入了一寸多深，竟然没死。

原文

　　周望言晚岁诗文益奇[20]，无刻本，集藏于家。余同年有官越者，托以钞录，今未至。余所见者，《徐文长集》《阙编》二种而已。然文长竟以不得志于时，抱愤而卒。

【字词注解】

⑳周望：即陶望龄，字周望，万历年间曾任国子监祭酒。

【精彩解说】

陶望龄说徐渭晚年所作的诗文更加奇异、绝妙，但没有刻本流传下来，他的手稿都收藏于家中。我有一个在越地做官的同年，我曾委托他帮我抄录徐渭的诗文，但到现在也没有得到。我现在能够见到的，只有《徐文长集》和《阙编》这两种而已。但是，徐文长竟因为在当时郁郁不得志，抱恨而终。

原文

石公曰㉑：先生数奇不已，遂为狂疾；狂疾不已，遂为囹圄。古今文人牢骚困苦，未有若先生者也。虽然，胡公间世豪杰㉒，永陵英主。幕中礼数异等，是胡公知有先生矣；表上，人主悦，是人主知有先生矣；独身未贵耳。先生诗文崛起，一扫近代芜秽之习，百世而下，自有定论，胡为不遇哉㉓？

【字词注解】

㉑石公：袁宏道自称。
㉒间世：相隔几十年。
㉓胡为：为什么。

【精彩解说】

我说：先生的人生路有太多坎坷，致使他激愤疯狂；疯病不断地发作，又导致他被捕入狱。古往今来文人抒发的牢骚怨愤和遭受的困难，再没有能超过先生的了。即便如此，仍有胡公这样世所罕见的豪杰、世宗这样圣明的君主赏识他。先生在胡公的幕府中，受到了特殊的礼遇，这说明胡公是赏识先生的；胡公的上奏表文令皇帝感到愉悦，表明皇帝也赏识先生这样的人才；唯一遗憾的是先生没有做到大官显贵罢了。先生诗文的崛起，一扫近代文坛芜杂污浊的风气，百代之后，历史自有定论，又怎么能说他生不逢时呢？

原文

梅客生尝寄予书曰㉔："文长吾老友，病奇于人，人奇于诗。"余谓文长无之而不奇者也。无之而不奇，斯无之而不奇也。悲夫！

【字词注解】

㉔梅客生：即梅国桢（zhēn），字客生。万历年间官至兵部右侍郎。袁宏道的朋友。

【精彩解说】

梅客生曾写信给我说："徐渭是我的老朋友，他得的这个病比他本人还要怪，而他本人又比他作的诗更奇。"我则认为徐渭是没有一处不奇怪的。正因为没有一处不奇怪，才注定他一生命运坎坷。真是可悲啊！

拓展阅读

宋濂借书

宋濂小时候十分喜欢读书，奈何家境贫寒，衣食尚且不能保证，更遑论有多余的钱拿来买书了。为了不给家中增加额外的负担，宋濂只好向周围的邻居借书看。可是，借得频繁了，有的大户人家就不乐意借了。为了能让有书的人家放心将书借给他，宋濂每借一本书，都会定下一个期限，并按时还书，于是，人们又都乐意把书借给他了。

有一次，宋濂借到了一本难得的好书，越读越爱不释手，便决定把它抄下来。可是还书的期限是很紧张的，他只好连夜抄书。当时正是隆冬腊月，滴水成冰，他的手都被冻得不灵活了。他的母亲看到后，心疼地说："孩子，夜深了，冷得厉害，天亮再抄吧。抄不完的话，就晚点儿再还书吧，反正人家也不等着看这本书。"宋濂说："不管人家等不等着看，既然约定了期限，就要遵守，否则如何能得到别人的尊重？别人也就会不愿借书于我了。"

正是靠着勤奋和守信，宋濂才得以饱读诗书，为之后取得瞩目的成就打下了坚实的基础。

中华传统文化国粹经典文库书目

		第一辑	
序号	书名	作者/编者	导读者
1	三国演义	[明] 罗贯中/著	郑铁生
2	水浒传	[明] 施耐庵/著	宁稼雨 石 麟
3	西游记	[明] 吴承恩/著	孟昭连
4	红楼梦	[清] 曹雪芹 高 鹗/著	郑铁生
5	镜花缘	[清] 李汝珍/著	欧阳健
6	白话聊斋	[清] 蒲松龄/著	王晓华
7	阅微草堂笔记	[清] 纪 昀/著	吴 波
8	西厢记	[元] 王实甫/著	周传家
9	世说新语	[南朝宋] 刘义庆 等/著	侯忠义
10	山海经	[汉] 刘 歆/编	马文大
11	道德经	[春秋] 老 子/著	王 蒙
12	四库全书	[清] 纪 昀 等/编	林 骅
13	唐诗三百首	立 人/编	徐 刚
14	元曲三百首	立 人/编	查洪德
15	宋词三百首	立 人/编	韩小蕙
16	中华成语典故	立 人/编	陈世旭
17	中华寓言故事	立 人/编	陈世旭
18	颜氏家训	[南北朝] 颜之推/著	孙钦善
19	治家格言	[清] 朱伯庐/著	李硕儒
20	了凡四训	[明] 袁了凡/著	俞 前
21	增广贤文	立 人/编	孙立仁
22	牡丹亭	[明] 汤显祖/著	周传家
23	随园诗话	[清] 袁 枚/著	潘务正
24	人间词话	王国维/著	陈世旭
25	楚 辞	[战国] 屈 原 等/著	石 厉
26	吴越春秋	[东汉] 赵 晔/著	田秉锷
27	菜根谭	[明] 洪应明/著	俞 前
28	小窗幽记	[明] 陈继儒 等/著	陈喜儒
29	围炉夜话	[清] 王永彬/著	陈喜儒
30	浮生六记	[清] 沈 复/著	王晓华
31	传习录	[明] 王阳明/著	王建新
32	说文解字	[东汉] 许 慎/著	冯 蒸
		第二辑	
序号	书名	作者/编者	导读者
1	史 记	[西汉] 司马迁/著	关四平
2	资治通鉴	[北宋] 司马光/编	张秋升
3	春秋左传	[春秋] 左丘明/著	石定果
4	战国策	[西汉] 刘 向/编	李瑞兰
5	汉 书	[东汉] 班 固/著	关四平
6	三国志	[晋] 陈 寿/著	郑铁生
7	古文观止	[清] 吴楚材 吴调侯/编	牛 倩
8	论 语	[春秋] 孔 子 等/著	石 厉
9	孟 子	[战国] 孟 子/著	邵永海

中华传统文化国粹经典文库书目

序号	书名	作者/编者	导读者
10	庄子	[战国]庄子/著	尚学峰
11	荀子	[战国]荀子/著	尚学峰
12	管子	[春秋]管子等/著	官铎
13	墨子	[战国]墨子等/著	陈鹏程
14	韩非子	[战国]韩非/著	邵永海
15	列子	[战国]列子/著	陈鹏程
16	鬼谷子	[战国]鬼谷子/著	张世林
17	淮南子	[西汉]刘安等/著	张秋升
18	诸子百家	立人/编	张弦生
19	孔子家语	孔子门人/编	薄克礼
20	吕氏春秋	[战国]吕不韦/主编	田秉锷
21	礼记·尚书	[西汉]戴圣/著	冯蒸
22	三言二拍	[明]冯梦龙 凌濛初/著	宁宗一
23	隋唐演义	[清]褚人获/著	欧阳健
24	聊斋志异	[清]蒲松龄/著	林骅
25	儒林外史	[清]吴敬梓/著	吴波
26	东周列国志	[明]冯梦龙/著	侯忠义
27	弟子规·千家诗	[清]李毓秀/著 [南宋]谢枋得 [明]王相/编	乔卉林
28	孙子兵法·三十六计	[春秋]孙武/著	李海涛
29	容斋随笔	[南宋]洪迈/著	李硕儒
30	纳兰词	[清]纳兰性德/著	李硕儒
31	豪放词·婉约词	立人/编	韩小蕙
32	唐宋散文八大家	立人/编	卓然

第三辑

序号	书名	作者/编者	导读者
1	中华上下五千年	立人/编	林海清
2	二十五史	立人/编	林海清
3	四书五经	立人/编	张弦生
4	智囊全集	[明]冯梦龙/编	周传家
5	贞观政要	[唐]吴兢/著	张弦生
6	诗经	[春秋]孔子/编	石厉
7	孝经	[春秋]孔子/著	田秉锷
8	挺经	[清]曾国藩/著	王建新
9	易经	立人/编	李树果
10	冰鉴	[清]曾国藩/著	陈喜儒
11	糊涂经	立人/编	周传家
12	周易全书	立人/编	郑铁生
13	黄帝内经	立人/编	廉玉麟
14	本草纲目	[明]李时珍/著	廉玉麟
15	三字经·百家姓·千字文	[南宋]王应麟 [南北朝]周兴嗣/著	乔卉林
16	大学·中庸	[春秋]曾子 [战国]子思/著	牛倩
17	曾国藩家书	[清]曾国藩/著	武道房
18	唐诗·宋词·元曲	立人/编	卓然
	未完待续……